HERMES

在古希腊神话中，赫耳墨斯是宙斯和迈亚的儿子，奥林波斯神们的信使，道路与边界之神，睡眠与梦想之神，死者的向导，演说者、商人、小偷、旅者和牧人的保护神——解释学（Hermeneutic）一词便来自赫耳墨斯（Hermes）之名。

西方传统 经典与解释
Classici et Commentarii HERMES
荷马注疏集

程志敏 张文涛●主编

英雄诗系笺释
Commentary to Epic Cycle

［古希腊］荷 马 等 | 著
崔 嵬 程志敏 | 译

华夏出版社

古典教育基金·正则资助项目

缘　起

自严复译泰西政法诸书至本世纪四十年代，汉语学界中的有识之士深感与西学相遇乃汉语思想史无前例的重大事变，**孜孜以求西学堂奥**，凭着个人的禀赋和志趣选译西学经典，翻译大家辈出。可以理解的是，其时学界对西方思想统绪的认识刚刚起步，选择西学经典难免带有相当的随意性。

五十年代后期，新中国政府规范西学经典译业，整编四十年代遗稿，统一制订新的选题计划，几十年来寸累铢积，至八十年代中期形成振裘挈领的"汉译世界学术名著"体系。虽然开牖后学之功**万不容没**，这套名著体系的设计仍受当时学界的教条主义限制。"思想不外义理和制度两端"（康有为语），涉及义理和制度的西方思想典籍未有译成汉语的，实际未在少数。

八十年代中期，新一代学人感到通盘重新考虑"西学名著"清单的迫切性，创设"现代西方学术文库"。虽然从迻译现代西学经典入手，这一学术战略实际基于悉心疏理西学传统流变、逐渐重建西方思想**汉译典籍**系统的长远考虑，翻译之举若非因历史偶然而中断，势必向**古典西学**方向推进。

九十年代以来，西学翻译又蔚成风气，丛书迭出，名目繁多。不过，正如科学不等于技术，思想也不等于科学。无论学界迻译了多少新兴学科，仍似乎与清末以来汉语思想致力认识西方思想大传统这一未竟前业不大相干。晚近十余年来，欧美学界重新**翻译和解释古典思想经典**成就斐然，汉语学界若仅仅务竞新奇，紧跟时下"主义"流变以求适时，西学研究终不免以支庶续大统。

西方思想经典即便都译成了汉语，不等于汉语学界有了解读能力。西学典籍的汉译历史虽然仅仅百年，积累已经不菲，学界的读解似乎仍然在吃夹生饭——甚至吃生米，消化不了。翻译西方学界**诠释西学经典**的论著，充分利用西方学界整理旧故的稳妥成就，於庚续清末以来学界理解西方思想传统的未尽之业意义重大。译界并非不热心翻译西方学界的研究论著，甚至不乏庞大译丛之举。显而易见的是，这类翻译的选题基本上停留在**通史**或**评传**阶段，未能向有**解释深度**的细读方面迈进。设计这套"西方传统：经典与解释"，旨在推进学界对西方思想大传统的深度理解。选题除顾及诸多亟待填补的研究空白（包括一些经典著作的翻译），尤其注重选择思想大家和笃行纯学的思想史家对经典的解读。

编、译者深感汉语思想与西学接榫的历史重负含义深远，亦知译业安有不百年积之而可一朝有成。

刘小枫
2000 年 10 月于北京

"荷马注疏集"出版说明

文兴于诗，理源于史。诗亡然后有史，道术崩裂而诸子崛兴……在中国，由经而子，等而下之；在西方，从诗到史再到哲学，每况愈低。我国古人在退化史观中尚能通过比较看到自身的不足——"励德树声，莫不师圣，而建言修辞，鲜克宗经"（刘勰语）；虔敬谦和的古代西方人在神明和远祖面前，也曾时时感到一己的卑微无力——从源头开始，才有最好的观察（亚里士多德语）。唯有中西方的现代学人才凭靠思想进步论无比自信乐观，然则，天人不究，古今未通，何以言言？

荷马"史诗"是西方最早的"经"，荷马则是"最神圣者"（柏拉图语）——"经也者，恒久之至道，不刊之鸿教"，其"象天地，效鬼神，参物序，制人纪"之德之能，又岂止"建言修辞"之功、"文章骨髓"之极。宗经即明诗，师圣以承教。王者迹前，先有神明，神明之后，才有诗——诗乃神明遗教。受神明启示并为其代言人的"缪斯仆人"，吟唱的便是经天纬地的良法。荷马诗篇在古希腊不仅是让人温柔敦厚的《诗》，也是疏通知远的《书》，广博易良的《乐》，絜静精微的《易》，恭俭庄敬的《礼》和属辞比事的《春秋》。荷马具有神圣的乃至灵异的天性（德谟克利特语），这位"最智慧的人"（赫拉克利特语），不仅"教化了希腊"（柏拉图语），而且有如奥克阿诺斯的不绝源泉，滋养了整个西方文明，成了才情文思乃至文教典章的评判标准——这位盲人有能力让后人看到自己无法看见的东西（西塞罗语）。

古希腊好些古经长期归在"荷马"名下——近现代疑古风大盛，众多经典在科学考证的手术刀下伤痕累累。所幸的是，如今人们从渎神的迷狂中醒来后，发现如此科考得不偿失。那些依传统被归在荷马名下的诗篇，理应回到自己最古老的状态，以便我们不再纠缠于外在形式，转而深入更根本的问题——"不以流之浊而诬其源之清也"（颜元语）。

"荷马注疏集"依牛津本作法，悉数收入所有归在荷马名下的传统诗篇，以清代学人整理国故的方式，翻译笺释；同时采译西方学界研究和绎读荷马的成熟之作——"正末归本，不其懿欤"（刘勰语）！

古典文明研究工作坊
西方经典编译部戊组
2010 年 3 月

目 录

编译者前言 …………………………………… 1

忒拜诗系

俄狄甫斯之歌 …………………………………… 3

忒拜之歌 …………………………………… 8

后生们 …………………………………… 31

阿尔克迈翁尼斯 …………………………………… 43

特洛亚诗系

塞浦路亚 …………………………………… 65

埃提奥匹亚 …………………………………… 129

小伊利亚特 …………………………………… 154

洗劫伊利昂 …………………………………… 204

归返 …………………………………… 223

特勒戈诺斯纪 …………………………………… 258

关于赫拉克勒斯和忒修斯的史诗

克瑞俄菲洛斯的《奥卡利亚》 …………………………………… 275

珀珊德洛斯的《赫拉克勒亚》 ………………………… 285

　　帕尼阿西斯的《赫拉克勒亚》 ………………………… 301

　　忒修斯纪 ………………………………………………… 355

谱系与古物的史诗

　　欧墨洛斯纪 ……………………………………………… 361

　　　一、提坦之战 ………………………………………… 365

　　　二、科林提亚卡 ……………………………………… 385

　　　三、欧罗芭之歌 ……………………………………… 404

　　　四、无法归类的辑语 ………………………………… 414

　　基纳厄同 ………………………………………………… 419

　　阿西奥斯 ………………………………………………… 430

　　黑格斯洛斯的《阿提斯》 ……………………………… 449

　　克尔西亚斯 ……………………………………………… 453

　　达奈斯 …………………………………………………… 456

　　米尼亚斯 ………………………………………………… 458

　　瑙帕卡提亚 ……………………………………………… 463

　　甫洛尼斯 ………………………………………………… 478

　　无处归类的辑语 ………………………………………… 484

编译者前言

西方人在十九世纪和二十世纪这两百来年中，编辑、整理和翻译了许多古籍，几乎所有重要经典的现代编本都在这段时期内相继问世。这的确具有里程碑式的意义，因为无论就规模、深度还是质量来说，几百年前所谓的"文艺复兴"在古籍的处理上都无法与之相比——尽管西方文明在这段时间内从近代走到了现代甚至后现代，但古典的命脉不仅从来未曾（也不可能）彻底断过，而且近几十年反倒出现了强烈的"反弹"，便端赖这些自甘寂寞的学者勤奋用功之故。他们或许都算不上什么"大思想家"，亦往往不为人所知，但他们的功劳却委实不可小觑：人们的阅读和教化因他们的劳作才有了更为可靠的文本，思想的不断发生和拓展才有了更坚实的基础。也许，这才是真正的"文艺复兴"，也才是一个美好时代初期应该具有的气象。

一

《英雄诗系》（*Epic Cycle*）的现代编本初版于上个世纪下半叶（G. Kinkel, *Epicorum Graecorum Fragmenta*, Leipzig 1877），后来，T. W. Allen 把《诗系》收入五卷本的《荷马全集》中（*Homeri Opera*, Oxford 1912），看成是"荷马"的作品。这个编本只有希腊文，没有现代西语的翻译。两年后，H. G. Evelyn-White 把《诗系》译成了英文，收入 Loeb 丛书，希—英对照，但把它归在了赫西俄德名下（*Hesiod, the Homeric Hymns and Homerica*, London 1914）。在接下来的

几十年中，E. Bethe, A. Severyns, A. Bernabé, M. Davies 和 M. L. West 等人，分别在不同程度上为《诗系》的编校和翻译做了一些推进。尤其值得一提的是最后这位 Martin Lichtfield West (1937 -)，牛津大学荣休教授，被誉为"当代最杰出和多产的希腊学者"，勇猛精进，著作等身。他的《诗系》译文被收入新 Loeb 丛书（*Greek Epic Fragments from the Seventh to the Fifth Centuries BC*, Harvard University Press, 2003），取代了 Evelyn - White 近百年前的译本，也意味着虽功德无量却也颇受诟病的 Loeb 丛书由此而上了一个新的台阶。值得注意的是，Allen 和 Evelyn - White 之后的其他学者，既不把《诗系》算在荷马名下，也不归在赫西俄德头上，而是淡化该书的"著作权"问题，直接面对《诗系》本身：只要能够有助于我们对古人的理解，那个本来也扯不清楚的"著作权"就让它悬置起来好了。继"荷马问题"（Homeric Question）之后而起的"诗系问题"（"Cyclic" Question），似乎也就不是问题了。不过，我们还是需要简单考察一下这个问题，以交代我们把《诗系》编入《荷马注疏集》的理由。

现有《诗系》多为残篇或辑语（fragments），其主要内容来自于一个叫做普罗克洛斯（Proclus）的人编写的一部名为 *Chrestomatheia Grammatike*（简写作 *Chrestomathy*，意近"益世文选"）的书，但这本书未曾单行刊布，而是收录于 Photius 编的 *Bibliotheca* 中（即本书中的 *Library*，意近"图书集成"或"文苑英华"，约成书于公元 850 年前后）。这个普罗克洛斯何许人也？他为什么要编这样一本以前从来没有见过的书？

关于这位普罗克洛斯，学界有两种看法，一是认为他是公元二世纪的文法学家，一是认为他就是大名鼎鼎的新柏拉图主义者（412 - 485）。前一种观点以 Severyns 为代表，根据亚历山大里亚文法学家菲洛彭诺斯（Philoponus）（490 - 570）的说法，人们在三世纪中叶时就已经不再阅读《诗系》，而到了菲洛彭诺斯所生活的时代，《诗系》已彻底失传，因此这个普罗克洛斯只可能是公元二世纪的文法学家。但以 Allen 为主的大多数学者却持第二种观点，因为很多古典文本流传到了新柏拉图主义者普罗克洛斯时代，而且普罗克洛斯本人也是一位语文学家，对古典文本下过很大的功夫——这是整个新柏拉图主义在学问上的共同特点，甚至他的主要工作似乎就在于整理和编辑古书：研究过赫西俄德，评注过荷马史诗和俄耳甫斯，阐释过柏拉图的《王制》和《蒂迈欧》。他很可能在年轻时就为自己和学生创作过史诗指南（不仅仅是荷马史诗的学习手册），其中包含了希腊的历史和宗教。[①] 这与他的新柏拉图主义理论立场若合符节。因此，有充分的理由认为《诗系》的编者就是这位新柏拉图主义者普罗克洛斯。

完整的《诗系》在普罗克洛斯手上得以最终形成，这种"横空出世"让人觉得它可能是普罗克洛斯的"伪造"，因为此前专门以编辑和整理古书而著称的亚历山大里亚学园诸公都没有编整过篇幅如此大、内容如此连贯的《诗系》。这种看法虽然完全站不住脚，[②] 但在很有限的程度上对我们亦有所启示。据付修斯（Photius）记载，普罗克洛斯为主要的史诗诗人编写过传记，"他也着手解释过所谓的'诗系'，该'诗系'以天和地传说中的婚姻开始，……然后，又接着谈到了希腊人关于神明的各种神话，以及少量可信的历史故事。'诗系'，出于不同诗人之手而得以完善，最后以奥德修斯在伊塔卡上岸结束。他说'诗系'中的诗歌之所以得以保存和广泛的研究，

---

① T. W. Allen. *Homer: The Origins and Transmission*. Oxford: Clarendon Press, 1924，页 53 – 54。

② G. Murray 认为这与历史不合，也与普罗克洛斯的话相冲突，因此几乎不需要详细地反驳。

不是为了那些诗歌本身,而是为了说明那些事件的连续性"①。在这段话中,"'诗系'得以保存和广泛的研究"和"出于不同诗人之手而得以完善"云云,就已经说明《诗系》在普罗克洛斯时代颇为流行,普罗克洛斯见到过那些《诗系》文本,但《诗系》不大可能是普罗克洛斯自己根据前人的传说或文献编造的。不过,普罗克洛斯也许在编辑和整理的过程中偷偷地加入了自己的理解,却也完全可能。这与新柏拉图主义钟情于古希腊各种典籍的目的是一致的。

基督教上升为国教后,开始出现所谓"雅典与耶路撒冷"的冲突,以"雅典"为核心标志的希腊文明被视为"异教文明"。所谓"异教"(pagan),便是指"非基督教的",也指未经启蒙的或享乐主义。这个词来自于拉丁语 paganus,本指"乡巴佬",后来主要指希腊人或希腊文明。但颇具喜剧意味的是,paganus 这个词却来自希腊语,本指"平民",而当辉煌灿烂的希腊文明自身变成权力世界的"平民"后,就不幸堕落为蒙昧的代名词了。既然被后起(甚至在很多方面模仿自己)的基督教判为"异教",即"非我族类",当然要受到惩罚、制裁和限制。正是在这样的背景下,从事"异教文化"研究的人,就只好想一些巧妙的办法了。他们不敢大谈义理,只是躲在故纸堆里,埋头整理古籍,一些散乱而濒于失传的古老文献反倒因祸得福了。其中,史诗(包括诗系)就是一个看似最远离意识形态的领域,不大会受到当局的惦记,于是,普罗克洛斯等人对史诗的研究才终于成就了西方文明史在中古初期的一抹亮色。但殊不知,史诗也是哲学(的领地),② 都是希腊学者暗地里用来与基督教作斗争的利器,"新柏拉图主义"之"新",亦需要在这样的背景下

---

① 转引自 G. Murray. *The Rise of the Greek Epic*. Oxford: Clarendon Press, 1924, 页 340。

② T. W. Allen. *Homer: The Origins and Transmission*, 页 55。

来理解：他们大谈特谈"太一"之类的偏离柏拉图学说的一些看似谄媚基督教的理论，实有不得已的苦衷（但研究者似乎对此没有给予足够的重视），而他们看似无关痛痒地整理古籍，却绝非全然的"价值中立"（我们对此还需要进一步深入研究），他们由此发展和繁荣的语文学"乃是与基督教战斗的主要领域，的确也只能这样（indeed a body at war with the Christians could not be otherwise）"①。由此可以大致推断，《诗系》的集成者就是新柏拉图主义者普罗克洛斯，其他新柏拉图主义者对《诗系》的兴趣和研究也可为此佐证。

二

普罗克洛斯所编辑的《诗系》不完整，另外还有很多残篇辑语存在于其他材料中。可以肯定的是，普罗克洛斯在编辑和整理的时候，见到过部分《诗系》的内容，这就意味着，《诗系》在他那个时代早就已经成书了。那么，《诗系》究竟成书于什么时候，又出自谁之手？

公元225年前后，雅典纳乌斯（Athenaeus）这位真正博学的修辞学家和文法学家，根据权威的材料，认真研究过《诗系》。也就是说，他看到过包括《提坦之战》、《塞浦路亚》和《忒拜之歌》等在内的《诗系》，这即表明《诗系》在他那个时代已经"成书"了。但这位见多识广的学者却并没有公开说他知道这些英雄史诗的作者及其创作日期，他只是说"《塞浦路亚》的作者"云云，无法作为证据。而他唯一谈到的《洗劫伊利昂》的作者，说它是阿吉亚斯所作，但这种说法与普罗克洛斯和其他材料相冲突（大多数材料都说它是阿克提努斯所作）。

---

① 同上，页53。

此前一个世纪的旅行家和地理作家泡萨尼阿斯（Pausanias），大量地利用了公元一世纪一些历史学家和神话作家的材料，几次提到过英雄诗系，也引用了一些片段。现在不大清楚的是，他究竟亲自读到过《诗系》，还是仅仅从一些权威材料中见到过前辈对《诗系》的引用，他自己只是转引而已。晚期希腊的材料一般持后一种观点。在泡萨尼阿斯那里，《塞浦路亚》、《小伊利亚特》、《俄狄甫斯之歌》等史诗的作者不详，《洗劫伊利昂》出自乐斯凯欧（Lescheos）之手，《归返》不详，但他在别处提到过特洛岑的黑吉亚斯（Hegias of Trozen）。特别有意思的是，他认为《忒拜之歌》"可能是荷马所作"。泡萨尼阿斯虽然没有明确提到所有这些史诗的作者，但他就这些作者所提供的信息，已较普罗克洛斯远为丰富了。①

《诗系》的创作年代由此大幅度提前，有的人认为是在希腊化时期（如 D. B. Monro），具体地说，也就是公元前一世纪前后，因为从那个时候（或稍早）开始，χυχλιχός（诗系）已经变成一个专用名词，而 Homeric Epic（荷马史诗）已经仅限于指称《伊利亚特》和《奥德赛》。也就是说，"荷马史诗"已经同此前归在荷马名下的"诗系"相分离。有学者把他提前到公元前 536 年前后，有人则认为至多不超过古风时代晚期（公元前 700 年后不久），其依据是古希腊泛雅典娜节的一条规定，即在这个赛会上，只允许朗诵荷马的史诗，而不能够朗诵其他人的史诗，这似乎表明荷马史诗更加古老和神圣（在古希腊人看来，古老的即是神圣的，也是最好的），而后期的诗作则没有这样的资格，即暗示《诗系》后起。②

《诗系》不管具体出现在什么年代，反正是在荷马之后，是后来

---

① G. Murray. *The Rise of the Greek Epic*，页 242 – 343。
② 同上，页 299。

的诗人为了把《荷马史诗》的故事补充完整而作,因为《荷马史诗》并没有交代特洛亚战争的起因,以及战争胜利后其他英雄的归返故事。创作《诗系》的诗人被称为"νεώτεροι"(更后来的诗人,亚历山大里亚编辑家阿里斯塔克[Aristarchus]语),而《诗系》也被认为是填充荷马"鸿沟"的"增补诗作"(supplementary poems)。① 这方面最具代表性的便是昆图斯(Quintus of Smyrna,大约生活在公元三到四世纪左右)所写的史诗《荷马之后》(*Posthomerica*)。这部史诗讲述阿喀琉斯之死到特洛亚战争结束期间的故事,但它文学成就并不高,无非是拙劣地模仿甚至抄袭了维吉尔的《埃涅阿斯纪》、《埃塞俄比亚》、《洗劫伊利昂》和《小伊利亚特》。② 但这部书的名称本身即代表了一种倾向,认为《诗系》无非是"荷马之后的作品"。

所谓"荷马之后的作品"这种说法,容易产生歧义:究竟是说《诗系》"成书"于荷马史诗之后,还是说诗系中的故事"成"于荷马之后。极少数学者强硬地主张《诗系》的作者系荷马之后的诗人,比如说荷马的传人(即所谓的 Homeridae)或希腊化时期的史诗诗人,他们根据荷马史诗中的一些线索重新创作了荷马史诗故事之外的史诗,以使得荷马史诗成为完整的和圆圈式的"成套史诗"(即所谓的 cycle);绝大多数学者则认为《诗系》中的故事早已存在,后人只是把它们汇编成书而已。但这些《诗系》何时汇编而成的呢?这个问题殊难回答,正如《荷马史诗》的成书年代一样,无法确定。因为即便在希腊语的文字产生之后的很久一段时间里,很多"著作"

---

① G. S. Kirk. *The Songs of Homer*. Cambridge University Press, 1962, 页 285, 参页 98, 254。

② Quintus Smyrnaeus. *The Fall of Troy*. Tr. By A. S. Way. Harvard University Press, 1913.

也多是口耳相传。《荷马史诗》"创作"的时间肯定远远早于其"成书"的时间,其成书与否,对于《荷马史诗》来说并无多大关系。同样,《诗系》的成书时间可能稍晚于《荷马史诗》成书的时间,但这并不说明《诗系》就比《荷马史诗》更晚出现:《荷马史诗》大量地引用了《诗系》的内容,甚至在古代一直被视为《诗系》中的一部分,尽管是《诗系》最重要、最完美和最宏富的一部分。

古希腊的经典作家,如亚里士多德、修昔底德和希罗多德,以及更早的西蒙尼德斯、品达和卡里努斯(Kallinus,公元前八到七世纪),都曾谈到了荷马与《诗系》的关系,足见《诗系》的创作、成书及其性质在希腊古典时期就已经有一些"定论"了。

亚里士多德在《诗学》中比较了《荷马史诗》和《诗系》的创作手法和文学价值,即表明《诗系》在他那个时代已然颇为流行。亚里士多德认为荷马具有天赋才能,没有像写历史著作那样把什么都写进去,而是只选择其中一部分作为主线,然后把别的部分穿插点缀在史诗中,以避免冗长、枝蔓和平淡。但包括"《塞浦路亚》的作者和《小伊利亚特》的作者"以及"那些写《赫拉克勒斯》、《忒修斯》以及这类诗的诗人"在内的《诗系》诗人,就不如荷马那么高明了。① 但亚里士多德并没有明确提到《埃塞俄比亚》、《洗劫伊利昂》和《特勒戈诺斯纪》等诗作。

古希腊悲剧诗人埃斯库罗斯和索福克勒斯等人的剧作,直接取材于《诗系》,堪称《诗系》的"戏剧版",这充分表明《诗系》由来已久。(雅典纳乌斯说:"索福克勒斯喜欢《英雄诗系》到了较深的程度,以至于他创作的整部戏剧都同里面所含有的神话相一致。")最能说明问题的,则是《荷马史诗》直接对《诗系》的"引用",

---

① 亚里士多德《诗学》,1459a,另参 1451a。

而且这种深刻的内在关联,也能佐证荷马对部分《诗系》可能拥有一定的"著作权"。

三

《诗系》究竟为何人所作?这似乎是一个不可考的问题,现代学者对此亦进行过深入的研究,取得了一些共识,对我们理解《诗系》的内容也颇有一些帮助。大致说来,人们对《诗系》著作权有三种看法:全然与荷马无关;部分为荷马所作;都可归入"荷马"名下。那种认为《诗系》与荷马全然无关的看法,太过极端,甚有现代疑古后遗症,不足与语。我们且来看后面两种意见。

希罗多德明确地说《塞浦路亚》并非荷马所作(《原史》2.117),但不敢肯定《后生们》(*Epigonie*)是否为荷马所作,他只是"倾向于"认为该史诗出自荷马之手,他所谓"如果荷马真的写作了《后生们》的话"(4.32),便意味着他不能够确定这部史诗的作者。就以《塞浦路亚》为例,有人认为这首史诗的作者不详,只知道它"是诗系中的一首;它涉及抢夺海伦。作者是谁还不确定,一定是诗系诗人中的一员"(Scholiast on Clement of Alexandria)。不过,据普罗克洛斯的辑语所载,这部史诗的作者可能是"斯塔西鲁",也可能是"萨拉米斯",还有可能是两人的"合著",还有可能是"荷马"所作,"由于他女儿的原因而把它送给了施塔西鲁,并且根据他来自的地方而把该作品命名为《塞浦路亚》"。普罗克洛斯并不认同这个说法,他从音韵学的角度判断,这首诗的题目不应该是"塞浦路业"。显然,根据该史诗的作者施塔西鲁来自塞浦路斯,就把它命名为《塞浦路亚》的说法,不大符合史诗的内容,在我看来,《塞浦路亚》之名,应该指"特洛亚战争"起源于女神阿佛洛狄忒,而她的驻地正是在塞浦路斯,故其名称实为"塞浦路斯女神之歌"。因此,仅仅从其题名还无法判断其作者。

品达的残篇也记载了这个韵事:"当荷马没有东西给女儿当嫁妆时,他便把《塞浦路亚》送给她当嫁妆"(见 Aelian, *Historical Miscellany*),此说虽不大可信,但亦大致表明古人多有把《诗系》中的一部分,比如至少《塞浦路亚》,当做是荷马所作。也就是说,《诗系》绝不可能与荷马全然无干。

亚里士多德把《塞浦路亚》与《伊利亚特》和《奥德赛》对立起来,认为前者的写作手法不如后世所谓真正的荷马史诗。亚里士多德明确地把《伊利亚特》和《奥德赛》归在"荷马"名下,但提到《塞浦路亚》的归属权时,却没有直接把它归在荷马名下,而是仅仅说"《塞浦路亚》的作者"。后人便从亚里士多德的这个说法中得出了这样的结论:既然《塞浦路亚》水平不高,那么,就不可能是荷马所作;而对包括《塞浦路亚》在内众多《诗系》的著作权问题,最稳妥的做法便是不明确提及它们的作者,仅仅以作品名之。这些结论当然很有道理,但亦须知道,"《塞浦路亚》的作者"云云,乃是古人的引述习惯,并不一定就表示《塞浦路亚》的作者不详,正如荷马史诗中经常出现的"佩琉斯之子"本是一个固定的表达法,有明确的内涵,指阿喀琉斯。"《塞浦路亚》的作者"这类习惯说法表明古人更看重作品本身,不太在乎其作者是谁:只要作品能够给我们启示和滋养,又何必在乎这些"蛋"是哪些母鸡生下来的呢?

如此庞杂的系列史诗,似乎不可能出于一人之手,所以,普罗克洛斯认为《诗系》出于多人之手,即所谓"《英雄诗系》由众诗人的填充得以完成",这个说法看似公允合理,但亦无法最终解决问题。对《诗系》著作权最为排斥性的看法,来自克莱门(Clement)和阿里斯托布洛斯(Aristobulus),他们从护教的立场全面攻击古希腊文明。在他们看来，所有希腊哲人的智慧都是从摩西和所罗门那里"盗窃"而来，为了进一步说明这个论点，他们还在史诗中"找到"了旁证，以表明希腊人惯偷成性：荷马剽窃俄尔甫斯，库瑞涅的欧伽蒙（Eugammon）从穆赛俄斯（Musaeus）手中偷窃了他的整个关于特斯普洛托伊人的作品，其他诗人的作品也都是偷盗别人而得。不过，现代学者研究表明，他们这种"偷盗说"其实是一种误解，不幸的是，这种误解仍然在我们心头"闹鬼"（haunt）。①

《诗系》在古代本来一直都归在"荷马"名下，但随着时间的推移（以及所谓的"自我意识的觉醒"，疑古之风兴起，可能还有个人主义的膨胀），人们越来越不满意于把如此多的诗作都算在某个叫做"荷马"的传说中的人物头上（问题关键在于如何看待"荷马"这个名称），于是开始像亚里士多德那样匿名地使用"《塞浦路亚》的作者"这种说法。再到后来（希腊化时期和中世纪早期），人们干脆直接为每一首史诗考订出实实在在的作者来。结果，同一部史诗便有了很多作者，这些作者年代、地域和身份往往相互矛盾。比如《洗劫伊利昂》的作者，就有阿克提努斯（Arctinus）、乐斯凯欧（Lesches）、阿吉亚斯（Augias）和斯泰西科拉斯（Stesichorus）等等。这些"历史考证派"如同一千多年后的传人对待《荷马史诗》、《柏拉图全集》和《圣经》一样，看起来似乎取得了丰硕的成果，但大都不准确。② 而且，即便考证出来的《诗系》众作者都是真正的历史人物，并且这些历史人物就算都在古风时代进行过写作活动，这也并不意味着他们就创作了《诗系》中的具体篇章。③ 结果，《诗

---

① G. Murray. *The Rise of the Greek Epic*，页343。

② 同上，页344。

③ J. S. Burgess. *The Tradition of the Trojan War in Homer and the Epic Cycle*. The Johns Hopkins University Press, 2001，页9。

系》中的很多诗作,如果不说全部《诗系》的话,都很可能是"无主之物",后世很多"考证"亦无非是一些猜测而已,加重了众多猜测的"猜测"色彩,把问题弄得更为复杂,而对本身并没有什么益处。

就算《诗系》并非荷马一人所作,但既然对《诗系》作者的这些猜测并不能解决什么问题,那么我们似乎应该转变方式,仿效古人,暂时把《诗系》归在荷马名下:毕竟"荷马"与《诗系》有着千丝万缕的关系。《诗系》中的故事定然十分古老,希罗多德所谓"荷马或者更早的诗人",即证明荷马之前还有更古老的诗人,他们的名气和成就虽都不如荷马,但却是荷马的先辈和源泉(2.23)。而且荷马对这些故事十分熟悉,并对它们进行了裁剪,使用了"春秋笔法"(希罗多德2.116)。《奥德赛》开头几卷就已表明荷马对《塞浦路亚》到《特勒戈尼》的整个"特洛亚诗系"了然于胸(Allen对此进行过详细的比较考证),而且他在《奥德赛》中对《诗系》如此简略的叙述,足以说明《诗系》的内容在当时已然十分流行,荷马只是把它们当做众所周知的背景一笔带过。①

当然,《诗系》故事的古老源头仍然不能说明其著作权问题,或者反过来说,荷马熟悉远古流传下来的传说,并不足以让我们简单地把《诗系》归在荷马名下。其实,这个问题与"荷马史诗"这个名称以及《荷马史诗》的著作权一样,关键在于如何理解"荷马"一词。历史上究竟是否存在着一个叫做荷马的人?我们在别处曾经详细地分析过了,这里不再赘述。② 几千年来,尽管不断有人在质疑荷马的真实性,并且在近代还产生了一个专门针对这一难题的所谓

---

① T. W. Allen. *Homer: the Origins and Transmission*,页75。
② 参拙著:《荷马史诗导读》,华东师大出版社,2007年,第一章和第二章。

"荷马问题",但大家在材料不足而且考订无益的情况下,几乎一致认可了"荷马"这个名称。那么,对于这些同样无法确证其作者却又与荷马有着极为密切关系的诗作,为什么不可以同样处理呢?更何况,《诗系》中的不少诗作,据考证,与荷马的弟子及再传弟子或"荷马学宫"(the school of Homer,Allen 语)的成员相关。其中,享有《诗系》大部分著作权(lion's share)的阿克提努斯(Arctinus),作为荷马的高足(尽管与荷马一样,被认为是传说中的人物),堪称"第二荷马"。如果我们接受"荷马"的真实性,那么,同样也应该认可荷马的徒子徒孙对《诗系》的创作权——尽管《诗系》中的材料来自于更为古老的时代。荷马的传人(Homeridae)接过了先师的工作,并努力把老师已经开始却尚未完成的事业继续进行下去。因此,正如我们不怀疑本为孔子的弟子和再传弟子所辑的《论语》实际上就是"述而不作"的孔子所作一样,我们把《诗系》归在"荷马"名下,不过师法洙泗故事而已。如果一定要符合现代学术规范的话,亦不妨把《诗系》称作《荷马史诗·外篇》。考虑到《诗系》极为丰富的内容,以及在其著作权上极大的争议,我们折中把《诗系》的作者署为"荷马等"。

把《诗系》视为荷马所作,这一直是古人的"定论"。虽然在公元前 350 年左右,"荷马"已经变成了一个传统的词汇,专指《伊利亚特》和《奥德赛》的作者,但此后仍然有一些古人把"荷马"视为《诗系》中其他史诗的作者。比如说,安提戈努斯(Antigonus of Carystus)即把《忒拜之歌》引为"荷马"所作,而西米阿斯(Simmias)则把《小伊利亚特》算在荷马名下。甚至到更为后来的时候,整个诗系传统都可以被称作"荷马"。[①]

[①] G. Murray. *The Rise of the Greek Epic*,页 299。

埃斯库罗斯和索福克勒斯等人的剧作素材大多来自于《诗系》（参亚里士多德《诗学》第二十三章1459b以下），从他们自谦说自己的悲剧不过是"荷马盛宴的残羹冷炙"（slices from the great banquets of homer），① 可以看出，他们其实把荷马视为《诗系》的作者。后来，维吉尔的《埃涅阿斯纪》和奥维德的《变形记》也从《诗系》中获得了大量的养料。由此，《诗系》对后世产生了深远的影响。面对《诗系》本身，直接领受古人的惠泽，应该才是我们的首要任务。

古籍残篇的整理，往往注释多于正文，其重要性与正文不相上下，因为没有笺释，正文就无法识读。因此，古籍残篇的注释不是一般的文献注，不宜放在脚注中仅供备考，而应紧随正文一同阅读。因此，本书采用我国古籍整理的习惯体例（参见中华书局编《清人十三经注疏》），将笺注与正文同列，通用宋体（与正文仿宋有别），便于阅读（无需上下找寻）。方式为两种：1、短的注释随文施加〔〕号夹注；2、长段笺释列于正文之后，由●号引导。

《诗系》正文的翻译主要以 M. L. West 的希—英对照的 Loeb 本为蓝本，另参考了 H. G. Evelyn‐White 的旧 Loeb 本。本书大部分正文由崔嵬先生根据英译文并力所能及地参照希腊文译出，大部分笺释也是他的辛勤劳动。本书虽参考了多种书籍，但由于编译者西方古典学养（包括古典语言）严重不足（目前这在我国还极为缺乏），因此不准确乃至错误之处，必定难免，望方家不吝指教，更求完善。

本书为重庆市政治学团队建设之成果。

程志敏
2009年10月21日
西南政法大学古典学研究中心

---

① G. Murray. *The Rise of the Greek Epic*, p. 298.

忐拜诗系

俄狄甫斯之歌（*ΟΙΔΙΠΟΔΕΙΑ*）

证 据

Borgia plaque

传下了《俄狄甫斯之歌》，[他们说]这是[拉克岱蒙人]基纳厄同（Κιναίθων）所著，有6600行。我们将把它放在《忒拜诗系》系列之下。

——*IG.* 14. 1292. *ii.* 11 = *Tabula Iliaca* K (*Borgiae*) p. 61 *Sadurska*

• 波尔贾盘片铭文：波尔贾（Borgia）是意大利的一个贵族家庭，因其在文艺复兴时期腐败的教权统治而臭名昭著，被认为是"史上首罪之家"。

• 基纳厄同（Cinaethon）：拉克岱蒙人，多产的《诗系》诗人，据尤西比乌斯（Eusebius）说（*Chron. Ol.* 3. 4.），他生活于公元前765年。归在他名下的作品有：一、《特勒戈诺斯纪》（*Τηλεγονία*, *Telegonia*），描述的是奥德修斯幸免于难之后的历险故事；二、《谱系》（*Genealogies*），泡萨尼阿斯多次引用这部作品（ii. 3. §7, 18. 5, iv. 2. §1, viii. 53. §2；参看 Schol. *ad Hom. Il.* iii. 175），可见这部作品定然一直存留到公元175年；三、《赫拉克勒亚》

('Ηράκλεια, *Heracleia*),主要讲的是赫拉克勒斯的历险故事(Schol. *ad Apoll. Rhod.* i. 1357.);四、《俄狄甫斯之歌》(Οἰδιποδία, *Oedipodia*),主要讲俄狄浦斯的历险故事,古代抄本中也把该诗归在他的名下(Heeren, *in Bill. d. alten Literat. und Kunst*, vol. iv. p. 57),但也有人说,这部作品的作者不确定(Paus. ix. 5. §5; Schol. *ad Eurip. Phoen.* 1760);五、《小伊利亚特》('Ιλιάσ μικρά, *The Little Iliad*)也被一些人归在他的名下(Schol. Vat. *ad Eur. Troad.* 822;参看 Welcker, *Epischer Cyclus*, p. 243)。参看: *Dictionary of Greek and Roman Biography and Mythology*, Edited by William Smith, London: Spottiswoodes and Shaw, New – street – Square, 以下称"《希腊罗马传记与神话词典》"),卷一,页752。

辑　语

1. Pausanias, *Description of Greece*

　　我不相信荷马在《奥德赛》中所说,俄狄浦斯同母亲生过孩子:"我见过俄狄浦斯的母亲,漂亮的伊俄卡斯忒('Ιοκάστη),因不知情而干了一件可怕的事:嫁给了自己的儿子,在儿子杀死其父亲之后嫁给了他;神明们很快在人群中散布开这件事。"如果俄狄浦斯与埃皮卡斯忒('Επικάστης)生了四个孩子,神明们怎么可能"很快"就散布这个事情?[不,]这四个孩子是许珀法斯('Υπέρφαντος)的女儿欧吕嘉内娅(Εὐρυγανείας)所生,史诗《俄狄甫斯之歌》的作者说得清清楚楚。

- "可怕的事",直译为"大事"。此从 M. West 译法。
- 伊俄卡斯忒(Jocasta)是俄狄浦斯的母亲,俄狄浦斯后来无意中娶她为妻。《奥德赛》中作"埃皮卡斯忒",事见 11. 271 - 280,奥德修斯到哈得斯时"见到俄狄浦斯的母亲、美貌的埃皮卡斯忒,/她本人不明真相,犯下了可怕的罪孽,/与自己的儿子婚配,儿子弑父娶母亲。/神明们很快把事情的真相向世人公开,/但他在美好的忒拜仍统治卡德摩斯人,/按照神明们的残忍意愿,忍受痛苦。/王后来到强大的守门神哈得斯的居地,/在她把绳索系上呆呆的房梁自缢后,/心怀嗟怨,给儿子留下无数的苦难,/为母亲们报仇的女神们一手制造的祸患"(王焕生译文)。另参索福克勒斯《俄狄浦斯王》,见《罗念生全集》,上海:世纪出版集团上海人民出版社,卷二,页 343 以下。

2. Asclepiades, *Tragedians' Tales*

地球上有一种动物,只有一种嗓音,却有时两腿,有时四腿,有时三腿,它不同于任何地上、天上和水中的生物,并时常改变形状。以最多的腿行动时,它体力最弱。

- 这种六音步的斯芬克斯之谜,许多地方都有引用,可以追溯到塔吉鲁斯的阿斯克里庇德斯(Asclepiades of Tragilus,公元前四世纪晚期)。那个时候把它从《俄狄甫斯之歌》中摘录出来十分容易。谜底就是"人",初生之时用四肢爬行,晚年用拐杖作第三条腿。

3. Scholiast on Euripides, *Phoenician Women*

[斯芬克斯]抓住并吞食各类人,包括克瑞翁(Κρέων)的儿子海蒙(Αἵμονα)。《俄狄甫斯之歌》的作者说起斯芬克斯

($\Sigma\varphi i\gamma\xi$ 或 $\Phi i\xi$):"高贵的海蒙,无可挑剔的克瑞翁($K\varrho\varepsilon iov\tau o\varsigma$)的爱子,孩子们中最漂亮、最可爱的一个。"

- 克瑞翁(Creon):埃皮卡斯忒的兄弟,忒拜国王。他在三种情况下才能统治忒拜:一是拉伊奥斯(Laius)死去,二是俄狄浦斯倒台,三是俄狄浦斯之子厄特克勒斯(Eteocles)死去。他还把自己的女儿迈加拉(Megara)嫁给了赫拉克勒斯(Heracles)。
- 斯芬克斯(Sphinx):希腊神话中的一个怪物,据说是欧特乌斯(Orthus)和奇美拉(Chimaera)的女儿,出生于阿瑞米(Arimi, Hes. *Theog.* 326),又说是提丰(Typhon)和厄基德娜(Echidna)的女儿(Apollod. iii. 5. §8; Schol. *ad Eurip. Phoen.* 46),或说是提丰和奇美拉的女儿(Schol. *ad Hes.* 和 *Eurip. l. c.*),或说拉伊奥斯(Laius 或 Laios)的天然女儿(natural daughter)。关于斯芬克斯留在忒拜以及她同拉伊奥斯的命运的关联,参看俄狄浦斯的相关内容。据说,斯芬克斯提出来的那个谜语,是从缪斯女神那里学来的(Apollod. iii. 5. §8.),又说是拉伊奥斯亲自教给她这个神秘寓言,而这个寓言是卡德摩斯(Cadmus)在德尔斐学到的(Paus. ix. 26. §2)。据说,赫拉把她派到波俄提亚(Boeotia),因为赫拉十分生气,责怪忒拜人没有惩罚拉伊奥斯,他把克律西波斯(Chrysippus)从比萨(Pisa)那里带走了。斯芬克斯来自埃提奥匹亚(Ethiopia)最遥远的地方(Apollod. *l. c.*; Schol. *ad Eurip. Phoen.* 1760)。据其他说法,斯芬克斯是战神阿瑞斯派来报仇的,因为卡德摩斯杀死了他的儿子毒龙(the dragon, *Argum. ad Eurip. Phoen.*),又说斯芬克斯是狄奥尼索斯派来的(Schol. *ad Hes. Theog.* 326),或是冥王派来的(Eurip. *Phoen.* 810)。后来又有人说,斯芬克斯是那些同卡德摩斯的女儿们待在一起的女人之一,最后疯掉,被变成一个怪物

(*Schol. ad Eurip. Phoen.* 45.）。这个传奇本身已经清楚地表明，斯芬克斯是如何被引入希腊神话的。这个形象最初来源于埃及或埃提奥匹亚，但是后来斯芬克斯和古希腊的故事合在了一起，其形象也有所改变。埃及的斯芬克斯是没有翅膀的狮子，并且是躺着的，上半部分是人的身体，一般出现在通往神殿的路上。在埃及的斯芬克斯像中，吉萨（Ghizeh）最多，这个雕像除了爪子以外，整个是一块大石头。埃及的斯芬克斯通常叫做"狮身人面像"（ἀνδρόσφιγγες, Herod. ii. 175; Menandr. *Fragm.* p. 411, ed. Meineke），这并不意味着斯芬克斯是雄性的（其名字中有"雄性"的词干），而是说狮子身与上半部分的人身合在一起，以便有别于其他怪物，有的上半部分是绵羊或公羊。另一方面，希腊斯芬克斯的大体形象是，一个长着翅膀的狮子，有胸部，上半部分是个女人（Aelian, *H. A.* xii. 7; Auson. *Griph.* 40; Apollod. iii. 5. §8; Schol. *ad Eurip. Phoen.* 806）。此外，希腊的斯芬克斯并不总是躺着的，而是以不同的姿势出现，这要随雕刻家和诗人的意。因此，他们总是带着女人的面容，有胸，有脚，还长着狮子的爪子、毒蛇的尾巴和鸟的翅膀（Schol. *ad Aristoph. Ran.* 1287; Soph. *Oed. Tyr.* 391; Athen. vi. p. 253; Palaephat. 7）；又或者上半部分是一个狮子，而下半部分是个男人，带着兀鹰的爪子和老鹰的翅膀（Tzetz. *ad Lycoph.* 7）。斯芬克斯的形象不断被希腊的艺术家用来作为雕刻和其他艺术作品的装饰（Paus. iii. 18. §8, v. 11. §2; Eurip. *Elect.* 471）。参看《希腊罗马传记与神话词典》，前揭，第三卷，页895。

• 索福克勒斯让海蒙（Haemon）成了安提戈涅（Antigone）的未婚夫。

忒拜之歌（ΘΗΒΑΙΣ）

证 据

波尔贾盘片铭文，参看前文。

Pausanias, *Description of Greece*

《忒拜之歌》，也是一首关于战争的史诗。卡里诺斯（Καλλῖνος）提到这首史诗的时候说它是荷马的作品，许多重要的评论都认可这点。而我认为这首史诗是继《伊利亚特》和《奥德赛》之后最好的。

- 卡里诺斯（Callinos）：生活在公元前七世纪上半叶的厄菲索斯，古希腊抒情诗人。古希腊抒情诗包括多种体裁，主要分为双行体诗、讽刺诗、琴歌和牧歌，其中写双行体诗的古希腊诗人较多。据传卡里诺斯是最早写双行体诗的诗人。
- 忒拜（Thebes）：一、史前时期，位于波俄提亚东部平原的南部，是自青铜时代初期以来希腊主要定居点之一，不过，此地在史前阶段的事情相对说来不太清晰。忒拜的要塞或是卫城，即卡德美亚（Cadmea）的椭圆形高原，在青铜时代早期的第二阶段（约公元前2800至2500年）就已经大面积为人占用，"廊房遗址"就属于这个时期。此外，这时期的建筑还有四周连绵的城墙、中部的坚固建筑，还有结构复杂的泥砖石坟墓。这些建筑从安菲翁（Ampheion）山一直绵延到北边。忒拜青铜期中段的情况，以及迈锡尼（Mycenaean）的历史情况，十分模糊（参看迈锡尼文明的相关内容），不过，不难看到，大量存留下来的定居点遗址和一些豪华墓葬，展现了迈锡尼文明早期财富的增长。公元前14世纪中期，忒拜是迈锡尼世界的一个重要文明中心，占地30公顷，发掘出来的有一座雄伟的宫殿，还有与宫殿相关的管理室、储藏室以及工作间。另外还发现了城墙和一个巨大的内室墓地（表明墓中主人的高贵身份），墓地中有一个墓葬巨大无比，内有壁画，可能属于"皇家"。从B类线形文字材料来看（参看迈锡尼语言的相关内容），忒拜的管辖范围也许扩展到了南部的欧玻亚（Euboea）。忒拜与近东文明的特别关联无法找到更多证据，只有那块备受关注的圆筒封印，不过或许真正引人注意的倒是它的材质——天青石。这个宫殿或许在公元前14世纪晚期被损毁，后来在另一个位置重新修建。不过，一个位于卡德美亚的更大的损毁遗迹，大约应该发生在公元前1250年。从坟墓来看，这个地方的文明应该延续到了黑暗时代（the Dark Age），不过，这方面的证据十分缺乏（*GAC*，G 23；K. Demakopoulou，*BCH* Suppl. 20[1990]，307ff. \ O. T. P. K. D.）。二、人类史时期，忒拜是赫拉克勒斯的诞生地。他获得了胜利，却扔掉了国王奥尔科莫诺斯（Orchomenus）赠送的奖品。赫拉克勒斯传奇反映了波俄提亚政治的本质，这样的政治是由忒拜与奥尔科莫诺斯之间的竞争而形成的。希罗多德（5. 57-61）错误地以为是忒拜人为希腊人引进了字母表（不过，他所讲的关于腓尼基人［Phoenicians］的那些相关内容却是正确的；关于忒拜人所谓的腓尼基人起源，参看卡德摩斯［Cadmus］的相关内容）。亚里士多德（*Pol.* 2. 9. 7，1274a31）说科林多的巴柯西亚德·菲罗拉乌斯（Bacchiad Philolaus）成了忒拜的立法者，其立法内容主要涉及两个方面，一是家庭事务，二是财产权。公元前六世纪末期，忒拜与其邻邦组建了一种联盟，或者是一种初级的邦联政治，不过，奥尔科莫诺斯明显不在这样的政治团体之中。此后，忒拜开始争夺整个波俄提亚的霸权。奥尔科莫诺斯同庇西斯特拉图家族（Pisistratids）保持了友好的关系（参看雅典历史以及希皮亚斯[Hippias]、希帕库斯[Hipparchu]和庇西斯特拉图的相关内容）。不过，整个普拉蒂亚（Plataea）燃起了对雅典的敌意。普拉蒂亚在公元前519年或公元前509年加入雅典同盟。一部分忒拜人与塞莫皮莱山（Thermopylae）的一些雅典人站到了一起，而其余的忒拜人则保持中立（参看Medism、塞莫皮莱山之战以及波斯战争的相关内容）。希腊在公元前479年的普拉蒂亚取得的胜利，导致了忒拜力量的暂时隐退。于是，忒拜和斯巴达在公元前457年结盟，不过，也就在同年的晚些时候，这个同盟被雅典在奥诺斐塔（Oenophyta）发动的反击所瓦解。在雅典统治了一段时期以后，波俄提亚人起义反抗雅典，并在公元447年的科罗尼亚（Coronea）战役中打败了托尔密德斯（Tolmides）。而后，忒拜同主要的波俄提亚城邦建立起了波俄提亚邦联（Confederacy），俄克喜林库斯（Oxyrhynchus）历史学家在书中记述了这个事情。起初，忒拜在十一个邦联单位中占据了两个。忒拜在和平时期袭击普拉蒂亚，对于引发伯罗奔尼撒战争起了很大的作用。忒拜征服了普拉蒂亚，占领了其领地，并宣称这是邦联中的两个单位。忒拜为了用战争手段进一步实现其抱负，在公元前424年与德利翁（Delion）战争之后毁掉了忒斯比亚（Thespiae）的城墙，并在不久后削减了奥尔科莫诺斯的力量。于是，忒拜在邦联中占得上风。忒拜打败了雅典之后，就与斯巴达疏远起来，并为遭雅典流放的三十僭主提供避难所。忒拜及邦联吸收了雅典、科林多以及阿尔戈斯，在科林多的战争中对抗斯巴达，遭遇了失败，导致邦联的解体和忒拜势力的丧失。在公元前 382 年的和平时期，斯巴达控制住了忒拜，不过，公元前 379 年的民众暴动又让忒拜摆脱了控制。此后，忒拜重建了邦联，并让它完全处于忒拜的控制下，还在公元前 371 年的留克特拉（Leuctra）战争中击败了斯巴达。这场胜利为忒拜赢得了对希腊的短暂霸权，当时的领袖人物是埃帕米农达（Epaminondas）和佩洛庇达斯（Pelopidas）。埃帕米农达在公元前 362 年的曼提尼亚（Mantinea）战争中死去，标志着忒拜霸权的结束。第三次圣战（the Third Sacred War）中的失利造成了忒拜财富的衰落，而忒拜在喀罗尼亚之战（Chaeronea）中与菲利浦（Philip）二世作对，又导致了其国家的垮台。尽管菲利浦赦免了忒拜，但它最后却因反叛亚历山大大帝而彻底毁灭。卡珊德尔（Cassander）在公元前 316 年重建了卡德美亚（参看前文史前时期内容），并且忒拜在希腊政治时期扮演了重要角色。此外，忒拜还在公元前 279 年和其他希腊人一起保卫德尔斐免于布伦努斯（Brennus）的侵袭。公元前 146 年，忒拜又在克温图斯·梅特路斯·马奇顿尼库斯（Q. Caecilius Metellus Macedonicus）的手中遭受了毁灭性打击；公元前 86 年，这样的命运又在苏拉（Sulla）手中重现，苏拉没收了忒拜近半数的领土。此后忒拜被勒巴狄亚（Lebadea，参看特洛佛尼乌斯的相关内容［Trophonius］）和忒斯比亚盖住了光芒，直到公元 3 世纪，罗马的忒拜城成了一个舒适的城市，但仅包括卡德美亚和一些郊区，那时它以其花园、水域和赫拉克勒斯的泛希腊集市而知名。哈德良（Hadrian）公元 125 年亲访该城，为其带来荣耀。忒拜在公元 395 年抵挡了哥特（Gothic）人的进攻，此后查士丁尼（Justinian）又为此城加固防备。参看 P. Cloché, *Thèbes de Béotie*（1952）；J. Buckler, *The Theban Hegemony*（1980）；S. Symeonoglou, *The Topography of Thebes*（1985）。另有一个忒拜（这个名字被古埃及人用来称呼 Waset, mod. Luxor)：有人说忒拜是法老埃及的首都，希罗多德曾前去拜访过（2.143），在马其顿（Macedonian）征服的时候还是一个重要的城市，此后，它变成了一个"乡村风格"的居住地，施特拉波（Strabo）曾经到过这个地方（17.1.46, 815-16c），这个地方是当地人反抗托勒密（Ptolemies）的基地，结果遭受了两次奴役之苦（公元前207/6和88）。约公元前30或29年，迦鲁斯（Cornelius Gallus）趁着反罗马动乱，洗劫了忒拜。即便如此，托勒密的埃及宗教影响仍然扩展到了忒拜的神殿之中。零星的建筑在最高领袖的支持下，一直持续修建到约公元150年；阿蒙（Amon）神殿（Karnak）中的埃及祭仪在公元3世纪前被丢弃，那时这个建筑群成了罗马的要塞，而法老的雕像被小心地掩埋了起来。很早以前，忒拜古迹就已经成为罗马观光的中心，此外，还有门农（Memnon）的阿波罗像和法老墓。公元357年，康斯坦丁（Constantius）二世还把忒拜的方尖塔展示在罗马人的面前。参看 J. Bingen, Chron. d'É. 1986, 330ff.; G. Fowden, JHS 1987, 51. ff. (obelisk); Egyptian Archaeology 1992, 8f. (statuary). J. G. m.; A. J. S. S. 参看 *The Oxford classical dictionary*, edited by Simon Hornblower and Antony Spawforth, New York: Oxford University Press, 2003. p. 1495（以下称《牛津古典辞典》）。

Pseudo-Herodotus, *Life of Homer*

当他与别人一起呆在鞋匠店里的时候，就会当众表演他的诗歌，《安菲阿拉乌斯征战忒拜》，还会朗诵他为诸神所作的赞美诗。

- 安菲阿拉乌斯（Amphiaraus）：著名先知，著名卜师，曾随阿戈船远征，还是攻打忒拜的七勇士之一。他是奥伊克勒斯（Oikles）的儿子，在希腊《英雄诗系》中占有重要地位，是比特洛亚战争中的英雄更早的一代。他娶厄里费勒（Eriphyle）为妻；波吕涅克斯（Polyneices 或 Polynices）用和谐之链（Harmonia）贿赂厄里费勒，诱使她劝丈夫参加对忒拜的战争。

辑　语

1. *The Contest of Homer and Hesiod*

　　荷马被打败以后，就四处游历，演唱他的诗作，首先是七千行的《忒拜之歌》，开头如下：

　　"女神，歌唱极为干涸的阿尔戈斯吧，当时贵胄们……"

● 中文参［古希腊］无名氏《荷马与赫西俄德之间的辩论》，吴雅凌译，刊于刘小枫、陈少明主编《经典与解释 3：康德与启蒙》，北京：华夏出版社，2004 年，页 303。译文与此略有不同。

2. Athenaeus, *Scholars at Dinner*

　　《忒拜之歌》的作者说，俄狄甫斯由于杯子的缘故而诅咒他的儿子们，因为他们把一个禁忌之杯放在了他面前。以下就是诗人所说。

　　"然后，神生的英雄、金发的波吕涅克斯（Πολυνείκης），首先在俄狄浦斯旁边放了满满一桌子银子，这些银子一度属于虔敬的（θεόφρονος）卡德摩斯（Κάδμοιο）；接下来他在一个漂亮的金杯中盛满了美酒。但当俄狄甫斯捧起放在面前的父辈留下来的珍贵奖品时,巨大的痛苦涌上心头,他马上对在场的两个儿子说出了恶毒的诅咒。当俄狄甫斯祈求那相亲相爱的两兄弟永远不要瓜分父辈的东西时,复仇女神并非没有听到,但他们两人(注定)时有战争和打斗。"

- 波吕涅克斯:又作"波吕尼克斯",伊俄卡斯忒和俄狄浦斯的儿子,厄特俄克勒斯、安提戈涅和伊斯墨涅的兄长。他和厄特俄克勒斯共同继承父亲的王位。两人商定轮流执政一年,但厄忒俄克勒斯登上王位后背信弃义,拒绝让位。波吕尼克斯被迫离开忒拜,来到阿尔戈斯,并与阿德拉图斯国王的女儿阿尔格娅结婚。在岳父的帮助下,他召集众英雄发兵忒拜,成为攻忒拜的著名七勇士之一。他在战斗中和厄特俄克勒斯对阵,结果同归于尽。
- 卡德摩斯(Cadmus):腓尼基国王阿革诺耳的儿子,欧罗芭的哥哥。他和喀利克斯、福尼克斯一起被父亲派出寻找欧罗芭。参看库恩《希腊神话》,朱志顺译,上海:上海译文出版社,2006年,页89。另参奥维德《变形记》,杨周翰译,北京:人民文学出版社,1984年,页35。

3. Scholiast on Sophocles, *Oedipus at Colonus*

厄特俄克勒斯('Ετεοκλῆs)和波吕涅克斯给父亲俄狄浦斯安顿午饭时,通常都会送来用作牺牲的动物前腿肉,有一次,不知道是出于简单的忽视还是其他什么原因,他们没有在午饭中安排。这个气度狭小、手段卑劣的家伙,总是认为被人轻视,就诅咒了他们。《忒拜之歌》的作者描写如下:

"当俄狄浦斯辨别出臀肉(ἰσχίον)后,把它扔到了地上,说:'啊,啊,我的儿子们送这个东西来嘲笑我……。'于是他向宙斯王和其他不死的神明祈求，（兄弟两人）每个都倒在其兄弟的手下，下降到哈得斯。"

- 厄特俄克勒斯（Eteocles）：俄狄甫斯与伊俄卡斯忒的儿子，他同意与其兄弟波吕涅克斯轮流执掌忒拜，但在第一年后就反悔，拒绝交权。希腊语Ἐτεοκλῆς意思是"真正光荣的"。参看《俄狄甫斯在科洛诺斯》第1350至1395行，《罗念生全集》，前揭，卷二。
- "下降到哈得斯里"，喻"死"。见《俄狄甫斯在科罗洛斯》，《罗念生全集》，同前，卷二。

4. Adrastus, *the honey - voiced*

Plato, *Phaedrus*

声音甜美的（μελίγηρυν）阿德拉图斯（Ἄδραστος），或是伯利克勒斯（Περικλῆς），听了我们刚才列举的那些奇妙的文辞（τῶν παγκάλων τεχνημάτων）之后，会有怎样的反应呢？

- 阿德拉图斯，英文作 Adrastus，《希汉字典》写作Ἀδρηστος。阿尔戈斯的国王，当政于厄特俄克勒斯与波吕涅克斯争夺忒拜王权之时。参看《俄狄浦斯王》，《罗念生全集》第二卷。阿德拉图斯是塔拉奥斯与吕士玛茜（Lysimachē）的儿子，因同其王族的另一支不和而逃到西科昂（Sycion），但不久又与阿尔戈斯议和，回到那里，并把自己的妹妹厄里费勒嫁给了安菲阿拉乌斯。被放逐的堤丢斯和波吕涅克斯来到他的国家，分别娶了他的两个女儿，后者娶的是阿尔格娅，前者娶的是德皮勒。阿德拉图斯于是着手帮助他们回到自己的国家，并组织了一支军队，想帮助波吕涅克斯夺回忒拜王权。远征失败之后,阿德拉图斯凭借宝马阿瑞昂而逃脱,此马是波塞冬与德默特尔的后代。在他年老的时候,成功地带领七勇士的后人攻下了忒拜,但在回家的路上因过度哀悼其子埃癸阿琉斯而死,他的儿子是这次进攻中唯一死去的将领。而后,其孙狄奥默德成为国王。

- "那些奇妙的文辞":按希腊文原文翻译应是:那些极好的技艺。M. West 译为"the wonderful rhetorical devices"。

5. Apollodorus, *The Library*

在阿尔泰亚('Αλθαία) 死的时候,俄纽斯(Οἰνεύς) 娶了珀里玻娅(Περίβοιαν),她是希波诺乌斯('Ιππονόου) 的女儿。《忒拜之歌》的作者说,当奥勒诺斯(Ὠλένου) 受到攻击时,俄纽斯得到了作为奖品的她(指珀里玻娅)。尽管赫西俄德说……正是她为俄纽斯生下了堤丢斯(Τυδεύς)。

- 阿尔泰亚(Althaea):卡吕冬国王俄纽斯的妻子,墨勒阿格洛斯的母亲。当她的孩子出世的时候,命运三女神预言只要炉火中的那块木头不烧完,墨勒阿格洛斯就能活着。阿尔泰亚立刻把那块木头拿出来,并放在一个安全的地方。当墨勒阿格洛斯在一次打斗中杀死了他的两个兄弟后,阿尔泰亚把这个烧了一半的木头丢进了火中。参看奥维德《变形记》VIII, 451-546 行,杨周翰译,人民文学出版社,1984 年,页 114。
- 俄纽斯(Oineus):卡吕冬王,与珀里玻娅生英雄堤丢斯,堤丢斯生狄奥墨得斯。
- 珀里玻娅(Periboia):希腊神话中并无此名,与此名相近的是"Periboea",而希腊神话中共有九个人用到这个名字,分别是:一、萨拉米斯岛(Salamis)西克瑞乌斯(Cychreus)国王的女儿,或是阿尔卡托乌斯（Alcathous）的女儿。她的母亲要么是皮尔歌（Pyrgo），要么是伊瓦伊克默（Evaechme）。她嫁给了忒拉蒙，成为埃阿斯的母亲，还同忒修斯（Theseus）有染；二、欧律墨冬（Eurymedon）同波塞冬的女儿，也是瑙西托俄斯（Nausithous）的母亲；三、波吕布斯（Polybus）的妻子，俄狄甫斯的养母；四、娜雅特（Naiad）之一，即水泉之神，艾卡瑞斯的妻子，培利拉欧斯（Perilaus）的佩涅洛佩（Penelope）的母亲；五、希波诺乌斯（Hipponous）的女儿，同俄纽斯生下了堤丢斯；六、为了能缓解瘟疫而被洛克里（Locris）人关到特洛亚的雅典娜神坛的两个女孩子之一，另一个女孩叫克丽奥佩特拉（Cleopatra）；七、阿西撒默洛斯（Acessamenus）的大女儿，同河神阿克西厄斯（Axius）生下儿子佩拉贡（Pelagon）；八、希腊神话中的大洋女神之一；九、墨革斯（Meges）的妻子，凯尔特（Celtus）和尤比乌斯（Eubius）的母亲。此处应该是指第五个。

- 希波诺乌斯（Hipponous）：奥勒诺斯（Olenos）的厄佩翁（Epeian）城国王。他把自己的女儿佩瑞波娅（Periboia）送给了埃托利亚（Aitolia）的俄纽斯国王。这是为了惩罚她被战神阿瑞斯或是希波斯拉托斯（Hippostratos）所引诱。还有人说俄纽斯拿下了该城，赢得了这个女孩。

- 奥勒诺斯（Olenos）：即"Olenus"，共有四个人叫这个名字：一、火神赫淮斯托斯的儿子，海里斯（Helice）和阿伊克斯（Aex）的父亲；二、拉皮泰族人（Lapith）特克塔弗斯（Tectaphus）的父亲；三、住在伊达山上的人，由于他的妻子勒莎伊阿（Lethaea）说自己比任何女神都漂亮，结果他们两个都被石头砸死，尽管他本可以避祸，但他最终选择同妻子死在一起；四、福西厄斯（Phoceus）的父亲。

- 奥勒诺斯：火神赫淮斯托斯的儿子。"受到攻击"一词，White 本译作"遭遇风暴"。
- 堤丢斯（Tydeus）：狄奥墨德和德皮勒（Deipyle）的父亲，俄纽斯同珀里玻娅的儿子，或是与格尔吉（Gorge）的儿子。格尔吉是俄纽斯的女儿。提丢斯也是攻打忒拜的七勇士之一。另参埃斯库罗斯著《七勇攻忒拜》，陈中梅译，辽宁教育出版社，1999年。

6.

（安菲阿拉乌斯）在传达神谕和投掷长矛两个方面都很优秀。

Pindar, *Olympian Odes*

史诗《忒拜之歌》如是记载：然后，七具尸体放到祭坛上，塔拉奥斯（Ταλαός）的儿子说："我思念将军犀利的眼光，他在神谕和枪战两个方面都很在行。"后人对此评注到：阿斯克里庇德斯（'Ασκληπιάδης）说这一段采自《英雄诗系》之《忒拜之歌》。

- 塔拉奥斯（Talaus）：阿德拉图斯的父亲，阿尔戈斯的国王，也是同伊阿宋一起寻找金羊毛的英雄之一。他是波吕布斯（Polybus）和蒂罗尔（Tyro）的儿子（又说是庇阿斯[Bias]和佩若[Pero]的儿子）。
- 迈尔里的阿斯克里庇德斯（Asclepiades of Myrlea）：约鼎盛于公元前65年。参看维拉莫威兹《古典学历史》，陈恒译，北京：三联书店，2008年，页5以及注释19。

7. Scholiast on Pindar

安菲阿拉乌斯和阿德拉图斯之间发生了争执，结果导致塔拉奥斯为安菲阿拉乌斯所杀，而阿德拉图斯逃到了西科昂（Σικυών）……但是后来他们又达成协议，条件是安菲阿拉乌斯同厄里费勒（'Εριφίλη）结婚，所以如果他们之间再发生争执的话，那么厄里费勒将出面来做最终裁定。

• 西科昂（Sicyon）：中文又译作西息安，位于伯罗奔尼撒北部科林多西北11公里处，两位影响深远的雕塑家诞生于此地。此地还是公元前7世纪的悲剧诞生地。参看希罗多德《历史》，王以铸译，商务印书馆，1959年，页373，第五章第67段，译为"希巨昂"。据说，此处还是希腊人最早的定居点，因而是希腊最古老的城邦。古老的传说认为，普罗米修斯的火种就带到这个地方了。关于这个地方更详尽的介绍，参看 http://www.sikyon.com。另，在希腊神话中，他是马拉松的儿子，也可能是墨提翁、厄瑞图斯以及珀罗普斯（Pelops）的儿子，宙克西珀（Zeuxippe）的丈夫和季托洛普弗涅（Chthonophyle）的父亲。西科昂镇在他之前叫做墨科涅（Mecone）或艾吉阿罗埃（Aegialoe），后来因为他而得名（Paus. ii. 1. §1, vi. 2. §3; Strab. viii. p. 382）。参看《希腊罗马传记与神话词典》，前揭，卷三，页817。

• 厄里费勒（Eriphyle）：阿德拉图斯的妹妹，阿尔戈斯的塔拉俄斯的女儿，安菲阿拉乌斯的妻子。她因为一条项链，强迫丈夫参加七勇士攻忒拜的战争（Hom. Od. xi. 326; Apollod. i. 9. §3;）。参看《希腊罗马传记与神话词典》，前揭，卷二，页49。

8.

安菲洛克斯（'Αμφίλοχ'），我的儿啊，唯愿你像章鱼一样，适应那些与你相处的人，还要善于随着颜色的变化而发生改变。

1-2 Athenaeus, *Scholars at Dinner*：克里阿卡斯（Κλέαρχος）在他的作品《论谚语》（Περὶπαροιμιῶν）中记录了同样的事情，引用了从"安菲洛克斯"到"与你相处的人"的文字，但并没有说明是谁所作。

Antigonus of Carystus, *Marvels*：因此诗人［也许是指荷马］写下了这被多次引用的文字，从开始到"与你相处的人"。

3 Zenobius, *Proverbs*：最后一句，即"还要善于随着颜色的变化而改变"，意思是说，一个人应该使他自己融入他所处的环境之中。这是用章鱼来作比喻。

- 说话者是安菲阿拉乌斯。安菲洛克斯（Amphilochus），阿尔克迈翁（Alcmaeon）的兄弟，著名的先知。他和兄弟一起杀死了母亲厄里费勒，因为她的背叛导致了他们父亲的死亡。参看《伯罗奔尼撒战争史》第2卷68段，页115，徐松岩、黄贤全译，广西师大出版社，2004年。
- 克里阿卡斯（Clearchus）：希腊历史上共有五个人用这个名字，他们分别是：一、雅典的克里阿卡斯，喜剧诗人；二、赫拉克里亚（Heraclea）的克里阿卡斯，潘提卡（Pontica）的赫拉克里亚的僭主；三、雷吉亚（Rhegium）的克里阿卡斯，雕塑家和毕达哥拉斯教义的传授者；四、斯巴达的克里阿卡斯，将军；五、索里（Soli）的克里阿卡斯，作家，也是此处提到的人，他是希腊哲学家，生活于公元前4至3世纪，属于亚里士多德逍遥学派（Peripatetic

school）。他写作了大量关于东方文明（现中东地区）的作品，据说曾游历阿富汗东北部的阿里坎拉姆地区的巴克特里城。其内容涵盖从波斯到印度的文明，现仅存一些残篇。其著作《论教育》（希腊文作 Περὶ παιδείας）被第欧根尼·拉尔修保存了下来。他尤其表达了东西方宗教相关联的几个理论。在《论教育》中，他写道："东方智术师（gymnosophists）是麦奇人（Magi）的后裔。"约瑟夫（Josephus）引用了他的另一段文字，其中记录了与亚里士多德的一段对话，这位哲人说希伯来人是印度哲学家的后裔。其作品还包括：至少有八卷的自传作品《生平》（Βίοι）、一篇关于柏拉图的《蒂迈欧》的评论、《颂扬柏拉图》（Πλάτωνος ἐγκώμιον）、一篇关于柏拉图《王制》的数学主题的评论（Περὶ τῶν ἐν τῇ Πλάτωνος Πολιτείᾳ μαθηματικῶς εἰρημένων）、《论谄媚》（Γεργίθιος）、《论友谊》（Περὶ φιλίας）、《论谚语》（Παροιμίαι）、《论谜语》（Περὶ γρίφων）、《爱情故事》（Ἐρωτικά）、《论绘画》（Περὶ γραφῶν）、《论素描》（Περιγραφαί）、《电鱼研究》（Περὶ νάρκης）、《水中生物研究》（Περὶ τῶν ἐνύδρων）、《论神圣》（Περὶ θινῶν，英译为"On sand-wastes"，据希腊文，疑有误）、《论解剖》（Περὶ σκελετῶν）、《论睡眠》（Περὶ ὕπνου）。由埃利阿诺斯·塔克提科斯（Αἰλιανός Τακτικός）所引用的那段关于军事的文字，是否也应归于他的名下，还存在争议。

9. Scholiast on the *Iliad*

俄纽斯的儿子堤丢斯在忒拜战争中被阿斯塔科斯（Ἀστακός）的儿子墨拉尼波斯（Μελάνιππος）所伤。安菲阿拉乌斯杀死了墨拉尼波斯，并把他的头带了回来，堤丢斯一气之下把它劈开，把脑子给吞了。当雅典娜正准备让堤丢斯不朽的时候，看到了这件恐怖的事情，就转身离开了。堤丢斯发现后，恳求女神至少把不朽赐给他的儿子。

一些抄本增加了以下内容:"这个故事出自费瑞居德斯（Φερεκύδης）",在一个晚近的抄本中还加上了"这个故事出自诗系诗人"。

● 墨拉尼波斯（Melanippus）:在希腊神话中,共有五个人用到这个名字,分别是:一、阿格里俄斯（Agrius）之子,为赫克托尔所杀;二、佩瑞格涅（Perigune）和忒修斯之子;三、即此处提到的人物,他在七勇士来攻时守卫忒拜。在埃斯库罗斯的戏剧里,他在普罗依提德门（the Proitid gate）迎战堤丢斯,杀死了七勇士之中的两个,即墨基斯忒奥斯（Mecisteus）和堤丢斯,但后来要么是被安菲阿拉乌斯所杀,要么是与堤丢斯同归于尽;四、希刻塔翁（Hicetaon）的儿子,特洛亚王子,在特洛亚战争期间被安提罗科斯（Antilochus）所杀;五、普里阿摩斯（Priam）的五十个儿子之一。

● 狄奥墨得斯（Diomedes，Διομήδης）:英译文中称他是"像神一样聪明,或受宙斯教导的"。他是特洛亚战争中希腊方面的大英雄,是堤丢斯同德皮勒（Deipyle）的儿子,后来成了阿尔戈斯国王,继承了他祖父阿德拉图斯的事业。在《伊利亚特》中,他是仅次于埃阿斯的英雄,受到女神雅典娜的喜爱。在维吉尔的《埃涅阿斯记》中,他是在攻陷特洛亚城之前进入木马的英雄之一。参看维吉尔《埃涅阿斯纪》,杨周翰译,北京:人民文学出版社,1984年。

● 费瑞居德斯（Pherecydes）:历史上曾有两个人用这个名字,其中一个是西罗斯岛的费瑞居德斯,古希腊思想家,生活于公元前6世纪。作品《五渊》（英文写作 *Pentemychos*,还原为希腊文为 πέντε-μῦχός,意思是"五个最隐蔽的角落"）是古希腊文学中最早可证的散文作品,该书搭起了神话传说与前苏格拉底思想的重要桥梁。

其生平事迹已然不可考，而各种说法也互相矛盾，大约生活于公元前540年前后。他在《五渊》中，通过神话形象传授哲学。该书虽然已经失传，但留下来的辑语与残篇已经能够组建起基本的框架。亚里士多德在《形而上学》（1091b8）称他的作品为神话与哲学的混合。

10. Pausanias, *Description of Greece*

据忒拜人讲，那个在战斗中对抗阿尔戈斯人（'Αργος）的阿斯普佛狄柯斯（'Ασφόδικος）杀死了塔拉奥斯的儿子帕耳忒诺派俄斯（Παρθενοπαῖος）。《忒拜之歌》说帕耳忒诺派俄斯是被佩里克吕墨诺斯（Περικλύμενος）所杀。

• 阿尔戈斯（Argos）是古希腊的一个城邦，在伯罗奔尼撒的瑙普利俄斯附近。瑙普利俄曾是阿尔戈斯的海港，因英雄瑙普利俄斯（Nauplius）而得名。阿尔戈斯地区又叫作阿尔戈利斯（Argolis）或是阿尔戈利德（Argolid），这一地区的居民在英语中称为阿尔戈斯人（Argives）。在古代阿尔戈斯，新石器时代的居民定居点在阿尔戈斯的圣坛附近，距阿尔戈斯45希腊里（στάδιον），靠近迈锡尼。这个圣坛祭献给"阿尔戈斯的赫拉"，其主要的节日是百牛祭（ἑκατόμβη）。参看 Homonecans: *The Anthropology of Ancient Greek Sacrificial Ritual and Myth*, trans. Peter Bing, Berkeley: University of California Press, 1983。阿尔戈斯在迈锡尼时代是一个重要的堡垒，同迈锡尼和梯林斯（Τίρυνς）的其他卫城一起成为最早的定居点，因为这些地方地理位置重要。在荷马时代，它受阿伽门农所统领，还把阿尔戈斯的名字加在了周围区域。阿尔戈斯的重要性在公元前6世纪后被斯巴达所取代，因为它在希波战争中拒绝参战和提供援助而被其他城邦封锁,而且它在公元前 5 世纪雅典同斯巴达的战争中也保持了中立。阿尔戈斯的"神话谱系中的国王(Mythological kings)"有以下这些:伊那科斯($Ἴναχος$)、普洛涅乌斯($Φορωνεύς$)、阿尔戈斯($Ἆργος$)、阿革诺耳($Ἀγήνωρ$)、特伊俄珀斯($Τρίοπος$)、伊阿西俄斯($Ἴασιος$,与阿塔兰塔的父亲同名)、克罗托波斯(Crotopus)、色雷拉斯(Sthenelas)、佩拉斯戈斯(Pelasgus,又称 Gelanor)、达那奥斯($Δαναός$)、林扣斯(Lynceus)、阿巴斯($Ἄβας$,同名者众多)、阿克里西俄斯($Ἀκρίσιος$)、普洛透斯($Πρωτεύς$)、迈伽彭特斯(Megapénthês)、珀耳修斯($Περσεύς$)、阿尔格乌斯(Argeus)和阿那克萨戈拉斯(Anaxagoras,与公元前六至五世纪哲学家同名)。接着这些国王之后,统治阿尔戈斯的同时有三个国王,他们分别是比亚斯($Βίας$)、墨蓝波斯($Μέλαμπος$)和阿那克萨戈拉斯的后人。继承墨蓝波斯的是他的儿子曼修斯(Mantius),接着是欧依克勒斯(Oicles)和安菲阿拉乌斯。比亚斯的继承者是塔拉奥斯,接着是他的儿子阿德拉图斯。而阿那克萨戈拉斯的继承者是他的儿子阿勒克托尔($Ἀλέκτωρ$),接着是伊普费斯(Iphis),伊普费斯把王位留给了他侄子斯忒尼卢斯(Sthenelus)。这个家族持续的时间比较长,最终塞安尼普斯(Cyanippus)统一了王国。

- 帕耳忒诺派俄斯(Parthenopaeus):攻打忒拜的七勇士之一,有几种关于他身份的说法:或是阿塔兰忒(Atalanta)与希波墨涅斯(Hippomenes)之子,或是墨勒阿格洛斯之子,或是阿瑞斯之子,也或许是塔拉奥斯之子。

- 佩里克吕墨诺斯(Periclymenus):忒拜英雄,波塞冬和克罗里斯的儿子。当七勇士攻打忒拜时,佩里克吕墨诺斯奋力捍卫自己的国土,正是他用一块大石头把帕耳忒诺帕俄斯从城墙上打下去摔死。之后他又追击逃窜的敌人。最后他只身一人追击安菲阿拉乌斯。

如果不是宙斯用雷电击开大地，把安菲阿拉乌斯和他的驭手一起吞进去，佩里克吕墨诺斯就会把他杀死了。另外一个是皮罗斯人，皮罗斯国王涅斯琉斯的儿子，他参加阿尔戈斯船英雄们的远航，并从祖父波塞冬那里学到了变形的本领。赫拉克勒斯攻打皮罗斯时，杀死了他的父亲和兄弟，佩里克吕墨诺斯变成蜜蜂同这位英雄搏斗。多亏了雅典娜的指点，赫拉克勒斯才及时辨认出他的真面目，并把他杀死。也有人说，佩里克吕墨诺斯变成一只雄鹰企图啄瞎赫拉克勒斯的眼睛，结果被这位英雄用毒箭射死。参看《古希腊罗马神话鉴赏辞典》（以下简称《神话辞典》），晏立农、马淑琴编著，吉林人民出版社，2006年，页405。另参《希腊罗马传记与神话词典》，前揭，第三卷，页200。

11. Scholiast on the *Iliad*

波塞冬（Ποσειδῶν）爱上了厄里倪斯（Ἐρινύς），就化作一匹马，和她云雨于波俄提亚（Βοιωτία）的提尔普弗色（Τιλφούσῃ, Tilphousa）泉。她怀孕了，生下一匹马，此马因十分厉害就被叫作阿里昂（Ἀρίων）。波俄提亚小镇哈里阿图（Ἀλιάρτου, Haliartus）的国王科普瑞俄斯（Κοπρεύς）就把这马作为波塞冬赐予的礼物。当赫拉克勒斯（Ἡρακλῆς）和他在一起的时候，他又把马送给了赫拉克勒斯。赫拉克勒斯用它来和阿瑞斯（Ἄρης）之子库克诺斯（Κύκνος）赛马，地点就在特洛岑（Τροιζήν）附近的阿波罗神殿，并赢得了比赛。接着，赫拉克勒斯又把马送给了阿德拉图斯，正是由于这匹马，阿德拉图斯独自从忒拜战争中活命回来，而其余的人全死了。这个故事就出自《诗系》。

- 厄里倪斯（Erinys）：又译作厄里倪厄斯、欧墨尼得斯、伊里逆司，神话中专司复仇的女神。她们在罗马神话中叫做孚里埃，意即愤怒、凶恶的女神。她们又被称为欧墨尼德斯，意思是善良的女神。这是古希腊人对她们的一种讨好而又委婉的称呼，因为大家都避讳她们的真名，免得惹祸。一说是雅典娜平息了她们的怒气，把她们从恶神变成善神之后才给她们起了这个名字。复仇女神是从天父乌拉诺斯被儿子克洛诺斯阉割时流到地母该亚身上的血里出生的。一说她们是倪克斯和厄瑞波斯的女儿，因此属于最老的一代神祇，她们是反对年轻一代神祇的基本力量。她们如同命运女神一样，掌握着一切生死规律。她们出生于诸神之前，而诸神如果灭绝，她们也仍要存在，主神宙斯也不能把犯有杀亲罪过的人从她们手里解脱出来。一般认为复仇女神有三个：阿勒克托（不安）、提西福涅（复仇者）和墨该拉（嫉妒）。她们的形象非常可怕，身躯高大、背上生有双翼、浑身漆黑、眼睛滴着鲜血、头发由许多毒蛇盘结而成。她们一手持火把，一手执由蝮蛇扭结而成的鞭子。她们住在大地的底层塔尔塔罗斯。复仇女神惩罚那些滥用幸运的人，惩罚人间和冥土的一切罪行，替人报仇。参看《神话辞典》，前揭，页203。

- 波俄提亚（Boeotia）：希腊的一个省份，首府是忒拜。赫拉孔利山坐落于此，缪斯女神常到此山游玩；奥利斯港也在这个省内，希腊人乘船从这里驶向特洛亚。古希腊著名诗人赫西俄德、品达和后来的普鲁塔克都出生在这个省，参看《神话辞典》，前揭，页114。这个地方在古希腊神话中占有重要的地位，因为它是两大传说的中心，一是忒拜，二是奥科美诺（Ὀρχομενός）。

- 阿里昂这个名字意思是"最好的（Aristos）"。阿里昂，或译阿里翁，英文又作 Areion，与公元前七世纪抒情诗人同名。《伊利亚特》第二十三卷（343－346）："儿啊，你定要运用技巧、小心认真，

/你只要能在拐弯处超过其他对手，/便没有人能超过你或把你赶上，/即便他驾驭的是那匹神驹阿里昂，/阿德瑞斯托斯由天上神明养育的快马……"（罗念生、王焕生译，人民文学出版社，页530。）

- 科普瑞俄斯（Copreus）：佩罗普斯（Pelops）和希波达弥亚（Hippodameia）的儿子。在杀死了伊菲托斯（Iphitus）后，科普瑞俄斯不得不离开自己的国家，到迈锡尼国王科欧律斯透斯（Eurystheus）那里避难，给国王当传令官。较为著名的是，科普瑞俄斯受命向赫拉克勒斯传达了欧律斯透斯的命令，因为欧律斯透斯非常害怕赫拉克勒斯，所以不敢面对面向他下达命令。在神话传说中，科普瑞俄斯是个令人厌恶、奴颜婢膝、胆小如鼠、极为傲慢的奴才形象。荷马说他的儿子佩里斐忒斯与科普瑞俄斯截然不同，不论从勇气还是个性上都远远超过其父，他随同阿伽门农到特洛亚作战，被赫克托耳杀死。后来欧律斯透斯派科普瑞俄斯以特使的身份前往雅典，传达他要求雅典人驱逐赫拉克勒斯后代的命令。科普瑞俄斯在行使特权期间极其傲慢、目空一切，结果雅典人不顾国家的法律把他杀了。参看《神话辞典》，前揭，页283。

- 赫拉克勒斯（Heracles）：父亲是宙斯，母亲是忒拜王安菲特律翁之妻阿克梅娜，珀尔修斯的后裔。赫拉克勒斯出生后被母亲丢到野地里，赫拉从旁经过，因不知情用自己的乳汁喂了他，他因此力大无比。出生8个月时，两条毒蛇去害他，被他扼死在摇篮里。长大后，卡斯托尔和马人刻戎等教会他各种武功和知识。他无意中杀死音乐老师。在走向生活之前，他拒绝了"恶德"女神的引诱，决心遵照美德女神的劝告，一生为人民造福。他为欧律斯透斯服役期间，完成了12件大功：（1）扼死铜筋铁骨的涅墨业森林中的猛狮；（2）杀死勒尔涅沼泽为害人畜的九头水蛇；（3）生擒克律涅亚山里金角铜蹄的赤牡鹿；（4）活捉埃里曼托斯山密林里的大野猪；

(5) 引河水清扫奥革阿斯积粪如山的牛圈；(6) 赶走斯廷法罗湖上的怪鸟；(7) 捕捉克里特岛发疯的公牛；(8) 把狄奥墨得斯吃人的马群从色雷斯赶到迈锡尼；(9) 战胜阿马宗女人的首领希波吕忒，取来她的腰带；(10) 从埃里忒亚岛赶回革律翁的红牛，途中将两座峭岩立在地中海的尽头（即赫拉克勒斯石柱）；(11) 获取赫斯佩里斯女儿守卫圣园的金苹果（为此曾代阿特拉斯支撑整个苍穹。路上还曾战胜该亚的儿子安泰）；(12) 把哈得斯的三头狗刻尔柏罗斯带到人间，后又送回哈得斯。在现代语言中，他的名字是"大力士"的同义语。另参《神话辞典》，前揭，页236。

● 阿瑞斯：希腊神话人物。关于他的神话主要源于《荷马史诗》。他是宙斯和赫拉的儿子，形象俊美，嗜血、好战、凶残，是血腥战斗的化身，但武艺不很高强。《伊利亚特》第五卷592–595：……阿瑞斯和尊严的女神埃倪奥引导他们，／埃倪奥引起一阵阵无情的战争喧嚣，／阿瑞斯手里挥舞着一支沉重的长枪，／时而跑在赫克托尔前面，时而在后面（罗念生、王焕生译文，见前文相关内容）。另参《神话辞典》，页53。

● 库克诺斯（Cycnus 或 Cygnus）：共有四个人用这个名字，分别是：一、波塞冬与卡吕克（Καλύκη）的儿子；二、科罗那厄（Colonae）的国王，也说是波塞冬的儿子，但其母亲不确定，或是卡吕克，或是哈佩尔（Harpale），或是斯卡曼德洛狄克（Scamandrodice）；三、阿波罗的儿子；四、战神阿瑞斯的儿子，母亲是佩利阿斯的女儿佩罗庇亚。库克诺斯凶暴、残忍、杀人成性，是个拦路抢劫的大盗。

● 此处的特洛岑，也许是误写了的"Trachis"。在伪赫西俄德（pseudo–Hesiod）的 *Shield of Heracles* 的第120页中，提到赫拉克勒斯同库克诺斯的打斗中有阿里昂。在《伊利亚特》23.346中，它被当做是阿德拉图斯的战马,是迅捷的象征。Troezen,又译为特洛曾,是伯罗奔尼撒东北部的一个小城,位于雅典西南方向。在希腊神话中,特洛岑的公主埃特拉(Aethra),在同一个夜晚与埃勾斯、波塞冬同寝,并怀孕生下了英雄忒修斯。特洛岑也是欧里庇得斯悲剧《希波吕托斯》的故事发生地。

Pausanias, *Description of Greece*

> 据说,德墨特尔($\Delta\acute{\eta}\mu\eta\tau\varrho$)同波塞冬生下个女儿……和阿里昂……。这些传说还引用了《伊利亚特》和《忒拜之歌》中的文字来作为证据,并说《伊利亚特》中的文字是阿里昂自己写的……而在《忒拜之歌》中,阿德拉图斯逃离了忒拜。
> 他衣衫褴褛,骑着黑色鬃毛的阿里昂。
> 所以,他们希望这个版本会暗示波塞冬是阿里昂的父亲。

- 德墨特尔:大地女神,宙斯的姐姐,她的女儿被哈得斯劫娶为冥后。其故事参看《神话辞典》,前揭,页131。俄耳甫斯教祷歌中有一则就是献给她的:"德奥,万物之母,千名之神,/威严的德墨特尔,养育年轻人,撒播福泽。"参看《俄耳甫斯教祷歌》,吴雅凌编译,页80,华夏出版社,2006年。另参 Helene P. Foley *The Homeric Hymn to Demeter*. Priceton University Press,1993。

- "他衣衫褴褛":抑或,根据贝克(Beck)的校正本(Mus. Helo. 58 [2001], 137-139),"带着不好的象征(战旗)",就是七勇士在出发之前挂在阿德拉图斯战车上的战旗,这些东西本是留给后人的纪念品。参看《埃斯库罗斯悲剧集》,埃斯库罗斯著,陈中梅译,华夏出版社,2008年,页123。

- 因为"黑色鬃毛的"常被认为是波塞冬的绰号。后来诗人们暗示在阿里昂身上藏着一种预言,这个预言或是在勒米亚的阿奇莫若斯(Archemoros)竞技中(普罗佩提乌斯 2. 34. 37),或是在当阿德拉图斯从忒拜战争中逃亡之时应验(Statius, *Thebaid* 11. 442)。他们说的话或许来自于安提玛科斯(Antimachus),但也有可能是《英雄诗系》中出现的主题。比较《伊利亚特》中关于阿喀琉斯的克珊托斯马的文字,19. 404ff:"他听到奔腾捷速的战马从轭下回答,/就是克珊托斯,那匹马把头低下,/长长的鬃毛从轭垫下披散到地面,/白臂女神赫拉赋予它说话的声音。"参看《罗念生全集》,第五卷,前揭,页500。

后生们（*EΠIΓONOI*）

1. *The Contest of Homer and Hesiod*

  荷马在竞赛失利之后，四处吟唱他的诗歌，首先是《忒拜之歌》……接下来（荷马创作了）七千行的史诗《后生们》，开头如下：

  "现在，让我们歌唱，缪斯女神们啊，那些后生们的故事（ὁπλοτέρων ἀνδρῶν）吧。"

  （因此有人认为这也是荷马的作品）。

- 《后生们》：音译为"厄庇戈诺伊"，这是一个复合词，意即"后来出生的人"，指攻打忒拜失利的七勇士的儿子们，他们在十年后终于攻下了忒拜城。不过，从这里所辑的第一句来看，表达"后来出生的人"这层意思的时候，用到的是"ὁπλοτέρων"，它除了有"更年轻"的意思以外，还有"更宜于拿起武器的"的意思。
- 此处对缪斯女神的称呼是复数，不常见，《伊利亚特》、《奥德赛》和《忒拜之歌》用的均是单数形式。"现在（Νῦν）"用来引起一个新的题目。戴维埃斯提到，"又一次（again）"用来引导后面的"缪斯女神"。不过，英文的"又一次"在希腊文中似乎找不到对应的词，"αὖθι"一词表达"立刻"的意思。参看 Malcolm Davies, *The Greek Epic Cycle*, London：Bristol Classical Press, 1989（以下简称戴维埃斯的《英雄诗系研究》），页29。

- 七勇士攻忒拜的故事最为独特的地方，在于它描述的不是成功的战争，而是彻底的失败：进攻受挫，军队被毁，除一位将领逃生外，其余皆丧命。在这场战争之后，似乎应该有后继的事情发生，于是，《后生们》自然成了《忒拜之歌》的续集。《伊利亚特》第四卷403ff 似乎也暗示过有这样的战斗："但是光荣的卡帕纽斯的儿子回答说：/'阿特柔斯的儿子，你知道怎样说真话，/就不要作假。我们宣称我们比父辈强；/我们把那座有七个城门的忒拜攻下来，/当时我们率领较少的军队前去攻打较强的城墙，/我们信赖的是众神的预兆和宙斯的佑助。'"参看《罗念生全集》，第五卷，前揭，页100。参看《英雄诗系研究》，前揭，页29。

Scholiast on Aristophanes

"现在，让我们歌唱，缪斯女神们啊，那些后生们的故事吧。"

这是安提玛科斯（'Αντίμαχος）的《后生们》的开端。

- 安提玛科斯（Antimachus）：共有三个人用这个名字：第一，来自于克那鲁斯（claros），希帕库斯（Hipparchus）的儿子，古希腊史诗和挽歌诗人（Cic. *Brut.* 51; Ov. *Trist.* i. 6. 1）。他总是被称为科诺普丰人，也许只是因为克那鲁斯属于科罗丰管辖。他在伯罗奔尼撒战争后期极负盛名（Diod. xiii. 106）。据古希腊辞书家苏达斯（Suidas）所述，他是帕尼西亚斯（Panyasis）的学生，从这个讲法来看，他应该生活在更早的时候，然而，他又同政治家吕山德（Lysander）和哲学家柏拉图有来往，如此便能说明他所生活的时代（Plut. *Lysand.* 18；普罗克洛斯，*ad Plat. Tim.* i. p. 28）。普鲁塔克说，在吕山德里亚节（Lysandria，这是萨摩斯人对他们的赫拉伊亚

节 [Heraea] 的称呼，以纪念吕山德），安提玛科斯参加了一场诗歌竞赛，对手是赫拉克里亚的尼凯拉特斯（Niceratus of Heracleia）。后者赢得了比赛，并得到了吕山德的奖品，而安提玛科斯对自己的失败灰心丧气，毁掉了自己的诗歌。那时候还是个年轻人的柏拉图碰巧在场，他安慰这个失意的诗人说：无知就像盲目一样，是那些受其支配之人的厄运。西塞罗所讲的安提玛科斯与柏拉图会面的事却发生在不同的时间，也许还发生在不同的地方。因为，据他所述，安提玛科斯曾经对不少听众朗诵过他的长篇诗歌（《忒拜之歌》），而那些听众对该诗提不起兴趣，都渐渐离开，只剩柏拉图，于是这个诗人说道："无论如何，我得把我的诗歌读下去，因为一个柏拉图就远胜过其他许多听众了。"还有一个与西塞罗所讲的逸事相类似的说法，是关于罗德斯人安塔戈拉斯（Antagoras）的。故事老套，加上其他的不可能因素，使得威克尔（Welcker, *Der Epische Cydas*, p. 105, etc）认为这两个故事都是杜撰的，要么为了表明这些史诗无趣，要么暗示，这样的史诗并不符合大众的味口，却能得到知识人的欣赏。我们所知道的关于安提玛科斯的其他生活故事，仅有一件，即他对莱嫡（Lyde）的爱情。此人既非他的情人也非他的妻子，诗人跟随她一直来到了吕底亚。莱嫡到那里不久便去世了，而诗人则回到了科罗丰，通过写作一首叫作《莱嫡》的挽歌来寻找安慰，而这首挽歌在古代世界很受欢迎。（Athen. xiii. p. 598; Brunck, *Analect*. i. p. 219）这首长长的挽歌包含了对所有神话英雄厄运的描述，也正如诗人自己一样，英雄们也遭受了爱人早逝的苦楚。（Plut. *Consol. Ad Apollon*. p. 106, b）因此，它包含了大量的神话和古代信息，也正是这个原因——而非其他更高的或诗歌本身的原因，阿加塔尔齐德斯（Agatharchides）为它做了一个删节本（Phot. *Bibl*. p. 171, ed. Bekker）。安提玛科斯的主要史诗作品叫作《忒拜之歌》，西塞罗认为是"magnum illud volumen"（极为滑稽的书）。波菲利（Porphyrius, *ad Horat. ad Pison.* 146）认为安提玛科斯的史诗是在胡写，以至于在第二十四卷里，七勇士都还没有抵达忒拜。在余下的章节里，作者不仅要叙述七勇士的战争，也许还要讲述七勇士后代的战争故事（*Schol. ad Aristoph. Pax.* 1268），如此史诗就会显得过于冗长。就像挽歌《莱嫡》一样，《忒拜之歌》满是神话传说，所有与诗歌主题相关的内容都被吸纳了进来。当然，这样的混合容易导致混乱，因此昆体良说（Quintilian, x. l. 53；另参 Dionys. Hal. *De verb. Compos.* 22），安提玛科斯关于情绪的渲染并不成功，因而他的作品并不好看，表现出安排上的不足。他的风格也不如荷马史诗简洁流畅。安提玛科斯从悲剧诗人那里借来了表达和词汇，还经常引用多里斯形式的诗句（Schol. *ad Nicand. Theriac.* 3）。因此，安提玛科斯是亚历山大学园诗人的先驱之一，主要给少数人和知识人写作，而并非写给大众看。亚历山大里亚文法学家把他排到了史诗诗人的第二位。哈德良国王喜欢他的作品甚于荷马（Dion. Cass. lxix. 4；Spartian. *Hadrian.* 5）。还有其他一些作品也归到了他的名下：Ἄρτεμις（Steph. Byz. *s. v. Κοτύλαιον*），Δέλτα（Athen. vii. p. 300），Ἰαχινη（Etymol. M. *s. v. Ἀβολήτωρ*），和一篇 *Centauromachia*（Natal. Com. vii. 4）。但在所有这些问题中，提到安提玛科斯的名字时均没有加什么描述，所以无法确定他是否就是克那鲁斯诗人，因为还有两个同名的诗人。苏达斯说，克那鲁斯的安提玛科斯也是一个文法学家，而文法学家的传统就是要修订荷马的诗歌。关于这些，参看 F. A. Wolf, *Prolegom.* pp. clxxviil and clxxxi., ect。安提玛科斯的大量残篇由 C. A. G. Schellenberg 收集了起来（Halle, 1786, 8vo.），另外一些保存在 H. G. Stoll 那里（*Animadv. in Antimachi Fragm.* Götting. 1841）。关于忒拜的内容收集在 Düntzer's *Die Fragm.*

der Episch. Poes. der Griech. his auf Alexand. p. 99, etc., comp. with Nachtrag, p. 38, etc. See N. Bach, Philetae, Hermesianactis, etc. reliquiae, etc. Epimetrum de Antimachi Lyda, p. 240; Blomfield in the Classical Journal, iv. p. 231; Welcker, Der Epische Cyclus, p. 102, etc。另有两个同名者：一个来自特俄斯，史诗诗人。普鲁塔克（Romul. 12）说，此人知道发生在罗马建立那天的日食。亚历山大里亚的克莱门（Strom. vi. p. 622, c.）引用了一首他的六音步诗，而阿吉亚斯还模仿过这首诗歌。如果这样的叙述真实可信，那么他应该属于希腊文学史中较早的时期。另一个来自埃及的太阳城（Heliopolis），据苏达斯说，他曾写过一首叫作 Κοσμοποιία 的六音步诗歌，讲宇宙创生，共有 3780 行。策策斯（ad Lycophr. 245）引用了三行来自于安提玛科斯的诗句，但究竟出自三位诗人中哪一位，仍然不清楚（Düntzer, Fragm. der Episch. Poes. von Alexand., etc. p. 97）。参看《希腊罗马传记与神话词典》，前揭，卷三，页 190。

2. Clement of Alexandria, Miscellanies

而在这个地方，特俄斯（Τέως）的安提玛科斯已经说过，

因为在礼物之中，众多苦难（πολλὰ κάκη）降临人间，[也许这是厄里费勒受贿的一种影射]

阿吉亚斯（'Αγίας）写道：[参看《归返》辑语七]

● 特俄斯（Teos）是伊奥尼亚的一个城邦，在奇特翁（Chytrium）与迈昂尼苏斯（Myonnesus）之间的半岛上。它是诗人阿那克里翁（Anacreon）、历史学家赫卡特俄斯（Hecateus）、智术师普罗泰戈拉（Protagoras）、诗人斯基提努斯（Scythinus）、地理学家安德昂和亚里士多德著作收集者阿佩利孔（Apellicon）的出生地。

● 阿吉亚斯（Agias）：共有四个人用到这个名字，其中三人为"诗人或作家"。一个是阿吉洛科斯（Agelochus）的儿子，提撒美诺斯（Tisamenus）的孙子，斯巴达的先知，他曾预言吕山德在埃戈斯坡塔密（aegos‑potami）的胜利（Paus. iii. 11. §5.）。第二个是希腊诗人，名字也写作 Agias，是由于最初的编辑者在 *The Excerpta of Proclus* 中把他写错了。提拉克（Thierach）在 *Acta Philol. Monac.* ii. p. 584 中把它纠正了过来，而在 *Codex Monacensis* 中，一页上写作 Agias，另一页上写作 Hagias。这个名字并没有在早期希腊作家名字中出现过，除非认为出现在亚历山大里亚的克莱门（*Strom.* vi. p. 622）或在泡萨尼阿斯（Pausanias, i. 2 §1）作品中的 Egias（或 Hegias）就是指该诗人（*Strom.* vi. p. 622），只是写法不同。他是特洛岑人，创作的时间大概是在公元前 740 年。他的诗作在古代很受欢迎，都收录在名叫《归返》（*Νόστοι*）的集子里，这个书名指那些从特洛亚回来的阿开奥斯英雄的历史，共有五卷。诗作以厄运降临在阿凯亚人回家路上的起因开始，这个起因也就是他们对卡珊德拉和雅典娜神像（Palladium）所犯下的罪行。整首诗歌填补了诗人阿雷提努斯（Aretinus）的作品和《奥德赛》留下的空白。事实上古人似乎也无法确定这首诗的作者，因为他们只是简单地把这首诗叫作《归返》（*Νόστοι*），而当他们提到作者的名字的时候，只是称他为：*ο τους Νόστους γράφας*（即《归返》的作者。Athen. vii. p. 281.; Paus. x. 28. §4, 29. §2, 30. §2; Apollod. ii. 1. §5; Schol. *ad Odyss.* iv. 12; Schol. *ad Aristoph. Equit.* 1332; Lucian, *De Saltat.* 46.）。也有作家把《归返》（*Νόστοι*）归到荷马名下（Suid. s. v. *νόστοι*; Anthol. Planud. iv. 30），还有人说它的作者是科诺普丰人（Eustath. *ad Odyss.* xvi. 118）。同样的诗歌内容以及同样的题目，也有其他的诗人写过，如科林多的欧墨洛斯（Scho. *ad Pind. Ol.* xiii.

31)、雅典的安提克勒德斯（Anticleides of Athens, Athen. iv. p. 157, ix. p. 466）、克莱德莫斯（Cleidemus, Athen. xiii. p. 609）和吕西玛喀斯（Athen. iv. p. 158; Schol. *ad Apollon. Rhod.* i. 558），但在这些文字中，该诗都只有一个题目，没有其他的任何说明，我们一般认为它就是阿吉亚斯的作品。第三位是喜剧作家（Pollux, iii. 36; Meineke, *Hist. Comic. Graec.* pp. 404, 416）。第四个是一部关于阿尔戈利斯（Argolis）的作品的作者（Ἀργολικά, Athen. iii. p. 86, f）。他在雅典娜乌斯（Athenaeus）另一篇文章中叫作ὁ μουσικός（xiv. p. 626, f），但或许这个音乐家是另外一个阿吉亚斯。参看《希腊罗马传记与神话词典》，前揭，第一卷，页71。

3. Photius, *Lexicon*

忒拜之战的作家们精细地讲述了（ἱστορήκασι）透墨西亚（Τευμησία）狐狸的故事［正如阿里斯托德摩斯（Ἀριστόδημος）所说］。他们说，这个野兽是神明送给卡德摩斯后人的［意为"神明派这个野兽来惩罚卡德摩斯的后人"］，由此把他们从卡德摩斯传下来的王位上赶走。但是［透墨西亚说］，雅典人德翁（Δηιόνος）的儿子克法罗斯（Κέφαλον）有一条猎狗，任何野兽都逃不脱它的追捕。克法罗斯曾失手杀死了妻子普罗克里丝（Πρόκριν），卡德摩斯的后人给他净了罪（καθηράντων）。于是克法罗斯带着狗去追猎那只狐狸，等他们追上来时，猎狗和狐狸在透墨苏斯山上都变成了石头。透墨西亚从《英雄诗系》（ἐπικοῦ κύκλου）中摘取了这个故事。

• 透墨西亚，得名于波厄提亚的透墨苏斯山（Teumessus）。方括号里的文字据其他希腊文本补入，怀特（White）本此处为省略号。

- 这个故事大概出自《忒拜诗系》，即《后生们》。这是一种假设，即该诗成于厄特俄克勒斯死后，当时忒拜人要把卡德摩斯的后人赶走。戴维埃斯认为，这个故事表明了《英雄诗系》对神奇、荒诞的故事的偏爱。参看《英雄诗系研究》，前揭，页 31。

4. Scholiast on Apollonius of Rhodes

《忒拜之歌》[M. West 按：似乎应该是《后生们》，除非是把它当做《忒拜之歌》的一部分] 的作者们说，特瑞西阿斯 ($Τειρησίας$) 的女儿曼托 ($Μαντώ$) 被"后生们"($Ἐπίγονοι$) 当做最初的收成献给了德尔斐神庙。[M. West 按：这里的"后生们"是大写。"最初的收成"语意双关，也指"第一批战利品"。] 按照阿波罗的神谕，她离开德尔斐后遇到了勒伯斯 ($Λέβητος$) 的儿子拉修斯 ($Ραxίῳ$)，一个迈锡尼人。她嫁给了这个人——因为神谕说她应该嫁给她碰到的那个人，后又来到了科罗丰 ($Κολοφῶνα$)，她在那里非常悲伤，为家邦覆亡而哭泣。因此，这个地方因其眼泪而得名，叫做克拉洛斯 ($Κλάρος$)。她还在这里为阿波罗建了座神殿。

- 特瑞西阿斯（Teiresias 或 Tiresias）是欧厄瑞斯（Everes）（或福尔巴斯 [Phorbas], Ptolem. *Hephaest.* 1）与卡里克洛（Chariclo）的儿子，因此有时他又叫作 $Εὐηρείδης$（Callim. *Lav. Pall.* 81; Theocrit. *Id.* xxiv. 70）。他属于忒拜古老的龙牙战士（Udaeus）家族，而且是古代最负盛名的占卜者。特瑞西阿斯七岁时失明，却寿终正寝。据说，他之所以失明，是因为他向人们泄露了天机，而这些天机在神看来是不能让人知道的，也或许是因为他偷看了雅典娜洗澡，这女神把水溅到了他脸上，他立刻就失明了。卡里克洛请求雅典娜恢复特瑞西阿斯的视力，但雅典娜却办不到，于是雅典娜只好赐予他一种能力作为补偿，即让他能够听懂鸟的语言，还赐给他一枝权杖，让他在看不见的时候也能安全行走（Apollod. iii. 6. 7; Callim. *Lav. Poll.* 75, etc. with Spanheim's note）。还有一种关于他失明的传说。一次，在凯塔埃翁（Cythaeron）山（一说是库烈涅［Cyllene］山），他看见一条雄蛇和一条雌蛇绞在一起，他就用木棍去打它们，一下打死了雌蛇，他就变成了女人。七年以后，他又看见两条毒蛇，他把雄蛇打死了，结果他又变成了男人。宙斯和赫拉争吵是当男人快乐多还是当女人快乐多，特瑞西阿斯碰巧可以当这个问题的裁判，他想讨好宙斯，而不承认女人拥有更多的快乐。赫拉对他的回答十分生气，就弄瞎了他的双眼，而宙斯则赐给他预言的能力，并且让他活了七代或九代之久。（Apollod. *l. c.*; Hygin. *Fab.* 75; Ov. *met.* iii. 320, etc.; Tzetz. *ad Lycoph.* 682; Pind. *Nem.* i. 91）在七勇士攻忒拜之时，他宣布，如果墨诺叩斯（Menoeceus）愿意牺牲自己的话，忒拜就会获胜（Apollod. l. c.; Hygin. *Fab.* 68）。在七勇士后辈的战斗中，当忒拜战败后，他建议忒拜人进行和谈，可以借机逃走，而他自己也一起逃走（或说他被擒住，带到了德尔斐），但他在路上，喝了提尔福萨（Tilphossa）井中的水而死去（Apollod. iii. 7. §3; Paus. ix. 33. §1; Diod. iv. 66）。他的女儿曼托（或是达芙妮Daphne）被胜利的希腊人带到德尔斐作为礼物送给了阿波罗（Diod. l. c.; Apollod. iii. 7§4）。他的另一个女儿叫做希斯托里斯（Historis, Paus. ix. 11. §2）。即便在下界，特瑞西阿斯也拥有感觉能力，而其他凡人的灵魂却只拥有形状，而且在这个地方，他也继续使用他的金权杖（Hom. *Od.* x. 492, xi. 190, etc.; Lycoph. *Cass.* 682; Cic. *De Div.* i. 40; Paus. ix. 33. §1）。他的坟墓在提尔福萨井的旁边，靠近忒拜（Paus. ix. 18. §3, 33. §1, vii. 3. §1），但也出现在了马其顿（Macedonia, Plin. H. N. xxxvii. 10）。而在忒拜附近，他观察鸟的地方（οἰωνο-σκόπιον），后来也找到了（Paus. ix. 16. §1; Soph. Oed. Tyr. 493）。同他的坟墓相关的神谕后来失去了力量，在奥尔科莫诺斯人瘟疫时没有起作用（Plut. De Orac. Defect）。他的形象由波吕格诺图斯刻画在德尔斐的庭院中（Paus. x. 29. §2）。盲人先知特瑞西阿斯在古希腊的神话历史中扮演着如此夺目的角色，以至于很少有什么事不同他这样或那样地相关，而这个简短的介绍是由漫长的时间长河中的事件组成的，因为我们相信他的一生十分漫长。参看《希腊罗马传记与神话词典》，前揭，卷三，页986。

- 曼托（Manto）：特瑞西阿斯的女儿。她自己也是一个女先知，最初是在忒拜的伊斯曼尼亚的阿波罗（Ismenian Apollo）祭坛上（Paus. ix. 10. §3），后来又待在德尔斐和克那鲁斯的阿波罗祭坛上。而在七勇士后辈攻下忒拜之后，她和其他俘虏一起被献给了德尔斐的阿波罗。这位大神把这些俘虏送到了埃萨（Asia），他们在那里找到了阿波罗的圣殿，此处距后来建立科诺普丰城的地方不远。已在这里定居的克里特人（Cretan）阿色乌斯（Rhacius）娶了她，和她生了莫朴素（Mopsus, Apollod. iii. 7. §4; Paus. vii. 3. §1, ix. 33. §1; Strab. ix. p. 443; Schol. ad Apollon. i. 908）。据欧里庇得斯说，她此前已经是安菲洛克斯和提希丰（Tisiphone）的母亲，与七勇士后辈的领袖阿尔克迈翁所生（Apollod. iii. 7. §7）。作为阿波罗的女先知，她也叫做达芙妮（Daphne），意思是桂冠贞洁女（Diod. iv. 66; comp. Athen. vii. p. 298）。另外还有两个同名者，一个是先知波吕埃都斯（Polyeidus）的女儿，阿斯特克瑞提娅（Astycrateia）的姐妹。这两姐妹的坟墓在迈加拉（Megara），靠近狄奥尼索斯圣殿入口（Paus. i. 43. §5）。第二个是赫拉克勒斯的女儿，据说也是一个女先知，曼图阿（Mantua）城据此而得名（Serv. ad Aen. x. 198）。参看《希腊罗马传记与神话词典》，卷二，页921。

• 克拉洛斯（Claros）：它暗含的语源学意义来自于"Klao"，意思就是"我哭泣"。它是古代希腊的城邦，科洛丰的预言中心，十二个伊奥尼亚城邦之一。阿波罗神殿在这个地方的重要性如同在德尔斐和狄底玛（Didyma）一样。这个圣地最古老的传说来自公元前六、七世纪的荷马颂诗。在这处阿波罗神殿附近的洞穴里，是西布莉女神（Cybele）的祭仪存留之地。这个阿波罗神殿的建立，最早可以回溯到亚历山大大帝时期。据泡萨尼阿斯记载，亚历山大梦见他可以在帕格斯（Pagos）山底部建立一个新的大城邦。然后，亚历山大大帝去克拉洛斯的阿波罗神殿请神谕为他释梦，神谕告诉他继续前进，他因此建立起了士麦那（Smyrna）。罗马时期在这个地方建立了许多新的坟墓（埋葬了庞培、卢库勒斯、西塞罗）。

5. Herodotus, *History*

而赫西俄德提到了极北族人（Ὑπερβόρεοι），如果荷马真的写作了《后生们》的话，他也会提到。

• 极北族人（the Hyperboreans）：神话中住在北风神以北的民族。有关他们的神话传说，则与阿波罗崇拜有关。据说，阿尔忒弥斯和阿波罗的母亲勒托出生在极北族人居住的地方，而后，来到了德洛斯岛（Delos）生下阿尔忒弥斯和阿波罗。据说，在勒托行将分娩时，极北族的两个姑娘阿尔戈斯和俄皮斯为了使勒托顺利而无痛苦地生下阿波罗和阿尔忒弥斯，去德洛斯岛向催生女神厄勒提亚献祭。阿波罗出生后，其父宙斯命令他去德尔斐，但他却随一队天鹅来到极北族人居住的地方，在那里住了一段时期后才迁往德尔斐。他一连19年定期回到他们那里，而且每次都是在天上的星体完成一次运转回到原处的时候。在杀死独目巨人（参看《神话辞典》，前揭，页149）后，阿波罗把他那杀人的神箭放在极北族人城中心的阿波罗神殿里。在德洛斯岛受到敬奉的阿波罗圣物，据说都来自极北族人居住的地方。传说这些圣物是用草包好，由两个极北族女子许珀洛卡和拉俄狄（或译阿尔克迈翁），在五个男人的陪伴下带到德洛斯岛，后来她们死在岛上，受到崇拜。据说，德尔斐的神示所，是由一个叫俄楞的极北族人创立的，他是阿波罗的第一个代言人。在佩耳修斯的传说中还提到过极北族人。他们的国家被看做气候格外宜人、人们和睦相处、安居乐业的乌托邦式的地方。这里的庄稼一年两熟，人们有文明的风俗，住在田野里，都很长寿。当老年人认为他们已过够幸福生活时，便给自己戴上花环，在峭壁上愉快地投入大海，幸福而无痛苦地长眠在波涛之中。极北族人精通魔法，能够飞翔，能够发现地下宝藏（参看《神话辞典》，前揭，页254）。

阿尔克迈翁尼斯（ΑΛΚΜΕΩΝΙΣ）

1. Scholiast on Euripides

《阿尔克迈翁尼斯》的作者这样谈及福科斯（Φῶκος）：

在那里，神样的忒拉蒙（Τελαμών）用轮形的铁饼击打他的头，而佩琉斯（Πηλεύς）用手臂飞快地把铜斧举过头顶，砍向他后背中部。

- 抒情诗人斯泰西科拉斯（Stesichorus）写了一部史诗，叫做《厄里费勒》（Eriphyle），或许与这里的《阿尔克迈翁尼斯》所说的内容相同，不过，已经失传。

- 这是关于阿尔克迈翁（Ἀλκμαίων，英文写作 Alcmaeon）的故事。同名者有三：第一，安菲阿拉乌斯（Amphisraus）和厄里费勒的儿子，安菲洛克斯、欧律狄克和德摩那萨（Demonassa）的兄弟（Apollod. iii. 7. §2）。他的母亲受波吕涅克斯所送的和谐之链引诱，劝说其丈夫参加七勇士攻忒拜的战争（Hom. Od. xv. 247 etc）。但是安菲阿拉乌斯在出征前叮嘱儿子们，让他们长大以后为自己报仇，杀死他们的母亲（Apollod. iii. 6 §2; Hygin. Fab. 73）。要报仇，就必须攻打忒拜，当后生们准备第二次攻打忒拜的时候，神谕告诉他们，如果选阿尔克迈翁作领导，就能取得胜利。最初他由于父仇未报，不愿担此大任，但他母亲由于接受了忒耳珊德洛斯（波吕涅克斯之子）所赠送的和谐披风（the peplus of Harmonia），劝诱儿子参加远征。阿尔克迈翁在战争中立下大功,杀死了拉奥达摩斯(Laodamus,厄特俄克勒斯的儿子。Apollod. iii. 7. 2, etc. 另参 Diod. iv. 66)。当忒拜被攻下之后,他知道了母亲为何要他参加战斗,结果就在阿波罗神谕的指导下杀死了母亲。据另外的说法,他的兄弟安菲洛克斯也参与了。正是因为这件事,他受复仇女神厄里倪厄斯(Erinnyes)的折磨而疯掉了。最初他逃到阿提卡的俄伊色乌(Oïlceus),接着又逃到普索菲斯(Psophis)的斐格奥斯(Phegeus)那里,在这里他得到了净罪,并娶了斐格奥斯的女儿阿尔丝娜媛(Arsinoë,或叫作阿尔菲丝波娅。Paus. viii. 24. §4),于是他把项链和披风送给了她。由于他所犯下的罪行,这个城邦不久就遭遇了饥荒,神谕要他前往阿科洛厄斯。而据泡萨尼阿斯所述,他之所以离开,是因为他的疯病并没有治好。泡萨尼阿斯和修昔底德(ii. 102;另参 Plut. *De Exil.* p. 602)还说,神谕劝他前往一个在他杀死母亲之后才建立的城邦,这样就能免除诅咒。结果就在阿科洛厄斯河入口处找到了这样一块地方。阿波罗多洛斯(Apollodorus)也同意这样的描述,不过他对阿尔克迈翁在到达阿科洛厄斯河之前的游荡做了详细的描述,阿科洛厄斯河的河神则把自己的女儿卡丽荷媛(Calirrhoë)嫁给了他。卡丽荷媛想要和谐项链和披风,阿尔克迈翁为了满足她的愿望,回到普索菲斯向斐格奥斯索取,他撒谎说,想把这些东西献祭给德尔斐,好让自己免受疯狂之苦。斐格奥斯答应了,而当他听说这些宝物是要送给卡丽荷媛的时候,他派自己的两个儿子普罗诺奥斯(Pronous)和阿革诺耳(Agenor, Apollod. iii. 7. §6)去追杀他,而另据泡萨尼阿斯(viii. 24. §4)所说,派的是泰姆那斯(Temenus)和阿柯斯翁。这件事发生后,阿尔克迈翁与卡丽荷媛所生的儿子们在其母亲的鼓动下,报了这弑父之仇(Apollod. Paus. *ll. cc.*; Ov. *Met.* ix 407, etc)。参看《希腊罗马传记与神话词典》，前揭，卷一，页104。

- 福科斯（Phocus）：共有两个同名人物。一是科林多的厄尔利提翁（Ornytion）的儿子，一说他是波塞冬的儿子，据说他曾经统治科林多的一个殖民地，进入了提托瑞阿（Tithorea）地域和帕纳索山区，并用他的名字来命名该地区（Paus. ii. 4. §3, 29. §2, x. l. 1）。据说他治好了安提俄珀的疯病，并和她结了婚（ix. 17. §4）。二是艾亚哥斯（Aeacus）和海神之女普萨玛忒（Nereid Psamathe）所生的儿子，阿斯忒瑞亚（或是阿斯特洛狄亚）的丈夫，两人生下了帕诺皮欧斯和克里萨斯（Crissus, Hes. *Theog.* 1094; Pind. *Nem.* v. 23; *Tzetz. ad. Lyc.* 53, 939; Schol. *ad Eurip. Or.* 33）。当福科斯在战争游戏和训练中胜过他同父异母的兄弟们（忒拉蒙和佩琉斯）之后，后者在母亲的鼓动下决定杀死福科斯。忒拉蒙，也有说是佩琉斯，用一个铁饼砸死了他（也有人说用的是长矛）。兄弟俩小心翼翼地把这件事情隐瞒起来，然而却被发现了，于是他们不得不从伊琴娜岛（Aegina）逃走（Apollod. iii. 12. §6; Paus. ii. 29. §7; Plut *Parall. Min.* 25）。普萨玛忒后来决意为儿子报仇，就派了一只狼到佩琉斯的羊群中去，但却没有成功，因为忒提斯把她的狼变成了石头（Tzetz. *ad Lyc.* 901; Anton. *Lib.* 38）。福科斯的坟墓在伊琴娜岛（Paus. ii. 29. §7）。据说，福科斯在死前不久曾移居到福喀斯（Phocis），不久又回到了伊琴娜岛，福喀斯就因之而得名，正是他把这个城市扩大了。在福喀斯，他和伊阿索斯（Iaseus）关系亲密，一只海豹指环可以证明他们之间的关系。这个场景再现于德尔斐的奈斯柯礼厅（Lesche, Paus. ii. 29. §2, etc. x. l. §1, 30. §2）。福科斯的两个儿子帕诺皮欧斯和克里萨斯也移居到了福喀斯（ii. 29. §2）。参看《希腊罗马传记与神话词典》，前揭，卷三，页342。

- 忒拉蒙（Telamon）：共有两个同名者。第一，阿特拉斯（Atlas）的别号，肩抗着上天（Serv. *ad Aen.* i. 741，iv. 246）。第二，艾亚哥斯和恩得伊斯（Endeïs）的儿子，佩琉斯的兄弟。他从伊琴娜岛移居到萨拉米斯，先娶格劳斯（Glauce）为妻，格劳斯是岑柯柔丝（Cenchreus）的女儿（Diod. iv. 72），后来又娶珀里玻娅或欧瑞玻娅（Eriboea）为妻——她是阿尔卡托乌斯的女儿，并且还和她生下了埃阿斯（Pind. *Isthm.* vi. 65；Apollod. iii. 12. §6；参看埃阿斯的相关内容）。他是卡吕冬（Calydonian）的狩猎者之一，也是阿尔戈斯英雄之一（Apollod. i. 8. §2, 9. §16, iii. 12. §7；Paus. i. 42. §4；Hygin. *Fab.* 173；Tzetz. *ad Lycoph.* 175）。密欧提阿德（Miltiades）的身世可以追溯到忒拉蒙那里（Paus. ii. 29 §4.）。忒拉蒙和他兄弟佩琉斯杀死了他们的继兄弟福科斯之后，被艾亚哥斯从伊琴娜岛放逐，忒拉蒙去了萨拉米斯的西克瑞乌斯（Cychreus），后者还把王权交给了他（Apollod. *l. c.*；Paus. ii. 29. §§2, 7）。据说，他是赫拉克勒斯的好朋友（Schol. *ad Apollon. Rhod.* i. 1289；Theocrit. *Id.* xiii. 38），并且还与赫拉克勒斯一道对特洛亚的拉俄墨冬发起远征，这个城邦是他最早进入的城邦。他在那里为赫拉克勒斯和加利尼科（Callinicus）或亚历西卡库斯（Alexicacus）建起了祭坛。作为回报，赫拉克勒斯把忒阿蕾拉（Theaneira）或赫西俄涅（Hesione）送给他。忒阿蕾拉是拉俄墨冬的女儿，忒拉蒙和她生下了透克洛斯（Teucer）和忒拉博雷斯（Trambelus, Apollod. ii. 6. §4, iii. 10. §8, 12. §7；Tzetz. *ad Lycoph.* 468；Diod. iv. 32）。在这场远征中，忒拉蒙和赫拉克勒斯还去攻打了柯斯（Cos）的梅罗普斯（Meropes）——意在麦洛匹斯国王美丽的女儿卡尔基奥佩（Chalciope），还攻击了科林多海峡上的巨人阿勒西翁洛乌（Alcioneus, Pind. *Nem.* iv. 40, etc.，及相关注释）。他还陪同赫拉克勒斯一起参加了对阿玛宗（Amazon）的远征，并杀死了墨拉尼珀（Melanippe,

Pind. Nem. iii. 65，以及相关注释）。关于他的两个儿子，参看埃阿斯和透克洛斯的相关内容。参看《希腊罗马传记与神话词典》，前揭，卷三，页 987。

● 佩琉斯（Peleus）是艾亚哥斯和恩得伊斯（Endeis）的儿子，密耳弥多涅人的国王，该国位于帖撒利（Thessaly）的弗西亚（Phthia, Hom. Il. xxiv. 535）。他是忒拉蒙的兄弟，福科斯的继兄弟，艾亚哥斯的儿子，艾亚哥斯和海神之女普萨玛忒一起生下他（参看 Hom. Il. xvi. 15, xxi. 189；Ov. Met. vii. 477, xii. 365；*Apollon. Rhod. Ii*. 869, iv. 853；*Orph Argon*. 130）。也有传说称忒拉蒙并不是佩琉斯的兄弟，只是他的朋友（Apollod. iii. 12. §6）。佩琉斯和忒拉蒙决意要除掉他们的继兄弟福科斯，因为后者在战争游戏中胜过了他们。忒拉蒙将一个飞盘扔向他而杀死了他（此处有争议）。接着两兄弟移走了福科斯的尸体来隐藏罪行，然而却被发现了，被艾亚哥斯逐出伊琴娜岛（Apollod. iii. 12. §6；参看 Horat. *Ad Pison*. 96）。还有人说，佩琉斯杀死了福科斯（Diod. iv. 72；参看 Paus. ii. 29 §7, x. 30. §2），另一些人结合了这两个故事，说佩琉斯将飞盘扔向他，而忒拉蒙则用剑杀死了他（Tzetz. *ad Lyc*. 175）。从伊琴娜岛被放逐以后，佩琉斯去了帖撒利的弗西亚，在这个地方，他得到欧律提翁（Eurytion，阿克托耳［Actor］的儿子）的净罪，并娶了他的女儿安提戈涅，还接管了其国土的三分之一（Hom. *Il*. xvi. 175；Apollod. iii. 13. §1）。也有人说他去了特纳克斯（Trachis）的西宇刻斯那里（Ceyx, Ov. *Met*. xi. 266, etc）。当他孤独地来到帖撒利时，他向宙斯祈祷要一支军队，而宙斯为了让他开心，把蚁群（μύρμηκες）变作了人，后来这些人就被叫作密耳弥多涅人（Tzetz. *ad lyc*. 175）。佩琉斯和安提戈涅一起生下了波吕多拉（Polydora）和阿喀琉斯（Achilles, Eustath. *ad Hom*. P. 321）。佩琉斯陪同欧律提翁去卡吕冬狩猎，失手用长矛杀死了欧律提翁。于是他从弗西亚逃到伊俄洛科斯，在此，他得到阿卡斯托斯（Acastus）的再一次净罪（Apollod. iii. 12. §2；comp. Ov. *Fast.* ii. 39, etc）。据其他人说（Tzet. *ad Lyc.* 175, 901），佩琉斯杀死了阿克托耳，阿卡斯托斯的儿子。在珀利阿斯的葬礼竞技上，佩琉斯同阿塔兰塔（Atalante）竞争时被打败（Apollod. iii. 9. §2），而据许金鲁斯（Hyginus）所说（*Fab.* 273），他在摔跤比赛中赢得胜利。他留在伊俄琉斯（Ioleus）期间，阿卡斯托斯的妻子阿斯梯达弥亚（Astydameia）爱上了他，并向他求婚，但遭到拒绝。为了报复，她送了一封信给佩琉斯在弗西亚的妻子，说他快要同阿卡斯托斯的女儿斯泰罗普（Sterope）结婚了。得到这个消息后，佩琉斯的妻子上吊自杀了。阿斯梯达弥亚又对她丈夫说，佩琉斯在向她求婚，而阿卡斯托斯不愿意自己的手沾满自己热情招待的客人的血，况且这个客人不久前还接受了他的净罪，于是就把他带到珀利翁山去打猎。当佩琉斯因过度疲劳而睡着的时候，阿卡斯托斯把他一个人丢下了，还藏起了他的剑，这样他就会被野兽吃掉。当佩琉斯醒来寻找自己的剑时，受到人马怪（Centaurs）的攻击，却被刻戎救了，还把剑找来还了给他（Apollod. iii. 13. §3）。这个故事也有另外的版本，品达（*Nem.* iv. 92, v. 46；参看 Schol. *ad Apollon. Rhod.* i. 224, *ad Aristoph. Nub.* 1059；Horat. *Carm.* iii. 7. 18）提到了克瑞透斯（Cretheus）的女儿希波里特（Hippolyte），而不是阿斯梯达弥亚。也有人说，当阿卡斯托斯把他的剑藏起来后，刻戎或赫尔墨斯（Hermes）又给了他一把，是由赫淮斯托斯制造的（*Apollon. Rhod.* i. 204；Aristoph. *Nub.* 1055）。在珀利翁山，佩琉斯娶了海神之女忒提斯，和她生下了阿喀琉斯。也有人认为这个忒提斯与那位海上神仙不是同一个，并且说这一个忒提斯是刻戎的女儿（*Apolon. Rhod.* i. 558；参看忒提斯相关内容）。

众神参加了他们的婚礼，刻戎送给佩琉斯一根长矛（Hom. *Il.* xvi. 143，xxiv. 61，等等，而另据品达所说，*Nem.* iii. 56，这个长矛是他自己做的），波塞冬送给他神马巴利奥斯和克珊托斯，其他神还送了一些武器给他（Apollod. iii. 13. 5；Hom. *Il.* xvi. 381，xvii. 443，xviii. 84）。据另外一些人说，他的神仙妻子不久便离开了他，尽管荷马并不知道这个情况（*Il.* xviii. 86，332，441）。因为曾经有一次，他看见妻子晚上把婴儿阿喀琉斯放入火中或是一锅滚烫的水中，以去除掉孩子身上继承的他父亲的部分，这把佩琉斯吓坏了，大叫起来，没能让妻子做成她的事情。因此，妻子离他而去，回到了自己的姐妹中间，即海神的女儿们那里。佩琉斯（又说是忒提斯自己）把阿喀琉斯交给刻戎养大（Apollod. iii. 13. §6）。荷马只提到了阿喀琉斯是佩琉斯和忒提斯的儿子，但后来的作家提到，忒提斯已经用火毁掉了六个同佩琉斯生下的孩子，而当她准备对第七个孩子即阿喀琉斯做同样事情的时候，被佩琉斯阻止了（Apollon. Rhod. iv. 816；Lycoph. 178；Ptolem. Hephaest. 6）。在这之后，作为阿尔戈英雄之一的佩琉斯，同伊阿宋和狄奥斯库里兄弟俩（Dioscuri，即波利丢克斯和卡斯托尔的合称）一起，进攻在伊俄洛科斯的阿卡斯托斯，杀死了阿斯梯达弥亚，带领战士冲入城邦（Apollod. iii. 13. §7；参看 i. 9. §16；Apollon. Rhod. i. 91；Orph. Argon. 130；Hygin. *Fab.* 14）。也有人说，从珀利翁山下来，佩琉斯并没有军队，却直接去了伊俄洛科斯，杀死了阿卡斯托斯和他的妻子（Scho. *ad Apollon. Rhod.* i. 224；Pind. *Nem.* iii. 59），并让伊俄洛科斯和哈摩丽娅（Harmonia）结合（Pind. *Nem.* iv. 91）。关于佩琉斯同阿卡斯托斯之间的仇恨，传说分歧很大。例如，据说，阿卡斯托斯或是他的儿子们阿坎德尔（Archander）和阿喀特勒斯（Architeles）把佩琉斯从普合忒亥（Phthai）驱逐（Eurip. *Troad.* 1127，及相关评注）；又或说，佩琉斯送给阿卡斯托斯的羊群，本是用作对他儿子阿克托耳之死的赔偿，却被一匹狼吃掉了，忒提斯把那狼变作了石头（Tzetz. *ad Lyc*. 175, 902）；又说，佩琉斯遭到阿卡斯托斯的放逐，却受到刻戎的友好接待，获得了羊群后，他把它们带给尼柔斯（Irus），弥补欧律提翁的死亡。但尼柔斯不接受，佩琉斯就让羊群四处游荡，没有牧羊人看管，直到它们被狼吃掉（Anton. *Lib*. 38）。狼是普萨玛忒派来为福科斯复仇的，但她自己却在忒提斯的要求之下不得不把它变成石头（Tzetz. *ad. Lyc*. 175; Ov. *Met*. xi. 351, 400 等）。福尼克斯被他自己的父亲阿明托耳（Amyntor）弄瞎双眼，后来成为了阿喀琉斯的伴侣，刻戎让他恢复视力——这是由于佩琉斯的恳求，还让他当上了多罗披亚人的国王（Lycoph. 421; Hom. *Il*. ix. 438, 480）。佩琉斯在他的领地里还接纳了阿咖克勒斯（Agacles）的儿子厄珀勾斯（Epeigeus），以及离家出走的帕特罗克洛斯（Patroclus），甚至还有人说，帕特罗克洛斯是玻利米勒（Polymele）的儿子，而玻利米勒却是佩琉斯的女儿（Hom. *Il*. xvi. 571, xxiii. 89; Apollod. iii. 13. §8）。佩琉斯参加了赫拉克勒斯对特洛亚的远征（Pind. *Ol*. viii. 60），但当他的儿子阿喀琉斯进攻特洛亚的时候他却太老了。他待在家中，一直活到他儿子死去之后（Hom. *Il*. xviii. 434, *Od*. xi. 495）。参看《希腊罗马传记与神话词典》，前揭，卷三，页177。

2. Athenaeus, *Scholars at Dinner*

《阿尔克迈翁尼斯》的作者也同样讲道：

"他把这些尸体摆放在一个平放在地上的托盘中，并在他们面前放上丰盛的宴席和众多的酒杯，还把花环戴在他们的头上。"

3. *Etymologicum Gudianum*

扎格柔斯（Ζαγρεύς）：那个伟大的猎手，正如《阿尔克迈翁尼斯》的作者所述：

"大地母亲，和扎格柔斯这个诸神中的最高者。"

• 扎格柔斯（Zagreus）：在希腊神话中，扎格柔斯常与狄奥尼索斯相等同，并得到俄耳甫斯教徒的崇拜，他们认为这是米诺斯的古代神。据俄耳甫斯教的信徒讲，有一次，宙斯化作一条蛇与其女儿珀耳塞福涅结合（也说是 Demeter），于是生下了扎格柔斯。另参《希腊罗马传记与神话词典》，前揭，卷三，页 1309。

• 语源学误解了扎格柔斯（Zagreus）的名字，把"Za"解释为"非常"，把"agreuein"解释为"捕获"。在埃斯库罗斯（Aeschylus）那里（frs. 5, 228），他是下界之神。这句诗行或许来自于一句祈祷，阿尔克迈翁在祈祷中呼唤大地的力量，以召回他的父亲安菲阿拉乌斯。

4. Apollodorus, *The Library*

堤丢斯长成为高贵男子的时候，遭到流放，原因或如人所说——他杀了俄纽斯（Οἰνέως）的兄弟阿尔卡托阿斯（Ἀλκάθοος）。但按《阿尔克迈翁尼斯》的作者所说，却是梅拉斯（Μέλας）的儿子们图谋反对俄纽斯，他们是：费涅乌斯（Φενεός）、欧律阿洛斯（Εὐρύαλος）、许佩拉俄斯（Ὑπέρλαον, Hyperlaus）、安提欧库斯（Ἀντίοχος）、欧墨得斯（Εὐμήδης, Eumedes）、斯特耳诺普斯（Στέρνοπος, Sternops），克珊提波斯（Ξάνθιππος），和斯忒涅拉俄斯（Σθένελος）。

- 参看阿波罗多洛斯著《希腊神话》页 36-37，周作人译，中国对外翻译出版公司，1999 年。
- 阿尔卡托乌斯（Alcathous）：珀罗普斯和希波达弥亚的儿子，阿特柔斯和梯厄斯忒斯（Thyestes）的兄弟，厄科玻利斯（Echepolis）、加里波利斯（Callipolis）、伊菲诺伊（Iphinoë）、珀里玻娅和奥托墨杜莎（Automedusa）的父亲（Paus. i. 42. §1, 4, 43. §4; Apollod. ii. 4. §11, iii. 12. §7）。泡萨尼阿斯（i. 41. §4）说，在梅噶柔斯（Megareus）的儿子埃威波斯（Euippus）被凯塔埃翁山的狮子吃掉之后，梅噶柔斯的大儿子帝玛库斯（Timalcus）也同样倒在了狮子的利爪下，于是他决意把自己的女儿乌媛柯陌（Euaechme）和王位送给那个能杀死狮子的人。阿尔卡托乌斯接下了这项任务，制服了狮子，娶了乌媛柯陌为妻，成为梅噶柔斯的继任者。为了感激这样的胜利，他在迈加拉修建了山野女神阿尔忒弥斯（Artemis Agrotera）和阿格阿伊乌斯·阿波罗（Apollo Agraeus）的神庙。他还修复了以前被克里特人毁掉的迈加拉的墙壁（Paus. i. 41. §5）。据说，他在做这件事的时候，得到了阿波罗的帮助，即使在后来时代也有人相信，那些石头，曾经被阿波罗用来摆放里拉琴，当他在做修复工作的时候，一碰到石头就会发出琴声般的声音（Paus. i. 42. §1; Ov. *Met.* viii 15, etc; Virg. *Cir.* 105; Theogn. 751）。厄科玻利斯是他的儿子，在埃托利亚（Aetolia）的卡吕冬狩猎中被杀死，而当他的兄弟加里波利斯急忙把这个坏消息带给他父亲的时候，他父亲正在对阿波罗做献祭，而这兄弟认为在此刻做献祭不太合适，就把祭坛里的木头取了出来。他父亲却觉得这是一种亵渎，一气之下用一块木头打死了他（Paus. i. 42. §7）。迈加拉的卫城就是从阿尔卡托乌斯的名字而来的。另有两个同名者：一是溥尔塔洛（Porthaon）和欧吕特（Euryte）的儿子，被堤丢斯所杀（Apollod. i. 7.

§10，8.§5；Diod. iv. 65）；二是埃斯提德斯（Aesyetes）的儿子和希波达梅斯（Hippodameis）的丈夫。在特洛亚战争中，他是特洛亚方面的领袖之一，并且是其中最为英俊、最为勇敢的领袖（*Il.* xii. 93，xiii. 427）。在波塞冬的帮助下，伊多梅纽斯（Idomeneus）杀死了他。波塞冬蒙住了他的双眼并麻痹了他的四肢以使他不能逃走（*Il.* xiii. 433, etc）。唯吉尔还提到了另外一个同名者（*Aen.* x. 747）。参看《希腊罗马传记与神话词典》，前揭，卷一，页97。

- 梅拉斯（Melas）：共有八个人物同名，《希腊罗马传记与神话词典》提到五个，分别是：一、波塞冬（Poseidon）和仙女喀俄斯（Chios）的儿子，安杰勒斯（Angelus）的兄弟（Paus. vii. 4.§6）；二、提伦诺斯（Tyrrhenian）海盗之一；三、菲利塞斯（Phrixu）和卡尔基奥佩的儿子，与欧律克勒亚（Eurycleia）结婚，生下了许普瑞斯（Hyperes, Apollod. i. 9.§1；Apollon. Rhod. ii. 1158；Schol. *ad Pind. Pyth.* iv. 221）；四、溥尔塔洛和欧吕特的儿子，俄纽斯（Oeneus）的兄弟（Hom. *Il.* xiv. 117；Apollod. i. 7.§10；参看俄纽斯和堤丢斯的相关内容）；五、安塔索斯（Antassus）的儿子，生活于西科昂附近的哥鲁沙（Gonusa）。他参加了多里斯（Dorians）人进攻科林多的战争。最开始他被人拒绝，但后来还是允许他加入到多里斯人中作战。他是库普塞卢斯家族的祖先（Paus. ii. 4.§4, v. 18.§7, 20, in fin）。另外三人从略（Paus. vii. 4.§6, viii. 28.§3；Apollod. ii. 7.§7）。参看《希腊罗马传记与神话词典》，前揭，卷二，页1016。

- 费涅乌斯（Pheneus）：一、梅拉斯的儿子，后为堤丢斯所杀（Apollod. i. 8.§5）；二、阿尔卡迪亚（Arcadian）的土著居民，据说在阿尔卡迪亚（Arcadia）建立了费涅沃斯（Pheneos）城（Paus. viii. 14.§4）。参看《希腊罗马传记与神话词典》，前揭，卷三，页 257。

- 欧律阿洛斯（Euryalus）：同名者共有七个，第一，墨喀斯透斯（Mecisteus）的儿子，参看阿波罗多洛斯《希腊神话》（i. 9. §16），他是阿尔戈英雄之一，作为后生之一攻下了忒拜（Paus. ii. 20. §4; Apollod. iii. 7. §2）。他是一个勇敢的战士，在俄狄甫斯的葬礼上征服了所有竞争者（Hom. *Il.* xxiii. 608），唯有厄帕俄斯（Epeius）在摔跤上胜过了他。他和狄奥墨得斯一起去了特洛亚，是众多勇猛的英雄之一，杀死了许多特洛亚人（*Il.* ii. 565, vi. 20; Paus. ii. 30. §9）。德尔斐的波吕格诺图斯的油画中描绘了他受伤的场景；德尔斐有一尊他的雕像，位于狄奥墨得斯和埃吉阿琉斯（Aegialeus）之间（Paus. x. 10. 2, 25. §2）。第二，希波达弥亚的追随者（Paus. vi. 21. §7; Schol. *Ad Pind. Ol.* i. 127）。第三，奥德修斯与埃维普（Evippe）的儿子，也叫作多里克鲁斯（Doryclus）或勒翁托弗伦（Leontophron），被忒勒玛科斯所杀（Parthen. *Erot.* 3; Eustath. *Ad Hom.* p. 1796）。另有四个同名者（Apoll*od.* i. 8. §5; Hom. Od. viii. 115, etc.; Virg. *Aen.* ix. 176, etc.; Paus. iv. 20. §3）。参看《希腊罗马传记与神话词典》，前揭，卷二，页108。

- 安提欧库斯（Antiochus）：关于此人的同名者不胜枚举，《希腊罗马传记与神话词典》第一卷从192页一直讲到200页，均是同名者，此处不作详细解释。他是赫拉克勒斯的儿子，希波忒斯人的祖先。参看《古希腊罗马神话鉴赏辞典》，前揭，页89。

- 欧墨得斯（Eumedes）：特洛亚人，多隆的儿子。他随埃涅阿斯一起到达意大利，被图耳努斯杀死。另有一个是多隆的父亲，《伊利亚特》第十卷314行："特洛亚人中有个多隆，神圣的传令官／欧墨得斯的儿子，富有黄金和铜。"在特洛亚战争中被狄俄墨得斯杀死。《埃涅阿斯纪》十二卷346行："在另一处，尤墨德斯部进了战阵，他是位杰出的战士,是从前特洛亚战争时期多隆的儿子,他祖父的名字也叫尤墨德斯,他和他父亲一样勇敢,一样武艺高超。"参看维吉尔《埃涅阿斯纪》,杨周翰译,南京:译林出版社,1999年,页335。

- 克珊提波斯(Xanthippus):阿瑞福荣(Ariphron)的儿子,伯利克勒斯的父亲。公元前490年,在密欧提阿德进攻派洛斯岛失败归来的时候,他指控密欧提阿德。公元前484年,他和另一些人一起离开雅典,来到克尔勒斯(Xerxes)。第二年(即公元前479年)他成为雅典舰队的指挥官。在一场具有决定性的战争中,他指挥雅典人作战。这场战争发生在伊奥尼亚(Ionia)海边,同一天发生了普拉托(Plataea)战争,时在公元前479年的九月。后来,希腊舰队去了黑海(Hellespont)。当他们发现桥被毁掉以后,利奥提希德(Leotychides)和菲罗奔尼西人(Feloponnesians)立刻起程回家,而克珊提波斯却和雅典舰队留了下来,以引诱柯塞尼斯人(Chersonese)——不少雅典人以前把自己的财产留在了那里。波斯人去了塞司陀斯(Sestos)城,克珊提波斯包围了那里,第二年春天这个城邦投降了(公元前478年)。波斯领袖阿尔泰克忒斯(Artayctes)准备逃走,被克珊提波斯杀死,为爱拉尤斯(Elaeus)人报了仇。他们把他钉上了十字架。接着,克珊提波斯和他的舰队回到了雅典(Herod. vi. 131, 136; Plut. *Them.* 10; Herod. viii. 131, ix. 114 – 120)。另有六个同名者,参看《希腊罗马传记与神话词典》,前揭,卷三,页1286。

- 斯忒涅拉俄斯(Sthenelus,又作 Sthenelaus):梅拉斯的儿子,后为堤丢斯所杀(Apollod. i. 8. §5;参看俄纽斯的相关内容)。另有七个同名者,参看《希腊罗马传记与神话词典》,前揭,卷三,页910。

5. Strabo, *Geography*

而《阿尔克迈翁尼斯》的作者提到艾卡瑞斯（'Ικάριος）（佩涅洛佩 [Πηνελόπε, Πενελόπη, Πηνελόπεια] 的父亲）有两个儿子，阿吕柔斯（'Αλυζεύς）和勒卡第欧（Λευκάδιος），他们同父亲一起统治阿卡纳尼亚（Ακαρνανία）。

• 艾卡瑞斯（Icarius 或 Icarus 或 Icarion），或译伊卡里俄斯，拉刻代蒙人（Lacedaemonian），佩里厄瑞斯（Perieres）和郭尔格福妮（Gorgophone）的儿子，埃欧罗斯（Aeolus）或是塞罗塔斯（Cynortas）的孙子，阿法柔斯（Aphareus）、刘基伯（Leucippus）和廷达柔斯的兄弟（Apollod. i. 9. §5, iii. 10. 3; Tzetz. *ad Lycoph.* 511）。也说他是佩里厄瑞斯的孙子，欧伊巴罗斯（Oebalus）和巴忒娅（Bateia）的儿子（Apollod. iii. 10. §4; Eustath. *ad Hom.* p. 293），又或是欧伊巴罗斯和郭尔格福妮的儿子，塞罗塔斯的孙子（Paus. iii. 1. §4）。希波科翁，欧伊巴罗斯的儿子（natural son），把他的两个兄弟廷达柔斯和艾卡瑞斯从拉刻代蒙驱逐出去，结果他们逃到普列翁的忒斯提奥斯，定居在远离阿科洛厄斯河的地方。结果当赫拉克勒斯杀死了希波科翁和他的儿子们后，廷达柔斯回到斯巴达，而艾卡瑞斯则留在了阿卡纳尼亚。据阿波罗多洛斯所述（iii. 10. §5），艾卡瑞斯也回来了。也有传说讲，艾卡瑞斯站到了希波科翁一边，支持他把廷达柔斯逐出斯巴达（Paus. iii. 1. §4; Eustath. *l. c.*; Schol. *ad Eurip. Orest.* 447）。在阿卡纳尼亚，艾卡瑞斯和吕伽奥斯（Lygaeus）的女儿玻丽卡斯特（Polycaste）生下了佩涅洛佩、阿吕柔斯和勒卡第欧。另据其他人说，他娶了朵若多克（Dorodoche）或是阿斯特若德亚（Asterodeia, Strab. x. pp. 452, 461; Eustath. *ad*

Hom. p. 1417; Schol. *ad Hom. Od.* xv. 16)。也有人说他和仙女珀里玻娅生下了托阿斯、达玛斯波斯（Damasippus）、伊莫斯莫斯（Imeusimus）、阿勒忒斯（Aletes，或是西穆斯［Semus］和奥勒特斯［Auletes］所生）、佩瑞勒斯（Perileus）和佩涅洛佩（Apollod. iii. 10. §6; Paus. viii. 31. §2; Tzetz. *Ad Lycoph.* 511; Schol. *ad Hom. Od.* xv. 16; Eustath. *ad Hom.* p. 1773）。在《奥德赛》中（iv. 797, i, 329），伊弗提墨（Iphthime）也被当作了他的女儿之一。当佩涅洛佩长大之后，艾卡瑞斯说谁能在跑步比赛中获胜就把女儿嫁给他，而奥德修斯赢得了比赛（Paus. iii. 12. §2）。而据其他说法，廷达柔斯去替奥德修斯求娶佩涅洛佩，这是为了感激奥德修斯曾经为他出过主意（Apollod. iii. 10. §9）。佩涅洛佩和奥德修斯订婚之后，艾卡瑞斯劝说奥德修斯留在斯巴达，奥德修斯拒绝了，并同佩涅洛佩一起离开。艾卡瑞斯追赶自己的女儿，求她留下来，奥德修斯要她做最后的决断，到底跟谁走，她没有说话，最后不好意思地盖住脸说要跟随自己的丈夫。后来艾卡瑞斯就不再恳求，只是在故事发生地修建了一座"羞愧"雕塑（Paus. iii. 20. §10）。另有三个同名者，参看《希腊罗马传记与神话词典》，前揭，卷二，页558。

• 佩涅洛佩（Penelope）：艾卡瑞斯和斯巴达的珀里玻娅的女儿（Hom. *Od.* i. 329; Apollod. iii. 10 §6；参看艾卡瑞斯相关内容）。据狄底摩斯（Didymus）所述，佩涅洛佩最初叫作阿美瑞丝（Ameirace）、阿娜西娅（Arnacia）或阿尔那娅（Arnaea），瑙普利俄斯（Nauplius，或是她自己的父母）把她扔进了海里（Tzetz. *ad Lyc.* 792），她在那里被海鸟（Πηνέλοπες）养大，因而得名（Eustath. *ad Hom.* p. 1422）。她嫁给了伊塔卡（Ithaca）国王奥德修斯，和他生下了独子忒勒玛科斯。当这个儿子还是婴儿的时候，她的丈夫就参加了希腊人远征特洛亚的战争（*Od.* xi. 447, xxi. 158）。在奥德修斯长时间离家期间，她受许多追求者围困，她撒谎说必须为拉埃尔特斯（Laërtes，她的丈夫的老父亲）做完寿衣，而后再决定嫁给谁。白天她就做这件衣服，晚上则把它拆了，以拖延时间（Od. xix 149, etc., 参看 ii. 121；Propert. ii. 9. 5）。她就用这样的方法与那些追求者周旋。但后来她的仆人出卖了她。这个等待丈夫归来的忠贞的佩涅洛佩，受到追求者越来越强的逼迫，无计可施之时，奥德修斯回到了伊塔卡，而她认出了自己的丈夫，并真心欢迎他回来，忧伤的日子终于结束了（Od. xvii. 103，xxiii. 205，xxiv. 192；Eurip. Orest. 588, etc；Ov. Heroid. i. 83；Trist. v. 14；Propert. iii. 12. 23, etc.；参看艾卡瑞斯和奥德修斯）。荷马把佩涅洛佩描述成了最为贞洁的妻子，而后来的作家却对她作了不同的描述。有人说他和赫尔墨斯、也有人说她和所有的追求者一起生下了潘神（Pan, Lycoph. 772；Schol. ad Herod. ii. 145；Cic. De Nat. Deor. iii. 22；参看潘神的相关内容），奥德修斯回来以后就拒绝了她，而她则去了斯巴达，接着又去了曼提尼（Mantineia）——人们后来在这个地方找到了她的坟墓（Paus. viii. 12. § 3）。另据其他传说，佩涅洛佩和忒勒玛科斯以及特勒戈诺斯一起去了爱伊亚岛（Aeaea），特勒戈诺斯杀死了他的父亲奥德修斯。佩涅洛佩在那里嫁给了特勒戈诺斯，而据其他传说，她在福人岛嫁给了特勒戈诺斯（Hygin. Fab. 127；Tzetz. ad Lycophr. 805）。参看《希腊罗马传记与神话词典》，前揭，卷三，页 183。

• 阿吕柔斯（Alyzeus）：艾卡瑞斯的儿子，佩涅洛佩和勒卡第欧的兄弟。他的父亲死后，他和兄弟联合统治阿卡纳尼亚（Acarnania），并且据说建立了阿吕热城（Alyzea）（Strab. x. p. 452；Steph. Byx. s. v. Ἀλύζεια）。参看《希腊罗马传记与神话词典》，前揭，页 135。

- 勒卡第欧：这是根据地名虚构的名字（包括上一个），阿卡纳尼亚镇的阿吕热亚城和附近的莱夫卡斯（Leucas）岛。勒卡第欧是艾卡瑞斯和玻丽卡斯特的儿子，佩涅洛佩和阿吕柔斯的兄弟，据说莱夫卡斯岛因其而得名（Strab. x. pp. 452，461）。勒卡第欧（Leucadius 或 Leucates）也是阿波罗的别名，据说他莱夫卡斯的神殿而得名（Strab. *l. c.*；Ov. *Trist.* iii. 1. 42；Propert. iii. 11. 69；参看 Thuc. iii. 94；Serv. *ad Aen.* iii. 274）。参看《希腊罗马传记与神话词典》，前揭，卷二，页784。

- 阿卡纳尼亚（Acarnania）：位于希腊中西部地区，沿伊奥尼亚海，埃托利亚的西部，以阿科洛厄斯河为界，卡吕冬（Calydon）海湾的北部。

6. Scholiast on Euripides, *Orestess*

也正如狄奥尼索斯（Διόνυσος）在《诗系记录》（ὁ κυκλογράφος, the Cyclographer）中所说的那样，欧里庇得斯（Εὐριπίδης）似乎在关于羔羊的这个故事中追随《阿尔克迈翁尼斯》的作者。费瑞居德斯说羔羊被放进羊群并不是由于赫尔墨斯（Ἑρμῆς）的愤怒，而是由于阿尔忒弥斯（Ἄρτεμις）的愤怒。《阿尔克迈翁尼斯》的作者让牧羊人把羔羊带给阿特柔斯（Ἀτρεύς）和安提欧库斯。

- 阿特柔斯在羊群中发现了一只金色羔羊，于是，他就宣称这只羊属于他。其兄弟梯厄斯忒斯引诱了他的妻子，并占有了这只羊，因而遭受流放。或许，《阿尔克迈翁尼斯》中的这个故事是同厄里费勒对其丈夫的致命背叛相呼应的。

- 赫尔墨斯（Hermes）：在古希腊神话中，他是宙斯和迈亚的儿子，奥林波斯神的信使，道路与边界之神，睡眠与梦想之神，死者的向导，演说者、商人、小偷、旅者和牧人的保护神（参看《古典诗文绎读》扉页，华夏出版社，2008 年）。

• 阿尔忒弥斯（Artemis）：古希腊神话中奥林匹亚女神之一，主管狩猎、旷野和野兽。她也是掌管生育的女神，并为女童提供保护直至她们出嫁。

• 阿特柔斯（Atreus）：珀罗普斯和希波达弥亚的儿子，坦塔罗斯（Tantalus）的孙子，梯厄斯忒斯和尼茜波（Nicippe）的兄弟。他最先同克莱沃拉（Cleola）结了婚，与她生下了普勒斯忒涅斯（Pleisthenes）；后来又娶了埃若普（Aërope）——他儿子普勒斯忒涅斯的遗孀，也是阿伽门农的母亲，还生下了墨涅拉奥斯和阿纳柯比娅：已经不清楚她是同普勒斯忒涅斯还是同阿特柔斯生下他们的；最后他还娶了他兄弟梯厄斯忒斯的女儿佩洛琵丝（Pelopis, Schol. ad Eurip. Orest. 5; Soph. Aj. 1271; Hygin. Fab. 83, etc.; Serv. Ad Aen. i. 462）。坦塔罗斯家族的悲剧性命运为希腊悲剧作家提供了丰富的写作素材，但是这些主题越是经常被提到，这些事情之间的变化与修改就越大。不过，主要的内容都被许金鲁斯收集了起来。阿特柔斯的故事以一场犯罪开始，因为他和他的兄弟梯厄斯忒斯受他们的母亲希波达弥亚的引诱，杀死了他们的继兄弟忒洛普斯（Telops）和仙女阿克丝娥柯（Axioche，又说杀死的是达妮娅［Danais］的儿子克律西波斯。Hygin. Fab. 85; Schol. ad Hom. Il. ii. 104）。据关于修昔底德（i. 9）所述，他也同意这种说法，即珀罗普斯自己杀死了克律西波斯。于是，阿特柔斯和梯厄斯忒斯因为怕死而决意逃走，又据修昔底德的说法，是要逃避克律西波斯的命运。迈锡尼（Mycenae）的国王，他们的妹妹尼茜波的丈夫（在关于修昔底德的评论中，她叫作阿斯梯达弥亚）斯忒尼卢斯邀请他们去美狄亚

(Midea)那里,并任命他们做那里的统治者(Apollod. ii. 4. §6)。后来,斯忒尼卢斯的儿子欧律斯透斯进军赫尔克勒亚(Hercleias),就把迈锡尼交给了他的叔叔阿特柔斯。欧律斯透斯在阿提卡失利后,阿特柔斯成了迈锡尼王位的继任者。从这一刻开始,罪行和灾难接踵而至地降临到坦塔罗斯家。梯厄斯忒斯引诱了阿特柔斯的妻子埃若普,还从他身边偷走了长有金羊毛的羊羔,这是赫尔墨斯送的礼物(Eustath. *ad Hom.* p. 184)。在这件罪行之后,梯厄斯忒斯被他的兄弟从迈锡尼放逐,但是他在放逐之地,派了阿特柔斯的儿子普勒斯忒涅斯(此人被梯厄斯忒斯当做亲生儿子养大)去杀死阿特柔斯。然而,阿特柔斯杀死了这个派来的人,并不知道那是自己的儿子。这部分故事包含着一个明显的矛盾:因为如果阿特柔斯在这样的情况下杀死了普勒斯忒涅斯的话,那么他的妻子埃若普,也就是被梯厄斯忒斯引诱的那人,就不会是普勒斯忒涅斯的遗孀(Hygin. *Fab.* 86; Schol. *ad Hom.* ii. 249)。为了获得复仇的机会,阿特柔斯假装同梯厄斯忒斯和好,并邀请他去了迈锡尼。当后者接受邀请后,阿特柔斯就杀死了梯厄斯忒斯的两个儿子——坦塔罗斯和普勒斯忒涅斯,把他们的肉做成餐,给梯厄斯忒斯吃。在梯厄斯忒斯吃了一些之后,阿特柔斯命令把这些孩子的手臂和骨头送上来,梯厄斯忒斯看到这一切惊呆了,诅咒坦塔罗斯家并逃走了,就连赫利俄斯也回过头去不忍看这个可怕的场景(Aeschyl. *Agam.* 1598; Soph. *Aj.* 1266)。接着,阿特柔斯的王国饱受萧条和饥荒之苦,而当人们求问神谕解决的办法时,神谕建议他召回梯厄斯忒斯。阿特柔斯出发前去找他,来到了忒斯普洛托斯(Thesprotus)国,不过阿特柔斯没能在那里找到梯厄斯忒斯,却和他的第二任妻子结了婚,即佩洛琵丝,梯厄斯忒斯的女儿,但阿特柔斯却认为这是忒斯普洛托斯的女儿。结婚的时候,佩洛琵丝已经和她自己的父亲有了孩子;在生出了这个男孩埃癸斯托斯（Aegisthus）后，她把这个孩子扔了。然而，这个孩子却被一个牧羊人发现了，牧羊人用羊奶喂养他。当阿特柔斯知道这个孩子还活着之后，把他接了回来，并当作自己的孩子养大。据埃斯库罗斯所述（Agam. 1605），埃癸斯托斯还是个孩子的时候，就和他的父亲梯厄斯忒斯一起从迈锡尼被放逐，直到长成人之后才回来。后来，当阿伽门农和墨涅拉奥斯长大后，阿特柔斯派他们去寻找梯厄斯忒斯。他们发现梯厄斯忒斯在德尔斐，就把他带回了迈锡尼。阿特柔斯把梯厄斯忒斯关在了那里，并派埃癸斯托斯去杀死他。但是埃癸斯托斯被他的父亲认了出来，他假装杀死了梯厄斯忒斯，回到了阿特柔斯那里。趁阿特柔斯在海边献祭的时候，埃癸斯托斯把阿特柔斯杀死了（Hygin. Fab. 88）。阿特柔斯的坟墓一直存留到泡萨尼阿斯时期（ii. 16. §5）。阿特柔斯的财富和他的儿子们均在迈锡尼，泡萨尼阿斯也提到了这个地方（l. c.），也有人相信这些东西仍然存在（Müller, Orchom. p. 239），但是米勒（Müller）所描述的废墟是在地上的，而泡萨尼阿斯称这个建筑为"地下的"（ὑπόγαια）。参《希腊罗马传记与神话词典》，前揭，卷一，页408。

7. Philodemus, *On Plety*

在克洛诺斯（Κρόνος）度过的时光最为幸福，正如赫西俄德、索福克勒斯以及《阿尔克迈翁尼斯》的作者所写的那样。

• 克洛诺斯（Kronos）：宙斯的父亲，乌拉诺斯的儿子，曾推翻乌拉诺斯的统治，后又被自己的儿子宙斯所推翻，被认为是时间之神。参看库恩著《希腊神话》，前揭，页4、5。

特洛亚诗系

塞浦路亚（*KYΠPIA*）

证 言

Aelian, *Historical Miscellany*

此外，据说，荷马没有东西给女儿当嫁妆，便把《塞浦路亚》送给她当嫁妆。品达也同意这种说法。

亚里士多德《论诗术》：参看下文，关于《小伊利亚特》的证言。

- 据称，这种说法是为了浪漫地调和两种关于其归属的争论。
- 《塞浦路亚》为《伊利亚特》和《奥德赛》的故事提供了背景，是对这两部史诗的某种补充。参看《英雄诗系研究》，前揭，页33。

Halicarnassian inscription（公元前2世纪）

这个城市撒下了帕尼阿西斯（*Πανύασις*）的种子，他是著名的史诗大师，因而也就诞生了塞浦路斯（*Κύπρος*）的《特洛亚诗系》的诗人。

- 意译为"塞浦路斯之歌"（此从现代西语的发音译为"塞浦

路亚"),因阿佛洛狄忒住在塞浦路斯,又可转译为"塞浦路斯女神之歌"或"阿佛洛狄忒之歌"。阿佛洛狄忒主爱情、性欲。该史诗讲的是特洛亚战争起因,即帕里斯在阿佛洛狄忒的帮助下,去勾引海伦,故该史诗似乎还可译成"情爱之歌"。译者在这里感到实在有些为难,只好采取音译的方法(并屈从现代西方语言的译音),以效"伊利亚特"和"奥德修斯"之译法。该史诗之所以取名为"塞浦路亚",有两种解释:一是说作者的出生地是在塞浦路斯,就以其出生地而命名,不管其写作的内容是什么,如像《瑙帕卡提亚》(*Naupactia*)一样;二是认为这首史诗与美神阿佛洛狄忒有关,她也在史诗中扮演了一个重要角色,塞浦路斯是她的出生地,因而得名。参看《英雄诗系研究》,前揭,页33。

- 帕尼阿西斯(Panyassis):这个名字的长度有争议。后来的一个诗人(Aven. *Arat. Phaen.* 175)把这个名字变短了:"Panyasi sed nota tamen, cui logior setas",但也许在更早的时候,名字较长。一、古希腊的史诗诗人,生活于公元前5世纪,小亚细亚沿岸哈利卡纳苏斯(Halicarnassus)人。据罗马修辞学家昆体良(Quintilian)说,有些后期评论家认为他的作品仅次于荷马。他的主要诗篇现仅存片断,其中有描写英雄赫拉克勒斯冒险神话的《赫拉克勒斯纪》。他的名字还写作:Πανύασσις 和 Παννύασις。但是毫无疑问,正确写法定是 Πανύασις。据苏达斯所述,他是波吕雅柯斯和一个哈利卡纳苏斯人的儿子;不过,历史学家杜里叙述说,他是一个萨摩斯(Samian)人,是狄奥克勒斯的儿子,不过苏达斯的话似乎更可信,至少在关于他的出生地上,泡萨尼阿斯(x. 8. §5)和亚历山大里亚的克莱门(Clemens Alexanderinus, vi. 2. §52)同样说他是一个哈利卡纳苏斯人。帕尼阿西斯出生于哈利卡纳苏斯一个贵族家庭,是历史学家希罗多德的亲戚,不过他们俩的确切关系还是不太清楚。有记载说他是这个历史学家的表兄弟,帕尼阿西斯是波吕雅柯斯的儿子,而希罗多德是吕克斯的儿子,吕克斯是波吕雅柯斯的兄弟。另一种说法认为帕尼阿西斯是希罗多德的叔叔,希罗多德是何依娥(Rhoeo)或卓易欧(Dryo)的儿子,而何依娥或卓易欧是帕尼阿西斯的妹妹(参看苏达斯的相关内容)。这些相互冲突的说法在现代学者中间引起了无数的争论,但是说帕尼阿西斯是希罗多德的叔叔,更让人相信。帕尼阿西斯大约在公元前489年开始为人所知晓,名声一直持续到公元前467年,苏达斯说他就是在那一年被哈利卡纳苏斯的僭主吕戈达迷斯处死,也许正是在这个时期里,希罗多德离开了自己的城邦,大约是在公元前457年(Clinton, *F. H.* sub. annis 489, 457)。古代作家提到了两首帕尼阿西斯的诗作。最有名的是《赫拉克勒亚》(Ἡράκλεια, *Heracleia*, Athen. xi. pp. 469, d. 498, c)或叫《英雄传说》(Ἡράκλειας, *Herodcies*,参看苏达斯的相关内容),这首诗作详细描写了赫拉克勒斯的事迹,共14卷,9000行。我们可以根据古代作家的引述来推断,这部诗作总述了不同诗人关于这个英雄的历险故事,主要记载了他在亚细亚、利比亚(Libya)和赫斯佩里斯的女儿们把守之地的历险。流传下来的各个章节的内容概览,可以在米勒关于多里斯人的作品的附录中找到(vol. i. p. 532,英译首版)。帕尼阿西斯另外一部作品叫做《伊奥尼卡》(Ἰωνικά, *Ionica*),共计7000行,这首诗叙述了涅琉斯、柯多罗斯和伊奥尼亚(Ionic)殖民地的历史,也许与其他人所说的不同国度的诗作《克提瑟斯》(κτίσεις)或《阿开奥斯人传言》(ἀρχαιολογίαι)其实采用了同样的处理方式。苏达斯说这首诗是以五音步诗行写成的,但是这么早期的诗歌,篇幅又如此大,似乎不能仅仅以五音步写成。这首诗没有什么残篇留传下来,也没有关于其主题的确切描述。我们不知道帕尼阿西斯的诗作对同时代人和后辈们造成过怎样的影响,但估计不会太大,因为许多希腊大作家都没有提到过他。不过,他的作品得到广泛的阅读和推崇,亚历山大的语法家们把他与荷马、赫西俄德、珀珊德洛斯(Peisander)以及安提玛科斯相提并论,作为五个主要的史诗诗人之一,一些人甚至拿他与荷马对比(参看苏达斯, s. v.; Dionys. de Vet. Script. Cens. c. 2, p. 419, ed. Reiske; Quintil. x. 1. §54)。帕尼阿西斯在后来的诗系诗人和安提玛科斯的学术工作之间起了一种调和作用,据说安提玛科斯是他的学生(s. v. Ἀντίμαχος)。从留存下来最长的两段残篇(Athen. ii. p. 36; Stobaeus, xviii. 22)来看,帕尼阿西斯十分熟悉旧的伊奥尼亚史诗形式,还吸收了不少荷马精神。《赫拉克勒亚》的残篇被收录在希腊诗人的作品集中,主要由以下人完成:Winterton、Brunck、Boissonade 和 Gaisford;还收录在 Düntzer 的希腊史诗残篇集中和 Tzschirner 和 Funcke 的作品中(The histories of Greek literature by Bode, Ulrici, adn Bernhardy; Tzschirner, *De Panyasidis Vila et Carminibus Dissertatio*, Vratisl. 1836, and *Fragmenta*, 1842; Funcke, *De Panyasidis Vita ac Poesi Dissert*. Bonn. 1837; Eckstein, in Ersch and Gruber's *Encyklopadie*, art. *Panyasis*)。另有一个哲学家与之同名,也是哈利卡纳苏斯人,写了两卷本的《论梦》(Περὶ ὀνείρων,参看苏达斯的相关论述)。这个帕尼阿西斯定是阿尔特密欧多洛斯(Artemiodorus)在他的《翁奇沃评论》(*Oncirocritica*)中提到的那个人(i. 64, ii. 35),他直接称呼他为哈利卡纳苏斯人。齐尔纳(Tzschirner)推测,上面提到的这一篇杜里的文字影响了这个帕尼阿西斯,诗人帕尼阿西斯有个儿子叫做狄奥克勒斯,哲学家帕尼阿西斯就是这个诗人帕尼阿西斯的孙子,又因为他的居住地被杜里称为萨摩斯人。苏达斯混淆了这两个人,他经常如此,因为他称这个诗人是"预言家"(τερατοσκόπος),而这个称呼似乎用在那个论梦的哲学家身上更合适。

参看《希腊罗马传记与神话词典》，前揭，卷三，页 115。

- 塞浦路斯（Cyprus）：希腊语意为"产铜之岛"，今国名塞浦路斯共和国（the Republic of Cyprus），是位于地中海最东面的一个岛国，与希腊、土耳其、叙利亚、黎巴嫩、以色列、埃及隔海相望，自古以来就是连接中东、非洲和欧洲的交通要道，现代人把它比喻为"东地中海不沉的航空母舰"。塞浦路斯东西长 241 公里，南北宽 97 公里，面积 9251 平方公里（1974 年塞岛上的希腊、土耳其两族分裂后，希族和土族分别占据领土的 60% 和 37%，另有 3% 属于英国的两个主权基地），为地中海第三大岛，是女神维纳斯的故乡。

Photius, *Library*

> 普罗克洛斯（Πρόκλος）也提到了被称为《塞浦路亚》的诗歌，还谈到了怎样把其中的一些归在塞浦路斯的斯塔西诺斯（Στασῖνος）的名下，而另一些又归在萨拉米斯（Σαλαμίνα）的黑格斯贡洛斯（Ἡγησίγονος）的名下。还有一些人说这是荷马所作，由于他女儿的原因而把它送给了斯塔西诺斯，并且根据他来的地方而把该作品命名为《塞浦路亚》。但是，普罗克洛斯并不满足于这种解释，因为他说按三音节音调原则（proparoxytone accent），这首诗的题目并不是"塞浦路亚（Kypria）"。

- 普罗克洛斯（Proclus）：雅典柏拉图学园晚期的导师，公元 450 年左右，给《几何原本》作注，写了一个简明的《几何学发展概要》，字数虽不多，但已包括从泰勒斯（Thales）到欧几里得数百年间主要数学家的事迹，这是几何学史的重要资料。
- 斯塔西诺斯（Stasinus）：亚里士多德《诗学》1459b 曾提到过此人及其诗作，但并未做详细介绍（参看《诗学》页 83，罗念生译，上海世纪出版集团，2006 年）。他是塞浦路斯人，史诗诗人。一些古代的作家把《塞浦路亚》和另一首诗归到他的名下（Κύπρια 或 τὰ ἔπη τὰ Κύπρια）。而在这个问题上的描述却差别极大，并与许多猜测混到了一起，后人也无法从中得出一个确定的结论。在希腊文学的早期历史中，即在批评时代来临之前，公认《塞浦路亚》是荷马的作品（Fr. 189, *ap. Aelian*, *V. H.* ix. 15；有人怀疑此处引文的可靠性）。早期的悲剧作家关于这个方面的观点，明显以自己的戏剧作品为基础。而希罗多德（参看希罗多德《历史》上册，页 160）认为这首诗的作者并不是荷马，而另有其人，但他仍然指出那是主流的一个观点。柏拉图引用了两句荷马的诗行，而学者认为那是出自《塞浦路亚》（*Euthyphr.* 12a）。亚里士多德也提到了该诗的作者，却并没有提到他的名字。泡萨尼阿斯也以同样的方式提到了这首诗（iii. 16. §1；iv. 2. §7；x. 26. §1；x. 81. §2）。直到雅典娜乌斯和语法学家的时代，才有人提到斯塔西诺斯的名字，但把那些诗歌算在他名下的文字，也语焉不详。因此，雅典娜乌斯在文章中（ii. p. 35, c.）这样写道："《塞浦路亚》的作者，无论他是谁"；在另一个地方，他也以一种不确定的方式写道："*ὁ τὰ Κύπρια ποιήσας ἔπη, εἴτε Κύπριός τίς ἐστιν ἢ Στασῖνος ἢ ὅστις δήποτε χαίρει ὀνομαζόμενος*"；在第三个地方，他提到该诗的作者要么是黑格斯洛斯，要么是斯塔西诺斯，还说哈利卡纳苏斯的德莫达玛斯（Demodamas）认为《塞浦路亚》的作者是哈利卡纳苏斯人。普罗克洛斯是关于英雄诗系历史的最权威的作家，他不仅告诉我们这首诗的作者要么是斯塔西诺斯，要么是黑格斯洛斯，要么是荷马，而且他和其他的人还制造了新的混乱和怀疑，并且提出了新的证据，表明古代作家也不能确定这首诗的作者（Procl. *Chrestom.* In Gaisford's *Hephaestion et Proclus*, pp. 471, foo；付修斯 [Photius] 也引用了相关的内容，*Bibl. Cod.* ccxxxix. pp. 319, a. Foll.）。斯塔西诺斯被认为是荷马的女婿，有一个故事讲荷马创作了《塞浦路亚》，并把它送给了斯塔西诺斯作他女儿的嫁妆。很明显这是为了调合这两个作家之间的冲突，这样它就既属于荷马，又属于斯塔西诺斯（Proc. *l. c.*; Aelian. *V. H.* ix. 15）。我们也知道，这首诗是以作家所在地命名的，但有评论认为，是个地方也有可能是以这首史诗来命名的。另外还有些文字——或许是出自语法学家和学者——也同样提到了这个问题。这首诗的卷数不太清楚，目前所知道的，在这个问题上唯一的权威雅典娜乌斯引用过第11卷的文字（xv. p. 682, e.），那么它至少有11卷。从以上的叙述中我们可以看出，米勒和其他一些人的看法是否可靠——即认为可以确定该诗属于斯塔西诺斯，而他们还认为斯塔西诺斯与米利都（Miletus）的阿克提努斯是同时代人。考虑到这首诗所覆盖的神话故事的巨大范围，本哈代（Bernhardy）的看法倒十分可信，即，这是一首经过许多年代和许多人之手整理的作品，而它的题目也许可以从阿佛洛狄忒的诞生中得到解释。整个情况当然能说明这首诗的总体计划是关于塞浦路亚的。《塞浦路亚》在整个事件序列中是最早同特洛亚战争相关的英雄诗系作品。它包括了《伊利亚特》开始前的那些先辈们的故事，而这就是《伊利亚特》的开场。从普罗克洛斯给出的提纲以及残篇的内容，可以构筑一个关于其结构和内容的基本观点来。大地厌倦了堕落的人类，请求宙斯减少他们的数量。宙斯答应了。海伦的美装点了事件的起因，而阿喀琉斯的剑吹响了毁灭的号角。事件以海伦的诞生开始（或是另有他说，因为神话讲法多样），宙斯把她送给勒达（Leda）抚养。从佩琉斯的婚姻自到对特洛亚的远征之间的故事，叙述得很长，而战争本身却叙述得较为简短，后者明显是对《伊利亚特》故事的简短叙述。它写了几句笨拙的语言，以同《伊利亚特》的开场相关:这个战争本身并不如大地的愿望本身那么凶残,为了使它更有效,宙斯挑起了阿伽门农和阿喀琉斯之间新的争端(R. J. F. Herichsen, *de Carminibus Cypriis*, Havn. 1828, 8vo.; Welcker, in the *Zeitschrift für Alterth.* 1834, Nos. 3, etc.; Müller, *Geschl dl Griechl Lit.* vol. i. pp. 118 – 120, pp. 68, 69, Eng. Trans.; Bode, *Gesch. d. Hellen. Dichtkmnst*, vol. i. pp. 363 – 378; Bernhardy, *Grundriss d. Griech. Lit.* vol. ii. pp. 150 – 152; Clinton, *F. H.* vol. i. pp. 353, etc)。参看《希腊罗马传记与神话词典》卷三,页899。

- 萨拉米斯(Salamis):塞浦路斯古都。位于塞浦路斯东部法马古斯塔以北约9.6公里处,它在古代是塞岛一个重要的城邦国家,为特洛亚战争中的英雄所建。公元前1194 – 1184年,希腊和特洛亚(小亚细亚西北部古城,即今土耳其的希沙立克)发生了长达10年的特洛亚战争(荷马史诗《伊利亚特》即叙述这次战争的事迹),这场战争中的英雄、希腊萨拉米斯岛特拉蒙国王的儿子托塞漂洋过海来到塞岛东岸,兴建一座城市,以他故乡的名字为这座城市命名。在约2000年之久的漫长历史时期里,萨拉米斯在塞岛诸城邦国家中起着重要作用,罗马时期(公元前58年—公元395年)被誉为"东方的大商场",拜占庭帝国统治塞浦路斯的初期成为塞岛首都,之后毁于地震,沉入沙砾中。君士坦丁大帝的儿子重建萨拉米斯,但规模比原来的要小。现在人们只能从挖掘出来的遗迹凭吊这个古代一度繁荣兴盛的城邦国家。发掘出的古罗马剧场是目前塞岛也是地中海沿岸国家同类剧场中最大者,是半圆形露天的,舞台直径为27.5米,整个剧场可容两万多观众。这里还发掘出罗马商场、许多大理石圆柱、人像雕塑以及早期的供水系统。

- 黑格斯洛斯(Hegesinus):一个生卒时间不详的作家,写了一首关于阿提卡的诗歌,叫作$A\tau\vartheta i\varsigma$,似乎是一个传说中的作家。泡萨尼阿斯（Pausanias）保存了其中的四首诗歌，但他却告诉我们说其余的在他的时代就已经完全佚失了，而他收录的这些诗作是从卡利颇斯的作品中提取出来的，本身就值得怀疑。卡利颇斯是科林多人，作品是关于波俄提亚的奥尔科莫诺斯的历史。另一个同名者，英文拼写相同，但希腊文原文写法不同："Ἡγησίνους"，他是佩尔伽蒙（Pergamum）人，学园里的哲学家，伊凡德尔（Evander）的继承者，卡尼底斯（Carneades）的前任。大约兴盛于公元前185年（Diog. Laërt. iv. 60；Cic. Acad. ii. 6.）。参看拉尔修《名哲言行录》，页261，马永翔等译，吉林人民出版社，2003年。

● 普罗克洛斯犯了个错误，塞浦路亚符合这个原则。作为中性复数形容词，"塞浦路亚的（Cyprian）"符合"诗（poiemata）"或是"史（epea）"、"韵文（verses）"的要求。然而，哈利卡纳苏斯人为了使作品适合他们自己（参看前面的描述，以及下文辑语5和10），宣称"塞浦路亚（Kypria）"应该被当作符合二音节音调号原则，即为"出自塞浦路亚（by Cyprias）"，这个塞浦路亚就被认为是一个哈利卡纳苏斯诗人的名字。普罗克洛斯显然认可了这一点。

Scholiast on Clement of Alexandria

"诗歌《塞浦路亚》"是诗系中的一首，它涉及抢夺海伦。作者是谁还不确定，一定是诗系诗人中的一员。

论　述

Proclus, *Chrestomathy*, with additions and variants from Apollodorus, The *Library*

在这之后的是叫做《塞浦路亚》的史诗，现存11卷（从作者后来打听到的情况来看，其中的说法与现在的说法互有抵牾）。稍后再讨论题目的拼写问题，以免妨碍现在的叙述进程。它的内容如下。

- "在这之后"：因文本有佚，所指不详，似指前面所选的英雄诗系中的其他史诗。从故事情节推断，当是"忒拜系列"中的最后一首史诗，或即《后生们》。
- 这里的内容保存在一个角形架上，M. L. West 在英文引言页12 介绍了基本情况。
- 括号中的文字据 Monro 本补。White 的希腊文编本此处为省略号。
- 参看前文关于付修斯的注释。

（1）宙斯（Ζεύς）同忒弥斯（Θέμις）商量要给特洛亚人带来一场战争。当神明们在佩琉斯（Πηλεύς）的婚宴上大快朵颐时，不和女神厄里斯（Ἔρις）来了。她在雅典娜（Ἀθήνη）、赫拉（Ἥρα）和阿佛洛狄忒（Ἀφροδίτη）之间就谁最漂亮挑起了争吵。在宙斯的命令下，赫尔墨斯（Ἑρμῆς）把这三位女神领到了住在伊达山上的亚历山大洛斯（Ἀλέξανδρος）那里，请他作出判断（κρίσιν）。（她们均承诺给亚历山大洛斯礼物：赫拉承诺给他最高的王权，雅典娜承诺让他赢得战争，而阿佛洛狄忒则承诺让他得到海伦。）亚历山大洛斯得允可娶到海伦（Ἑλένη），便选择了阿佛洛狄忒。然后，在阿佛洛狄忒的建议下，亚历山大洛斯打造了船舶（由斐瑞克洛斯 [Φέρεκλος] 制造）。赫勒诺斯（Ἕλενος）预言了亚历山大洛斯的命运。阿佛洛狄忒还命埃涅阿斯（Αἰνείας）同亚历山大洛斯一起去［斯巴达］。卡桑德拉（Κασάνδρα）预言了明摆着的命运。

- 忒弥斯（Themis）：天与地的女儿，正义女神。此处未曾提及宙斯和忒弥斯为何要给特洛亚人带来战争，但据其他传说，乃是因为普里阿摩斯的祖上得罪了某位神明。
- "亚历山大洛斯"即帕里斯。据古典语文学家说，"亚历山大洛斯"（alexandros）的意思是"保-民"，由"救助"与"人"二字所合成——《古希腊语汉语辞典》中该词即有"保卫者"这一义项，与其无行败家恰成反讽。又有人说"亚历山大洛斯"是"英俊男子"之意思。
- 斐瑞克洛斯（Phereclus）：哈莫尼德斯（Harmonides）的儿子，为帕里斯建了带走海伦的船，在特洛亚战争中被墨里俄涅斯（Meriones）所杀（参看《罗念生全集》卷五，前揭，页109）。又说他是特克同（Tecton）的儿子。《伊利亚特》第五卷60行："特克同的儿子斐瑞克洛斯，这人手巧，／能做奇异的东西，深受雅典娜的宠爱，／他曾为阿勒珊德罗斯建造平稳的船只，／那是祸害的根源，成为特洛亚人／和他的灾难，因为他听不懂众神的预言。"参看《罗念生全集》，前揭，卷五，页109。
- 赫勒诺斯：普里阿摩斯的另一个儿子，预言家。另参《伊利亚特》6.76等处。
- 卡珊德拉：普里阿摩斯的女儿，赫勒诺斯的孪生兄妹。因貌美而为阿波罗所喜，从太阳神那里学到预言能力后，拒绝了阿波罗，遂被太阳神惩罚（吻了她的唇），大家再也不相信她的预言。特洛亚城破被俘，成为阿伽门农的女奴，后被阿伽门农之妻克吕泰墨涅斯特拉所害。

(2) 亚历山大洛斯踏上拉克岱蒙（Λακεδαίμων）的土地后，受到了廷达柔斯（Τυνδάρεος）的儿子们殷勤款待。此后，他在斯巴达（Σπάρτα）还得到墨涅拉奥斯（Μενέλαος）的招待（一共待了九天），亚历山大洛斯在酒宴上向海伦献上了礼物。此后，墨涅拉奥斯乘船去了克里特（前去参加卡特柔斯的葬礼，此人是他母亲的祖父），嘱咐海伦尽供客人之所需，直到他们离去。同时，阿佛洛狄忒让海伦和亚历山大洛斯睡在了一起，他们合欢之后，把大量的财宝装到船上，晚上开走（海伦丢下了自己九岁的女儿赫尔迈厄尼 [Ἑρμιόνη]）。赫拉卷起风暴阻止他们，并把他们带到了西顿（Σιδών, Sidon，腓尼基的古城），亚历山大洛斯占领了这座城市（为了防范被追杀，他在腓尼基 [Φοινίκη] 和塞浦路斯待了很长一段时间）。他从那里乘船回到了伊利昂（Ἴλιος），与海伦举行了盛大的婚礼。

- 墨涅拉奥斯（Menelaus）：斯巴达国王，海伦的丈夫。参看《罗念生全集》卷五，前揭，页 19。另参库恩《希腊神话》，前揭，页 204、227。
- 廷达柔斯：拉克岱蒙前国王，海伦名义上的父亲（海伦的父亲实为宙斯）。拉克岱蒙是城邦 - 国家或地区的统称，斯巴达是其首都，后来这两个词可互换。
- 卡特柔斯（Catreus）：米诺斯的儿子，有三个女儿阿厄洛珀、克吕墨涅、阿珀摩绪涅和儿子阿尔塔墨涅斯。参看阿波罗多洛斯《希腊神话》，前揭，第二章，第 1 段，页 161。
- 赫尔迈厄尼（Hermione）：用这个名字的地方众多，在古希腊神话中，她是墨涅拉奥斯和海伦的女儿。
- 腓尼基（Phoenicia）：古代地中海沿岸兴起的一个民族，一个亚洲西南部的城邦国家,由地中海东部沿岸的城邦组成,位于今叙利亚和黎巴嫩境内。它是一种文明,也是一个为时人所憎恨的民族。

• 特洛亚:一般而言,特洛亚和伊利昂往往被认为是一个地方,这两个地名在史诗中也可以互换,但实际上不是一回事。参《希腊神话》,前揭,页186 – 187。另参库恩《希腊神话》,前揭,页265。

• 这里的叙述与希罗多德的叙述出现了冲突,希罗多德说:"塞浦路斯叙事诗(《塞浦路亚》)并不是荷马而是另一位诗人写的。因为塞浦路斯的叙事诗说,亚历山大同海伦在三天之内从斯巴达到伊里翁,一路之上是顺风和没有浪头的。但是根据《伊利亚特》,他在带着她的时候是迷失了道路的。"参看《希罗多德历史》上册,王以铸译,北京:商务印书馆,1985年,页160。

(3) 与此同时,卡斯托尔($K\acute{\alpha}\sigma\tau\omega\varrho$)和波利丢克斯($\Pi o\lambda v\delta\varepsilon\acute{v}\varkappa\eta\varsigma$)在偷伊达斯($\H{I}\delta\alpha\varsigma$)和林扣斯($\Lambda v\gamma\varkappa\varepsilon\acute{v}\varsigma$)的牛时,被逮了个正着,结果卡斯托尔为伊达斯所杀,而伊达斯和林扣斯兄弟又为波利丢克斯所杀。宙斯让他们隔天复活一次(直译为:宙斯让他们每两天中有一天不死)。

• 卡斯托尔和波利丢克斯:兄弟俩。斯巴达王廷达柔斯(与勒达)名下四个子女:卡斯托尔、克吕泰墨涅斯特拉、波利丢克斯、海伦(最后两人的父亲实为宙斯)。

• 伊达斯(Idas)和林扣斯(Lynceus,同名者共有六人,参看《希腊罗马传记与神话词典》,前揭,卷二,页861)是波塞冬(一说阿法柔斯)和阿瑞涅的两个儿子。有人说他们四人合伙抢到一批牛,结果伊达斯和林扣斯不肯分牛给卡斯托尔和波利丢克斯,结果两对兄弟大打出手,结果卡斯托尔、林扣斯和伊达斯在格斗中丧生。

- 《奥德赛》第十一卷，第 298 – 304 行："我还见到廷达瑞奥斯的妻子勒达，/ 她为廷达瑞奥斯生育了英勇的儿子，/ 驯马的卡斯托尔和高贵的拳击手波利丢克斯，/ 赐予生命的大地把他俩活活地收下。/ 他们在地下仍获得宙斯惠赐的尊荣，/ 轮流一人活在世上，一人死去，/ 享受神明才能享受的特殊荣誉。"参看《奥德赛》，前揭，页 205。

(4) 此后，伊里斯（Ἶρις）向墨涅拉奥斯传报了他家中所发生的事情。墨涅拉奥斯回到迈锡尼（Μυκῆναι）后，同兄长（阿伽门农）策划要讨伐伊利昂，然后去找涅斯托尔（Νέστωρ）帮忙。涅斯托尔同他扯闲话，告诉他厄坡哀斯（Ἐποπεύς）在引诱了吕科斯（Λύκος）的女儿后如何被毁，还讲了俄狄甫斯的故事、赫拉克勒斯（Ἡρακλῆς）发疯以及忒修斯（Θησεύς）和阿里阿德涅（Ἀριάδνη）的故事。

- 伊里斯，彩虹女神，宙斯的信使，在《伊利亚特》中多次出现（如 2. 786 等）。
- 迈锡尼（Mycenae）：迈锡尼文明是希腊青铜时代晚期的文明，它由伯罗奔半岛的迈锡尼城而得名。约公元前 2000 年左右，希腊人开始在巴尔干半岛南端定居。从公元前 16 世纪上半叶起逐渐形成一些奴隶制国家，出现了迈锡尼文明。在伯罗奔半岛的迈锡尼、梯林斯、皮洛斯，中部希腊的忒拜、奥尔霍迈诺斯、格拉斯和雅典以及帖撒利亚的约尔科斯等地陆续出现过卫城、宫殿和规模宏大的圆顶墓，其中尤以迈锡尼的这类建筑最为雄伟，它的卫城入口是著名的狮子门。
- 涅斯托尔（Nestor）：皮洛斯王，历经三朝的元老，能言善辩、足智多谋、老成持重，是特洛亚战争中希腊联军的高参。

- 扯闲话：希腊原文为 παρεκβάσει，意思是离题、偏离。但涅斯托尔在这里所说的话，显然不是闲谈，而是在故事中给希腊联军的远征（下文译作"讨伐"）寻找合法性依据。
- 吕科斯：也许是吕科斯（Lycus）的拼写错误（英文写法为"Lycurgus"），他是尼克忒奥斯的兄弟。安提俄珀（Antiope）是他的女儿，被埃波佩奥斯引诱，却为吕科斯所救。参看 Asius, fr. 1。
- 厄坡哀斯：不详。吕科斯，神话中有十几个人叫这个名字。俄狄浦斯的故事，其内容即弑父娶母。赫拉克勒斯发疯，系受天后赫拉所妒害，在疯狂中杀死了自己的子侄。（参欧里庇得斯：《疯狂的赫拉克勒斯》，周作人译，见《欧里庇得斯悲剧集》，前揭，页 1283-1392。）忒修斯，著名的希腊英雄，埃勾斯和埃特拉的儿子，在克里特迷宫里杀死了半人半牛的怪物米诺陶洛斯。阿里阿德涅，克里特国王米诺斯和帕西菲的女儿，用线团助忒修斯走出迷宫，嫁给了忒修斯，后被忒修斯遗弃在那克索斯岛，该岛的酒神巴克科斯娶她为妻，育有许多子女。

（5）然后，他们［墨涅拉奥斯、赫涅斯托尔］游遍希腊（Ἑλλάς），召集各族首领（阿伽门农派传令官到每个国王那里，提醒他们不要忘记曾经发过的誓言，还建议每个人确保他妻子的安全，因为这种图谋对每个希腊人来说都是一种威胁）。当时奥德修斯（Ὀδυσσεύς）不想参加讨伐，便装疯卖傻。帕拉墨德斯（Παλαμήδης）建议，抓住奥德修斯的儿子忒勒玛科斯（Παλαμήδης）来惩罚（检验出奥德修斯不是真疯）。（帕拉墨得斯从佩涅洛佩的怀中抢过忒勒玛科斯，并挥剑像是真的要杀他一样。）（墨涅拉奥斯和奥德修斯、塔尔堤比俄斯［Ταλθύβιος］

一起,来到塞浦路斯,找到喀吕阿斯[Κινύρας]叫他一起参加远征。他送给没有到场的阿伽门农[Αγαμέμνων]一件胸甲作为礼物,并且承诺要派出五十艘战船,却只派出了一艘由皮格马利翁[Πυγμαλίων]的儿子……指挥的战船,其余的则驶向大海。)

- 帕拉墨德斯:欧玻亚国王瑙普利奥斯和克吕墨涅的儿子,因认出奥德修斯假痴不癫之计而与之结下仇怨。后,阿伽门农为平息奥德修斯的愤怒,授意希腊士兵乱石将帕拉墨德斯砸死。帕拉墨德斯的父亲和弟弟奥阿克斯在希腊联军胜利班师的路上进行了报复,并煽动克吕泰墨涅斯特拉杀夫。
- 忒勒玛科斯(Telemachus)是奥德修斯的儿子,父亲从特洛亚战争中归来后,他帮助父亲杀死所有求婚者。
- "抓住奥德修斯的儿子忒勒玛科斯来惩罚(检验出奥德修斯不是真疯)":据其他传说,奥德修斯当时新婚燕尔,初为人父,不愿意参加征讨,便装疯把牛和驴套在一起犁地,把盐播种到地里。帕拉墨德斯看出了奥德修斯的伎俩,遂把襁褓中的忒勒玛科斯放在奥德修斯要犁耕的垄沟中,奥德修斯不愿意犁死自己的儿子,便只好出征。
- 塔尔堤比俄斯(Talthybius):阿伽门农的传令官。参看欧里庇得斯《特洛亚妇女》,《罗念生全集》卷三,前揭,页193。荷马《伊利亚特》,1. 320;3,118;4,192;7,276;19,196,250,267;23,897,《罗念生全集》,前揭,卷五。
- 喀吕阿斯(Cinyras):有名的塞浦路斯英雄。据传说,他是阿波罗同帕弗斯(Paphos)的儿子,也是塞浦路斯的国王,帕福斯的阿佛洛狄忒的祭司,后来这个职位得到了世袭性的继承(Pind.

Pyth. ii. 26, etc.; Tac. *Hist*. ii. 3; Schol. *ad Theocrit*. i. 109)。据塔西佗（Tacitus）所述，他从西里西亚（Cilicia）来到塞浦路斯，并从那里带来了对阿佛洛狄忒的崇拜；而阿波罗多洛斯（iii. 14. §3）则说，他是散达库斯（Sandacus）的儿子，而此人是从叙利亚移居到西里西亚的。喀吕阿斯在到达塞浦路斯之后建立了帕弗斯城。他和塞浦路斯国王**皮格马利翁**（Pygmalion）的女儿墨塔妮（Metharne）结了婚，并生下了七个孩子。其中之一是阿多尼斯。又据说，这是喀吕阿斯在不知情的情况下，同自己的女儿士麦那生下的。后来，发现了这件事之后，他在阿佛洛狄忒的引导下自杀了（Hygin. *Fab*. 58, 242; Antonin. *Lib*. 34; Ov. *Met*. x. 310, etc）。另据其他传说，他答应帮助阿伽门农和希腊人进攻特洛亚，但他却食言了，因而受到了阿伽门农的诅咒，而阿波罗为了报复他，和他一起参加了一场竞赛，在竞赛中打败并杀死了他（Hom. *Il*. xi. 20，以及关于 Eustath 的注释）。他的女儿们——共有五十个——跳进了大海化作昴宿星（Alcyone）。喀吕阿斯也被认为是塞浦路斯的星尼瑞亚城（Cinyreia）的建立者（Plin. *H. N*. v. 31; Nonn. *Dionys*. xii. 451）。参看《希腊罗马传记与神话词典》，卷一，页757。

- 皮格马利翁（Pygmalion）：塞浦路斯王，他爱上了自己所雕塑的女子。参看奥维德《变形记》，杨周翰译，北京：人民文学出版社，1984年，页131。

（6）此后，他们［指首领们］在奥里斯（Αὐλίς）聚会，献祭盟誓。蟒蛇和麻雀显现在他们面前，卡尔卡斯（Κάλχας）预言了这件事情的结局。

- 奥里斯，波俄提亚（雅典西北部地区）的一个港口城市，希腊二十七个部族的联军从这里出发。

- 这段情节让人联想到《伊利亚特》2. 301 – 329："我们都清楚地知道那预言，我们这许多／没有被死亡命运带走的人都是见证。／就像是昨天或前天，阿开奥斯人的船只／集中在奥利斯，给普里阿摩斯和特洛亚人／装上灾难；我们绕着一道泉水，／在神圣的祭坛前给天神献上有效的百牲祭，／从美好的阔叶树下面流出一股清泉。／出现了一个重大的预兆：一条背生／血红鳞片的长蛇由奥林波斯大神／送到阳光里，从祭坛下冲出，爬上阔叶树。树上有麻雀的雏儿，娇嫩的幼鸟，／居住在最高的枝头，屈缩在树叶下面，／一共八只，生它们的母鸟算是第九只。／小鸟可怜地啼叫，被蛇一一吞食，／母亲绕着它们飞，哀悼自己的小儿女。／那条蛇盘起身子，咬住绕着它啼叫的鸟翼。／在它吞食了麻雀的小儿女和母鸟以后，／使它出现的天神把它变成预兆，／克洛诺斯儿子把它化成大石头，／我们感到木然，对事情惊奇不已。／这可怕的怪物出现在祭神的百牲上的时候，／卡尔卡斯发出预言对大会这样说：'长头发的阿开奥斯人，你们为什么不言语？／智慧神宙斯给我们显示重大的迹象，／来得晚，应验得晚，它的名声永不朽。／有如这条蛇吞食麻雀的小儿女和母鸟，／一共八只，生儿女的母亲算是第九只，／我们也将在那里打这么多年的战争，／第十年我们将攻下那个宽大的都城。'"参看《伊利亚特》，前揭，页41 – 42。

- 卡尔卡斯：著名预言家，阿尔戈英雄之一，事见《伊利亚特》1. 68等处。据其他材料说，当部队在奥里斯献祭时，有蟒蛇从祭坛下钻出来，把附近树上鸟巢中的八只小麻雀和一只母雀吞下去了，随即化为石头。卡尔卡斯据此预言说特洛亚战争要打九年，第十年方能取胜。《塞浦路亚》与《伊利亚特》和《奥德赛》比起来显得特别看重神谕和预言。参看《英雄诗系研究》，前揭，页38

—39。

(7) 接下来，他们驶进了透特拉尼亚港（Τευθρανία），误把它当做伊利昂而劫掠了它。忒勒福斯（Τήλεφος）出来救援，杀死了波利丢克斯的儿子忒尔桑德洛斯（Θέρσανδρος），自己也为阿喀琉斯所伤。（他把米西亚人武装起来，并追打希腊人，杀死了许多敌人，包括波利丢克斯的儿子忒尔桑德洛斯，尽管此人已经作了抵抗。当阿喀琉斯向他进攻的时候，他没来得及抵抗，只好逃跑，但是他逃跑的时候被葡萄藤缠上了，大腿上受了枪伤。）当他们从米西亚（Μυσίας）撤退时，一场风暴降临到他们头上，把他们冲散了。阿喀琉斯最先到了斯库罗斯（Σκύρος），娶了吕科墨德斯（Λυκομήδης）的女儿得伊达弥娅（Δηϊδάμεια），后来他又治好了忒勒福斯的伤。忒勒福斯按照神谕去阿尔戈斯，好成为他们航行到伊利昂的向导。（忒勒福斯的伤难以医治，阿波罗告诉他，要造成这个伤害的人来做护理。他从米西亚到阿尔戈斯，穿得破破烂烂，然后去求阿喀琉斯，并给他们指了去特洛亚的路。当阿喀琉斯把铜绿从皮立翁得来的长矛上剥下来时，他得到了治疗。所以，他被治好了，也给船队指了路。卡尔卡斯的预言天赋保证了给船队所指之路十分可靠。）

- 透特拉尼亚港（Teuthrania）：小亚细亚的一个古老的城邦，位于米西亚（Mysia）地区。在这个地方的战争并没有出现在《伊利亚特》中。
- 忒勒福斯：米西亚的统治者，赫拉克勒斯和奥革的儿子，特洛亚国王普里阿摩斯的女婿。忒尔桑德洛斯共有三个同名者，另外两个，一个是西绪福斯的儿子，一个是阿伽米底达斯（Agamididas）

的儿子。

- 吕科墨得斯（Lycomedes）：同名者共有七个，分别是：一、斯库罗斯岛的多罗披亚人国王，伊达弥娅的父亲；二、克翁（Cron）的儿子，特洛亚战争中的希腊战士；三、阿波罗和帕耳忒诺珀的儿子；四、雅典人，埃斯克瑞亚（Aeschreas）的儿子；五、一个曼提尼亚（Mantinean）人，据色诺芬（Xenophon）和泡萨尼阿斯所述，他出身高贵、生活富庶而又充满激情；六、罗德斯（Rhodian）人，负责指挥波斯在米提林（Mytilene）的要塞；七、女神厄倪俄（Enyo）或贝箩拉（Bellona）的祭司。参看《希腊罗马传记与神话词典》，前揭，卷二，页846。

- 斯库罗斯：爱琴海中的岛屿，吕科墨得斯为该岛之王。据说忒提斯为了不让阿喀琉斯参加必死无疑的特洛亚战争，曾把阿喀琉斯化装成女人藏在吕科墨得斯的宫中。阿喀琉斯与得伊达弥娅生下的儿子叫涅奥普托勒摩斯。

- "当阿喀琉斯把铜绿从皮立翁得来的长矛上剥下来之时"：这枪头是用铜做成的。铜绿可用于治疗伤口。欧里庇得斯已经在他的故事《忒勒福斯》（*Telephus*）中对阿波罗多洛斯的叙述做了不少润色，且使忒勒福斯衣衫褴褛的样子臭名昭著。

（8）大军再次在奥里斯集结，阿伽门农在打猎的时候射中了一头鹿，夸口说自己甚至超越了狩猎女神阿尔忒弥斯（Ἄρτεμις）。女神对此十分生气，就送来了风暴，让大军不得航行。然后卡尔卡斯告诉他们说女神生气了，要希腊联军把伊菲革涅亚（Ἰφιγένεια）献祭给阿尔忒弥斯。尽管伊菲格涅亚已许配给阿喀琉斯，但他们仍试图照神谕行事，派人去抓伊菲格涅亚。卡尔卡斯说只要把阿伽门农最漂亮的女儿拿来献祭给阿尔忒弥斯，他们就能继续航行……阿伽门农派奥德修斯和塔尔堤比俄斯去克吕泰墨涅斯特拉（Κλυταιμνήστρα）那里要人，并说阿伽门农已经把伊菲墨涅亚许配给阿喀琉斯，作为阿喀琉斯参加远征的补偿。然而，阿尔忒弥斯把伊菲墨涅亚送到了陶洛人（Ταύρους）那里，把她变得不朽，并且在祭坛上用一头鹿调换了少女。

- 伊菲革涅亚：阿伽门农的女儿。这一段故事另参欧里庇得斯《在奥里斯的伊菲革涅亚》，见《欧里庇得斯悲剧集》，同前，上册，页 215 – 325。
- 克吕泰墨涅斯特拉（Clytaemestra）：阿伽门农的妻子。廷达柔斯与勒达生了两个女儿，提曼德拉嫁给了厄刻摩斯，克吕泰墨涅斯特拉嫁给了阿伽门农。参看阿波罗多洛斯《希腊神话》，前揭，页 183。《古希腊汉语字典》第 1088 页所收录的克吕泰墨涅斯特拉，其希腊文拼写少了一个"τ"，译名也与《奥德赛》中不一。
- 陶洛人：一群居住在萨玛提亚的人。古代萨玛提亚（今克里米亚半岛）的一个好战的蛮族，敬奉阿尔忒弥斯。这是欧里庇得斯《伊菲格涅亚在陶洛人中》的背景情节。

（9）希腊联军的船开到了特涅多斯岛（Τένεδος）。（这里的国王是特涅斯［Τήννης］，库克诺斯和普洛克蕾娅［Πρόκλεια］的儿子，又有人说是阿波罗的儿子……当特涅斯看到希腊联军抵达特涅多斯岛的时候，他尝试用石头击退他们，结果自己反被阿喀琉斯用剑刺中胸部死去。忒提斯［Θέτις］曾经警告过阿喀琉斯不要杀死特涅斯，否则他就会死于阿波罗之手。）他们在宴饮时，菲罗克忒忒斯（Φιλοκτήτης）被蛇咬伤，因为伤口溃疡发出恶臭，就留在了楞诺斯岛（Λήμνῳ）上。阿喀琉斯在这里也曾因为被邀请得晚而与阿伽门农大吵了一场。(当他们正在给阿波罗献祭时,一条水蛇从祭坛里出来咬伤了菲罗克忒忒斯[Φιλοκτήτης]……在阿伽门农的提议下,奥德修斯用赫拉克勒斯[Ἡρακλῆς]的弓把它放到楞诺斯[Λήμνος]。)

- 特涅多斯岛(Tenedos):即今土耳其的波察阿达(Bozcaada),爱琴海上的一个小岛。在公元前8世纪,这里就已经是阿波罗的圣殿。《伊利亚特》中也曾提及,"银弓之神,克律塞和神圣的基拉的保卫者,/用强力统治着特涅多斯,请听我祈祷",参看《罗念生全集》,前揭,卷五,页22。

- 特涅斯(Tennes 或 Tenes):特洛阿斯(Troas)的库洛诺斯(Colone)的国王库克诺斯(Cycnus)与普洛克蕾娅(Proclea)的儿子,又说是阿波罗的儿子,赫米忒亚(Hemithea)的兄弟。普厄克蕾娅死后,库克诺斯娶了克奥伽索斯(Craugasus)或是特奥伽纳索斯(Traganasus)的女儿菲罗诺墨(Philonome)。后者爱上了自己的继子,但当她无法赢得特涅斯的感情的时候,就在其父亲面前说他勾引她。库克诺斯就把他的儿子和女儿一起装进一个箱子,扔进海里。这只箱子漂到勒奥科弗瑞(Leucophrys)岛的海岸。后来,当地的居民选特涅斯作了国王,他就用自己的名字给这个岛屿取名叫特涅多斯岛。后来,库克诺斯听说了儿子的无辜,就杀了菲罗诺墨,去到他孩子们的特涅多斯岛,也正是在这个地方,他们父子俩都死于阿喀琉斯之手。阿喀琉斯本要去特洛亚,却在这里登陆了。后来特涅斯被视为特涅多斯的英雄(Paus. x. 14. §2; Diod. v. 83; Tzetz. ad Lycoph. 232; Strab. xiv. p. 640)。据泡萨尼阿斯所说,特涅斯不允许他的父亲在特涅多斯登陆,砍断了库克诺斯系在岸上的缆绳(参看 Steph. Byz. s. v. Τένεδυς)。特涅斯死于阿喀琉斯之手的说法也不一样，有人讲，当阿喀琉斯正在追求特涅斯的妹妹特伊阿斯（Teaes）的时候，特涅斯尽力阻挠，结果就被阿喀琉斯杀死了，阿喀琉斯并不知道他是阿波罗的儿子（Plut. *Quaest. Graec.* 28；Tzetz. *l. c.*）。在特涅多斯的特涅斯神殿里，不允许提到阿喀琉斯的名字，也不允许吹笛子的人进入，因为笛手默厄朴斯（Molpus）为了讨好他的继母菲罗诺墨而做了不利于特涅斯的伪证。参看《希腊罗马传记与神话词典》，卷三，页994。

- 普洛克蕾娅（Proclea）：英文又写作"Proclia"，她是拉俄墨冬的女儿，库克诺斯的妻子，和他生下了特涅斯和赫米忒亚（Paus. x. 14. §2；Tzetz. *ad Lyc.* 232）。参看《希腊罗马传记与神话词典》，前揭，卷三，页532。

- 忒提斯（Thetis）：涅柔斯和朵丽斯（Doris）的女儿，佩琉斯的妻子，和后者生下了阿喀琉斯（Hom. *Il.* i. 538，xviii. 35，etc.，52，etc.；Hes. *Theog.* 244）。后来的作家说她是刻戎的女儿（Schol. *ad Apollon.* Rhod. i. 558）。也有人说，佩琉斯和菲勒美拉（Philomela）结了婚，菲勒美拉是阿克托耳的女儿，但他的朋友刻戎为了给佩琉斯添彩，就说他娶的是忒提斯（Schol. *ad Apollon. Rhod.* iv. 816）。作为波塞冬的孙女，卡图鲁斯（Catullus, 64. 28）称她为海的女儿（Neptunize）。作为一个海上的仙女，她像其他的姐妹一样，和她父亲涅柔斯深居于海中（Hom. *Il.* i. 358，xviii. 36，xx. 207）。狄奥尼索斯（Dionysus）逃离吕库戈斯的时候，忒提斯接待了他，为了感激忒提斯，狄奥尼索斯送给她一只金壶（Hom. *Il.* vi. 135，*Od.* xxiv. 75；参看 Tzetz. *ad Lycoph.* 273）。赫淮斯托斯被赶出天界后，同样受到了忒提斯的接待。忒提斯是赫拉养人的（*Il.* xxiv. 60），到了适婚年龄之后，宙斯和赫拉把她嫁给了佩琉斯，而这并没有征得她同意。波塞冬和宙斯都追求过她（Pind. *Isthm.* viii. 58），但是当忒弥斯（Themis）预言忒提斯的儿子将比他的父亲更荣耀时，两个追求者都止步了（Pind. *l. c.* viii. 70；Ov. *Met.* xi. 225, xv. 856, xi. 350, etc.；Aeschyl. *Prom.* 767；Hygin. *Fab.* 54；Serv. *ad Virg. Eclog.* vi. 42）。也有人说，忒提斯拒绝了宙斯的求爱，因为她是赫拉养大的（Hom. *Il.* xxiv. 60；Apollon. *Rhod.* iv. 793）。而宙斯为了报复她，就判她必须嫁给凡人。接着刻戎就告诉他的朋友佩琉斯怎样才能得到她，即便她化作了其他模样——因为忒提斯像普洛透斯（Proteus）一样，拥有随心变化的能力，而她本打算依靠这种能力从佩琉斯那里逃走，但后者却不放手，直到她再次回复其本来面目（Apollod. iii. 13. §5；Pind. *Nem.* iii. 60；Paus. viii. 18. §1）。也有人说，在珀利翁山，一位大海仙女出现在佩琉斯面前向他示爱，却并未显明真身。然而，佩琉斯看见她和海豚一起玩耍，认出了这个女神，立刻躲开了。不过，女神鼓励了他，提醒他关于厄俄斯（Eos）对提托诺斯（Tithonus）的爱，阿佛洛狄忒对安喀塞斯的爱等等，并承诺会给他生下一个最优秀的儿子（Philostr. *Her.* 19. 1）。佩琉斯的婚礼由于众神的出席而荣耀异常（Hom. *Il.* xxiv. 62）。她成为阿喀琉斯的母亲之后，给予儿子无微不至的关怀和爱（Hom. *Il.* i. 359, 500, etc., viii. 370, xviii. 73, 457；参看阿喀琉斯的相关内容）。如果她向宙斯为自己儿子求情，宙斯总是能听，因为当宙斯被众神威胁的时候，忒提斯曾引导布里阿洛斯（Briareus）或是埃盖翁（Aegaeon）前来帮忙（Hom. *Il.* i. 396, etc）。忒提斯有一座庙宇在帖撒利的法尔萨拉斯（Pharsalus, Strab. ix. p. 431），而同样在斯巴达和美赛尼亚（Messenia），她都得到供奉（Paus. iii. 14. §4, 22. §2）。参看《希腊罗马传记与神话词典》，前揭，卷三，页1103。

- 忒涅多斯和楞诺斯都是爱琴海中的岛屿。前者与特洛亚隔海相望，希腊联军把大木马留在特洛亚城外时就隐蔽在该岛，以此给特洛亚人造成他们已班师回国的错觉。菲罗克忒忒斯，神箭手，赫拉克勒斯的朋友。

- 楞诺斯（Lemnos）：爱琴海东部的一大岛屿。据说这个岛敬奉赫淮斯托斯。《伊利亚特》第一卷592至593行："我整天脑袋朝地下坠落，直到日落时／才坠到利姆诺斯岛，只剩下一点性命。"参看《罗念生全集》卷五，前揭，2004年，页28。

- 参看《伊利亚特》第二卷，第720至725行："但是菲罗克特特斯／遭受剧烈的痛苦，躺在利姆诺斯岛，／是阿开奥斯人的儿子们把他留在那里，／他当时被为害的水蛇咬了，创伤恶毒，／他悲伤地躺在那里，船只旁的阿开奥斯人／很快就会怀念菲罗克特特斯国王。"参看《罗念生全集》卷五，前揭，页57–58。

（10）然后希腊联军试图在伊利昂登陆，但特洛亚人挡住了他们，普罗特西拉奥斯（Πρωτεσίλαος）被赫克托尔（Ἕκτωρ）所杀。阿喀琉斯随后杀了波塞冬的儿子库克诺斯（Κύκνος），把特洛亚人赶了回去。忒提斯叫阿喀琉斯不要第一个登陆，否则就会第一个死。当蛮夷人发现联军逼近时，他们就武装起来，并出海作战，想通过投掷石块阻止他们登陆。希腊联军中第一个登陆的是普罗特西拉奥斯，他杀敌不少，但不久就被赫克托尔所杀。他死后，妻子拉俄达墨亚（Λαοδάμεια）仍十分爱他，与照其样子做成的画像交合……在普罗特西拉奥斯死后，阿喀琉斯同密耳弥多涅人（Μυρμιδόνες）一起上岸，用石块砸中了库克诺斯的头，杀死了他。蛮夷人看到库克诺斯死了，就逃回城中，而希腊联军则下船上岸，血洗此地致横尸遍野；希腊联军把特洛亚人关在城里并包围了他们，又把船拉上了岸。希腊人收敛好死者后，就派人去特洛亚人那里，命令他们交出海伦以及她所带的财宝（希腊人派奥德修斯和墨涅拉奥斯去索要海伦和财产。但在召集的大会上，特洛亚人不仅拒绝交出海伦，还差点杀了使者。使者被安特诺尔［'Ἀντήνωρ］所救）。但由于他们［特洛亚人］不听，希腊人便将城市围了起来。

- 普罗特西拉奥斯（Protesilaus）：帖撒利之王。有预言说，希腊联军中谁第一个登上特洛亚的土地，谁就第一个死亡。普罗特西拉奥斯立功心切，第一个踏上敌国，故最先阵亡。其妻子闻知噩耗，亦自刎而死。
- 拉俄达墨亚（Laodamea）：同名者共有五个，一个是柏勒罗丰（Bellerophontes）的女儿，同宙斯生下了萨尔珀冬，她正在织布的时候被阿尔忒弥斯杀死。参看《伊利亚特》第六卷，第 197 行至 205 行，《罗念生全集》第五卷，页 150。第二个是阿卡斯托斯的女儿，普洛特西劳斯（Protesilaus）的妻子。第三，阿密克拉斯（Amyclas）和狄奥米德（Diomede）的女儿，与阿尔卡斯生下了特瑞菲洛斯（Triphylus）。第四，俄瑞斯忒斯的保姆，也叫做阿尔斯诺埃（Arsinoe）。第五，阿尔克迈翁的女儿，佩琉斯的妻子。

(11) 接着，他们便在城池四周展开进攻，摧毁周围的据点 ［Loeb 本此处为 "特洛亚人想方设法在城邦及周边地区进行抵抗"］。此后，阿喀琉斯渴望见到海伦，阿佛洛狄忒和忒提斯给他们安排了一次约会 ［直译为 "把他们互相带到了一起"］。阿开奥斯人（Ἀχαιοί）接下来就想收兵回家（ἀπονοστεῖν）了，遭到了阿喀琉斯的反对。阿喀琉斯后来抢走了埃涅阿斯的牛（他跟在牛后面找到伊达山 ['Ἴδη]，埃涅阿斯自己逃走了。但他杀死了牧牛者和普里阿摩斯 [Πρίαμος] 的儿子墨斯托尔 [Μήστωρ]，赶跑了牛群），并劫掠了吕勒索斯（Λυρνησσός）、佩达索斯（Πήδασος）以及周围许多城市，杀死了特洛亚洛斯（Τρωίλος）。他在阿波罗的廷布阿奥（Θυμβραίος）的神殿前伏击了特洛亚洛斯，并杀死了他。接着晚上他进入城中，抓获了吕卡翁（Λυκάων）。帕特罗克洛斯（Πάτροκλος）把吕卡昂带到了楞诺斯，卖为奴隶。

- 阿开奥斯以及达那奥斯和阿尔戈斯都是希腊人的统称。荷马未用过"希腊"一词——从史诗可见，当时尚无统一的"希腊"，而今天所谓"Greece"则更晚出，是罗马人对希腊人的称呼。
- 墨斯托尔（Mestor）：共有四个神话人物叫这个名字，参看阿波罗多洛斯《希腊神话》，前揭，第95页以及187至188页；《伊利亚特》第24卷，257行，《罗念生全集》，前揭，卷五，页611。
- 参看《伊利亚特》20. 90 - 93，188 - 194："从前有一次他曾举着锐利的长枪，／把我赶下伊达山，夺走了我的牛群，／疯狂地蹂躏了吕尔涅索斯和佩达索斯，／但宙斯救了我，给了我力量和快捷的双腿"；"我举着长枪追赶你，你被我追赶得慌忙／丢下牛群，独自迈开敏捷的双腿，／迅速奔下伊达山，奔逃得不敢回望。／从那里你逃到吕尔涅索斯，我跟踪而至，／倚仗雅典娜和天父宙斯摧毁了城市，／剥夺了被俘的妇女们的自由带走她们，／宙斯和其他神明却帮助你躲过了不幸。"参看《罗念生全集》，卷五，前揭，页509。
- 特洛亚洛斯：特洛亚国王普里阿摩斯的儿子。
- 吕卡翁（Lycaon）：有三处用到此名字，一是吕卡翁·皮克托斯（pictus），一种非洲野狗；二是普里阿摩斯和拉奥托埃（Laothoe）

的儿子，参看特洛亚战争；三是佩拉斯戈斯和墨利玻亚（Meliboea）的儿子，传说中是阿尔卡迪亚的第一个国王。

• 帕特罗克洛斯：阿喀琉斯的挚友，后代替阿喀琉斯出战被杀，他的死唤起了阿喀琉斯的雄心和斗志。吕卡昂，普里阿摩斯的儿子（叫吕卡昂的人很多），从楞诺斯逃回特洛亚后被阿喀琉斯杀死。参看《伊利亚特》21. 34-44, 23. 746-747。

（12）阿喀琉斯在战利品中得到布里塞伊斯（Βρισηίς）作为奖赏，阿伽门农则得到了克律塞伊斯（Χρύσης）。接下来就是帕拉墨德斯之死以及宙斯为了减轻特洛亚人的压力而让阿喀琉斯与希腊联军产生距离，然后是特洛亚盟军的名录（κατάλογος）。

• 布里塞伊斯：特洛亚少女。克律塞伊斯：克律塞地区阿波罗祭司克律塞的女儿。事见《伊利亚特》。
• 帕拉墨得斯死于奥德修斯的诬陷，见库恩：《古希腊的传说和神话》，同前，页 276-277。

另，（1）俄克喜林库斯（Ὀξύρρυγχος）莎草纸（公元 2 世纪）：宙斯觉得英雄种族不够虔敬，就让忒弥斯去彻底消灭他们。为了在珀利翁山（Πήλιον）欢庆忒提斯和佩琉斯的婚礼，他邀请了其余的众神来参加婚礼，但唯独厄里斯被赫尔墨斯遵照宙斯的命令挡在了门外。她生气了，就给这个聚会扔了一只金苹果。为了这只金苹果，赫拉、雅典娜和阿佛洛狄忒（Ἀφροδίτη）起了争执，接着，宙斯就说把这个苹果作为礼物送给她们之中最美的。

- 俄克喜林库斯莎草纸（Oxyrhynchus Papyri）：这是由考古学家在埃及的俄克喜林库斯的废纸堆里发现的抄本文献，包括不计其数的希腊和拉丁文件、信函和文学作品，还有一些上等皮纸的抄本以及后来的阿拉伯抄本。

辑　语

1. Scholiast on the Iliad, "and Zeus' plan was being fufilled"

　　据说，荷马谈到了一个神话。"大地"因为被众人压得喘不过气来，而这些人又毫不虔诚，就让宙斯帮忙减轻负担。宙斯马上发动了特洛亚战争，他通过这种方式，消灭了许多人。后来，这场由摩摩斯（Μῶμος）建议的特洛亚战争，就是荷马讲过的宙斯的计划，宙斯有能力用雷电和洪水消灭所有的人。摩摩斯阻止了这种方式，并给他提出了两项建议：一是让忒提斯和凡人结婚，二是让他们生下一个漂亮的女儿。这两件事情发生后，希腊人和野蛮人之间就发生了战争，结果许多人死去，大地重现光明。这个故事出现在斯塔西诺斯的作品《塞浦路亚》中，他说：

　　"从前，数以万计的部族尽管分布得很广，却在大地上四处漂流着[大地不堪重负]。宙斯看到后，颇为怜悯，于是在他精明的心中决意通过惨烈的特洛亚战争，用死人的方式清空大地，来减轻人们脚下那养育一切的大地的负担。于是英雄们在特洛亚纷纷遭屠戮：宙斯的计划就实现了。"

- 摩摩斯：英译本写作 Cavil，希腊原文为 Μῶμος，英文写法为

Momus 或是 Momos，他是喜欢挑剔抬杠的神，夜神（Nyx）的儿子，嘲笑与责难的拟人形象（Hes. *Theog.* 214）。因此，据说他责难赫淮斯托斯造的人没有在胸膛上留下一扇门，以便让人看见他内心的秘密想法（Lucian, Hermotim. 20）。只有阿佛洛狄忒在他眼里是无可挑剔的（Philostr. *Ep.* 21）。参看《希腊罗马传记与神话词典》，前揭，卷二，页1112。

- 这段引自《塞浦路亚》的文字，似乎并不是史诗的开场，因为按照惯例，理应向缪斯呼告，而这里却没有。以"从前"二字开场，也与荷马风格不相同。"宙斯的计划就实现了"，《伊利亚特》第一卷第1-5行出现相同的用法。参看《罗念生全集》，前揭，卷五，页5。参看《英雄诗系研究》，前揭，页33。

- 关于海伦的生母众说纷纭，一说是勒达所生，一说是涅墨西斯所生，均与这个地方的讲法不一。不过，无论哪种讲法，均讲到她带来了战争。参看《古希腊罗马神话鉴赏辞典》，前揭，页216。又说，第一个提到海伦是由勒达所生的人是欧里庇得斯，有人认为是他改写了这个故事。萨福的诗作又提供了一个调和版，认为是勒达刚好捡到了这个蛋，并照顾孵化了它，于是海伦从中诞生。参看《英雄诗系研究》，前揭，页38。

2. Philodemus, *On Piety*

《塞浦路亚》的作者说，忒提斯为了讨好赫拉，避免［与宙斯］结合，宙斯大为光火，诅咒她要成为有死者的妻子。

3. Scholiast on the *Iliad*, "and I endured a man's bed much against my will"

因此，荷马之后的作者谈到了她的变形。

> 参看阿波罗多洛斯《希腊神话》：刻戎（Χείρων）劝告佩琉斯去捉住她，紧紧抓住，[不管她如何] 变化形状，他都去伺候着，把她抢了去，虽然她变成火，又变成水，又变成野兽，他总不放，直到他看见她恢复了原来的形状。

- 转译自阿波罗多洛斯《希腊神话》，前揭，页191至192，名字根据《古希腊汉语词典》，罗念生、水建馥编，北京：商务印书馆，2004年，第1079页之"重要专名词一览表"修改。
- 在希腊神话中，刻戎（Cheiron 或 Chiron）被认为是在它的同类中最高级的半人马（centaur）。这些半人马酗酒无度、狂饮不止、全无修养，而刻戎则刚好相反，它聪明、文明而友善。《伊利亚特》第11卷831行："据说阿喀琉斯曾教你如何调制，／他自己是受最正直的马人刻戎的指点。"参看《罗念生全集》，前揭，第五卷，第290页。它是所有半人马中最聪明的（Hom. *Il.* xi. 831），也是阿喀琉斯的老师。阿喀琉斯的父亲佩琉斯与刻戎沾亲带故，而且佩琉斯在与忒提斯结婚的时候得了一支长矛，后来也送给了阿喀琉斯（Il. xvi. 143，xix. 390）。据阿波罗多洛斯说（i. 2. §4.），刻戎是克洛诺斯（Cronus）和斐莱拉的儿子。他居住在皮立翁（Pelion）山，像其他的马人一样，他被拉庇泰人（Lapithae）赶了出来。但是，直到后来很晚的时代，马格尼西亚（Magnesians）人还在那里向他献祭，刻戎尼德（Cheironidae）家族就住在那附近，他们以擅长医术而知名，据信是刻戎的后裔（Plut. *Sympos.* iii. 1; Müller, *Orchom.* p. 249）。刻戎自己受教于阿波罗和阿尔忒弥斯，擅长狩猎、医术、音乐、体育和预言术（Xen. *Cyneg.* 1; Philostr. *Her.* 9, *Icon.* ii. 2; Pind. *Pyth.* ix. 65）。所有最知名的古希腊英雄——如阿喀琉斯——均被认为是刻戎的学生。他和佩琉斯之间的情谊也尤为著名，而佩琉斯实为他的孙子。刻戎把他从其他的马人手中救了出来，因为这些家伙准备杀了他，还把阿卡斯托斯藏起来的剑还给了他（Apollod. iii. 13. §3, etc.）。刻戎还告诉他怎样才能得到忒提斯——这个注定要嫁给凡人的仙女。他还和阿尔戈斯英雄有联系，这些英雄去他那里驻扎的时候，得到了他亲切接待，因为这些英雄或是他的朋友，或是他的学生（Apollon. Rhod. i. 554; Orph. *Argon.* 375, etc.）。赫拉克勒斯也与刻戎交好，但是刻戎却死于赫拉克勒斯的毒箭。在与厄律曼托斯山（Erymanthian）的野猪战斗的时候，赫拉克勒斯与一群马人交上了手，这些马人飞逃到了刻戎那里，也就是玛立阿（Malea）附近。赫拉克勒斯发箭射向他们，不料却射中了刻戎，虽然刻戎本为不死的，但他却把这样的不死送给了普罗米修斯，因而死去。也有其他人说，一支毒箭落在了刻戎脚上，伤了自己（Ovid. *Fast.* v. 397; Hygin. *Poet. Astr.* ii. 38）。宙斯把刻戎安排在群星之中。刻戎曾和纳依斯（Naïs）或卡里克洛结婚，他的女儿恩得伊斯是佩琉斯的母亲（Apollod. iii. 12. §6.）。刻戎是人与动物结合的完美化身。其他马人都是人的淫荡与野蛮加上马的力量与速度，而刻戎身上也拥有后者，不过他身上还有温和的智慧。他还被刻在阿波罗的阿米克赖城（Amyclaean）的王座上，以及库普塞卢斯的胸膛上（Paus. iii. 18. §7. v. 19. §2.）。一些关于刻戎的艺术品保存至今。在那些作品中，年轻的阿喀琉斯或是厄若特斯（Erotes）正骑在他的背上（*Mus. Pio - Clement.* i. 52; Böttiger, *Vasengemälde*, iii. p. 144, etc.）。参看《希腊罗马传记与神话词典》，前揭，卷一，页693。

4. Scholiast on the *Iliad*

　　神明们都来参加佩琉斯和忒提斯在珀利翁山（Πήλιον）上

的婚礼，在欢宴时纷纷向佩琉斯赠送礼物。刻戎送给他一条结实的梣木杆，并把它做成了长枪，据说雅典娜打磨了它，赫淮斯托斯（Ἥφαιστος）给它装上了枪尖。（有了这杆长枪，佩琉斯在战斗中就是最厉害的了，其次是阿喀琉斯。）这个故事来自于《塞浦路亚》的作者。

参看阿波罗多洛斯《希腊神话》：他在珀利翁山上娶了她，诸神都来那里宴享歌唱庆祝这婚礼。刻戎给了佩琉斯一支秦皮杆枪（δόρυ μείλινον），波塞冬给他［两匹］马，巴利奥斯（Βάλιος）和克珊托斯（Ξάνϑος），那都是不死的。

- 珀利翁山：又叫珀利奥斯山，位于帖撒利境内。肯陶洛斯人（即马人）就住在这里。
- 赫淮斯托斯（Hephaestus）：宙斯与赫拉的儿子，火神，匠神。
- 参看阿波罗多洛斯《希腊神话》，前揭，页 192。姓名根据《古希腊汉语字典》相关内容修改。
- 秦皮杆枪：又译作梣木枪。梣，白蜡树，落叶乔木，可放养白蜡虫，树皮可入药，称秦皮，木材坚硬，可做器物。
- 巴利奥斯（Balius）和克珊托斯（Xanthus）是两匹不死的战马，一说是西风神的后代，也说是宙斯的孩子。《伊利亚特》第十六卷 148 至 151 行："奥托墨冬给他驾起两匹捷速的快马，／克珊托斯和巴利奥斯，快如风驰，／风暴神波达尔革拉当年在环海边的牧地／吃草时为风神泽费罗斯生育了它们。"参看《罗念生全集》，前揭，卷五，页 401。

5. Athenaeus, *Scholars at Dinner*

《塞浦路亚》的作者——不管是赫格西亚斯（Ἡγησίας）还

是斯塔西诺斯——提到过用花朵做成的花环。……作者——不管他是谁——在其第一卷中如是说：

"她［指阿佛洛狄忒］穿上了卡里忒斯（Χάριτες）和季节女神（Ὡραι）为她做的衣服，衣服上染着季节女神所戴的春花（ἄνθεσιν）的颜色。这些花有番红花、风信子、茂盛的蔷薇、芳香可口（νεκταρέω…ἀμβροσίαις）而又娇美鲜艳的玫瑰花蕾（ἄνθεϊ）以及水仙和百合花（ἄνθεσι）。这就是阿佛洛狄忒一年四季都穿在身上的香郁衣衫。"

这首诗也清楚地谈到了花环的运用，他说：

6.

爱笑的阿佛洛狄忒和她的丫鬟们用地上芳香的花卉编织花环，［……］戴在头上。有闪光发带的山林女神（Νύμφαι）和美惠女神，还有黄金般的阿佛洛狄忒，她们在多泉的伊达山上唱着美妙的歌曲。

- **赫格西亚斯**：不详，国外研究者也怀疑古人对此人的了解程度。参 H. J. Rose. *A Handbook of Greek Literature: From Homer to the Age of Lucian*. London: Methuen & Co. LTD., 1934, p. 48。
- **卡里忒斯**：即美惠女神，宙斯与欧律诺墨的女儿（另说是他人的女儿），阿佛洛狄忒的忠实随从，她们年轻、美丽、谦逊，是优雅的化身。季节女神：宙斯与忒弥斯的三个女儿，负责开关天门、司职时间和季节，兼管人间农时。她们的雕像为少女，手持各个季节的农作物。
- "芳香可口"一词的希腊原文为"天国的神食与神液"。

- Monro编本只有下半阕，而且"戴在头上"前有省略号，疑有脱落。
- 戴维埃斯提到辑语5中三次提到了"花（ἄνϑος）"，但中译文无法将其准确表现出来，特将其相应原文放入译文中，提醒读者注意。

7. Naevius. *The Cyprian Iliad*, Book 1

她发亮的脖子上围了一个珠宝项圈。

8. Scholiast on the *Iliad*

亚历山大是特洛亚国王普里阿摩斯（Πρίαμος）的儿子，又叫做帕里斯（Πάρις）。在阿佛洛狄忒（Ἀφροδίτη）的建议下，哈莫尼德斯（Ἁρμονίδης）为他建造了船只，或是据荷马之后的一些作者说是由工匠斐瑞克洛斯建造的。亚历山大和阿佛洛狄忒一起来到拉刻代蒙（Λακεδαιμωνία，或Λακεδαίμων），这是墨涅拉奥斯的城邦。

- 普里阿摩斯（Priam）：特洛亚战争期间特洛亚的国王，拉俄墨冬最年轻的儿子。帕里斯（Paris）：特洛亚王子，正是他从希腊拐走了海伦。
- 拉刻代蒙（Lacedaemon或Lakedaimonia）：斯巴达在古希腊时期总是被称为拉刻代蒙或是拉刻代蒙尼亚，这些名字经常出现在荷马、希罗多德和修昔底德的著作中。

9. Clement of Alexanderia, *Protreptic*

《塞浦路亚》的作者也自告奋勇地谈到：

"卡斯托尔是有死者，死亡是他注定了的命运。但阿瑞斯的苗裔（ὄζος Ἄρηος）波利丢克斯却是不死的。"

● "阿瑞斯的苗裔"是一个成语，并非指阿瑞斯的儿子，而是指那些勇武善战的人。另参克莱门著《劝勉希腊人》，王来法译，北京：生活・读书・新知三联书店，2002年，页37。

10. Athenaeus, *Scholars at Dinner*

史诗《塞浦路亚》的作者，无论是塞浦路斯人或是斯塔西诺斯，或是无论他被称为什么，他都在下面的文字中提到，涅墨西斯（Νέμεσις）被宙斯追逐，宙斯把她变成了一条鱼。

此后，她生下了第三个孩子海伦。海伦乃人间奇观。报应女神涅墨西斯有一次在诸神之父宙斯的暴力下，同他亲热交合而生下了她（指海伦）。但涅墨西斯曾经因不想与克洛诺斯之子天父宙斯亲热交合而逃跑：因为她的心（φρένας）受着羞耻和气愤的困扰。于是她逃到大地上和不结果实的黑水中。但宙斯心中（θυμῷ）渴望得到她，就四处追逐。于是她时而逃到呼啸着的大海波涛中，时而逃到俄刻阿诺斯的河流中，时而逃到大地最远处，时而变成鱼藏身于大海中，时而逃到肥沃的陆地上。她还常常变成可怕的陆地所养育的野兽，以便逃脱宙斯的追逐。

● 涅墨西斯（Nemesis）：一般认为是夜的女儿，也有其他作者说她是俄瑞波斯（Erebus）的女儿（Hygin. *Fab.* praef.），或是海洋之神（俄刻阿诺斯）的女儿（Tzetz. *ad Lyc.* 88；Paus. i. 33. §3，vii. 5. §1）。涅墨西斯是法义与道德的化身，也象征着对做邪恶之事的自然畏惧，因此，她也是良知的象征。基于以上原因，她总是跟Αἰδώς（羞耻）在一起（Hes. *Theog.* 223，*Op. et D.* 183）。在后来的作家那里，如希罗多德和品达，涅墨西斯是一位重要的神灵，因为她引导人类事务在其所及的范围内恢复正确的比例与均衡。她衡量幸福与不幸，若是有人运气太好，享受了太多的福分，她就会给此人带去失败与痛苦，以便让人变得谦卑，并且真切地感受到那束缚人类幸福的大限所在。这个形象出自一种观念，那就是认为众神会嫉妒过度幸福的人（Herod. i. 34，iii. 40；Pind. *Ol.* viii. in fin.，*Pyth.* x. 67）。因此，涅墨西斯是对命运女神媞克（Tyche 或 Fortune）送给人过多福分的一种控制，后人逐渐认为她的存在是对命运力量的一种报复和惩罚，就好像狄克（Dike）和厄里利斯（Erinyes）一样，迟早会袭击那不计后果的罪人（Apollon. Rhod. iv. 1043；Sophocl. *Philoct.* 518；Eurip *Orest.* 1362；Catull 50，in fin.；Orph. *Hymn.* 60）。士麦那人供奉两个涅墨西斯，都是夜的女儿（Paus. vii. 5. §1）。她也时常被叫做阿德拉斯忒娅（Adrasteia），或是拉莫露西娅（Rhamnusia）与拉莫露丝（Rhamnusis），后两个名字得自阿提卡的拉莫露丝（Rhamnus），在这个地方有她的神殿（Paus. i. 33. §2）。除了已经提到的地方以外，她在帕德拉（Patrae）和西奇库斯（Cyzicus）得到供奉（Paus. vii. 20，in fin.；Strab. p. 588）。在艺术作品中，她总是以圣洁的形象出现，在一些更古老的作品中，她似乎还象征着阿佛洛狄忒。尽管她在后来的作品中显得更加严肃，但总是拥有多种形象。但是，有传说讲，宙斯和涅墨西斯生下了一个蛋，勒达发现并孵化了它，从中诞生了海伦和拉莫露丝（Callim. *Hymn. in Dian.* 232；Paus. i. 33. §7）。在拉莫露丝的涅墨西斯的基础上，勒达把海伦引向了涅墨西斯（Paus. l. c.）。她的形象和阿佛洛狄忒的相似（Plin. H. N. xxxvi. 4；参看 Paus. i. 33. §2；Strab. pp. 396，399）。拉莫露丝的雕像左手握着一根苹果枝，右手有祭酒杯，头上戴着皇冠，还装饰着雄鹿与象征胜利的东西；涅墨西斯则以一幅沉思的面貌出现，左手握着笼子或是一段桦木枝，右手握着一个轮子，并带着剑或鞭（Hirt, Mythol. Bilderb. p. 97, etc.）。参看《希腊罗马传记与神话词典》，前揭，卷二，页1152。

● "她生下了第三个孩子海伦"：根据上下文，这里的"她"似指"涅墨西斯"。

● White 本把πατρὶ译成"她的父亲"，谬。报应女神的父亲是卡奥斯（混沌）之子厄瑞玻斯（Erebos，身份较为模糊），母亲是夜神尼克斯。"父"这个词是众神和凡人对宙斯的尊称，宙斯的哥哥波塞冬也如此称呼（《伊利亚特》7. 446）。此外，很少有材料像这条那样认为海伦是报应女神的女儿，一般都认为海伦是勒达和宙斯的女儿。

11. Philodemus, *On Piety*

《塞浦路亚》的作者说，宙斯自己化作一只天鹅来追逐涅墨西斯，当她和宙斯云雨交欢以后，就生下了一只蛋，而海伦正是从这只蛋中诞生的。

Apolodorus, *The Library*

但有人说海伦是涅墨西斯与宙斯所生的，因为她逃避宙斯的追求，变形为母鹅，宙斯却变成一只天鹅，与她交合，她因这次交合生下一个蛋来，有牧人在树林发现了它，拿去给了勒达（Λήδα），（勒达）也就（把它）放在箱子里留着，过些时候海伦生了出来，勒达养育她，当做自己的女儿。

- 勒达（Leda）：忒斯提奥斯的女儿，因此她也叫做忒斯提娅（Thestias, Apollod. iii. 10. §5; Paus. iii. 13. 8; Eurip. *Iph. Aul.* 49），但是也有人说她是忒斯皮乌斯（Thespius）、梯厄斯忒斯或是格劳科斯与拉奥奉特（Laophonte）或黛达弥亚（Deidamia）或勒俄基柏（Leucippe）或欧里忒弥斯（Eurythemis）是盘尼狄娅（Paneidyia）的女儿（Schol. *ad Apollon. Rhod.* i. 146, 201; Serv. *ad Aen.* viii. 130; Hygin, *Fab.* 14; Apoll*od*. i. 7. §1）。勒达是廷达柔斯的妻子，为他生了提曼德拉（Timandra）、克吕泰墨涅斯特拉和斐洛罗埃（Philonoe, Apollod. iii. 10. §6; Hom. *Od.* xxiv. 199）。一天晚上，她同时与丈夫以及宙斯相拥，为前者生下了卡斯托尔和克吕泰墨涅斯特拉，为后者生下了波利丢克斯和海伦（Hygin. *Fab.* 77.）。据荷马所述（*Od.* xi. 298, etc），卡斯托尔和波利丢克斯是廷达柔斯和勒达的儿子，而海伦则是与宙斯生下的女儿（*Il.* iii. 426; comp. Ov. *Fast.* i. 706; Horat. *Carm.* i. 12, 25; Martial, i. 37.）。另一些传说更改了这个故事，让卡斯托尔和波利丢克斯成了宙斯的儿子，而海伦成了廷达柔斯的女儿（Eurip. *Helen.* 254, 1497, 1680; Schol. *ad Apollon. Rhod.* ii. 808; Herod. ii. 112.）。据通常的传说，宙斯化作天鹅私会勒达，结果她就生下了两个蛋，其中一个蛋孵出了海伦，而另外一个则孵出了卡斯托尔和波利丢克斯（Schol. *ad Eurip. Orest.* 453; Ov. *Her.* xvii. 55; Paus. iii. 16. §1; Horat. *Ars Poet.* 147; Athen. ii. p. 57, etc., ix. p. 373; Lucian, *Dial. Deor.* ii. 2, xxiv. 2, xxvi.; comp. Virgil, *Cir.* 489; Tzetz. *ad Lycoph.* 88.）。宙斯化作天鹅与勒达私会的场景经常被古代艺术家作为

题材。还应该注意到的是福柏（Phoebe）也常被作为勒达与廷达柔斯的女儿（Eurip. *Iph. Aul.* 50），而且据拉克唐修（Lactantius, i. 21）所述，勒达在她死后位列仙班，追随涅墨西斯（参看廷达柔斯的相关内容）。参看《希腊罗马传记与神话词典》，前揭，第2卷，页727。另参库恩《希腊神话》，前揭，页198。

• 转译自阿波罗多洛斯《希腊神话》，前揭，页183。括号中的内容是为语句更符合现代习惯而加。

12. Scholiast on the Iliad

她［海伦］曾被忒修斯抢走过……就因为以前曾被抢走过，阿提卡（Ἀττική）的一个城邦阿菲德纳（Ἄφιδνα）被洗劫了，卡斯托尔被当时的国王阿菲德努斯（Ἀφίδνου）打伤了右腿。狄奥斯库里兄弟（Διόσκουροι）由于没有找到忒修斯，就劫掠了雅典。这个故事来自于鄱勒蒙（Πολέμων），或是英雄诗系的作者们，而且部分出自史诗诗人阿尔克曼（Ἀλκμάν）。

• "抢走"（ἁρπαγήν）：另外还有蹂躏的意思，故 White 本译为 rape（奸污）。

• 阿提卡（attica）：它指希腊南部的区域，包括希腊首都雅典。阿提卡分为雅典辖区、比雷埃夫斯辖区、东部阿提卡和西部阿提卡辖区。

• 阿菲德纳城邦及其国王阿菲德努斯均不详。"狄奥斯库里兄弟"即卡斯托尔与波利丢克斯兄弟俩的合称。

• 鄱勒蒙：同名者较多，参看《希腊罗马传记与神话词典》，前揭，第3卷，443页至446页。

• 阿尔克曼（Alcman）：古希腊诗人、歌手，约公元前625年，据说来自小亚细亚的沙尔德斯（Σάρδεις, Sardeis），写下了不少温柔的抒情诗，史称合唱抒情诗的鼻祖。参看刘小枫编修《凯若斯——古希腊语文教程（上）》，上海：华东师范大学出版社，2005年，页159。另参吉尔伯特·默雷《古希腊文学史》，孙席珍等译，上海：上海译文出版社，2007年，页75。

13. Naevius（?），*The Cyprian Iliad*，Book 2

  他撞进了内室，进到了她的卧室。

14. Herodotus，*History*

  和煦的风与平静的海

  从上面的诗句看来（《伊利亚特》6. 289 - 292），诗人表示他知道亚历山大流浪到埃及去这件事，因为叙利亚（Συρία）就在埃及旁边，而包括西顿（Σιδών）人在内的腓尼基人（Φοινίκη）又是住在叙利亚的。这些诗句，特别是这一节非常清楚地证明，《塞浦路亚》并不是荷马而是另一位诗人写的。因为《塞浦路亚》说，亚历山大偕同海伦在三天之内从斯巴达到伊利昂，一路顺风，没有浪头。但是根据《伊利亚特》，他在带着她的时候，迷失了道路。

• 西顿（Sidon）：古代腓尼基北部城邦，滨地中海东岸，即今黎巴嫩的赛达。约建于公元前两千年代初，与推罗并称为腓尼基两大商港城邦。后来，该城手工业发达，尤以染料和玻璃制品著名。公元前两千年后期向海上殖民，占塞浦路斯等岛屿，势力最盛，公元前六世纪被波斯统治，公元前333年被马其顿亚历山大占领，公

- 腓尼基人（Phoenicians）：腓尼基是古代中东的一个民族，起源于今巴勒斯坦附近。腓尼基人是一个航海民族，他们借着地理环境，利用海路与其他城市通商，提高了对他国文化的认知。事实上，腓尼基人是一群优秀的军事家，所以他们能控制地中海沿岸的地区。

- 转自希罗多德《历史》，王以铸译，北京：商务印书馆，1985年，第159页至160页。译文中"塞浦路斯叙事诗"改译为"《塞浦路亚》"，"伊利翁"改译为"伊利昂"。希罗多德在可考的作家中，最早否认《塞浦路亚》为荷马所作。参看《英雄诗系研究》，前揭，页33。

15. Pausanias, *Description of Greece*

附近就是一座西蕾阿（Ἱλαείρα）和福柏（Φοίβη）的神殿。《塞浦路亚》的作者说她们是阿波罗的女儿。

- 西蕾阿（Hilaeira）：迈锡尼的刘基伯的美丽女儿，和她的姊妹一起被狄奥斯库里兄弟抢走（Apollod. iii. 10. §3；参看 Ov. *Fast.* v. 700; Hygin. *Fab.* 80; Tzetz. *ad Lycoph.* 511.）。这个名字有时也是塞勒涅（Selene）的别号（Hesych. *s. v.*）。参看《希腊罗马传记与神话词典》，前揭，卷二，页468。

- 福柏（Phoibe，应写为 Phoebe）：同名者较多，这里是指刘基伯的女儿，西蕾阿的姊妹，和西蕾阿一起被狄奥斯库里兄弟抢走，后来和波利丢克斯生下了穆勒斯洛（Mnesileos, Apollod. iii. 10. §3; Paus. ii. 22. §6；参看狄奥斯库里兄弟的相关内容）。参看《希腊罗马传记与神话词典》，前揭，卷三，页351。

16. Scholiast on Pindar, "gazing from Taygetus Lynceus saw (them) sitting in the brunk of an oak"

阿里斯塔克（'Αρίσταρχος）认为，要同《塞浦路亚》中所讲的故事一致，就得说ἥμενον（看到他坐着）。因为据《塞浦路亚》的作者所说，卡斯托尔（Κάστωρ）藏匿于橡树丛中，却被林扣斯看见。阿波罗多洛斯也同意这种说法。与他们相反的是狄底摩斯（Δίδυμος），他说：……，而且他还引用了《塞浦路亚》作者的内容：

"林扣斯相信自己的快腿，就迅速地攀登塔宇格图斯山（Ταΰγετος）。他爬上了最高峰，环顾整个坦塔洛斯的儿子伯罗普斯的岛屿。这位光荣的英雄用可怕的眼睛看到了驯马的卡斯托尔和擅长竞技的波利丢克斯，这两人都隐藏在一根中空的橡树里，而勇敢的伊达斯靠近站着，朝大橡树刺去……"

- 阿里斯塔克（Aristarchus）：古代最负盛名的语法学家和评论家，萨莫色雷斯（Samothrace）人。另有同名者有十人，从略。参看《希腊罗马传记与神话词典》，前揭，卷一，页290至292。

- 卡斯托尔（Castor）：狄奥斯库里兄弟之一，即著名的宙斯双子之一。同名者共有八个。参看《希腊罗马传记与神话词典》，前揭，卷一，页628。

- 狄底摩斯（Didymus）：同名者较多，分别说明如下：一、西塞罗和奥古斯都时代著名的语法学家；二、亚历山大时期的语法学家，通常称为小狄底摩斯；三、据苏达斯（Suidas）所述，这人与希腊语法学家克劳多斯（Claudus）一起，撰文指出修昔底德所犯的错误；四、来自于亚历山大里亚，生活于公元四世纪，四岁的时候眼瞎，却抑制不住学习的欲望，后成为语法、修辞、辩证法、数学、音乐、天文和哲学方面的名家；五、一个希腊医学方面的作家，也许生活于公元三世纪后。参看《希腊罗马传记与神话词典》，前揭，卷一，页 1007 至 1008。

• 塔宇格图斯山（Taygetus, Taugetus, 或 Taigetus）：伯罗奔尼撒地区的山脉，位于希腊南部玛尼（Mani）半岛，由北至南，止于马塔潘（Matapan）海角，横亘 6500 千米。

• 伯罗普斯的岛屿：即伯罗奔尼撒，由伯罗普斯的岛屿组成（近似音译为"尼撒"）。

17. Philodemus, *On Piety*

他们〔《塞浦路亚》的作者和雅典的费瑞居德斯〕写到，卡斯托尔被阿法柔斯（Ἀφάρεω）的儿子伊达斯放倒。

• 阿法柔斯：墨西拿国王，珀尔修斯的孙子。"放倒"，即杀死。

18. Athenaeus, *Scholars at Dinner*

因此，墨涅拉奥斯啊，酒是神明造出的对有死的凡人来说最好的浇愁解忧之物。

《塞浦路亚》的作者也作过类似的叙述，不论这个作者可能是谁。

• "浇愁解忧"，直译应为"驱散焦虑"。据 White 本，这里的"浇愁解忧之物"是"酒"。

• 这行诗也许是涅斯托尔所说的话，正值墨涅拉奥斯跑来告诉他海伦不见了的时候。

19. Scholiast on the *Iliad*

亚历山大偷走了海伦之后,阿伽门农和墨涅拉奥斯征募希腊人讨伐特洛亚。佩琉斯预先就知道阿喀琉斯注定要死在特洛亚,于是来到斯库罗斯($Σκύρος$)找到国王吕科墨德斯,把阿喀琉斯安排在他的照看之下,还给他穿上女孩的衣服,当作女孩同他的女儿们一起养大。然而,一则神谕预言,没有阿喀琉斯就攻不下伊利昂,接着希腊人就让奥德修斯、福尼克斯($Φοῖνιξ$)和涅斯托尔一起去找他,但佩琉斯说儿子并不在身边,他们就来到了斯库罗斯。他们怀疑阿喀琉斯混迹于女孩之中,奥德修斯就想出了一个办法,他们把刀剑兵器同工具篮、针织包混放在这些女孩们的房前。那些女孩们拿了篮子和其他东西,而阿喀琉斯则拿起了刀剑兵器,他就这样被找了出来,并参加了远征。在这之前,当阿喀琉斯同女孩们住在一起的时候,他引诱了吕科墨德斯的女儿德达美娅($Δηϊδάμεια$),并生下了皮洛斯($Πύρρος$ 或 $Πύρρος$),后来被叫做涅俄普托勒摩斯($Νεοπτόλημος$)。在他的父亲死后,涅俄普托勒摩斯作为一个年轻人去同希腊人作战。这个故事来自《英雄诗系》的作者们。

- 斯库罗斯(Scyros):斯波拉提群岛最南端的岛,是爱琴海群岛之一。
- 福尼克斯(Phoenix):共有八个人物同名,有三个神话形象、三个历史人物、一个诗人,还有一座雕像。神话人物分别介绍如下:一、据荷马所述,他是欧罗巴的父亲(Hom. *Il.* xiv. 321)。另据其他人说,此人是阿革诺耳和阿戈瑞若佩(Agriope)或忒勒法萨(Telephassa)的儿子,因此是欧罗芭的兄弟。他被其父亲派出去寻找妹妹欧罗芭，后者被宙斯抢走了。他来到了亚拉卡（Araica），在那里他的名字被用来命名一个民族，叫做腓尼基（Phoenices, Apollod. iii. 1. §1; Eustath. *ad Dionys.* Perieg. 905; Hygin. *Fab.* 178）。另据其他说法，俄纽斯的女儿帕瑞默德，和他生下了阿斯图帕莉娅和欧罗芭（Paus. vii. 4. §2），也说福尼克斯和忒勒福（Telephe）生下了佩瑞斯（Peirus）、阿斯忒帕勒（Astypale）、欧罗芭和福伊尼斯（Phoenice, Schol. *ad Eurip. Phoen.* 5），和阿尔菲丝波娅生下了阿多尼斯（Apollod. iii. 14. §4）。二、阿明托耳与克勒奥布尔（Cleobule）或希波达弥亚的儿子，多罗披亚人的国王，不只是参加了卡吕冬狩猎（Tzetz. *ad Lycoph.* 421; Eustath. *ad Hom.* p. 762; Hygin. *Fab.* 173; Ov. *Met.* viii. 307），而且作为佩琉斯的朋友陪同阿喀琉斯参加了对特洛亚的远征（Hygin. *Fab.* 257; Ov. *Heroid.* iii. 27; Apollod. iii. 13. §8）。他的父亲阿明托耳抛弃原配夫人另寻新欢，他的原配夫人就叫她的儿子去凌辱那个女人。福尼克斯答应了母亲的要求，却被阿明托耳发现了，于是就诅咒自己的儿子，永远不会享受后代的福分。福尼克斯想要离开他父亲的家，但是他的亲戚却要他留了下来。最终，他逃到了佩琉斯那里，佩琉斯友好地接待了他，并让他成了多罗披亚人的统治者，此国就在弗西亚的边境上，佩琉斯还让他承担阿喀琉斯的教育任务（Hom. *Il.* ix. 447, etc.）。据其他版本，福尼克斯并没有凌辱他父亲的情人（弗西亚或是克丽蒂亚［Clytia］），她只是说福尼克斯对她无礼，就这样他的父亲就弄瞎了他的眼睛。后来佩琉斯把他带到刻戎那里，使他恢复了视力（Apollod. iii. 13. §8）。此外，据说福尼克斯给阿喀琉斯的儿子起名涅俄普托勒摩斯，后来吕科墨得斯称呼他皮洛斯（Paus. x. 26. §1.）。据说是涅俄普托勒摩斯把福尼克斯埋葬在马其顿的埃昂（Eion）或是在帖撒利的特拉喀斯（Trachis, Tzetz. *ad Lyc.* 417;

Strab. ix. p. 428.）。古代作家把字母表的发明归在福尼克斯名下（Tzetz. *Chil*. xii. 68.）。三、一只圣鸟也叫这个名字，参看《希罗多德历史》，王以铸译，北京：商务印书馆，1985年，页141至142。参看《希腊罗马传记与神话词典》，前揭，卷三，页344。

• 德达美娅（Deidamea）：共有五个同名者。一、柏勒罗丰的女儿，伊凡德尔的妻子，和伊凡德尔生下了萨尔珀冬（Diod. v. 79.）。荷马（*Il*. vi. 197）称她为拉奥德美娅（Laodameia）。二、斯库罗斯（Scyrus）岛的吕科墨得斯的女儿。当阿喀琉斯穿上女孩的衣服藏在那里时，德达美娅和他私会，后来生下了斐柔斯（Phyrhus），又叫涅俄普托勒摩斯，并且据其他的人说，还生下了奥涅柔斯（Oneirus, Apollod. iii. 13 §7; Ptolem. Heph. 3）。三、庇里托俄斯（Peirithous）的妻子，一般叫做希波达弥亚（Plut. *Thes*. 30；参看希波达弥亚的相关内容）。四、伊庇鲁斯（Epeirus）国王艾西德斯（Aeacides）的女儿，皮洛斯（Pyrrhus）的妹妹。五、伊庇鲁斯的国王皮洛斯二世的女儿。参看《希腊罗马传记与神话词典》，前揭，卷一，页950。

• 涅俄普托勒摩斯（Neoptolemus）：阿喀琉斯和德达美娅的儿子。德达美娅是吕科墨得斯的女儿。他也叫做皮洛斯（Apollod. iii. 13. §8; Hom. *Od*. xi. 491，etc.）。另据其他的人说，他是阿喀琉斯和伊菲革涅亚（Iphigeneia）的儿子（Tzetz. *ad Lyc*. 133; Eustath. *ad Hom*. p. 1187），母亲死后，他被父亲带到了斯库罗斯。据说皮洛斯的名字是吕科墨得斯取的，因为他有漂亮的头发，或者是因为阿喀琉斯在装扮女孩的时候被人叫做皮洛斯（Paus. x. 26. §1; Hygin. *Fab*. 97; Eustath. *ad Hom*. p. 1187; Serv. *ad Aen*. ii. 469）。他之所以被叫做涅俄普托勒摩斯是因为阿喀琉斯或是皮洛斯自己年纪轻轻就上战场（Eustath. *l. c.*）。由于他父亲的原因，他有时也被叫做阿喀琉斯之子（Achillides, Ov. *Her.* viii. 3），而由于他祖父或是曾祖父的原因，他又被叫作佩利德斯（Pelides）和埃阿科德斯（Aeacodes, Virg. *Aen.* ii. 263, iii. 296）。涅俄普托勒摩斯在吕科墨得斯的斯库罗斯家里被养大（Hom. *Il.* xix. 326; Soph. *Philoct.* 239, etc.），他从那里被奥德修斯带去参加了远征特洛亚的战争（Hom. *Od.* xi. 508），因为赫勒诺斯预言涅俄普托勒摩斯和菲罗克忒忒斯（Philoctetes）以及他所带的赫拉克勒斯之箭对于攻下特洛亚必不可少（Soph. *Phil.* 115）。为了取得这些箭，涅俄普托勒摩斯和奥德修斯一起从特洛亚出发，来到了菲罗克忒忒斯所居住的楞诺斯岛。菲罗克忒忒斯被劝说后终于决定参加希腊联军（Soph. Phil. 1433）。在特洛亚，涅俄普托勒摩斯在各个方面都没有辱没他父亲的名声，而且最后成为躲在木马里的英雄之一（Hom. *Od.* xi. 508, etc., 521）。攻下特洛亚后，他在宙斯的赫塞乌斯（Herceius）壁炉边杀死了普里阿摩斯（Paus. iv. 17. §3, x. 27; Virg. *Aen.* ii. 547, etc.），并把波吕克塞涅祭献给他父亲（Eurip. *Hecub.* 523）。参看《希腊罗马传记与神话词典》，前揭，卷二，页1154。

Pausanias, *Description of Greece*

> 诗系作者们说，吕科墨德斯给他取名叫做皮洛斯，而福尼克斯则给他取名涅俄普托勒摩斯，意思是说当阿喀琉斯还十分年轻（νέος, neos）的时候，就已经开始上战场了（πολεμεῖν, polemein）。

- 在早期希腊诗歌中，用某人的父母所做的事情或品质来为此人命名十分常见。如奥德修斯的儿子忒勒玛科斯（Telemachus）即是如此，"忒勒"在希腊语中表示"走得很远"，而"玛科斯"表示

"作战",合起来表示其父亲去远方打仗了。参看《英雄诗系研究》,前揭,页43。

20. Scholiast on Sophocles, Electra, "as Chrysothemis lives, and Iphianassa"

> 要么采取荷马之言,说阿伽门农有三个女儿;要么像《塞浦路亚》的作者,认为有四个女儿,有伊菲革涅亚和伊菲阿娜萨(Ἰφιάνασσα)。

● 四个女儿:另外还有克律索忒弥斯(Chrysothemis)和伊莱克特拉。伊菲阿娜萨(Iphianassa):共有四个神话人物叫这个名字:第一个是普罗托斯(Proetus)和安忒亚(Anteia)或是斯忒娜波阿(Stheneboea)的女儿;第二个是阿伽门农和克吕泰墨涅斯特拉的女儿,阿喀琉斯被允许选择的三个女人之一(Hom. *Il.* ix. 145, 287);第三个是恩底弥翁(Endymion)的妻子(Apollod. i. 7. §6);第四个是海神的女儿(Lucian, *Dial. Deor.* 14.)。参看《希腊罗马传记与神话词典》,前揭,卷二,页626。

21. Chrysippus, *On Negation*

> 如果阿伽门农作过如下否定性的陈述:
> "我不认为阿喀琉斯勇敢的心会发出如此巨大而可怕的怒气,因为我非常喜爱阿喀琉斯。"
> 那么,就会有一种肯定性的建议。

22. Pausanias, *Description of Greece*

> 《塞浦路亚》的作者说,当希腊人来到特洛亚时,普罗特西

拉奥斯第一个登陆。他的妻子叫波吕多拉（$Πολυδώρη$），是俄纽斯的儿子墨勒阿格洛斯（$Μελέαγρος$）的女儿。

• 波吕多拉：通常叫拉奥达弥娅，听说丈夫被赫克托尔杀死后自尽。俄纽斯：见前。墨勒阿格洛斯：阿尔戈英雄之一，参与卡吕冬狩猎的主将。

23. Scholiast on the *Iliad*, "when I sacked her wellwalled town"

《塞浦路亚》的作者说是珀达索斯（$Πήδασος$），而荷马自己却说是吕厄涅索斯（$Λυρνήσσυς$）。

• 这段引文是关于布里赛伊斯（Briseis）的。
• 珀达索斯（Pedasus）：一、特洛亚的城市，曾被阿喀琉斯洗劫；二、阿伽门农统治的城市；三、特洛亚战士，死于欧律阿罗斯之手；四、阿喀琉斯的战马。
• 吕厄涅索斯（Lyrnessus）：在希腊神话中，吕厄涅索斯是达尔达尼亚（Dardania，小亚细亚）的一个城市。

24. Scholiast on the *Iliad*

克律塞伊斯（$Χρυσηίς$）来到忒拜的伊菲涅（$Ἰφινόην$，英译作 Iphince）。她是阿埃提昂（$Ἠετίων$）的妹妹，阿克托耳（$Ἄκτωρ$）的女儿，并被献祭给了阿尔忒弥斯。她是阿喀琉斯抓住的。

• 克律塞伊斯（Chryseis）：特洛亚城阿波罗祭司的女儿，为阿伽门农俘虏，后者拒绝将她交还给其父，结果导致太阳神的报复。

- 阿埃提昂（Eetion）：喀利喀亚的忒柏城的王，安德洛玛刻和波德斯（Podes）的父亲（Hom. *Il.* vi. 396，xvii. 575）。他和七个儿子都被阿喀琉斯所杀（*Il.* vi. 415，etc.），阿埃提昂曾经使用过的铁球被阿喀琉斯用来作为帕特罗克洛斯葬礼上的奖品（*Il.* xxiii. 826，etc.）。在阿喀琉斯所获得的战利品中，特别提到了珀达索斯马和普尔敏格斯琴（Φόρμιγξ）（*Il.* xv. 153，ix. 186）。不过，共有两个神话人物叫这个名字（*Il.* xxi. 40，etc.；Paus. ii. 4. §4）。参看《希腊罗马传记与神话词典》，前揭，卷二，页4。

- 阿克托耳（Actor）：共有三个人叫此名字。第一个是狄伊翁和狄奥米德的儿子。狄奥米德是克索托斯（Xuthus）的女儿，他也因此就是阿斯特若佩斯（Asteropeis）、斐拉柯斯（Phylacus）和刻法罗斯的兄弟。他妻子是伊琴娜。他是墨诺提俄斯（Menoetius）的父亲，帕特罗克洛斯的祖父（Apo*ll*od. i. 9. §4，16，iii. 10. §8；Pind. Ol. ix. 75；Hom. *Il.* xi. 785，xvi. 14）。第二，福尔巴斯和许耳弥涅（Hyrmine）的儿子，妻子是莫里奥涅（Molione）。因此他是奥革阿斯的兄弟，欧律托斯和克忒阿托斯（Cteatus）的父亲（Apollod. ii. 7. §2；Paus. v. 1. §8，viii. 14. §6）。第三个是埃涅阿斯（*Aeneas*）的同伴（Virg. Aen. ix. 500），也许他是另一个（xii. 94）被叫做奥荣肯（Auruncan）的人，图尔鲁斯（Turnus）吹嘘的正是此人的得胜长矛。从这个故事中诞生了一个习语"Actoris spolium"（Juv. ii. 100），表示某将军低劣的战利品。参看《希腊罗马传记与神话词典》，卷一，页17。

Eustathius, commentary on the *Iliad*

据传，克里塞伊斯是从许珀普拉启亚的忒拜（Ὑποπλακίων Θηβῶν）掳来的。她既不是在那里逃难，也不是被送到那里献祭给阿尔忒弥斯,正如《塞浦路亚》的作者所说,她只不过是安德罗马克($Ἀνδρομάχης$)的族民而已。

- 这里的忒拜实际上就是亚洲普拉秀斯山脚下的忒拜。史诗之所以如此写,大概是为了同雅典西北部那个著名的城邦相区别。
- 安德罗马克:赫克托尔之妻,亚洲忒拜城的公主,其父兄被阿喀琉斯所杀,母亲被俘为奴。"族民"即"公民"、"居民"之意。

25. Scholiast on the *Iliad*(Aristonicus)

(重要的标志是)因为,从特洛亚洛斯($Τρωίλος$)被称为"骑兵战士"来看,荷马之后的作者们认为他被追逐的时候骑着马。并且他们认为特洛亚洛斯还是个孩子,而荷马通过取绰号暗示他已经长大成人,因为没有其他哪个人被称为骑兵战士。

- 特洛亚洛斯(Troilus):在古典神话中,他是特洛亚的王子,是普里阿摩斯的儿子。预言家把他的命运同特洛亚联系在了一起,因此阿喀琉斯在战争初期就把他杀死了。

26.

[有丰盛果实的]俄诺($Οἰνώ$)、思佩尔莫($Σπερμώ$)和厄莱斯($Ἐλαΐς$)。

- 欧伊洛托派(Oinotropoi,又写作 Oenotropae),酒惠三女神,她们是阿尼奥斯三个或四个女儿的总称,狄奥尼索斯的孙女,因为她们接受了狄奥尼索斯的能力,可以变水为酒,或是把其他任何东西变作谷物和橄榄(Tzetz. *ad Lyc.* 750)。阿伽门农听说了这件事以后，想把酒惠三女神用武力夺走，以便为在特洛亚的希腊联军提供给养。然而她们却在狄奥尼索斯的帮助下化作了鸽子（Ov. *Met.* xii. 640; Serv. *ad Aen.* iii. 80）。俄诺（Oino 或写作 Oeno）：酒惠女神，酿酒学（oenology）因之而得名，她能将任何东西化作酒。思佩尔莫（Spermo）：谷惠女神，能把任何东西变作种子和小麦。厄莱斯（Elaiis 或写作 Elais）：油惠女神，能把任何东西变作橄榄油。参看《希腊罗马传记与神话词典》，前揭，卷三，页18。

Scholiast on Lycophron

阿波罗把阿尼奥斯（Ἄνιος）带到德洛斯岛（Δῆλος）。他娶了朵里佩（Δωρίππην，英译作 Dorippe），并生下了欧伊洛托派（Οἰνοτρόπαι），俄诺、思佩尔莫和厄莱斯。狄奥尼索斯（Διόνυσος 或 Διώνυσος）赐予她们随意富足的能力。费瑞居德斯说，当希腊人来拜访阿尼奥斯的时候，他劝他们就在这里呆上九年，因为在第十个年头，众神会让他们去洗劫伊利昂。阿尼奥斯保证他的女儿们会照料他们。《塞浦路亚》的作者也有这样的说法。卡利马库斯（Καλλίμαχος）在他的《缘由》（Τοῖς Αἰτίοις）中也提到阿尼奥斯的女儿们。

她们也去了特洛亚，并在希腊人遭受饥荒的时候救了希腊人。卡利马库斯证实了这件事。因为当希腊人遭受饥荒的时候，阿伽门农让帕拉墨得斯（Παλαμήδης）去请她们，接着她们就去了赫伊特昂（Ῥοίτειον, Rhoiteion）[无考]，并养活了他们。

● 阿尼奥斯（Anios）：阿波罗和克瑞乌萨（Crëusa）的儿子。另据说，他是阿波罗与何依娥的儿子。何依娥是斯塔菲路斯（Staphylus）的女儿，她怀孕显形之后，被愤怒的父亲放在一个箱子里丢进大海中。箱子在德洛斯岛靠岸,何依娥生下男孩之后,就把这个男孩献给了阿波罗神,阿波罗神则赐予这个男孩预言的能力(Diod. v. 62; Conon, *Narrat.* 41.)。阿尼奥斯和德律奥佩(Dryope)生下了三个女儿:俄诺、思佩尔莫和厄莱斯。狄奥尼索斯神给她们随意生产酒、谷和油的能力,因此她们被称为欧伊洛托派。当希腊人远征特洛亚登上德洛斯岛时,阿尼奥斯尽力劝说希腊联军留在这里待九年,因为他们命中注定一直要到第十年才能攻下特洛亚,而且阿尼奥斯承诺,有他三个女儿的帮助,联军待在这里的所有供给都不成问题(Pherecyd. *ap. Tzdz. ad Lycoph.* 569; Ov. *Met.* xiii. 623, etc.;参看 Dictys Cret. i. 23)。特洛亚陷落后,阿尼乌斯(Anius)来到德洛斯岛,受到阿尼奥斯的热情接待(Ov. *l. c.*; Virg. *Aen.* iii. 80, with Servius)。而一个希腊传说提到,埃涅阿斯娶了阿尼奥斯的女儿,名叫拉维尼亚(Lavinia)。拉维尼亚同她的父亲一样,拥有预言的能力,并跟着埃涅阿斯去了意大利,死在拉维宁城(Lavinium, Dionys. *Hal.* i. 59; Aurel. Vict. *De Orig. Gent. Rom.* 9;参看 Hartung, *Die Relig. d. Röm.* i. p. 87)。另有两个神话形象,一个是埃涅阿斯与拉维尼亚的儿子,另一个是伊托鲁里亚(Etruria)的国王。安尼奥(Anio)河的名字就是取自于阿尼奥斯。此故事出现在 Serv. *ad Aen.* iii. 80 和 Plut. *Paralled.* 40。参看《希腊罗马传记与神话词典》,前揭,卷一,页 178。

- 德洛斯岛(Delos)坐落于基克拉迪(Cyclades)岛的大圆环正中心,靠近麦克诺斯(Mykonos),是希腊一个重要的神话、历史与考古名地。它是阿波罗和阿尔忒弥斯的诞生地。

- 狄奥尼索斯(Dionysus)即酒神巴克库斯(Bacchus)。参看《希腊罗马传记与神话词典》,前揭,卷一,页 1046 – 1049;另参《神话辞典》,前揭,页 141 – 144。

- 卡利马库斯（Callimachus）：生活于公元前 310 或 305 年至前 240 年，库瑞涅（Cyrene，今利比亚）人，知名诗人、批评家和亚历山大里亚图书馆的学者，并且受到古埃及的托勒密二世和三世的庇护。虽然他从来没有当过图书馆馆长，可他却负责编辑了保存于图书馆中所有卷册的目录。他的作品 Pinakes（意即桌子），共有 120 卷，提供了完整的和编年式的图书目录，为后世希腊文学史的发展打下了基础。作为一个早期的批评诗人，他成为希腊学者的典范。他出生于居勒尼，家世显贵，父母据说是居勒尼第一任国王（Battus）的后裔。因此卡利马库斯被称为是巴弟亚德（Battiad）王朝的后裔，这个王朝统治了居勒尼近八代时间，而第一代的希腊王室则定居在了非洲。他依其祖父老卡利马库斯而得名。老卡利马库斯是一位备受居勒尼人尊敬的将军。卡利马库斯娶了一个叫做幼发拉底（Euphrates）的希腊人的女儿，但并不清楚他们是否有孩子。他还有一个姐姐（或是妹妹）叫做莫佳提默（Megatime），但关于她的事情知道得很少。仅知道她嫁给了一个叫做思塔瑟诺若斯（Stasenorus）或思塔瑟诺（Stasenor）的居勒尼人，并生下了一个儿子，也叫做卡利马库斯。为了同他舅舅相区别，一般叫做小卡利马库斯。后者也成为了一个诗人，写过《岛屿》（The Island）。卡利马库斯后来在雅典受教育，他回到北非后，去了亚历山大里亚。卡利马库斯博学多才，鄙视俗物，以短诗和格言警句而知名。在希腊化时期（从公元前 323 年到大约前 146 年），希腊文化主流是反对模仿荷马史诗。卡利马库斯在此时倡导诗人们"驶向未知的土地"，而不要跟着荷马亦步亦趋，并由此发现了一种诗歌形式，简短、格式规整并用词讲究，这正是他擅长的。在《缘由》（Aitia）的序言中，他说阿波罗拜访了他，并训诫他要"养肥族群，但要保持韵味悠长"，这明确暗示了他的选材细致而具有引申意义。《大书大恶》（Big book, big evil 希腊文写作：μεγά βιβλίον μεγά κακόν）是他的另一部诗篇，批评了长期以来旧诗歌总是使用那些卡利马库斯认为应取消的风格。卡利马库斯还写诗赞美他的皇家资助人，以及称赞众多的诗歌、散文和评论的风格。他最有名的散文作品是《名单》（*Pinakes*），这是一部文献学式的综述，内容主要涉及亚历山大里亚图书馆中收藏的作品及作者，据说总共包括 120 卷。由于他反对史诗的强硬立场，他与学生罗得岛的阿波罗尼奥斯（Apollonius of Rhodes）长期不合——后者热衷于史诗，并写下了《阿尔戈斯英雄船》（*Argonautica*）。不仅如此，他们还互相批评和辱骂。而关于《论人》（*ad hominem*）的争论持续了三十年。据说，一张出土于俄克喜林库斯（Oxyrhynchus）的草纸文献残篇列出了亚历山大里亚图书馆馆长的名字，其中显示托勒密二世曾把这个职位提供给卡利马库斯，但却越过他传给了罗得岛的阿波罗尼奥斯。卡利马库斯是"大书"的反对者，苏达（Suda）全书认为他的作品数量超过 800（或许这个数字有些夸大），这表明他找到了众多更易接受的小作品。其中只有 6 首颂歌，64 首格言，和另一些残篇存留下来。《赫卡勒》（*The Hecale*）的大量残篇保留在瑞玲草纸文献（Rainer papyri）中，这是卡利马库斯为数不多涉及史诗题材的长诗，他的另一部长篇作品《起源》仅在一些散乱的草纸残篇中和另一些作家的引用中得以存留。这部作品是诉歌体诗的合辑，共 4 卷，涉及的主题包括建城、蒙昧的宗教礼仪以及独特而又奇异的地方传统等希腊世界的风俗。至少在前三卷作品中，其基本套路是向缪斯女神询问一个关于形式的问题，如"为什么啊，在派洛斯岛（Paros），崇拜者既不用笛子也不用王冠？""为什么啊，在阿尔戈斯，月份要用羔羊来命名？""为什么啊，在莱夫卡斯，阿尔忒弥斯有一块灰浆在额头？"一系列类似的问题能从残篇中还原出来。据昆体良所述，他是诉歌体的杰出代表，他的诉歌作品备受罗马人推崇,并被奥德、卡图鲁斯,尤其是普罗佩提乌斯(Sextus Propertius)所模仿。许多现代的古典学者对他在拉丁诗歌方面的影响给予了极高的评价。参看《希腊罗马传记与神话词典》,前揭,卷一,页571。

• 帕拉墨得斯(Palamedes)参与了希腊人对特洛亚的战争。《苏格拉底的申辩》41b 提到了他:"当我遇到帕拉梅德(帕拉墨得斯,译名据《古希腊汉语字典》统一)、特拉蒙的埃阿斯,还有别的死于不义冤狱的古人时,我会把我的遭遇和他们相比,对我而言,在那里这样过日子最尤其奇妙。"参看吴飞译疏《苏格拉底的申辩》,页140,华夏出版社,2007年。另参奥维德《变形记》,13. 34 - 60,308 - 312;维吉尔《埃涅阿斯纪》2. 81 - 85。许金鲁斯《寓言集》277。

27. Pausanias, *Description of Greece*

帕拉墨德斯在外出捕鱼时淹死,是狄奥墨得斯和奥德修斯杀死了他。我知道这一点,是在史诗《塞浦路亚》中读到的。

28. Pausanias, *Description of Greece*

乐斯凯欧(Λέσχεως, Λέσχης, Λέσχευς)和史诗《塞浦路亚》把欧律狄刻(Εὐρυδίκη)当做埃涅阿斯(Αἰνείας)的妻子。

• 乐斯凯欧(Lescheos):此人的英文拼写与希腊文拼写在不同版本中都有些出入。《英雄诗系》中的希腊文写作Λέσχεως,而《希腊罗马传记与神话词典》写作Λέσχης或Λέσχευς。前者的英文写作 Lescheos,而后者则写作 Lesches 或 Lescheus。但是根据所涉及的内容来看,当是同一人。他是诗系诗人之一,埃斯库林洛斯(Aeschylinus)

的儿子，皮拉（Pyrrha）人，靠近米提林附近（Paus. x. 25，§5），因此也被认为是米提林人或累斯博斯岛（Lesbian）人。他大致活跃于第十八届奥林匹亚运动会期间，因此关于他同阿尔克提比亚德（Arctipiads）之间竞争的传说定是弄错了时间。阿尔克提比亚德生活于奥林匹亚运动会刚开始的时期。这个传说在乐斯凯欧自己所讨论的内容中也得到解释，至少在某种程度上可得到解释。他在其《小伊利亚特》中谈到的内容，也是阿克提努斯的《埃提奥匹亚》（Aethiopis）中的内容。《小伊利亚特》也和其他的《英雄诗系》作品一样，被归在不同诗人名下，甚至归在荷马名下，还归在福喀斯（Phocaea）的特斯托里德斯名下（Herod. Vit. Hom. 16）以及基纳厄同和厄立特利亚（Erythrae）的狄奥多罗斯（Diodorus）名下。普罗克洛斯（Proclus）保存了诗作的摘录，据他说，诗作包含了四个部分。很明显，这部诗作本意为是为荷马《伊利亚特》作补充，因此，它叙述了赫克托尔死后，埃阿斯的命运，菲罗克忒忒斯、涅俄普托勒摩斯和奥德修斯的功绩，以及特洛亚最后的沦陷和被劫（Arist. Poet. 23, Bekk.）。诗作的这个部分被称为特洛亚的毁灭（'Ιλίου πέρσις）。除了历史与时间的相继以外，诗作并没有统一性。亚里士多德说《小伊利亚特》为八部悲剧提供了创作素材，而《荷马史诗》却只能提供一部。普罗克洛斯所摘录的乐斯凯欧的诗作，与阿克提努斯的《埃提奥匹亚》混杂在了一起。正如默雷所述（Hist. of Greek Lit. vi. §3，即《古希腊文学史》，前揭），并不能说其中一位诗人在写作事件的中间有断裂，另一位诗人就去补上。然而他们所生活年代的不同却提供了充足的相反证据，还有另外一些残篇表明，在普罗克洛斯的摘录里，乐斯凯欧处理的某些事件并不是来自乐斯凯欧，而是来自阿克提努斯（Arctinus，参看 Welcker, der Epische Cyclus, pp. 272, 358, 368）。参看《希腊罗马传记与神话词典》，前揭，卷二,页772。

- 欧律狄刻(Eurydice):字面意思是"统治遥远的国度"或"无边国度的"。关于她和俄耳甫斯之间的凄美神话,参看吴雅凌编译《俄耳甫斯教辑语》,页19,北京:华夏出版社,2006年。
- 埃涅阿斯(Aeneas):古代希腊、罗马神话中特洛亚战争的战斗英雄,在特洛亚城沦陷后,携带幼子,背负父亲,逃出被大火吞灭的家园,长期流浪在外,最后到达了南部的意大利。传说就是埃涅阿斯家族的后代子孙们,在稍后的时代中建立了罗马城。参看维吉尔《埃涅阿斯纪》,杨周翰译,北京:人民文学出版社,1984年。

29. Plato, *Euthyphron*

> 我的意思正和那诗人相反,他写道:
>
> "那制作万物的宙斯,播下了所有一切的种子,他(或她?)却不愿评论。因为有恐惧的地方,就有禁止。"
>
> 相关评注:这句引自斯塔西诺斯的《塞浦路亚》。

- 王晓朝译为:"我说的意思正好是诗人这两句诗的反面:'万物的宙斯使之生长,你无法叫出它的名字,因为有害怕之处也有敬畏。'"参看《柏拉图全集》,王晓朝译,卷一,247–248页,北京:人民出版社,2003年。另,严群译为:"我的意思正和那诗人相反,他唱道:'造物楚士,民莫敢名,既已畏斯,辄以敬斯。'我不赞同那诗人的话。"参看《游叙弗伦、苏格拉底的申辩、克力同》,页28,严群译,北京:商务印书馆,2003年。此处译文为译者据英文译出。

30. Herodina, *On Peculiar Words*

萨尔珀冬（Σαρπηδών 或 Σαρπηδόνος），俄刻阿诺斯（Ὠκεανός）的私人岛屿（ἡ νῆσος ἰδίως），这里也是戈尔戈（Γοργών 或 Γοργώ 或 Γόργονες）居住地，正如《塞浦路亚》的作者所说：

"她［因为他而］怀孕，并生下了戈尔戈。［三个］可怕的巨怪居住在萨尔珀冬，这是旋涡深流的俄刻阿诺斯一个多岩石的岛屿。"

• 萨尔珀冬（Sarpedon）：古希腊神话中共有三个同名者。其一是宙斯同欧罗巴的儿子，米诺斯（Minos）和拉达曼提斯（Rhadamanthys）的兄弟。由于卷入到同米诺斯关于米利都的争吵中，他避难于西里克斯（Cilix）处，并帮助他攻打吕基亚人。他后来成为了吕基亚人的国王，宙斯赋予他长寿的特权，他可以活过三代人（Herod. i. 173; Apollod. iii. 1. §2; Paus. vii. 3. §4; Strab. xii. p. 573；参看米利都、阿廷尼俄斯［Atymnius］的相关内容）。其二是宙斯同拉奥达墨斯（Laodameis）的儿子。或据其他人说，他是黛达弥亚同伊凡德尔所生，克那鲁斯（Clarus）和忒蒙（Themon）的兄弟（Hom. *Il*. vi. 199; Apollod. iii. 1. §1; Diod. v. 79; Virg. *Aen*. x. 125）。他是吕基亚人的王子，是第一个萨尔珀冬的孙子。在特洛亚战争中，他是特洛亚的盟友，因其英勇而知名（Hom. *Il*. ii. 876, v. 479, etc., 629, etc., xii. 292, etc., 397, xvi. 550, etc. xvii. 152, etc.; comp. Phiostr. *Her*. 14; Ov. *Met*. xiii. 255）。他在特洛亚被帕特罗克洛斯所杀（*Il*. xvi 480. etc.）。阿波罗在宙斯的命令下清理了萨尔珀冬遗体上的尘土与血迹，涂抹了神油，并用神衣将其包裹起来。睡神与死神把它带到吕基亚厚葬（*Il*. xvi. 667, etc.;

comp. Virg. *Aen.* i. 100.）。欧斯塔修斯（Eustathius, *ad Hom.* p. 894）说萨尔珀冬是吕基亚人的国王，格劳科斯是希波罗科斯（Hippolochus）的儿子，柏勒罗丰的孙子，本都应该当王。当伊珊德洛斯（Isandrus）和希波罗科斯两兄弟就统治问题发生争执的时候，就有人建议他们用箭来射一个放在孩子胸膛上的圆环。两个竞争者的妹妹拉奥德美娅为了这件事把自己的儿子萨尔珀冬交了出来。于是两个叔叔为了表示谢意，以感激妹妹的大方，就把王国送给了他。这个萨尔珀冬常与第一个相混淆，如 Eurip. *Rhes.* 29, comp. Eustath. *ad Hom.* pp. 369, 636, etc。在吕基亚的克珊托斯（Xanthus）有一个萨尔珀冬的祭坛（也许就是关于这个萨尔珀冬的）（Appian, *B. C.* iv. 78）。第三，波塞冬的儿子，忒拉伊（Thraee）的波尔提斯（Poltys）的兄弟，被赫拉克勒斯所杀（Apollod. ii. 5. §9）。参看《希腊罗马传记与神话词典》，前揭，页712。不过，此处的萨尔珀冬并不是指人物，而是指地名。

- 俄刻阿诺斯（Oceanus）：河神，在大多数古希腊人心中，整个大地被它所包围。对此河的描述属于神话地理学，我们在这里介绍俄刻阿诺斯在古代宇宙生成论（cosmogony）中所占的地位。在荷马颂歌中，他是一个万能的神，只臣服于宙斯（*Il.* xiv. 245, xx. 7, xxi. 195）。荷马并没有提到他的身世，只说特堤斯（Tethys）是他的妻子，他和她生下了三个女儿：忒提斯、欧律诺墨和珀耳塞（Perse, *Il.* xiv. 302, xviii. 398, *Od.* x. 139）。他的宫殿位于西方的某个地方（*Il.* xiv. 303, etc.），他和特堤斯在那里把赫拉抚养大。赫拉在宙斯同提坦巨人打斗的时候降临到他们家。赫西俄德说（*Theog.* 133, 337, etc., 349, etc.），俄刻阿诺斯是乌拉诺斯（Uranus）和该亚（Gaea）的儿子，提坦巨人中资格最老的神，是特堤斯的丈夫，并和其妻子生下了3000条河流，在这些河神后裔中，赫西俄德只提到了最年长的（参看 Apollod. iii. 8. §1, 10. §1）。赫西俄德（*Theog.* 282）还提到了大河的源流。而关于此神的形象出现在泰尔（Tyre）和亚历山大里亚（Alexandria）的皇家硬币上（Hirt, *Mythol. Bilderb.* p. 149）。参看《希腊罗马传记与神话词典》，前揭，卷三，页2。

• 戈尔戈（Gorgon）：此名有多种拼法，分别说明如下：首先从希腊语上讲，维基百科上写作两种：Γοργών、Γοργώ；《希腊罗马传记与神话词典》上写作两种：Γοργώ、Γόργονες。英文拼写方面，维基百科写作 Gorgon，这也是《英雄诗系》英文本的写法，不过，《希腊罗马传记与神话词典》写作 Gorgo 和 Gorgones。荷马仅仅知道一个戈尔戈，据《奥德赛》（xi. 633），它是冥府中一个可怕的幻影。而在《伊利亚特》中（v. 741, viii. 349, xi. 36; comp. Virg. *Aen.* vi. 289），雅典娜的神盾上有戈尔戈的头像，以威慑敌人。欧里庇得斯（Ion, 989）也只提到了一个戈尔戈。而赫西俄德却提到了三个（*Theog.* 278），她们是福耳库斯和刻托（Ceto）的女儿们，因此有时候他们也被称为福尔库德斯（Phorcydes 或 Phorcides, Aeschyl. *Prom.* 793, 797; Pind. *Pyth.* xii. 24; Ov. *Met.* v. 230）。这三个戈尔戈的名称分别是：色忒诺（Stheino, Stheno 或 Stenusa）、欧瑞娅勒（Euryale）和墨杜萨（Medusa, Hes. *l. c.*; Apollod. ii. 4. §2）。赫西俄德认为她们居住在大洋西部，是夜神和赫斯佩里斯女儿们的邻居。但是后来的传统认为她们住在利比亚（Herod. ii. 91; Paus. ii. 21. §6）。她们（*Scut. Herc.* 233）总与蛇相伴，那些蛇昂着头、吐着芯子，还磨着牙。埃斯库罗斯（*Prom.* 784. etc., *Choëph.* 1050）还说他们长着翅膀和黄铜的爪子，牙齿巨大。在库普塞卢斯的胸前，他们同样带着翅膀（Paus. v. 18. §1）。墨杜萨同她的姐妹们一样，也是不死的。据说，她最初是一个美丽的女人，但是她的头发被雅典娜变成了毒蛇，后来在雅典娜的神庙里，波塞冬让她成了克律萨俄耳（Chrysaor）和佩加索斯（Pegasus）的母亲（Hes. *Theog.* 287, etc.; Apollod. ii. 4. §3; Ov. *Met.* iv. 792；参看珀尔修斯的相关内容）。她的头十分吓人，只要有人看它一眼，就会被变作石头。因此，这也成为珀尔修斯（Perseus）杀死她最大的困难。雅典娜后来把她的头放在盾牌或是胸甲的中间。雅典传说，墨杜萨的头被埋在了集市（Agora）的一个土堆里（Paus. ii. 21. §6, v. 12. §2）。雅典娜给了赫拉克勒斯一绺墨杜萨的头发（藏在一个瓮里面），因为对于看到它的人来说，它具有与那个头一样的效果。当赫拉克勒斯去攻打拉刻代蒙时，他把这绺头发给了塞弗斯（Cepheus）的女儿斯泰罗普，以保护蒂吉亚（Tegea）城，敌人只要看一眼这头发就会被吓跑（Paus. viii. 47. §4; Apollod. ii. 7. §3）。福耳库斯家族的神话，还包括格莉伊（Graeae）、赫斯佩里斯的女儿们、斯库拉（Scylla）和其他寓言故事，都已经被古人们作了各种演绎。有些人认为戈尔戈是长着长发的可怕动物，它们的容貌是如此可怕，以至于人要么被它们吓得不省人事，要么被吓死，而一些马里厄斯（Marius）的战士就是这样死去的（Athen. v. 64）。普林尼（Pliny, *H. N.* iv. 31）认为她们是一种野蛮、灵活而为头发所覆盖的女人。狄奥多罗斯（iii. 55）把她们看做是居住在利比亚西部的一群女人，赫拉克勒斯在穿越利比亚的时候把她们杀死。这些解释或许并不充分，也并不及胡格（Hug）、赫尔曼（Hermann）、克鲁泽（Creuzer）、波提格尔（Böttiger）以及其他人的解释那样富于智慧，但是他们的那些解释均不太可能性。参看《希腊罗马传记与神话词典》，前揭，卷二，页285。

• "她"指克托，"他"指福尔库斯，两人都是俄刻阿诺斯（蓬托斯）和该亚所生。克托和福尔库斯除戈尔戈外，还生下了其他许多怪物：《奥德赛》中出现过的人头狗身的海上仙女斯库拉、半鸟半人的塞壬、半人半蛇的女怪厄基德那、看守金苹果的毒龙拉冬，当然，还有赫斯佩里斯的三个女儿。

31. Clement of Alexandria, *Miscellanies*

> 斯塔西诺斯还说：
> "杀其父而留其子，可谓愚蠢之极。"
> 色诺芬（*Ξενοφῶν*）也说过这些。

- "愚蠢"（*νήπιος*），本意是"孩提的、幼稚的"。这句话的意思大约相当于"斩草除根"：既杀其父，则需杀其子（可能指杀死了赫克托尔后，又杀死他尚在襁褓中的儿子，否则就"幼稚"矣）。

- 色诺芬（Xenophon）：现代希腊文写作"*Ξενοφών*"或"*Ξενοφώντας*"。参看色诺芬著《色诺芬的〈会饮〉》的"色诺芬注疏集出版说明"，沈默译，北京：华夏出版社，2005 年。

埃提奥匹亚（*ΑΙΘΙΟΠΙΣ*）

证 言

Capitoline plaque

《埃提奥匹亚》，据米利都的阿克提努斯（Ἀρκτῖνος Μιλήσιος）所述。

• 埃提奥匹亚：英文作 Aethiopia，传说中是居住在大地最南端的民族，不是今天的非洲国家埃塞俄比亚。也有人把该史诗译作"埃提奥匹亚英雄"。《埃提奥匹亚》中的故事情节上承《伊利亚特》，下接《归返》（*Nostoi*）。

• 米利都的阿克提努斯（Arctinus of Miletus 或写作 Arctinus Milesius）：希腊史诗诗人，只是传闻，并没有作品留下来。他生活于公元前775年至公元前741年，据说是荷马的学生。

Hesychius of Miletus, *life of Homer*

某些其他诗歌也归在他名下：《阿玛宗尼亚》（Ἀμαζονία, *The Amazonia*）以及《小伊利亚特》等。

Clement of Alexandria, *Miscellanies*

蒲法尼阿斯（φανίας 或 φαινίας）把乐斯凯欧放在忒潘德洛斯（Τέρπανδρος）的前面，并让忒潘德洛斯比阿尔基洛科斯（Ἀρχίλοχος）年轻，还说乐斯凯欧同米利都的阿克提诺斯进行了一场竞赛，并赢得胜利。

• 蒲法尼阿斯（Phanias 或 Phaenias，这两种拼写变化都是苏达斯给出的）：第一位居住于累斯博斯岛（Lesbos）的伊勒苏斯，是一位杰出的逍遥派哲学家，亚里士多德的嫡传弟子，泰奥弗拉斯托斯（Theophrastus）的同时代人——也是他的朋友，第欧根尼提到了泰奥弗拉斯托斯写给他的一封信（v. 37; Schol. *in Apollon*. i. 972; Strab. xiii. p. 618）。他在第 111 届奥林匹亚运动会，即公元前 336 年被苏达斯所取代（参看 Clem. Alex. *Strom*. i. p. 145, Sylb.）。蒲法尼阿斯似乎并没有建立自己的学说，但他是一个勤奋的作家，涉猎了哲学的所有门类，据逍遥派研究资料来看，尤其涉猎逻辑、物理、历史和文学四个方面。事实上就他所研究的内容来看，他是自泰奥弗拉斯托斯之后最杰出的亚里士多德的学生。他的写作主要涉及以下几个方面：1. 逻辑，在这个方面关于他的作品我们知道得很少，也许因为它们只是作为对亚里士多德作品的解释和补充，他老师的作品使他自己的作品黯然失色。从阿摩尼阿斯（Ammonius）的一篇文字里（*ad Categ*. p. 13; Schol. *Arist*. p. 28, a. 40, ed. Brandis），我们得知，欧德密俄斯（Eudemios）、蒲法尼阿斯和泰奥弗拉斯托斯仿效他们的恩师而写作。蒲法尼阿斯还有一篇重要的关于理念（ideas）的文字被阿芙洛蒂西亚斯的亚历山大（Alexander of Aphrodisias）保存了下来，叫作 πρὸς Διόδωρον（Schol. *Arist*. p. 566, a.

ed. Brandis），就像其作品 Πρὸς τοὺς σοφιστάς 一样。雅典娜乌斯引用了一条他关于音乐家的评论（xiv. p. 638）。2. 自然科学面，一部关于植物的作品 "τὰ φυτικά 或 τὰ περὶ φυτῶν" 被雅典娜乌斯反复地引用，而且也与泰奥弗拉斯托斯关于同一主题的作品联系紧密，因此有人认为这是对泰奥弗拉斯托斯作品的一个补充说明（Ath. ii. p. 54, f, 58, d, ix. p. 406, c. etc.）。雅典娜乌斯所引用的片断已经足够让我们对此人的风格和作品有一个清晰的概念。他似乎尤其关注种在花园里的植物，因为这些植物与人类相关。从他的风格中我们可以看到亚里士多德学园中严谨的作风和精于定义的做法。3. 历史，蒲法尼阿斯在这个方面写了许多东西。普鲁塔克曾经提到他，把他作为一个权威（忒米斯托克里，13），如 ἀνὴρ φιλόσοφος καὶ γραμμάτων οὐκ ἄπειρος ἱστορικῶν。他为其所在的城市写作了一个时间表，题目叫做 Πρυτάνεις Ἐρέσιοι，雅典娜乌斯曾经引用过第二本书（viii. p. 333, e.; comp. Eustath. p. 35, 18; Clem. Alex. *Strom.* i. pp. 144, 145, Sylb.; Plut. *Sol.* 14, 32, Themist. i. 7, 73; Suid. and Etym. Mag. *s. v.* Κύρβεις; Ath. ii. p. 48, d.）。然而值得怀疑的是，是否所有这些引用都是出自同一作品。根据梭伦（Solon）和忒密斯塔克勒斯（Themistacles）的相关文献，一些人认为蒲法尼阿斯写了一部雅典的历史，但是另一方面，如 Προτάνεις Ἐρέσιοι 是我们知道题目的唯一年表性的作品，可以假定这部作品是希腊的编年史，纵贯好多年月，而这些年月又以不同的名字区别开来，如"the Prytanes Eponymi of Ersos"。所有的名称都是指代年表中的某一点。他还关注历史中的某个重要部分，他那个时代的哲学家们——尤其是学识丰富的哲学家均关注僭主的历史问题。他在这个方面写了若干作品，其中一部是关于西西里（Sicily）的僭主（περὶ τῶν ἐν Σικελίᾳ τυράννων, Ath. 5. p. 6, e., vi. p. 232, c.）。

另一部叫做 Τυράννων ἀναίρεσις ἐκ τιμωρίας，在这部作品中他似乎要研究亚里士多德在《诗学》(v. 8，9，etc.) 中提出的问题。我们有这部作品的几条辑语，其中包括安提勒翁（Antileon）和希帕瑞木斯（Hipparimus）的故事（Ath. iii. p. 90，e.，438，c.；Parthen. *Erot.* 7）。不太清楚雅典娜乌斯所引用的文字（i. p. 16，e.）和普鲁塔克提到的文字（*de Defect. Orac.* c. 23）是出自蒲法尼阿斯的哪部作品，不过它们很明显都是历史方面的。4. 文学，两部作品，Περὶ τοχητῶν（字典此处印刷不清）和 Περὶ τῶν Σωκρατικῶν。前一部书的第二章曾被雅典娜乌斯引用（viii. p. 352），而第欧根尼两次提到后一部作品（ii. 65，vi. 8）。在前一部作品中，他似乎尤其关注雅典的音乐与喜剧（沃秀斯，*de Hist. Graec.* p. 84，ed. Westermann；*Fabric. Bibl. Graec.* vol. iii. p. 502；Voss. *Diatr. de Phakia Eresio*，Gandav. 1824；Plehn，*Lesbiaea*，pp. 215，etc.；Ebert，*Diss.* etc. pp. 76，etc. Böekh，*Corp. Inscr.* vol. ii. p. 304，etc.；Preller，in Ersch and Gruber's *Encyklopädie*，s. v.）。第二位同名者是波赛东尼奥（Poseidonius）的学生，沃秀斯（Vossius）把他同前面一位搞混淆了，但是默纳吉斯（Menagius）和约翰斯乌（Jonsius）却正确地把这两个人区别了开来。第欧根尼引述了这个人，ἐν τῷ πρώτῳ τῶν Ποσειδωνίων ἐξελῶν（vii. 41）。第三位是希腊诗人，在墨勒阿革洛斯（Meleager）的《花环》（*Garland*）中占有一席之地。从他的第六条残篇来看，他生活于伊壁鸠鲁（Epicuros）和墨勒阿革洛斯的时代之间，即生活在公元前三世纪早期和前一世纪早期之间。我们拥有他写的八条铭文（Brunck，*Anal.* vol. ii. p. 52；Jacobs，*Anth. Graec.* vol. ii. p. 53，vol. xiii. p. 933）。参看《希腊罗马传记与神话词典》，前揭，卷三，页 236。

- 忒潘德洛斯（Terpander）：希腊诗人，弹奏西塔拉琴的歌手

(citharode)，生活于公元前七世纪。大约在第二次美赛尼亚战争（the Second Messenian War）期间住在斯巴达，据一些文献记录，他正是在这里得到德尔斐神谕的命令，来调解国家中不同阶级之间的冲突。在这里，他还赢得了卡尔涅亚（Carnea）节音乐竞赛的奖（公元前676－672年）；他被认为是希腊音乐和抒情诗歌的真正奠基人。参看《希腊罗马传记与神话词典》，前揭，卷三，页1002－1005。

- 阿尔基洛科斯（Archilochus）：生于普罗斯（Pros）岛，但由于经济的压力不得不离开此岛。迫使他离开的另一个原因，就是他自己对赖侃伯斯（Lycambes）的失望，还有因遭受此人不公正对待的不满。因为赖侃伯斯曾承诺把自己的女儿尼奥布乐（Neobule）嫁给他，最后却出尔反尔。后来，他写讽刺诗宣泄自己对这父女俩的不满，据传，这些诗歌导致父女俩上吊自杀。参看《希腊罗马传记与神话词典》，前揭，卷一，页268－270。

Eusebius, *Chronicle*

OL 1. 2（775／774）：米利都诗人阿克提努斯被认为达到了他创作的顶峰。

OL 5. 1（760／759）：诗人欧墨洛斯（Εὔμηλος）……得到认可，而阿克提努斯则创作了《埃提奥匹亚》和《洗劫伊利昂》。

- 欧墨洛斯（Eumelus）：科林多人，阿木普菲吕托斯的儿子，古代史诗诗人，据称属于《英雄诗系》诗人之一。他的名字就像欧采尔（Eucheir）和欧格安莫斯（Eugranmus）一样，同作诗的技艺相关（其古希腊文意思是"曲调优美的"，参看《希汉字典》，前揭，页 343)。他是巴齐亚达伊(Bacchiadae)贵族家庭的一员,据尤西比乌斯所述,他生活于第五届奥林匹亚运动会期间,与阿克提努斯同时(参看 Cyril, c. *Julian*. i. p. 13; Clem. Alex. *Strom*. i. p. 144)。归在他名下的诗歌主要是谱系性和历史性的传奇,但很难说是其真作。他的《科林多历史》(*Corinthian History*)就属于这一类(Paus. ii. 1. §1, 2. §2, 3. §8; Schol. *ad Apoll. Rhod*. i. 148; Tzetz. *Schol. ad Lycophr*. 1024, comp. 174, 480)。泡萨尼阿斯引用过他的 προσόδιον ἐς Δῆλον,并认为这本书是他唯一的真作(iv. 4. §1, 33. §2, 3, v. 19. §2)。他的作品还有《欧罗芭之歌》(Euseb. *l. c.*; Clem. Alex. *Strom*. i. p. 151; Schol. *ad Hom. Il*. ii. p. 121)。他还写作了《博格尼亚》(*Bougonia*),一首关于蜜蜂的诗,希腊语为 βουγόναι 和 βουγενεῖς(Euseb. *l. c.*; Varro. *R. R*. ii. 5. §5, ed. Schneid)。还有一些作家把《提坦之战》(Τιτανομαχία)归到他的名下,也有人说该诗是阿克提努斯所作(Athen. vii. p. 277, d., comp. i. p. 22, c.; Schol. *ad Apoll. Rhod*. i. 1165.)。一个论述品达的学者把希腊人从特洛亚返回的诗(νόστος)也归在他名下,不过却把名字写错了,写成欧摩尔波斯。而这位学者所引用的这几行诗可以在泡萨尼阿斯那里找到,原归在欧墨洛斯名下(沃秀斯,*de Hist. Graec*. pp. 5, 6, ed. Westermann; Welcker, *die Epische Cyclus*, p. 274)。另有几个同名者:一、逍遥学派的哲学家,写作了 περὶ τῆς ἀρχαίας κωμῳδίας(Schol. MS. *ad Aeschin. c. Timarch*. §39. 4)。第欧根尼·拉尔修也许正是从他的作品中(v. 5;参看《名哲言行录》,前揭,页 272)引用了一段关于亚里士多德之死的文字(Meineke, *Hist. Crit. Com. Graec*. p. 8)。二、阿德墨托斯和阿尔刻提斯(Alcestis)的儿子,他和 11 艘船及战士们一起从费莱(Pherae)、博伊贝(Boebe)、格拉法耶(Glaphyrae)和伊奥库斯

(Iaolcus）到达特洛亚。他因其宝马而知名，这马是阿波罗养的，欧墨洛斯凭借此马本应在帕特罗克洛斯的葬礼上赢得胜利——要不是他的战车突然坏掉的话。他和艾卡瑞斯的女儿伊菲提迷娅（Iphthima）结了婚（Hom. *Il.* ii. 711, etc. 764, xxiii. 375, 536, *Od.* iv. 798; Strab. ix. p. 436），还有三个神话形象也同此名（Anton. Lib. 15, 18; Paus. vii. 18. §2）。三、博斯普鲁斯（Bosporus）国王，帕瑞撒德斯（Parysades）的三个儿子之一。在他父亲死后卷入了一场争夺王位的战争，对手是他的两个兄弟萨提诺斯（Satyrus）和普瑞塔尼斯（Prytanis），这两个对手相继被杀。他成功在位五年又五个月，即公元前309年至前304年（Diod. xx. 22-36; Clinton, *F. H.* vol. ii. pp. 282, 285）。四、一位画家，其作品因华美而著称。在罗马，有一幅出自其手的海伦像。此人也许生活于公元190年前后（Philostr. *Imag.* Prooem. p. 4; *Vit. Soph.* ii. 5）。据说他是阿里斯托德穆斯（Aristodemus）的老师，老斐洛斯特拉图斯（Philostratus）经常去拜访其学园。五、一名外科兽医，除了知道他是忒拜人以外，其他一无所知（Hippiatr. p. 12）。他或许生活于公元四或五世纪，一些作品断片残存于《兽医外科作家》（*Writers on Veterinary Surgery*）中，最初以拉丁语出版，J. Ruellius, Paris. 1530, fol., 以希腊语出版则是 S. Grynaeus, Basil. 1537, 4to。参看《希腊罗马传记与神话词典》，前揭，卷二，页88。

The *Suda* (from Hesychius of Miletus, *index of Famous Authors*)

据阿尔特蒙（Ἀρτέμων）在其作品《论荷马》（περὶ Ὁμήρου）中的介绍，阿克提努斯是瑙特斯（Ναύτεω, Nautes）后裔特拉斯（Τήλας, Teleas）的儿子，米利都人（Μίλητος），史诗诗人，也是荷马的学生。他在特洛亚战争年之后,约在第九届奥林匹亚运动会(744/741)期间红极一时。

• 阿尔特蒙(Artemon of Clazomenae):埃利阿诺斯(Aelian)曾经提到过他(Hist. An. xii. 38),说他是 δροι Κλαζομένιοι 的作者。他还在这本书里提到了克拉左门拉伊(Clazomenae)的领地被猪所摧毁。苏达斯(s. v. Ἀρκτῖνος)把一部论述荷马的作品归在他名下(περὶ Ὁμήρου),但是这部作品现在没有任何存留的痕迹。另有众多同名者,参看《希腊罗马传记与神话词典》,前揭,卷一,页377。

• 米利都(Miletus):古代城邦,位于安纳托利亚(Anatolia)西海岸(今土耳其的艾丁[Aydin]省),在古代的迦利亚(Caria)靠近迈安德罗斯河的入口。

论　述

Proclus, *Chrestomathy*, with additions and variants form Apollodorus, *the Library*

荷马的《伊利亚特》这部书就接在前面所说的故事[即《塞浦路亚》]后,《伊利亚特》后面是米利都人阿克提努斯所著的《埃提奥匹亚》,内容如下(περιέχοντα τάδε):

(1) 阿玛宗女王彭忒西勒娅(Ἀμαζὼν Πενθεσίλεια)率部前来支援特洛亚盟军,她是阿瑞斯的女儿,在血统上属于色雷斯人(Θρᾶσσα)。(她无心杀死了希波吕特[Ἱππολύτη],却得到普里阿摩斯的净罪。当战斗打响的时候,她杀死了许多人,包括玛卡翁[Μαχάων]。)彭忒西勒娅被最英勇的阿喀琉斯所杀,特洛亚人埋葬了她。阿喀琉斯杀死了辱骂他的特尔西特斯

($Θερσίτης$),因为特尔西特斯诽谤了他,说他爱上($ἔρωτα$)了彭忒西勒娅。为特尔西特斯之死,阿开奥斯人闹起了内讧。结果,阿喀琉斯为此还航行到了累斯博斯岛($Λέσβος$),向阿波罗、阿尔忒弥斯和勒托($Λητώ$或$Λατώ$)献祭,奥德修斯又为他驱除了杀人的罪孽。

- $περίεχοντα\ τάδε$:其中$περίεχω$意为"包围"、"包括",如果解作前者,则似有"一脉相承、圆泛周延"之意。阿克提努斯:见前。
- 阿玛宗(Amazon):传说中的女儿国,是古代小亚细亚地区希腊殖民地东部的一个民族。她们个个骁勇善战,为方便拉弓射箭,都将右乳房割掉。"阿玛宗"($ἀ$-$μαζών$)意为"没有乳房"($μαζός$就是乳房的意思)。除了生育后代和战争中格斗外,她们不与男人交往,也只把女儿养育成人。
- 希波吕特(Hippolyta,又写作 Hippolyte):战神与欧忒瑞娅(Otrera)的女儿,安提俄珀和墨拉尼珀的妹妹。她常戴着战神送给她的一条腰带,作为她高贵身份的标志。赫拉克勒斯受欧律斯透斯的命令去抢这条腰带,最后杀死了希波吕特(参看赫拉克勒斯;Hygin. *Fab*. 30.)。另据其他传说,希波吕特带着一支阿玛宗部队来到阿提卡(Attic),向忒修斯复仇,因为他带走了安提俄珀,但却被忒修斯打败,逃到了迈加拉,在那里郁郁而终,并被埋在那里。她的坟墓后来为人发现,形状是一个阿玛宗人的盾牌(Paus. i. 41. §7;Plut. *Thes*. 27; Apollod. ii. 5. §9; Apollon. Rhod. ii. 968)。还有一些传说讲,希波吕特取代安提俄珀嫁给了忒修斯。欧里庇得斯在《希波吕托斯》中说她是希波吕托斯的母亲。另据品达说,有一个同名者,是阿卡斯托斯的妻子(Nem. iv. 57, v. 26),但是阿波罗多洛斯说她叫做阿斯图达美娅(Astudameia,参看阿卡斯托斯)。参看

《希腊罗马传记与神话词典》，前揭，卷二，页490。

- 玛卡翁（Machaon）：埃斯克勒庇俄斯和厄佩沃涅（Epeione）的儿子（Hom. *Il*. xi. 614; Schol. *ad Pind*. Pyth. iii. 14），但也有人说是埃斯克勒庇俄斯同柯洛妮丝（Coronis）的儿子（Hygin. *Fab*. 97），还有人说是波塞冬的儿子（Eustath. *ad Hom*. p. 859）。他同狄奥克勒斯的女儿安提克勒娅（Anticleia）结了婚（Paus. iv. 30. §2），孩子有格伽索斯（Gorgasus）、尼可麦霍斯（Nicomachus, Paus. iv. 6. §3）、艾莱克斯那（Alexanor）、思费若斯（Sphyrus）和波伊莫克里特（Poemocrates, Paus. ii. 11. §6, iv. 38. §6; Apollod. ii. 10 §8; Hygin. *Fab*. 81）。在特洛亚战争中，玛卡翁是希腊联军的医生，他和兄长波达勒里俄（Podaleirius）一起带了三十艘船去特洛亚，并指挥来自特里卡（Tricca）、依托莫（Ithome）和奥卡利亚（Oechalia）的战士（*Il*. ii. 728, etc., xi. 515）。他被帕里斯（Paris）打伤，却被涅斯托尔（Nestor）救出了战场（Il. xi. 505, 598, 833.）。后来的作家提到，他是藏在特洛亚木马中的英雄之一（Hygin. *Fab*. 108; Virg. *Aen*. ii. 263.），而且据说他还治好了菲罗克忒忒斯的伤（Tzetz. *ad Lycoph*. 911; Propert. ii. 1, 59）。他的坟墓在格瑞耐（Gerenai），位于美赛尼亚，这个地方还为他建立了一座圣殿，后世的病人可以在那里缓解病痛。也正是在这个地方，埃皮托斯（Aepytus）的儿子格劳科斯第一次赋予了他英雄般的荣耀（Paus. iv. 3. §§2, 6, iii. 26. §7）。参看《希腊罗马传记与神话词典》卷二，页885。

- White本漏掉了"最英勇的"一词。据传，彭忒西勒娅率娘子军在希腊人的队伍中横冲直撞，如入无人之境，一直将希腊人赶至船边，这时在帕特罗克洛斯坟头上哀悼亡友的阿喀琉斯赶来，杀死了彭忒西勒娅。他脱下她的头盔后，被她美似天仙的容貌所震惊而悲痛不已。后来希腊人把彭忒西勒娅和十二个阿玛宗女战士交给特洛亚人礼葬。

- 特尔西特斯（Thersites）：希腊联军中最丑陋的人：罗圈腿、跛脚、驼背、鸡胸、尖脑袋、稀疏的软头发。此公"舌头不羁"，尖酸刻薄，爱说风凉话，在《伊利亚特》中曾责骂统帅阿伽门农，遭奥德修斯"修理"（2. 211 以下）。

- 累斯博斯岛（Lesbos）：位于爱琴海东部，靠近小亚细亚大陆，著名女诗人萨福的家乡。勒托（Leto）是阿波罗和阿尔忒弥斯的母亲。

（2）曙光女神厄俄斯（Ἡώς 或 Ἕως）的儿子门农（Μέμνων）穿着火神锻造的（ἡφαιστότευκτον）全副武装（并随同许多埃提奥匹亚人一起）来援助特洛亚人。忒提斯向她儿子预言了有关门农的事情。安提罗科斯在战斗中被门农所杀，后来阿喀琉斯又杀了门农。然后，厄俄斯向宙斯乞求，赐予她儿子不朽。

- 厄俄斯（Eos）：在拉丁语中写作欧若拉（Aurora），晨曦女神，把日光从东方带来。许珀里翁和忒伊亚（Theia）或是欧瑞法莎（Euryphassa）的女儿，是赫利俄斯和塞勒涅的姐妹（Hes. *Theog.* 371, etc.; Hom. *Hymn in Sol.* ii.）。奥维德（*Met.* ix. 420, *Fast.* iv. 373）说她是帕拉斯（Pallas）的女儿。夜晚即将结束的时候，她从其心爱的提托诺斯的床榻上起来，坐上一辆由快马兰波斯（Lampus）和法厄同（Phaeton）所拉的车，从俄刻阿诺斯河上到天上，向众神和人类宣布阳光的来临（Hom. *Od.* v. 1, etc., xxiii. 244; Virg. *Aen.* iv. 129, *Georg.* i. 446; Hom. *Hymn in Merc.* 185; Theocrit. ii. 148, xiii. 11）。在荷马的诗歌中，厄俄斯不只是宣告赫利俄斯的到来，还要陪着他走完全天，直到夜晚来到她的事情才算完成。因此有时只要提到赫利俄斯就会提到她（*Od.* v. 390, x. 144），而悲剧作家把她完全等同于赫墨拉（Hemera），后来，一些神话就把她讲成是厄俄斯（Paus. i. 3. §1, iii. 18. §7.）。后来的希腊罗马诗人全都遵守荷马的讲法。南方欧罗拉的壮观景象持续的时间比我们这里长（字典作者为英国人，在古希腊的北方），也成了古代诗人最爱讨论的话题。神话中还讲到她抢走了不少美男子。她还抢走了奥里昂，众神对她的行为十分生气，最后阿尔特弥斯用一支温柔的箭（a gentle arrow）杀死了她（Hom. *Od.* v. 121.）。据阿波罗多洛斯（i. 4. §4）所述，厄俄斯受阿佛洛狄忒（Aphrodite）的刺激，把奥里昂带到了德洛斯岛。曼修斯（Mantius）的儿子克莱特（Cleitus）被厄俄斯带到了众神的席位上（Od. xv. 250），而提托诺斯也是这样被她带走的，还和她生下了厄玛提翁（Emathion）和门农。厄俄斯去求宙斯让提托诺斯不死，但却忘记求宙斯让他永远年轻。当他还年轻貌美的时候，厄俄斯和他一起住在天边的俄刻阿诺斯河岸，而当他年老以后，厄俄斯就照顾他，直到最后他的声音消失了，身体也干涸了，她就把他锁在她的屋子里，又说是把他变成了一只蟋蟀（Hom. *Hymn. in Ven*. 218, etc.; Horat. *Carm*. i. 22. 8, ii. 16. 30; Apollod. iii. 12. §. 4; Hes. *Theog.* 984; Serv. *ad Virg. Georg.* i. 447, iii. 328, *Aen*. iv. 585）。当她的儿子门农要去和阿喀琉斯作战的时候，她求赫淮斯托斯为他打造武器，当门农被杀后，她的眼泪落下化作了早晨的露珠（Virg. Aen. viii. 384）。厄俄斯还和阿斯特拉伊欧斯（Astraeus）生下了泽费洛斯（Zephyrus）、波瑞亚斯（Boreas）、诺特斯（Notus）、黎明星神（Heosphorus）和其他的一些星神（赫西俄德. *Theog*. 378.）。刻法罗斯也被她从希米特斯（Hymettus）山带到了叙利亚（Syria），并生下法厄同（Phaëton）。也有说法厄同

（Phaëton）的父亲是提托诺斯。但后来她把这个爱人还给了普洛克力思（Procris, Hes. *Theog.* 984; Apollod. iii. 14. §3; Paus. i. 3. §1; Ov. *Met.* vii. 703, etc.; Hygin. *Fab.* 189；参看刻法罗斯的相关内容）。厄俄斯劫走刻法罗斯的场景画在了雅典国王门廊的山形墙上，同样的画也出现在阿米克赖城的阿波罗（Apollo）王座上（Paus. i. 3. §1, iii. 18. §7）。而在奥林匹亚，画的是她为门农向宙斯求情的场景（v. 22. §2）。在现存在作品中，她的形象是一个长着翅膀的女神，坐着一辆由四匹马拉着的车。参看《希腊罗马传记与神话词典》，前揭，卷二，页21。

- 门农（Memnon）即埃提奥匹亚国王，英俊非凡、勇力过人。
- "忒提斯向她儿子预言了有关门农的事情"：即，如果阿喀琉斯杀死门农，自己也马上会死去。但阿喀琉斯再次在义愤和狂怒中杀死了门农，自己也很快就送了命。
- 安提罗科斯是涅斯托尔的长子，为了救父亲一命而英勇牺牲。帕特罗克洛斯死后，安提罗科斯是阿喀琉斯最好的朋友，阿喀琉斯再次为友报仇。

（3）阿喀琉斯击退了特洛亚人，同败军一起闯进了城内，但被帕里斯和阿波罗所杀。（在斯开门［Σκαιαῖς］，他被亚历山大和阿波罗击中了脚踵。）［双方］围绕他的尸体进行了激烈的争夺，埃阿斯（Ἄιας）（杀死了格劳科斯［Γλαῦκος］）。他把阿喀琉斯的武器交给别人带上船，还）拽回了阿喀琉斯的尸体，并带到了船边。奥德修斯则打退了特洛亚人。

- 斯开门（Scaean）：指特洛亚城的西门，希腊人由此攻入特洛亚。"普里阿摩斯登车，把缰绳往后拉紧，／安特洛尔在他旁边登上漂亮的轻车，／他们赶着快马穿过斯开埃到平原。"参看《伊利亚特》，前揭，页76。

- 格劳科斯（Glaucus）：古希腊语Γλαῦκος的意思是指"眼睛明亮的猫头鹰"。据《希腊罗马传记与神话词典》所录，同名者很多，而《古希腊罗马神话鉴赏辞典》只列了五位，现据《希腊罗马传记与神话词典》介绍如下：一、埃奥洛斯的孙子，西绪福斯和梅罗普（Merope）的儿子，柏勒罗丰的父亲（Hom. *Il.* vi. 154；Apollod. i. 9. §3；Paus. ii. 4. §2）。他生活于波托那伊（Potniae），阿佛洛狄忒不让他的母马生育，他本来可以养出更为强壮的马匹。也有人说，他用人肉来喂养马匹，以让它们勇猛而彪悍。而这激怒了阿佛洛狄忒和其他神灵，他们合起伙来惩罚他：阿卡斯托斯在伊俄洛科斯举办他父亲珀利阿斯的葬礼竞赛时，格劳科斯用一辆四匹马的战车参加，但是他的马匹却受了惊吓，打翻了战车（Paus. iii. 18. §9, v. 17. §4；Apollod. i. 9. §28；Nonn. Dionys. xi. 143）。据其他人说，那些马匹把格劳科斯撕成了碎片，因为它们喝了波俄媞亚（Boieotia）的圣泉水，结果就发了疯；也有人说它们之所以发疯，是因为吃了一种叫做希波曼尼斯（Hippomanes）的草（Hygin. *Fab.* 250, 273；Schol. *ad Eurip. Or.* 318, *Phoen.* 1159；Strab. p. 409；Eustath. *ad Hom.* p. 269；Etym. Magn. p. 685. 42；Paus. ix. 8. §1；Aelian, *H. A.* xv. 25；Virg. *Georg.* iii. 267）。据说在科林多地峡附近经常出现格劳科斯的鬼魂，惊吓正在参赛的战马，因此他也被叫做ταράξιππος（Paus. vi. 20. §9）。"波托那伊的格劳科斯"（Γλαῦκος Ποτνιεύς）是埃斯库罗斯失传的悲剧名（Welcker, *Die Aeschly. Trilog.* p. 561, *Nachtrag*, p. 175, *Die Griech. Tragoed.* vol. i. pp. 30, 52）。二、希波罗科斯的儿子，柏勒罗丰（Bellerophontes）的孙子。他是吕基亚人的君主，带着他的部队从克珊托斯到特洛亚支持普里阿摩斯与希腊联军的战争（Hom. *Il.* ii. 875，vi. 206；Herod. i. 147）。他是特洛亚方面最杰出的英雄之一，同狄奥墨得斯曾有交往，这也显示了希腊同吕基亚人的关系（Hom. *Il.* vii. 13，xii. 387，xiv. 426，xvi. 492，etc.，xvii. 140，etc.）。他被埃阿斯所杀，但他的遗体还是被运回了吕基亚（Quint. Smyrn. *Paralip.* iii. 236，iv. 1，etc.）。三、安特诺尔的儿子，参加了特洛亚战争，被忒拉蒙人埃阿斯所杀（Paus. x. 27；Dict. Cret. iv. 7）。四、普里阿摩斯的儿子之一（Apollod. iii. 12. §13.）。五、美赛尼亚的国王埃皮托斯的儿子，并继承该国王位。他因其对神灵的虔诚而知名，并且他是第一个向马卡龙（Machanon）献祭的人（Paus. iv. 3. §6.）。六、克里特国王米诺斯和帕西淮（Pasiphaë）的儿子或克里特的儿子。他还是个孩子的时候，在一次玩球（Hygin. *Fab.* 136）或是追逐一只老鼠时（Apollod. iii. 3. §1，etc.）掉进了装蜂蜜的木桶，淹死在里面。米诺斯长时间到处找儿子却没有结果，后来阿波罗或库瑞忒斯（Curetes）指引他：某人能把三色母牛同其他事物区别开来，就能找到男孩并把他还给其父亲。米诺斯把他的占卜者聚合起来，但没有人参透其中的奥秘，一个异乡人，阿尔戈斯的波吕伊多斯（Polyidus）解决了这个难题，他把母牛比作桑葚，最开始是白色，后来是红色，再后来又变作黑色（这个解释同找到格劳科斯有什么样的关联，字典中的注释并没有讲清楚）。波吕伊多斯并不会解神谕，却通过自己的智慧把格劳科斯还给了他的父亲。他凭借预言的能力，发现格劳科斯并没有死在海里。在一只猫头鹰和蜜蜂的引导下，他在蜂蜜桶里找到了他（Aelian, *H. A.* v. 2）。米诺斯还要求让他的儿子复活，但波吕伊多斯办不到，而米诺斯则认为他太固执不愿意做，就命令把他同格劳科斯的遗体一起关进地窖中。波吕伊多斯被关进地窖后，看见一条蛇靠近格劳科斯的遗体，就把它打死了。接着，又来了一条蛇，口含一支药草，并用它盖着那条死蛇的身体，结果毒蛇死而复活。波吕伊多斯就把同样的药草盖在格劳科斯身体上，结果这个男孩就复活了。两个人在里面拼命朝外喊救命，米诺斯听到后就把地窖打开了。儿子死而复活令米诺斯十分开心，他慷慨地回报波吕伊多斯，并送他回国（Comp. Tzetz. *ad Lycoph.* 811; Palaepha. 27; Apollod. iii. 10. §3; Schol. *ad Eurip. Alcest.* 1; Hygin. *P. A.* ii. 14; Schol. *ad Pind. Pyth.* iii. 96）。克里特的格劳科斯和波吕伊多斯的故事是古代诗人和艺术家喜欢的题材，不只是出现在模仿舞蹈中（Lucian, *de Saltat.* 49），而且埃斯库罗斯、索福克勒斯和欧里庇得斯都用这个故事写过不同的戏剧作品（Welcker, *Die Griech. Tragoed.* vol. i. pp. 62, 416, vol. ii. p. 767, etc.）。七、波俄提亚的安泰东（Anthedon）的渔夫，他一时走运，吃了克洛诺斯种下的仙草，因而成仙（Athen. vii. c. 48; Claud. *de Nupt. Mar.* x. 158）。关于他的出身，有不同的说法，雅典娜乌斯罗列出了不少。有人说他的父亲是科佩乌斯（Copeus），也有人说是波吕布斯（Polybus）。波吕布斯是欧玻亚（Euboea）的丈夫，还有人说他的父亲是安泰东或波塞冬。传说中，他是一个聪明的潜水员，并为阿尔戈斯建造了船只，还作为一名舵手陪同阿尔戈斯英雄们远征。在伊阿宋（Jason）同第勒尼安人的海战中，只有格劳科斯没有受伤。他沉入海底，除了伊阿宋以外，没有人能够看见他。从这时候起，他变作了海神，服务于阿尔戈斯英雄们。关于沉入海底或是跳入海中的描述有不少的版本（Bekker, *Anecdot.* p. 347; Schol. *ad Plat. de Leg.* x. p. 611）。在希腊，传说每年格劳科斯都会带着海怪拜访所有的海岸和岛屿，并讲出预言（Paus. ix. 22. §6.）。渔夫和水手对他尤其尊敬，总是遵守他的神谕，因为他的话被认为最值得相信。关于他的住所也有许多讲法，亚里士多德说他住在德洛斯岛，同仙女们一起，并在那里宣布神谕。有人说他的预言能力超过了阿波罗,是阿波罗的老师(Schol. *ad Aploolon. Rhod.* i. 1310; Tzetz. *ad Lycoph.* 753; Eustath. *ad Hom.* p. 271; Ov. *Met.* xiii. 904, etc.; Serv. *ad Virg. Georg.* i. 437, Aen. iii. 420, v. 832, vi. 36; Strab. p. 405)。斐洛斯特拉图斯画了一幅他的画像(Imag. ii. 15),画像上他的头发和胡子上都在滴水,眉宇间杀气腾腾,胡子上还挂着海草,下半身是鱼尾(关于他形象的进一步描述,参看 Nonn. *Dionys.* xiii. 73, xxxv. 73, xxxix. 99; Schol. *ad Eurip. Orest.* 318, 364; Stat. *Silv.* iii. 2, 36, *Theb.* vii. 335, etc.; Vell. Pat. ii. 83)。我们从维利尤斯·帕特丘拉斯(Velleius Paterculus)那里得知,猫鹊(mimus)普蓝克(Plancus)就是这个海神舞台上的化身。八、埃庇库代斯(Epicydes)的儿子,拉刻代蒙人。希罗多德讲述了他的一段传奇(vi. 86)。他因公正廉洁而声名远扬,一个米利都(Milesian)人就存放了一大笔钱在他那里。然而许多年以后,当这个存钱者的儿子来要回财产的时候,格劳科斯拒绝归还他们的钱财,坚决不承认有这回事。他不愿意承认错误,只好来到德尔斐问神,他被神谕吓坏了,立刻归还存款。但是神并不放过这样有图谋的撒谎行为,格劳科斯整个家族在第三代的时候就灭绝了。泡萨尼阿斯(ii. 18, §2, vii. 7. §4)和朱文诺(Juvenal, xiii. 199)也讲述过同样的故事。九、雅典人(十、尼科波利斯[Nicopolis]人),希腊诗集诗人,他所写的警句似乎是混在一起的。诗集中收录了他的六条警句,第一、第二、第四和第五句直接说是 Γλαῦκος 的作品,第三句说是 Γλαύκου Ἀθηναιου 的,第六句则说是 Γλαύκου Νικοπολίτα 的。从一些内部证据来看,雅各布(Jacobs)认为第一句和第二句应该是尼科波利斯的格劳科斯所写,而第三、第四和第五句则是另一个诗人所写,也许是雅典的格劳科斯。后面三句均描写艺术作品。也许所有警句都应该是雅典的格劳科斯所作（Brunck. *Anal.* vol. ii. pp. 347, 348; Jacobs, *Anth. Graec.* vol. iii. pp. 57, 58, vol. xiii. p. 898; Fabric. *Bibl. Graec.* vol. ii. p. 122, vol. iv. p. 476）。十一、洛克里斯人（Locrian），据说他写了一些关于烹调的作品（ὀψαρτυτικά, Athen. vii. p. 324, a., ix. p. 369, b., xii. p. 516, c., xiv. p. 661, e.; Pollux, vi. 10）。十二、雷吉亚人，有时候也说是意大利人，写了关于古代诗歌和音乐的作品（Plut. *de Music.* 4, p. 1132, e）。第欧根尼·拉尔修引用了他一段关于恩陪多格勒和德莫克里特的论述，并说他与德莫克里特同时代（viii. 52, ix. 38）。埃斯库罗斯《波斯人》（*Persae*）中也提到过格劳科斯（Γλαῦκος ἐν τοῖς περὶ Αἰσχύλου μύθων）。他的作品有时也认为是演说家安提丰（Antiphon）的（Plut. *Vit. X. Orat.* p. 833, d.）。十三、智术师，埃琉西斯（Eleusinian）神秘团体的祭司长（Philostrat. *de Sophist.* ii. 20, p. 601）。十四、一个地理与阿拉伯（Arabia）古迹方面的作家，拜占庭人斯梯芬那斯（Stephanus Byzantinus）经常提到他，有时称他的作品为 Ἀραβικὴ ἀρχαιολογία，有的时候又称其作品为 Ἀραβικά（s. v. Αἴλανον, Γέα, etc.；沃秀斯，*de Hist. Graec.* pp. 443-4, ed. Westermann.）。十五、卡里斯图斯（Carystus）人，德米诺斯（Demylos）的儿子，希腊最知名的运动员之一。他是 περιοδονίκης，在拳击方面赢得了多项大奖，包括一个奥林匹亚赛会奖、两项皮提亚赛会（Pythian）奖、八个涅墨那赛会（Nemena）奖和八个伊斯特摩赛会（Isthmian）奖。据说，他还是个孩子的时候，修好了一个错位的犁头，却没有用锤子等工具，只是用自己的拳头。他在奥林匹亚的雕像是伊琴娜岛的格劳西亚斯（Glaucias）做的（Müller, *Aeginet.* iii. 4. p. 103; Krause, *Olymp.* p. 292）。十六、艺术家，喀俄斯人，金属雕塑家，因其发明了焊接金属（κόλλησις）而知名。他最有名的作品是一个铁

座（ὑποκρητηρίδιον, Herod.；ὑπόδημα, Paus.），上面放着一把银弓，是由吕底亚的国王阿利亚德（Alyattes）送给德尔斐神殿的（Herod. i. 25）。泡萨尼阿斯见过这个底座，他描述了其基本结构（x. 16. §1），而雅典娜乌斯（v. p. 210, b. c.）说，上面雕刻着小动物、小昆虫和小植物的图像。也许正是这句话导致梅耶（Meyer, *Kunstgeschichte*, vol. ii. p. 24）等人错误地解释κόλλησις，认为那是一种铭刻在铁片上的事物，我们称之为大马士革人的作品。这里明明说的是一种把金属焊接或黏结起来的模式，而不用钉子、钩子或楔形榫（δεσμοί），在格劳科斯的发明之前就使用这些东西（Pausan. *l. c.*；Müller, in Böttiger's *Amalthea*, vol. iii. p. 25）。普鲁塔克也提到了这个底座，说其十分有名（*De Defect. Orac.* 47, p. 436, a）。格劳科斯的技艺后来成了一句成语：Γλαύκου τέχνη（Schol. *ad Plat. Phaed.* p. 13, Ruhnken, pp. 381-2, Bekker）。拜占庭人斯梯芬那斯（s. v. Αἰθάλη）说格劳科斯是萨摩斯人，事实上格劳科斯属于萨摩斯（Samina）技艺学派。格劳科斯在第 22 届奥林匹亚运动会（公元前 691-690 年）期间被尤西比乌斯所取代。阿利亚德统治的时期是公元前 617 年至公元前 560 年。但这个时间却有些问题，因为希罗多德并没有排除这个铁座是在阿利亚德统治之前就被送到了德尔斐。十七、楞诺斯人，一位出色的雕刻家（Steph. Byz. *s. v.* Αἰθάλη），也许与前一个格劳科斯是同一人，因为很多萨摩斯技术学派的艺术家都在楞诺斯工作。十八、阿尔戈斯人，雕刻家，同狄奥尼索斯（Dionysius）一起制作了献给奥林匹亚的作品（Smicythus）。格劳科斯制作了由厄科凯瑞娅（Ececheiria）加冕的伊斐图斯（Iphitus）的雕像（厄科凯瑞娅是停战女神），还制作了安菲特里忒（Amphitrite）、波塞冬和维斯塔（Vesta）的雕像，泡萨尼阿斯称这些是"Smicythus 的较大贡献"，而狄奥尼索斯称这些是"较小的贡献"

（Paus. v. 26. §206. [狄奥尼索斯]）。十九、被阿里安（Arrian, *Anab.* vii. 14）称为格劳西亚斯（Glaucias, Γλαυκίας），正是他作为医生在赫菲斯提昂（Hephaestion）临死的时候照顾他，公元前325年，赫菲斯提昂被亚历山大钉上了十字架或是绞架，因为他对亚历山大不尊（Plut. *Alex.* c. 72）。二十、亚历山大里亚时期的另一个同名医生。据说他告诉狄流斯（Q. Dellius），说有一个针对他的阴谋，是克莉奥帕特拉（Cleopatra）公元前31年策划的（Plut. *Anton.* c. 59）。二十一、另外一个同名医生，法玛西翁·阿斯克里庇德斯提到过此人（ap. Galen, *De Compos. Medicam. sec. Loc.* iv. 7, vol. xii. p. 743），生活于公元一世纪或之前。二十二、大约公元一世纪末期的一名医生，普鲁塔克在他的散文 *De Sanitat Tuenda*（init.）中提到过他，说他与自己同时代。参看《希腊罗马传记与神话词典》，前揭，卷二，页274至276。

- 埃阿斯（Ajax）：这里指大埃阿斯，即忒拉蒙的儿子埃阿斯（有人称之为埃阿斯·忒拉蒙），是阿开奥斯人中勇力仅次于阿喀琉斯的英雄。

- 此处的阿喀琉斯之死与《伊利亚特》（22. 359f）中的内容有相同的地方："不管你如何勇敢，也请你当心，／我不要成为神明迁怒于你的根源，／当帕里斯和阿波罗把你杀死在斯开埃城门前。"参看《罗念生全集》，前揭，卷五，页559。

(4) 然后，他们[阿开奥斯人]埋葬了安提罗科斯，并为阿喀琉斯的尸体停丧。忒提斯和她的姐妹带着缪斯女神们来哀悼她的孩子。此后忒提斯把她儿子从火葬堆上掳走，送往"白岛"（Λευκὴν Νῆσον）。阿开奥斯人给阿喀琉斯堆了一个衣冠冢，[为他]举行了竞技赛会。（在比赛中，欧墨洛斯在马车竞赛中获胜，狄奥墨得斯赢了短跑，埃阿斯赢了铁饼，透克洛斯赢了箭术。他们把阿喀琉斯的武器作为奖品送给获胜者。）为了阿喀琉斯的武器，一场纷争落到了奥德修斯和埃阿斯的头上。

- 忒提斯的姐妹也是海神之女。阿喀琉斯也许还受到布里赛伊斯的哀悼（如《伊利亚特》19．282－302 中的帕特罗克洛斯一样）。参看普罗佩提乌斯 2．9．9－14。
- 白岛（White Island）：位于黑海，多瑙河（Danube）口岸对面，现在的奥斯特夫·泽梅丽（Ostrov Zmeinyy）。
- "给阿喀琉斯堆了一个衣冠冢"：原文是"堆了一座坟"，这里据上下文而把"坟"译作"衣冠冢"。
- 透克洛斯（Teucer）：一、河神斯卡曼得洛斯（Scamander）和仙女伊代娅（Idaea）的儿子，特洛亚的国王，因此特洛亚人有时也被称为透克洛斯人（Τευκροί, Herod. vii. 122）。萨莫色雷斯（Samothrace）的达耳达诺斯来到透克洛斯这里，娶了他的女儿巴忒娅或是阿里斯贝（Arisbe），后来成为透克洛斯的王位继承人（Apollod. iii. 12. §1; Diod. iv. 75）。另有人说，透克洛斯是特洛亚的王子，斯卡曼得洛斯和透克洛斯一起从克里特移民到特洛阿斯的，并带来了史鸣修斯的（Smintheus）阿波罗崇拜（Strab. xiii. p. 604; Serv. ad Aen. iii. 108; Tzetz. ad Lycoph. 29, 1302, 1306）。二、忒拉蒙和赫西俄涅的儿子，克里特人，埃阿斯的异父兄弟，特洛亚战争中希腊方面最好的弓箭手（Hom. Il. viii. 281, etc., xiii. 170）。他从特洛亚战争中回来的时候，忒拉蒙拒绝他进入萨拉米斯，因为他没有为他兄弟埃阿斯报仇，抑或是因为他没有把其他人一起带回来——指忒克墨萨（Tecmessa）或是他的儿子欧律萨刻斯（Eurysaces）。因此，透克洛斯遵照阿波罗的指示，乘船离开，以寻找新的家园。他来到了塞浦路斯（Cyprus），西顿（Sidon）国王贝卢斯（Belus）把此岛送给了他（*Serv. ad Aen.* i. 619）。他在那里娶尤涅（Eune）为妻，后来生下了阿斯忒瑞亚，并建立了萨拉米斯城（Tzetz. *ad Lycoph.* 447, 450; Pind. *Nem.* iv. 60; Aeschyl. *Pers.* 896; Eurip. *Helen.* 87, etc., 146, etc.; Paus. ii. 29. §4; Horat. *Carm.* i. 7. §21）。三、手艺人，知名的银猎手（silverchaser），普林尼的卡伊拉托（caelatorcs）名单上的最后一人，活跃于罗马共和国最后一段时间。普林尼如是提起过他：*Kokas et Teucer crustarius fomam* (*H. N.* xxxiii. 1. v. s. 55）。四、手艺人，宝石雕刻家，有三件作品因制作精良而存世，一般认为他大约生活于奥古斯都时代。也许，他和上面提到的那个手艺人是同一人（Sillu. *Cat. Art. s. v.*; R. Rochette, *Lettre à M. Schort.* p. 156. 2d ed.）。参看《希腊罗马传记与神话词典》，前揭，卷三，页1104。

● 阿喀琉斯的武器是帕特罗克洛斯死后，忒提斯请匠神赫淮斯托斯专门制作的。忒提斯让奖给保卫阿喀琉斯尸体时出力最多的人，于是就在奥德修斯和埃阿斯之间引起了纷争。最后雅典娜这位"一直紧随奥德修斯、事事相助"的女神再次帮助奥德修斯获胜，气得神经错乱的埃阿斯伏剑自杀了。

辑　语

1. Scholiast on the last line of the *Iliad*

有人这样写道："他们就这样为赫克托尔举行了葬礼。然后豪迈的（μεγαλήτορος）杀人者阿瑞斯的女儿阿玛宗来了。"

- 这是古人对《伊利亚特》最后一行的评注,原诗为"他们是这样为驯马的赫克托尔举行葬礼"(24.804)。
- 莎草纸提供了不同的版本:"接着阿瑞斯的女儿阿玛宗来了,美丽的彭特西勒亚(Penthesilea)。"这几行并不是《埃提奥匹亚》的部分,但《伊利亚特》却用到了这些诗行。

2. Oxyrhynchus papyrus

"女士,你是谁?从哪里来?是谁的后代?"

以及接下来的内容,还有阿克提努斯怎样讲述她的整个死亡过程。

- 这个文本是一篇学者评论或是相类似的东西,作者和内容都不清楚。被引用的诗行也许是普里阿摩斯或阿喀琉斯说给彭特西勒亚的话。

3. Scholiast on the *Iliad* (Aristonicus)

(最重要的标志是)因为正是从这段文字中(《伊利亚特》17.719),荷马之后的作者认为,阿喀琉斯被埃阿斯背回去,而奥德修斯负责保护他。但是如果荷马写过阿喀琉斯之死的话,他不会像后来的作者那样让埃阿斯背回阿喀琉斯的尸体。

4. Scholiast on the *Iliad*

福尔巴斯(Φόρβας),当时最有男子气的人,却是个自傲的家伙,善于搏击,时常强迫遇到的人同他比赛,然后再消灭他们。他甚至用这种傲慢的态度来对待众神。所以,阿波罗就来和他摆阵对擂并杀死了他。因此,自那以后,神就被认为是搏击的支持者。这个故事来自《英雄诗系》。

● 福尔巴斯(Phorbas):一、拉普特斯(Lapithes)和俄尔斯诺莫(Orsinome)的儿子,佩法斯(Peiphas)的兄弟。罗德斯人遵照神谕,邀请他去他们的岛屿,以便让该岛免于蛇灾,后来他在此岛受到英雄般的崇拜(Diod. v. 58)。在这样的情况下,他被叫作奥菲乌库斯(Ophiuchus),还有人说他被放入了群星之中(即蛇夫座;Hygin. *Poet. Astr.* ii. 14,这里说他是特里奥帕斯[Triopas]和希斯色娜[Hiscilla]的儿子;参看 Paus. vii. 26. §5)。另据其他版本,福尔巴斯从帖撒利去了奥勒诺斯(Olenos),在那里,埃利斯的国王阿勒克托尔(Alector)在他的帮助下对抗珀罗普斯,后来与他共享该王国。后来福尔巴斯让他的女儿狄奥吉蕾娅(Diogeneia)嫁给了阿勒克托尔,而他自己则娶了许耳弥涅,也就是阿勒克托尔的妹妹,并和她生下了奥革阿斯和阿克托耳(Diod. iv. 69; Eustath. *ad Hom.* p. 303; Scho. *ad Apollon. Rhod.* i. 172; Paus. v. l. §8; Apollod. ii. 5. §5)。也有人说他是一个鲁莽的拳击手,和菲勒吉斯(Phlegyes)一起闯进了德尔斐神殿,却被阿波罗所打败(Schol. *ad Hom. il.* xxii. 660; Ov. *Met.* xi. 414, xii. 322)。二、阿尔戈斯或克瑞阿索斯(Criasus)的儿子,佩瑞阿索斯(Peirasus)的兄弟,后来娶了欧玻亚,并和她生下特里奥帕斯,因此特里奥帕斯似乎是第一代英雄的孙子(Paus. ii. 16. §1, iv. 1. §2; Schol. *ad Eurip. Or.* 920)。三、克瑞阿索斯和墨兰托(Melantho)的儿子,伊儒塔利翁(Eruthalion)和克勒俄波娅(Cleoboea)的兄弟,也有人说是阿瑞斯托耳的父亲(Schol. *ad Eurip. Phoen.* 1116, *Or.* 920)。四、累斯博斯岛人,狄奥米德的父亲,被阿喀琉斯杀死(Hom. *Il.* ix. 665; Dict. Cret. ii.

16.)。五、阿卡南尼亚人（Acarnanian），他和欧摩尔波斯（Eumolpus）一起去了埃琉西斯（Eustath. *ad Hom.* p. 1156; *Schol. ad Eurip. Phoen.* 854）。六、伊利俄涅（Ilioneu）的父亲（Hom. *Il.* xiv. 490; Virg. *Aen.* v. 842）。七、赛尼（Syene）的默提翁（Methion）的儿子，菲纽斯（Phineus）的同伴（Ov. *Met.* v. 74）。参看《希腊罗马传记与神话词典》，前揭，卷三，页345。

- 在阿喀琉斯的葬礼上举行搏击比赛是极有可能的。

5. Diomedes, *The Art of Grammar*

其他人说，易扬波斯（"Ιαμβος），战神的儿子，是一个精力充沛的首领。他被称为""Ιαμβος"，由于他总是冲进战场，大叫一声并扔出长矛。而这种短长格韵脚是由一个短音和一个长音组成，那种标枪投掷首先需要一个短步，再一个长步，以便于把全身的力量加在标枪上，使它拥有更大的力。据说，这种投掷方法的作者是希腊人阿克提努斯，他如此写道：

"随着两腿轻轻地分开，一只脚就迈出，以便他的四肢能够最有力地伸展，并显得十分有力。"

- 易扬波斯（Iambus）：此人无考，但其名字是"短长格"的意思。
- 这些诗行不只表明如何投掷标枪，还包括准备脚力赛跑或是准备摔跤。因此，最原始的版本或许就是关于阿喀琉斯葬礼的文字。

6. Scholiast on Pindar

撰写《埃提奥匹亚》的人说，埃阿斯是黎明时分自杀的。

小伊利亚特（*ΙΛΙΑΣ ΜΙΚΡΑ*）

证　言

Aristotle, *Poetics* 1459a37

别的史诗诗人或写一个人物，或写一个时期，即一个枝节繁多的行动，例如《塞浦路亚》的作者和《小伊利亚特》的作者。因此《伊利亚特》或《奥德赛》仅足以提供一出、至多两出悲剧的题材，而《塞浦路亚》或《小伊利亚特》则可供好几出［八出以上，比方说，可供一出《甲仗的评判》、一出《菲罗克忒忒斯》、一出《涅俄普托勒摩斯》、一出《欧律皮洛斯》、一出《伪装乞丐》、一出《拉开奈》、一出《伊利翁的陷落》和一出《归航》的题材，还可供一出《西农》和一出《特洛亚妇女》的题材］。

- "别的史诗诗人"指除荷马以外的其他诗人。
- 一些人认为这个题目表是窜入的。它们中的大多数，或许全部均是来自于当时的悲剧。索福克勒斯的 *Laconian Women* 关注的是偷雅典娜木像的小偷。译文参看《罗念生全集》卷一，前揭，页96。
- 仅从普罗克洛斯的论述来看，《小伊利亚特》的内容应该紧承《埃提奥匹亚》，又下启《洗劫伊利昂》。不过为数不少的《小伊利亚特》辑语却让我们发现，其内容与《埃提奥匹亚》和《洗劫伊利昂》均有重叠，其描述的事件超出了普罗克洛斯的论述。参看《英雄诗系研究》，前揭，页61。

Caption to vase relief（公元前3－2世纪）

效仿诗人乐斯凯欧，《小伊利亚特》中也有："伊利昂的同盟加入了同阿开奥斯人（Ἀχαιοί）的战斗。"

● 阿开奥斯人（Achaeans）是《荷马史诗》中希腊人的集体名称，他们居住在伯罗奔尼撒的中北部。阿开奥斯人是组成古希腊大陆的四个主要部族之一。这个名字后来被荷马用在人物的口语中，指代所有希腊人。

Capitoline plaque

据皮拉的乐斯凯欧（Λέσχην Πυρραῖον）说，《伊利亚特》以其"小"而知名：

欧律皮洛斯（Εὐρύπυλος），涅俄普托勒摩斯、奥德修斯、狄奥墨得斯、帕拉斯（Πάλλας）和木马。特洛亚女人和弗里吉亚人（Φρυγία）把木马请进来。普里阿摩斯、西农（Σίνων）、卡珊德拉（Κασσάνδρα）、斯开门。

Clement of Alexandria, *Miscellanies*：参看前面关于《埃提奥匹亚》的内容。

Eusebius, *Chronicle*

Ol. 30. 3（658 / 657）：阿尔克曼十分有名，而累斯博斯岛的乐斯凯欧创作了《小伊利亚特》。

- 欧律皮洛斯（Eurypylus）：一、欧阿蒙（Euaemon）和俄普斯（Ops）的儿子（Hygin. *Fab.* 81）。关于他有不同的说法，或是俄尔门提翁（Ormention）或海瑞亚（Hyria）的英雄，或是库瑞涅的国王。在《伊利亚特》中，他率领俄尔门提翁和其他一些地方的人，一共四十艘战船来到了特洛亚，而且他同赫克托尔交过手（ii. 734, vii. 167）。他杀死了许多特洛亚人，自己被帕里斯打伤，帕特洛克罗斯照顾并治好了他（xi. 841, xv. 390; comp. Apollod. iii. 10. §8; Hygin. *Fab.* 97; Ov. Met. xiii. 357）。据俄尔门提翁的英雄谱，他是海佩若库斯（Hyperochus）的儿子，奥尔门诺斯（Ormenus）的父亲（Schol. *ad. Pind. Ol.* vii. 42）。在海瑞亚的英雄之中，他是波塞冬和刻莱诺（Celaeno）的儿子，并在库瑞涅之前就去了利比亚，库瑞涅曾同袭击其羊群的雄狮搏斗过，在利比亚，他和阿尔戈英雄有联系（Schol. *ad Apollon. Rhod.* iv. 1561; Tzetz. *ad Lycoph.* 902）。据说，他娶了斯泰罗普——赫利俄斯的女儿，并生下了吕卡翁（Lycaon）和刘基伯（Schol. *ad Pind. Pyth.* iv. 57; Tzetz. *ad Lycoph.* 886）。关于他和狄奥尼索斯的传说，参看艾修尼德（Aesymnetes）的相关内容，而由于欧律皮洛斯同狄奥尼索斯的联系，他还在帕德拉为 Soteria 奉建了祭坛（Paus. vii. 21. §2）。那里还有他自己的祭坛，每年的狄奥尼索斯节，人们都会为他献上祭品（vii. 19. §1, 3, ix. 41. §1）。我们从泡萨尼阿斯那里得知，也有人说欧律皮洛斯是德克斯门诺斯（Dexamenus）的儿子（参看 Müller, Orchom. p.

341，etc. 2nd edit.）。二、波塞冬和阿斯图帕莉娅的儿子，柯斯的国王，被赫拉克勒斯所杀。赫拉克勒斯从特洛亚回来，到了柯斯，被当地居民认为是海盗，受到了攻击（Apollod. ii. 7. §§1, 8）。另据其他说法，赫拉克勒斯袭击了柯斯岛，是为了得到卡尔基奥佩，即欧律皮洛斯的女儿，赫拉克勒斯深爱着此女（Schol. *ad Pind. Nem.* iv. 40; comp. Hom. *Il.* ii. 676, xiv. 250 etc., xv. 25）。三、忒勒福斯和阿斯提俄科（Astyoche）的儿子，默西亚（Moesia）或西里西亚的国王。欧律皮洛斯被普里阿摩送给他母亲或妻子的礼物所诱惑，支持特洛亚人反抗希腊人。欧律皮洛斯杀死了玛卡翁，但他自己却被涅俄普托勒摩斯所杀（Hygin. *Fab.* 112; Strab. xiii. p. 584; Paus. iii. 26. §7; Dict. Cret. iv. 14; Eustath. *ad Hom.* p. 1697）。另外还有三个同名的神话形象（Apollod. ii. 7. §8, i. 7. §10, 8. §3）。四、雅典娜乌斯认为他是一个作家（xi. p. 508），但是其他事情则不太清楚。参看《希腊罗马传记与神话词典》，前揭，卷二，页112。

● 帕拉斯（Pallas）：同名者众多，分别介绍如下：一、克瑞斯（Crius）和欧律比亚（Eurybia）的儿子，提坦巨人之一，阿斯特拉伊欧斯和珀耳塞斯（Perses）的兄弟，娶斯堤克斯（Styx）为妻，并和她生下了泽洛斯（Zelus）、克拉托斯（Cratos）、比亚（Bia）和尼刻（Nice, Hes. *Theog.* 376, 383; Paus. vii. 26. §5, viii. 18, §1; Apollod. i. 2. §§2, 4）。二、莫伽默德斯（Megamedes）的儿子，塞勒涅的父亲（Hom. *Hymn. in Merc.* 100.）。三、巨人，在众神的打斗中被雅典娜所杀，残忍的雅典娜还剥去了他的皮（Apollod. i. 6. §2.）。四、吕卡翁的儿子，伊凡德尔的祖父，据说正是他在阿尔卡迪亚建立了帕拉斯城（Pallantium）。在这座城里，竖立着帕拉斯和伊凡德尔的雕像（Paus. viii. 3. §1, 44. §5）。瑟维尔斯

(Servius, *ad Aen.* viii. 54）说他是埃勾斯的儿子，还说由于被他的兄弟忒修斯驱逐，移居到了阿尔卡迪亚。哈利卡纳苏斯的狄奥尼索斯（i. 33）把他同另外一个帕拉斯（即克瑞斯的儿子）搞混淆了。五、据传，他是雅典娜的父亲，被雅典娜杀死，因为他意图伤害雅典娜（Cic. *De Nat. Deor.* iii. 23；Tzetz. *ad Lyc.* 355）。六、赫拉克勒斯同迪娜（Dyna）的儿子，迪娜是伊凡德尔的女儿。一些人说，罗马的派拉庭（Palatine）山的名字即来自于她（Dionya. i. 32）。七、伊凡德尔的儿子，埃涅阿斯的同盟，被汝图利的（Rutulian）图尔鲁斯杀害（Virg. *Aen.* viii. 104，514，xi. 140，etc.）。八、雅典国王潘帝翁（Pandion）的儿子，因此也就是埃勾斯、奈瑟斯（Nisus）和吕科斯（Lycus）的兄弟，最后被忒修斯杀害。这个雅典的名门望族，即 Pallantidea，可追根溯源到帕拉斯（Apollod. iii. 15. §5；Paus. i. 22. §2，28. §10；Plut. *Thes.* 3；Eurip. *Hippol.* 35）。九、帕拉斯也是雅典娜的别名。在荷马那里，这个名字总是与雅典娜的名字一起出现，即写为 Παλλὰς Ἀθήνη 或 Παλλὰς Ἀθηναίη。但在后来的作品中，只用帕拉斯来指代雅典娜（Pind. *Ol.* v. 21）。柏拉图（*Cratyl.* 406）认为这个名字来自于 πάλλειν，意思就是挥舞，这表示女神挥舞着长矛或盾牌。而阿波罗多洛斯（i. 6. §2）认为，这个名字来自巨人帕拉斯，因为他是被雅典娜杀死的。但更有可能的是，帕拉斯，与 πάλλαξ 是同一个词，意思是"处女"或"少女"（参看 Tzetz. *ad Lyc.* 355.）。另有一个女性帕拉斯是特里同（Triton）的女儿。十、帝王克罗狄斯（Claudius）治下的自由民，是帝王最宠爱的人。她原本是安东妮娅（Antonia）的仆人，安东妮娅是克罗狄斯的母亲，她第一次被提到是在公元 31 年。因与古希腊神话关联不大，从略。参看《希腊罗马传记与神话词典》，前揭，卷三，页 100。

- 弗里吉亚人（Phrygian、Phruges 或 Phryges）：在古代，弗里

吉亚是安纳托利亚中西部的一个王国，现归土耳其。弗里吉亚人最先居住在南部的巴尔干半岛，据希罗多德所述，原名叫卜瑞格，后来经由黑海来到安纳托利亚才改名为弗里吉亚（Phruges）。

- 西农（Sinon）：埃西摩斯（Aesimus）的儿子，或据维吉尔所述（*Aen*. ii. 79），是西绪福斯的儿子，奥托吕科斯（Autolycus）的孙子，奥德修斯的亲戚，后来的诗作说他和他的亲人一起去了特洛亚（Tzetz. *ad Lycoph*. 344；Heyne，*Excurs*. iv. *ad Virg. Aen*. ii）。据这些传说讲，他用苦肉计向特洛亚人诈降，以使特洛亚人相信他受到了希腊人的虐待。他告诉特洛亚人说，自己跟奥德修斯有仇，被奥德修斯选来作为祭品，因为阿波罗命令说需要拿一个人来献祭，才能让希腊人安全地撤离特洛亚海岸，而他逃掉了才免于一死。当别人问他这个木马是用来做什么的时候，他说，这是为了给盗走的雅典娜神像作补偿，而且如果特洛亚人要去毁掉它的话，王国就会覆灭，但如果特洛亚人把它带进城邦，亚细亚就会获得整个希腊的控制权（Virg. *Aen*. ii. 57，etc.；Tzetz. *Postkom*. 680，etc.）。特洛亚人采信了他的建议。木马被拉进城之后，他按预先的约定发信号，打开木马，里面的希腊人冲出来占领了特洛亚（Virg. *Aen*. ii. 259；Dict. Cret. v. 12；Hygin. *Fab*. 108）。昆图斯（Quintus Smyrnaeus）和忒里费奥多里斯（Tryphiodorus）对传说进行了一些修订，参看 Heyne，*l. c.*。在德尔斐的奈斯柯礼厅内，有他的雕像，他被当做奥德修斯的同伴（Paus. x. 27.）。参看《希腊罗马传记与神话词典》，前揭，卷三，页 839。

Hesychius of Miletus, *Life of Homer*

某些其他诗歌也归在他的名下：如《阿玛宗尼亚》和《小伊利亚特》等。

论 述

Proclus, *Chrestomathy*, with additions and variants from Apollodorus, *The Library*

接下来是米提勒涅的乐斯凯欧（Λέσχεω Μιτυληναίου）所作的四卷本《小伊利亚特》，其内容如下：

• 米提勒涅的乐斯凯欧，据说鼎盛于公元前六世纪，是一位史诗作家。但有人认为"乐斯凯欧"是"会议厅"的意思，如果说某篇史诗是"乐斯凯欧"所作，其意无非是说这篇史诗是"会议厅"上的传说故事（《古希腊文学史》，同前，第5页）。"乐斯凯欧"与"λέσχη"（公共大厅、会议厅、闲谈、聊天）的确相近。

（1）在判决［阿喀琉斯的］武器（的归属）时，奥德修斯在雅典娜的谋划下得到了它。埃阿斯变得狂怒不已，并且虐待阿开奥斯人抢到的牲畜（λείαν），后来［因羞愧而］自杀了。阿伽门农让人火化他的尸体，他是唯一死在伊利昂而躺在棺材里的人。他的坟墓在赫伊特昂（Ῥοίτειον）。

（2）此后，奥德修斯在伏击中擒获了赫勒诺斯（Ἕλενον），［赫勒诺斯］预言了征服该城的事情。（奥德修斯同）狄奥墨得斯从楞诺斯岛上带回了菲罗克忒忒斯。菲罗克忒忒斯由玛卡翁（Μαχάονος）治好了病，并在决斗（μονομαχήσας，单挑）中杀死了亚历山大洛斯。墨涅拉奥斯虐待了亚历山大洛斯的尸体，但特洛亚人处理好后安葬了它。此后，得伊福波斯（Δηίφοβος）娶了海伦。

- 赫勒诺斯：普里阿摩斯和赫卡柏的儿子，与卡珊德拉孪生，预言家。他预言了攻下特洛亚城的三个条件：(1) 雅典娜像不在特洛亚；(2) 得到菲罗克忒忒斯和他的毒箭；(3) 涅奥普托勒摩斯参战。特洛亚陷落后，他做了厄匹鲁斯王。

- "[赫勒诺斯] 预言了征服该城的事情"：这个预言的内容就是，只有赫拉克勒斯的弓才能取那座城，而弓又在菲罗克忒忒斯那里。

- 因为伤口一直未愈，菲罗克忒忒斯在楞诺斯岛上过着十分艰苦的生活，故极为痛恨遗弃他的希腊人，本不愿意参战，但已故好友、伟大的赫拉克勒斯显灵让他去，再加上奥德修斯的诡计，他才勉强奔赴前线。一说是涅奥普托勒摩斯和奥德修斯带回了菲罗克忒忒斯。

- "菲罗克忒忒斯由玛卡翁治好了病"：根据阿波罗多洛斯的叙述，玛卡翁已经被彭特西勒亚所杀，而波达勒里俄斯治好了菲罗克忒忒斯。

- 得伊福波斯：普里阿摩斯的儿子，帕里斯的弟弟，特洛亚英雄。据其他材料，他"强娶"海伦，但在那个兄终弟及的时代，似乎不需要用强力，除非为了表明海伦（一直以来）的无辜。参看关于《奥德赛》8.517 的评论："正是这页文字导致后来的作者写道：海伦嫁给了得伊福玻斯。"

(3) 奥德修斯从斯库罗斯带来涅奥普托勒摩斯，把他父亲 [阿喀琉斯] 的武器给了他：他看起来就像阿喀琉斯本人。忒勒福斯的儿子欧律皮洛斯（Εὐρύπυλος）前来支援特洛亚人（带来了众多的穆斯阿 [Μυσία] 人），但涅奥普托勒摩斯杀死了这个最英勇的人。特洛亚人只好闭门不出。

- 据阿波罗多洛斯所述,奥德修斯与福尼克斯在一起。
- 穆斯阿(Mysia):位于古小亚细亚的西北部,现属于土耳其,坐落于马尔马拉海的南部海岸。
- 这个欧律皮洛斯与《伊利亚特》中的帖撒利首领同名,但不是同一个人。

(4)在雅典娜的策划下,厄珀奥斯(Ἐπειός)(砍伐了来自伊达的木料)制造了那匹木马(τὸν δούρειον ἵππον)。奥德修斯化装一番后(穿上了乞丐的衣服),进入伊利昂去侦察。海伦认出了他,并与他一起谋划夺取这个城邦。奥德修斯杀死一些特洛亚人后,回到了船上。此后,他和狄奥墨得斯一起又从伊利昂城中把帕拉斯像(το παλλάδιον)偷了出来。

- 海伦在《奥德赛》中如此叙述奥德修斯装成乞丐进城侦察:"他把自己可怜地鞭打得遍体伤痕,/肩披一件破烂衣服像一个奴仆,/潜入敌方居民的街道宽阔的城市,/装成乞丐,用另一种模样掩盖自己,/在阿开奥斯船舶上从未见过这模样。/他这样潜入特洛亚城市,瞒过众人,/只我一人认出他,尽管他那样打扮,/我向他探询,他总是狡诈地回避提问。/只是待我给他沐完浴,抹完橄榄油,/穿好各样衣服,还发了一个重誓,/不向特洛亚人说出他就是奥德修斯,/直到他返回航行迅速的船舶和营寨,/他这才向我说明了阿开奥斯人的计谋。/他用锐利的青铜杀死了许多特洛亚人,/回到阿尔戈斯人中间,带回许多消息。"(4.244-258,王焕生译文)但海伦并没有说她和奥德修斯曾"一起谋划夺取这个城邦"。
- 帕拉斯·雅典娜的神像保卫着特洛亚的安全。根据阿波罗多洛斯和一世纪的草纸 Rylands 22 所述,是赫勒诺斯再一次揭示了这个秘密。草纸文献是把雅典娜木像的偷盗者放在前面,接着才讲从色若斯(Seyros)把涅俄普托勒摩斯带来的事。

- 伊罗斯按照预言建立伊利昂城时,向宙斯祈求,得到一尊木刻的雅典娜(帕拉斯)神像,这尊神像便成为了特洛亚的保护神(《伊利亚特》6.305)。但雅典娜却一直站在特洛亚人的对立面(《伊利亚特》6.311),这事甚为蹊跷。但无论如何,这尊雅典娜神像对特洛亚城来说至关重要。

(5)接着,那些最优秀的勇士(ἀρίστους)爬进了木马中,然后烧毁了营地(把西农留在了后面,晚上的时候,可以给他们点燃火把作信号)。其余的希腊人则开到忒涅多斯岛去了。特洛亚人认为自己的灾难终于过去了,于是把木马收进城内,为此还拆毁了一段城墙,并大摆宴席,就好像已经战胜了希腊人。

- 忒涅多斯:靠近特洛亚的一个海岛,见《塞浦路亚》。
- Monro 本和 White 本都没有交代这一段文字的出处,莫非乐斯凯欧的这篇著作不是"残篇",而是"原著"?

辑 语

1. Pseudo‑Herodotus,*Life of Homer*

当荷马同特斯托里德斯(Θεστορίδηι)待在一起的时候,创作了《小伊利亚特》(*the Lesser Iliad*),开篇如下:

"伊利昂啊,出产良马,我歌唱吧,还有达尔达尼亚

($Δαρδανίην$),阿瑞斯的仆从们($θεράποντες\ Ἄρηος$)达那奥斯人($Δαναοί$)在那里遭受了许许多多的不幸。"

- (托名)希罗多德所著的《荷马生平》。White 本没有"托名"一词。
- 特斯托里德斯:传说或半传说中的早期希腊诗人,相传《小伊利亚特》为其所作。他在《荷马生平》(Life of Homer,谬传为希罗多德所作)中是一个主要人物。据该书所载,当荷马来到他的家乡佛开亚(Phocaea)时,他为了能够把荷马的诗作记载下来,特意为荷马提供食宿。荷马别无选择,只好接受,并向他背诵了《伊利亚特》和《奥德赛》,还向他朗诵了一首讲述当地历史和传说的史诗《佛开亚纪》(Phocais)。这则关于荷马的故事在古代可谓非同寻常,因为它意味着"写作"在荷马诗系中就已为人所知。所有其他材料都说荷马的诗歌是口头传递给他的追随者或后代的。据说特斯托里德斯后来迁到了喀俄斯岛(Chios),他在那里表演荷马的史诗,就好像那些诗歌是他自己所作的一样,他也为此名声大噪。荷马听到这个消息后,终于也来到了喀俄斯岛,特斯托里德斯怕出丑,就慌忙地离开了那座岛。
- 达尔达尼亚:在伊达山下、赫勒斯滂托斯海峡附近的城市,由特洛亚祖先达耳达诺斯所建(特洛亚-伊利昂的旧名)。阿瑞斯的仆从:或作"阿瑞斯的随从"、"战神的战友"等等,泛指武士。达那奥斯人,原本是阿尔戈斯人的一支,后与阿开奥斯人、阿尔戈斯人一起用来统称希腊人。

2. Scholiast on Aristophanes, *Knights*

《小伊利亚特》的作者说,埃阿斯与奥德修斯争论哪个更英勇（*ἀριστείων*）。涅斯托尔向希腊人建议，从他们中派一些人到特洛亚城墙下去，偷听［特洛亚人如何说］上述两个英雄的勇敢行为。派出去的人听到［特洛亚的］少女们在互相争论，其中一个认为埃阿斯远胜于奥德修斯，其经过如下：

"埃阿斯可是抢到并带回了死去的英雄

佩琉斯之子，神样的（*δῖος*）奥德修斯却无心于此。"

另一个为雅典娜的神意进行了辩驳：

"说些什么呀！我说那可是既无条理又非实情。………

即便妇女也承受得起男人加在她肩上的重担，

但却不能打仗：一旦打起仗来她们也是不行。"

- "哪个更英勇"：即两人在抢回阿喀琉斯（即下文的佩琉斯之子）的事情上，哪个功劳更大。出力更多者就可获得阿喀琉斯的新铠甲。埃阿斯抢回并扛走了阿喀琉斯的尸体，奥德修斯断后掩护。
- 最后一个句子出自阿里斯托芬，他还加上了"因为如果她去打仗，是不行的［for if she'd fight, she'd shite.］"。这并不像是引用的真正部分，尽管可能是对原文的幽默化用："for if she'd fight, she'd retreat"，用 chesaito 替代了 chasaito。
- Monro 本只有两个少女的对话，且没有最后半句。"无条理"（*οὐ κατὰ κόσμον*），White 本译作 against reason（不和理性），似有偏差。"非实情"：原文为 *ψεῦδος*，即"谎言"。最末两个字"不行"，原文 *χέσειτο*，意思很多，这里的意思大约是倒下、散开、消失。

3. Porphyry, commentary on Homer

《小伊利亚特》的作者说（*ἱστορεῖ*），他们［阿开奥斯人］没有按习惯埋葬埃阿斯，由于国王的愤怒，他们［只是］把埃阿斯放在棺材中［草草葬之］。

- "国王"指墨涅拉奥斯和阿伽门农。希腊人的丧葬习惯是火葬。由于埃阿斯在与奥德修斯争夺铠甲的过程中失意而疯，杀死许多牛羊，清醒后羞愧而死，阿伽门农不允许葬他，后得奥德修斯说情，念埃阿斯旧日功勋，方得草草收敛。《奥德赛》中也提到了这件事，奥德修斯到阴曹地府时见到了埃阿斯，这个魂灵对奥德修斯仍然耿耿于怀："只有特拉蒙之子埃阿斯的魂灵这时仍／伫立一旁，为那场争执余怒未消，／在阿开奥斯人的船寨我获得胜利，赢得／阿喀琉斯的铠甲，母亲把它作奖品，／特洛亚人的子弟和帕拉斯·雅典娜作裁判。／悔不该我在那次争执中获得胜利，／大地从而收下了这样的英雄埃阿斯，／论相貌或是功绩他都超越所有的／达那奥斯人，除了高贵的佩琉斯之子。"(11. 543–551)

4. Scholiast on the *Iliad*, "the son I have growing up in Scyros"

《小伊利亚特》的作者说，阿喀琉斯动身离开米西亚的忒勒福斯后，就在那里（斯库罗斯）靠岸了。该作者如此写到：
"佩琉斯之子阿喀琉斯被风暴吹到了斯库罗斯，
当夜就到了那个可怕的海港。"

- White 本的这一条希腊文出处、内容都存在很大的问题。兹依 Monro 编本译。这条残篇是欧斯塔修斯（卒于 1194 年）对《伊利亚特》第 19 卷 326 行的批注，原诗如下："或得知我那个在斯库罗斯养育的儿子，／神样的涅奥普托勒摩斯可能已不在人世。"（罗念生、王焕生译文）涅奥普托勒摩斯是阿喀琉斯漂流到斯库罗斯后与该国公主所生的儿子（一说避战隐匿于该国王宫期间，勾引公主得伊达弥娅而生)。

5. Scholiast on the *Iliad*, "only Achilles knew how to wield it"

　　有人讲述了这个虚构的故事,佩琉斯从马人刻戎那里学会了使用的方法,而他又教会了阿喀琉斯,但阿喀琉斯再没有教任何人。《小伊利亚特》的作者说:

　　"矛箍周围是闪光的金子,两头则是锐利的枪尖。"

- 挥舞的东西就是阿喀琉斯的灰木枪(ash-wood spear)。
- 如果现在时态是正确的话,那么此辑语应该来自于一个演讲。参看士麦那的昆图斯,7. 195ff。
- White 本和 Monro 本的这一句出处都相同,但品达的《涅墨亚赛会颂》第六首却没有如此多行。"枪尖":Monro 本为 ἄορις,White 本为 αἰχμή,意思相近(不知道从格律来讲,哪个才合音步)。"矛箍":指矛尖和矛杆连接处的铁箍。这里所描写的武器"矛"可能系赫淮斯托斯为阿喀琉斯所做。

Scholiast on Pindar, "his malignant spear"

　　叉形的枪尖有两个目的……埃斯库罗斯……和索福克勒斯可以作证……他们从乐斯凯欧的《小伊利亚特》那里引用了这个故事,乐斯凯欧说"关于它——那个叉形的枪尖"。

6. Scholiast on Euripides, *Trojan Women*

　　在这里,他跟随《小伊利亚特》的作者,让加尼米德斯(Γανυμήδης)成为拉俄墨冬(Λαομέδων)的儿子,这个作者有人说是福西亚（Φώκαια）的特斯托里德斯，另一些人说是基纳厄同，持前一种观点者如赫兰尼科斯（Ἑλλάνικος），后者如厄立特利亚（Ἐρυθραί）的狄奥多罗斯（Διόδωρος）。他说：

"克洛诺斯把葡萄树赐给他儿子作为补偿，树上长满了金色的叶子和沉甸甸的葡萄，赫淮斯托斯精心打理并把它献给了天父宙斯，他［即宙斯］又把它赏给了拉俄墨冬，而不是交给加尼米德斯。"

- 加尼米德斯（Ganymede）：特洛亚国王特洛斯（Tros）之子。天神宙斯变成一只雄鹰将他携到奥林波斯山（Olympus），充当自己的男宠，并为众神斟酒侍水。
- 拉俄墨冬（Laomedon）：特洛亚国王，伊拉斯（Ilus）和欧律狄刻的儿子，他的孩子有：普里阿摩斯、提托诺斯、兰波斯、克吕提乌斯、希刻塔翁（Hicetaon）和布科里昂（Bucolion, Hom. *Il.* xx. 236. etc., vi. 23; Apollod. iii. 12. §3)。他的妻子叫做斯特律摩（Strymo）或何依娥、普拉启亚（Placia）、托俄莎（Thoosa）、宙克西珀或勒俄基柏（Apollod. *l. c.*; Schol. *ad Hom. Il.* iii. 250; Tzetz. *ad Lycoph.* 18）。阿波罗多洛斯还提到了他的三个女儿，即赫西俄涅或忒阿蕾拉、西拉（Cilla）和阿斯提俄科，也有人说是另外二个：埃提娜（Aethylla）、默德斯卡斯特（Medesicaste）和普洛克勒亚（Tzetz. *ad Lycoph.* 232, 467, 921）。拉俄墨冬修建特洛亚时，波塞冬和阿波罗因为反叛宙斯被罚去帮助拉俄墨冬做苦力，于是波塞冬为特洛亚修城墙，而阿波罗则负责照看伊达山上的羊群（Hom. *Il.* xxi. 446，比较 vii. 452）。另据其他说法，波塞冬在修建城墙的时候得到了艾亚哥斯的帮助，而艾亚哥斯所修建的部分最脆弱，最容易攻破（Pind. *Ol.* vii. 41, with the Schol., and Schol. *ad Eurip. Orest.* 1373）。阿波罗多洛斯（ii. 59）

说，波塞冬和阿波罗帮助拉俄墨冬是出于自愿，为了试探他。当两位神灵做完了他们的工作之后，拉俄墨冬拒绝付给他们原先许诺的酬劳，并把他们从领地上赶走（Hom. *Il.* xxi. 441, etc.; Horat. *Carm.* iii. 3, 21）。另据一些荷马并没有提到的内容，波塞冬派了一个海怪去特洛亚，以惩罚拉俄墨冬失言，而这个海怪则摧毁了整个特洛亚城。在神谕的指示下，特洛亚人必须定期为这个海怪祭献一个少女。一次，经抽签决定，应该把拉俄墨冬的女儿赫西俄涅献祭。正在这个时候，赫拉克勒斯远征阿玛宗回来，他承诺要救这个女孩，但有一个条件，特洛斯（Tros）从宙斯那里得来的那些马，后来作为对加尼米德斯（Ganymedes）的补偿落入了拉俄墨冬手里，现在要拉俄墨冬交给赫拉克勒斯。拉俄墨冬同意了，但当赫拉克勒斯杀死海怪，救了赫西俄涅的时候，拉俄墨冬再次失言。于是赫拉克勒斯带着六艘战船攻下特洛亚，杀死拉俄墨冬和他所有的儿子——除了波达尔克斯（Podarces，普里阿摩斯），并把赫西俄涅交给了忒拉蒙。赫西俄涅用她的面纱赎回了他的兄弟普里阿摩斯（Hom. *Il.* v. 265, 640, etc., xxiii. 348; Schol. *ad Il.* xx. 145, xxi. 442; Apollod. ii. 5. §9, 6. §4; Diod. iv. 32, 49; Hygin. *Fab.* 89）。他的坟墓在斯开门的旁边；据说只要这个坟墓没有受到损坏，特洛亚就会永保安全（Serv. *ad Aen.* ii. 241; Ov. *Met.* xi. 696）。另有一个神话人物也同名（Apollod. ii. 7. §8）。还有一个同名者，是米提林的拉俄墨冬，拉瑞库斯（Larichus）的儿子，是亚历山大的将军之一，在菲利普死之前就觊觎高位，因为参加了年轻王子的密谋而遭到放逐。因同古希腊神话关系不大，从略，详情参看《希腊罗马传记与神话词典》，前揭，卷二，页719。

• 福西亚（Phocaea）：小亚细亚西部的一个古代伊奥尼亚城市，位于爱琴海上，今天的土耳其境内，公元前1000年到前600年是一个重要的海港城邦。但在前540年被波斯人围攻后败落。福西亚人是最早从事远洋航行的民族。参看希罗多德《历史》,徐松岩译,上海:上海三联书店,2008 年,页 62。

- 赫兰尼科斯(Hellanicus,累斯博斯岛人):希腊历史学家,他的作品表明在修史工作的开展上前进了一步。曾在马其顿宫廷里生活,死在小亚细亚的佩尔培列。

- 厄立特利亚的狄奥多罗斯(Diodorus of Erythrae):同名者众多,参看《希腊罗马传记与神话词典》,前揭,卷一,页 1014 至 1018。

- White 本把第一行的 οἱ 误作代名词 οὗ。"金色"一词,White 本为 χρυσείοις,Monro 本为 χρυσείην。《伊利亚特》说宙斯掳走加尼米德斯后,拿神马给其父特罗斯作补偿(5. 265 – 266),而这里则说宙斯拿葡萄给拉俄墨冬(应算加尼米德斯的侄子)作补偿。

- 宙斯出于自己的目的绑架了加尼米德斯。参看 *Hymn to Aphrodite* 202 – 217。金葡萄藤被普里阿摩斯所继承,他把它送给了欧律皮洛斯的母亲,以劝说她让其儿子参加特洛亚战争。

7. Pausanias, *Description of Greece*

史诗《小伊利亚特》的作者说,玛卡翁为忒勒福斯的儿子欧律皮洛斯所杀。

8. Scholiast on Lycophron

《小伊利亚特》的作者说,当他们前往特洛亚的时候,奥德修斯被托阿斯(Θόας)所伤。

- 托阿斯(Thoas):一、阿德莱蒙(Andraemon)和格尔吉(Gorge)的儿子,是埃托莱(Aetolai)的卡吕冬和普列翁两地的国王,带了四艘战船远征特洛亚（Hom. *Il.* ii. 638, iv. 529, vii. 168, xiii. 216, xv. 281; Paus. v. 3. §5; Hygin. *Fab.* 97; Tzetz. *ad Lycoph.* 780, 1011; 参看 Strab. vi. p. 255; Paus. x. 38. §3）。二、狄奥尼索斯和阿里阿德涅（Ariadne）的儿子（Schol. *ad Apollon. Rhod.* iii. 997; Stat. *Theb.* iv. 769）。他是楞诺斯的国王，娶弥里纳（Myrina）为妻，和她生下的孩子有许普西皮勒和西斯诺（Sicinus, Hom. *Il.* xiv. 230; Diod. v. 79; Schol. *ad Apollon.* i. 601; Hygin. *Fab.* 15, 120; Tzetz. *ad Lycoph.* 1374）。当利姆诺斯岛（Lemnian）的女人们要杀死岛上所有男人的时候，许普西皮勒救了父亲托阿斯，把他藏了起来（Apollod. i. 9. §17）。后来还是被其他女人发现，并把他杀了（Apollod. iii. 6. §4）。又说他逃到了陶里斯（Tauris, Hygin. *Fab.* 15），或是逃到了欧玻亚岛附近的奥诺（Oenoe）岛，因此后来那个岛叫做西斯诺（Schol. *ad Apollon.* i. 624）。三、艾卡瑞斯和珀里玻娅的儿子，佩涅洛佩（Penelope）的兄弟（Apollod. iii. 10. §6）。四、伯利地尼斯（Borysthenes）的儿子，陶洛斯的国王，伊菲革涅亚（Iphigenia）正是在这片领土被阿尔忒弥斯带走的，当时她正被用来献祭。后来托阿斯被克律塞斯（Chryses）所杀（Anton. *Lib.* 27; Hygin. *Fab.* 121; Eurip. *Iphigenia in Tauris*）。五、奥尼都斯（Ornytus）或厄尔利提翁的儿子（Paus. §3; Schol. *ad Eurip. Or.* 1087）。六、一个被墨涅拉奥斯所杀的特洛亚人（Hom. *Il.* xiv. 311）。七、埃托利亚人，生活于公元前2世纪晚期。

• 也就是说，出于伪装的需要，奥德修斯故意受伤。这个反常行为可参看《奥德赛》4. 242 - 264："我只想说在阿开奥斯人忍受苦难的／特洛亚国土上这位勇士一件事情。／他把自己可怜地鞭打得遍体伤痕，／肩披件破烂衣服像一个奴仆，／潜入敌方居民的街道宽阔的城市，／装成乞丐，用另一种模样掩盖自己，／在阿开奥斯船舶上从未见过这模样。／他这样潜入特洛亚城市，瞒过众人，／只我一人认出他,尽管他那样打扮,/我向他探询,他总是狡诈地回避提问。/只是待我给他沐完浴,抹完橄榄油,/穿好各样衣服,还发了一个重誓,/不向特洛亚人说出他就是奥德修斯,/直到他返回航行迅速的船舶和营寨,/他这才向我说明了阿开奥斯人计谋。/他用锐利的青铜杀死了许多特洛亚人,/回到阿尔戈斯人中间,带回许多消息。/特洛亚妇女放声痛哭,我却喜心头,/因为我心里很想能够归返家园,/悔恨那阿佛洛狄忒给我造成的伤害,/驱使我去那里,离开亲爱的故乡土地,/丢下我的女儿、闺房和我的丈夫,/他在智慧和相貌方面无人可比拟。"参看荷马《奥德赛》,王焕生译,前揭,页62-63。

9. Scholiast on the *Odyssey*

诗系作者（ὁ κυκλικός）用"乞丐"一词来代替［奥德修斯的］人名,这样做是要说明奥德修斯换了衣服,穿上破衣烂衫……而阿里斯塔克（Ἀρίσταρχος）把这个词用作"乞丐"的意思。

10. Scholiast on the *Odyssey*, "and brought back much phronis"

荷马之后的作者把"φρόνιν（phronis）"当做"战利品"的意思。

• 这个内容就是伪装后的奥德修斯对特洛亚的远征。可以推论出,在英雄诗系中,他回到希腊时带了一些战利品。

11. Hesychius, *Lexicon*

"狄俄墨得斯的冲动":一个习惯表达。克里阿卡斯解释说……《小伊利亚特》的作者把它同雅典娜木像（Παλλαδίου）的偷盗者联系了起来。

• 雅典娜木像（Palladion，又写作 Palladium）：本来是古代对保卫一个城邦的形象的称呼，尤其是对雅典娜木像的称呼，这个木像被奥德修斯和狄奥墨得斯从特洛亚的城堡里偷了出来，后来又被埃涅阿斯放到了罗马城中。

Pausanias, *Collected Attic Words*

"狄俄墨得斯冲动"：一个习惯表达……其他人说，狄俄墨得斯和奥德修斯偷了雅典娜木像之后，晚上一起回特洛亚，在路上的时候，奥德修斯走在后面，准备杀死狄俄墨得斯。但是在月光之下，后者看见了背后的剑投下的影子，立刻转过身来，制服了奥德修斯，并把他绑了起来，还用剑抽打他的背以迫使他走在前面。这个习语用来形容人们在一时冲动之下做事。

• 卡农（Conon，又译康农，希腊数学家。约公元前 300 年生于萨莫斯，卒于亚历山大，卒年不详。据说他是欧几里得的学生，是阿基米德的老师）讲了另外一个版本的故事，狄俄墨得斯在奥德修斯的帮助下翻过了特洛亚的城墙，却把奥德修斯留在了外面，自己跑去偷雅典娜木像。在回来的路上，他担心奥德修斯会来抢夺神像，并争夺拥有神像的荣光，他伪称这个被带出来的神像并不是真正的雅典娜神像。然而，奥德修斯看到神像因义愤而抽动，就意识到这个神像是真的。接着，他企图杀死狄俄墨得斯，却失败了。当狄俄墨得斯拔出自己的剑时，他停止了进攻，但却是奥德修斯一路上抽打着狄俄墨得斯前进，而不是相反。

12. Apollodorus, *The Library*

奥德修斯劝服那五十个最优秀（最善战）的勇士进入到木马

之中。或者如《小伊利亚特》的作者所说，只有三十个。

- "三十"这个数目经古文字学家校订而得，因原抄本中的"三千人"不太可信。

13. Scholiast on the *Odyssey*

安提克洛斯（Ἄντικλος）出自于英雄诗系。

- 阿里斯塔克质疑木马计的真实性。安提克洛斯（Anticlus）是进入木马中的一员。当海伦围着木马模仿英雄妻子们的声音叫喊他们名字时，奥德修斯不得不控制住安提克洛斯，怕他答应（4. 271 - 289）。

14. Scholiast on Euripides, *Hecuba*

卡利斯提尼斯（Καλλισθένης）在他的《希腊史》的第二章写道：

"正如一些历史学家所说，特洛亚在塔尔格里翁洛月（Θαργηλιῶνος）的第十天被攻陷，但据《小伊利亚特》的作者所述，这是在第二十三天。因为他讲，沦陷之时，正是午夜，耀眼的月亮升了起来，以此标明了日期。它在这个月的第二十三天才会升起来，其他的日子则不会。"

参看约翰·策策斯（Ἰωάννης Τζέτζης）关于吕科佛戎（Λυκόφρων）的评论：西农，按照事先的约定，给希腊人点燃了火把作信号，而此时"正是午夜，耀眼的月亮升了起来"。

- 卡利斯提尼斯（Callisthenes of Olynthus）：奥林塔斯人，亚里士

多德的亲戚。他通过亚里士多德的关系，在亚历山大部下服务。但他对亚历山大采纳东方礼俗的政策批评得过于尖刻，使这位征服者无法忍受，因而把他处死。他的著作全部失传，至今只知道它们的名称。一部是公元前387至前357年的《希腊史》，计十卷，另一部是《亚历山大远征波斯史》，还有一部是《福西亚战争史》。古人对他的著作评价很高。西塞罗和龙基纳都曾赞扬过他的风格。参看汤普森《历史著作史》，商务印书馆，1996年，页54-55。

- 塔尔格里翁洛月（Thargelion）：在阿提卡的历法中，这个月是春季的第二个月。

- "它在这个月的第二十三天才会升起来，其他的日子则不会"：这个计算可以追溯到息基昂（Sigeum）的达玛斯忒斯（Damastes, fr. 7 Fowler）和埃弗罗斯（Ephorus, FGrHist 70F 226）。

- 约翰·策策斯（John Tzetzes）：拜占庭的诗人和语法学家，公元12世纪左右生活在君士坦丁堡，著有《希腊轶事》和《史书》。古典学家维拉莫威兹称："他是一位最让人讨厌的人，假装博览群书，实际远非如此，作为一位批评家，他是彻底的失败者，但他还是有一些我们没有具备的优点。"对他的这一段评语，似乎显得有些模糊，令人不解其意。参看维拉莫威兹著《古典学历史》，陈恒译，北京：三联书店，2008年，页9。对他的较详细的介绍另参纳吉著《荷马诸问题》，巴莫曲布嫫译，桂林：广西师范大学出版社，2008年，页262。

- 吕科佛戎（Lycophron）：一、玛斯达尔（Mastor）的儿子，由于犯下谋杀罪，被勒令离开自己的出生地。于是他就陪着忒拉蒙的埃阿斯一起征战特洛亚，在那里死在赫克托尔的手里（Hom. *Il*. xv. 430, etc.）。二、科林多僭主佩里安德洛斯的小儿子，母亲是吕西德（Lyside）或蒙莉萨（Melissa）。蒙莉萨被她的丈夫佩里安德洛斯所杀，而蒙莉萨的父亲——埃皮达夫洛斯（Epidaurus）的僭主普罗克勒斯

(Procles)在他家里问她的两个儿子,是否知道谁杀害了他们的母亲。这件事情一直回荡在吕科佛戎的脑海里,他回到科林多之后,不愿同父亲讲话。佩里安德洛斯把他从家里赶了出来,不准任何人接纳他,否则就要没收一定数量给阿波罗的祭品,作为惩罚。但是,他强加的这种痛苦对吕科佛戎的决定没有造成一点影响,甚至他父亲求他,只要他不那样固执就可以回家,也只得到吕科佛戎的讥讽:佩里安德洛斯跟我讲话,应该受到惩罚。佩里安德洛斯于是把他送到了科瑞亚(Coryyra),然而当他年岁已高之时,还是把吕科佛戎召回科林多继承王位,这是因为他的大儿子库普塞卢斯智力方面有问题,不太适合主持国事。吕科佛戎对命令置若罔闻,他的姐姐亲自带着第二道命令来也无济于事,吕科佛戎回绝了姐姐的请求,声言只要他父亲还在那里,他就不会回到科林多。于是佩里安德洛斯同意退到科西拉,看吕科佛戎是否同意回来接管政府。他同意了,但是科西拉人不愿意让佩里安德洛斯和他们呆在一起,就把吕科佛戎杀死了,大约是在公元前586年(Herod. iii. 50 – 53; Diog. Laert. i. 94, 95;比较 Paus. ii. 28)。三、科林多的将军,在同雅典人作战的时候战死,这些雅典人在科林多海岸登陆,靠近尼基阿斯(Nicias),大约是在公元前425年(Thuc. iv. 43, 44; Plut. *Nic.* 6)。四、雅典人,一个叫吕库戈斯的人的儿子,也是另一个演说家吕库戈斯的父亲。在十个演说家的讲辞中,他那部分不太清楚究竟是儿子的还是父亲的,可以肯定的是,这个父亲被三十僭主判了死刑(Paus. i. 29; Pseudo – Plut. *Vit. X. Orat. Lyc.* ad init.; Clint. *F. H.* sub anno 337)。五、费莱的居民,他在那里推翻了贵族制,建立起了僭主制。为了进一步掌控整个帖撒利,他用一场大屠杀的战争镇压了拉瑞撒埃人(Larissaeans)和其他帖撒利人,这些阿留台(Aleuadae)的后裔反对他的统治(Xen. *Hell.* ii. 3. §4.)。施耐德尔(Schneider, *ad Xen. l. c.*)认为,拉瑞莎(Larissa)的阿里斯提波（Aristippus）获得了部队和钱财，是从意图反对吕科佛戎计划的小居鲁士（Cyrus）那里得到的（Xen. *Anab.* i. 1. §10）。公元前395年，拉瑞莎的米迪厄斯（Medius）或许是阿留台的首领，卷入一场同吕科佛戎的战争，而吕科佛戎有斯巴达的支持。米迪厄斯则拉拢了希腊联盟的帮助，这让他能够拿下法尔萨拉斯（Diod. xiv. 82.）。我们并不清楚吕科佛戎的死。他也许是费莱的伊阿宋的父亲。六、伊阿宋的儿子，忒柏（Thebe）的兄弟，忒柏是亚历山大的妻子，亚历山大是费莱的僭主，吕科佛戎和他的姐姐以及两个兄弟一起谋杀了亚历山大。亚历山大死后，权力落入了提西冯诺斯（Tisiphonus）的手里，尽管狄奥多罗斯说他和吕科佛戎联合执政，并且是在雇佣军的帮助之下，用铁血政策维持着统治（Xen. *Hell.* vi. 4. §37; Con. *Narr.* 50; Diod. xvi. 14; Plut. *Pel.* 35; Clint. *F. H.* vol. ii. App. Ch. 15）。公元前352年，提西冯诺斯似乎正是在这个时候死去的。马其顿（Macedon）的菲利浦（Philip）应阿留台人的请求，进军帖撒利以对抗那里的首领吕科佛戎。后者得到了福基思人（Phocians）的支持，最开始在法伊路斯（Phayllus）指挥之下，没有取得胜利，后来时来运转，在奥罗马恰斯（Onomarchus）的带领下，在两场战斗中打败了菲利浦，并把他赶回了马其顿。但是菲利浦很快又来进犯帖撒利，奥罗马恰斯同样从波俄提亚回来支持吕科佛戎，却遭遇惨败，并被杀害。这下吕科佛戎和他的兄弟佩托劳斯（Peitholaus）孤立无援，只好投降菲利浦，并从帖撒利撤走。带着2000雇佣军加入了福喀斯在法伊路斯统治下的同盟。亚里士多德引用过一段讽刺的话，似乎表明他们的辛苦没有白费。在斯巴达和麦加罗城（Megalopolis）的敌对中，我们发现在前者的力量中有150名帖撒利骑兵，他们是被吕科佛戎和佩托劳斯从费莱赶出来的（Diod. xvi. 35-37, 39; Paus. x. 2; Just. viii. 2; Dem. *Olynth.* ii. p. 22; Isocr. *Phil.* p. 86, b; Arist. *Rhet.* iii. 9. §8）。从吕科佛戎的败落到西诺塞法拉（Cynoscephalae）战争（公元前197年）之间，帖撒利继续依赖马其顿的国王。七、罗德斯人，被国人派到罗马任大使，大约在公元前177年，国人可能要他去接受议事会更好的命令。这个议事会刚刚宣布把十一年前的同盟国吕基亚人交由罗德斯人来管理（Po. xxvi. 7, 8；比较 Liv. xxxviii. 39, xli. 6）。八、著名的亚历山大里亚的语法学家和诗人，欧玻亚岛的卡尔息斯城（Chalcis）人，索克列斯（Socles）的儿子，雷吉亚的历史学家吕科斯的养子（Suid. *s. v.*）。也有人说他是吕科斯的儿子（Tzetz, *Chil.* viii. 481）。他生活在亚历山大里亚，跟随托勒密·菲来德法斯（Ptolemy Philadelphus），后者任命他编辑整理亚历山大里亚图书馆的喜剧诗人作品。在完成这个任务的过程中，吕科佛戎对喜剧做了十分广泛的整理，似乎囊括了整个希腊喜剧的本质和历史，并且还相应地介绍了喜剧诗人，除此之外，还有许多间接同喜剧的解释相关的问题（Meineke, *Hist. Crit. Com. Graec.* pp. 9 – 11）。没有更多的关于他生平的介绍。奥维德（Ibis, 533）说他是被一支箭射死的。作为诗人，吕科佛戎在悲剧星群（Tragic Pleiad）之中取得了一席之地，但是现在几乎没有他的悲剧存世。苏达斯给出了二十部吕科佛戎悲剧的名字，而策策斯（*Schol. in Lyc.* 262, 270）说至少有46或64部。斯托布斯（Stobaeus）引用过他的Πελοπίδαι中的句子（cxix. 13）。他还写过一部讽刺戏剧，叫Μενέδημος，在这部作品中他讽刺了他的那些同乡——埃雷特里亚（Eretria）的哲学家梅尼特木斯（Menedemus, Ath. x. p. 420, b.; Diog. Laert. ii. 140；参看 Menag. *ad loc.*），然而这位哲学家却对吕科佛戎的悲剧作品十分推崇（Diog. ii. 133）。据说他还是一个字谜（anagrams）高手，写了不少字谜献给托勒密和阿尔丝娜媛。他唯一传下来的诗作是一部或叫《卡珊德拉》或叫《亚历山大》的作品，这既不是一部悲剧也不是一部史诗剧，而是一首1474行抑扬格独白，诗歌的内容有卡珊德拉预言特洛亚的陷落、希腊和特洛亚英雄的征战，还有众多神话和历史故事，一直回溯到阿尔戈斯英雄、阿玛宗以及伊俄（Io）和欧罗巴的故事，以亚历山大大帝的故事为结。这部作品没有诗人的那种矫饰，只是对过去见闻的一种保存。它的含混不清是众所周知的。苏达斯称它为 σκοτεινὸν ποίημα，而其作者则拥有 σκοτεινός 的称号。它对知识的保存以及其本身的模糊性引起众多古代语法学家的兴趣，不少人为该诗写了评论，其中包括特翁（Theon）、德克提翁（Dection）和奥鲁斯（Orus）。这些作品中，保存下来的只有策策斯和伊扎克的评注（Scholia of Isaac and John Teztzes），那比诗歌本身的价值还要大些。吕科佛戎究竟是悲剧作家抑或是《卡珊德拉》的作者，这本身还很成问题。诗歌中的一些诗行（1226，1446 等等），指涉罗马历史的内容，尼布尔（Niebuhr）相信作者不可能生活于弗拉明努斯（Flamininus）之前（大约公元前 190 年），但是威克尔在一个著名的讨论中解释了这个问题，认为这行诗是窜入的。吕科佛戎作品最早的印刷版是阿勒丁版（Aldine），同品达和卡利马库斯的作品一起。Venet. 1513 8vo.；还有 Bachmann, Lips. 1828, 2vols. 8vo.；此外还有较不错的版本：The scholia by C. G. Müller, Lips. 1811, 3 vols. 8vo. (Fabric. *Bibl. Graec.* vol. iii. p. 750; Welcker, *Die Griech. Tragōd.* pp. 1256 – 1263; Bernhardy, *Grundriss d. Griech. Litt.* vol. ii. pp. 613, 1026 – 1029) 参看《希腊罗马传记与神话词典》，前揭，卷二，页 847。

15 – 27. Pausanias, *Geography of Greece*

（15）站在赫勒诺斯（Ἕλενος）旁边的是墨革斯（Μέγης Φυλείδης）。他的手臂受了伤。皮拉的埃斯卡里诺斯（Αἰσχυλίνου, Aeschylinus）的儿子乐斯凯欧在他的《洗劫伊利昂》中也是这样叙述的。他说此人被奥革阿斯（Αὐγείας, Αἰγέας）之子阿德墨托斯（Ἄδμητος）所伤，二人的战斗发生在特洛亚战争的一个夜晚。

- 在这段文字中，泡萨尼阿斯描绘了在德尔斐的奈达斯礼厅（Cnidian Lesche）由波吕格诺图斯绘制的大幅油壁画，还评论了它们同《英雄诗系》的关系。除了荷马和乐斯凯欧，他还提到了斯泰西科拉斯的《洗劫伊利昂》，而且这就可以解释他认为乐斯凯欧的诗是《洗劫伊利昂》而不是《小伊利亚特》的原因了。

- 赫勒诺斯（Helenus）：一、普里阿摩斯和赫卡柏（Hecabe）的儿子，一个高明的占卜者，知道众神的意图（Hom. *Il*. vi. 76, vi. 44; Apollod. iii. 12. §5）。他同时也是一个战士，他与得伊福玻斯一起，领导了对希腊人营地的第三次进攻（*Il*. xii. 94）。他对战墨涅拉奥斯，却被打伤了（xiii. 580, etc.）。这就是荷马史诗告诉我们的赫勒诺斯形象的剪影，但在其他的记载中，我们还发现了一些不同之处。当他还是孩子的时候，赫勒诺斯和卡珊德拉（Cassandra）被父母留在了堤布拉（Thymbraean）的阿波罗神殿中，他们都睡着了以后，蛇跑来清理了他们的耳朵，因而他们都拥有了预言的能力（Eustath. *ad Hom*. p. 663）。另外还有一种说法，赫勒诺斯本名为斯卡曼德里俄斯（Scamandrius），是从一个色雷斯预言家那里得到"赫勒诺斯"之名，而且这个预言家还教会了他预言的能力（Eustath. *ad Hom*. P. 626）。关于他抛弃他的同胞而加入希腊一方，有不同的说法，一些人说他是自愿的，而另一些人说他是受了奥德修斯的陷害，因为奥德修斯想知道特洛亚陷落的预言（Tzetz. *ad Lycoph*. 905; Soph. *Philoct*. 605, 1338; Ov. *Met*. xiii. 99, 723）。其他人又说，克律塞斯对希腊人宣布赫勒诺斯和他一起待在了阿波罗的神殿。因此，当狄奥墨德（Diomedes）和奥德修斯去抓他的时候，赫勒诺斯向他们投降了，并要求去一个可能远离朋友和亲人的地方。他还说，离开自己的国家和朋友并不是因为怕死，而是由于帕里斯所犯下的错——在神殿里杀死了阿喀琉斯，还告诉他们特洛亚在什么时候以及在什么样的条件下会陷落（Dict. Cret. iv. 18）。后来还有人说，在帕里斯死后，赫勒诺斯与得伊福玻斯就谁拥有海伦的问题争吵不休，结果赫勒诺斯没有争赢，逃到伊达山，在那里被希腊人抓住而成了俘虏（Conon, *Narr*. 34; Serv. *ad Aen*. ii. 166）。在索福克勒斯的《菲罗克忒忒斯》中，赫勒诺斯告诉阿喀琉斯的儿子皮洛斯一则预言：特洛亚只有在皮洛斯和菲罗克忒忒斯参与之下才会陷落。在特洛亚陷落之后，他还向皮洛斯预言了那些希腊英雄在航海回家的途中要遭遇的痛苦，劝他从陆地上回家，并且在伊庇鲁斯定居下来（Serv. *ad Aen*. ii. 166）。在皮洛斯死后，赫勒诺斯接管了一部分国家领地，并娶安德洛玛刻为妻，生下了色斯特里鲁斯（Cestrinus）。伊庇鲁斯的一部分领地交给了莫洛塞斯（Molossus）——皮洛斯的儿子（Paus. i. 11. §1, etc., ii. 23. §6; Virg. *Aen*. iii. 295, 333）。埃涅阿斯游历到伊庇鲁斯时，受到了赫勒诺斯的热情接待，而且他还把埃涅阿斯一生将要发生的事也说了出来（Virg. *Aen*. iii. 245, 374; Ov. *Met*. xv. 438）。另据阿尔戈斯的其他说法，赫勒诺斯葬于阿尔戈斯（Paus. ii. 23. §5）。还有一个同名者出现在《伊利亚特》中（v. 707）。二、皮洛斯和那纳莎（Lanassa）的儿子，皮洛斯是伊庇鲁斯的国王，而那纳莎是阿加索克利斯（Agathocles）的女儿。他和父亲一起远征意大利的时候——约公元前280年——还十分年轻，但据说，当他为在西西里的第一场胜利而高兴的时候，皮洛斯谋划让赫勒诺斯成为这个岛的国王，这样作为阿加索克利斯的外孙，他就似乎拥有了某种继承权（Just. xviii, 1, xxiii. 3）。但命运的潮汐迅速轮回，当皮洛斯被迫放弃西西里和意大利的时候，就与米罗（Milo）一起离开了还在塔林敦（Tarentum）的赫勒诺斯，去指挥那城邦里的守卫，那是他在意大利内部还唯一能掌控的地方。就在不久前，赫勒诺斯还把他俩从那里召回来，结果没有料到，赫勒诺斯对马其顿和希腊都心存觊觎。赫勒诺斯陪父亲一起远征伯罗奔尼撒（B. C. 272），在进攻阿尔戈斯的关键一夜里，也就是皮洛斯死去的那一天，赫勒诺斯落入了安提戈诺斯·戈纳塔（Antigonus Gonata）的手中，而戈纳塔对他很友善，还把他安全送回了伊庇鲁斯，一起送回的还有其父亲的遗物（Just. xxv. 3，5；Plut. *Pyrrh*. 33，34）。此后没有关于他的任何记载。三、屋大维（Octavian）的自由人，在他的支持下，赫勒诺斯登上了一个较高的位置。在萨丁尼亚（Sardinia）被迈纳斯（Maenas）俘虏，迈纳斯是庞培（Sext. Pompey, B. C. 40）的中尉，但是后来却在没有任何赎金的情况下，把他放了，这是为了讨好奥古斯都（Augustus, Dion Cass. xlviii. 30）。据阿庇安（Appian, B. C. v. 66）所述，屋大维雇佣他作为将军，不久后他便拿下了萨丁尼亚。在该岛战败之时，狄翁卡西乌斯（Dion Cassius）代理拉里乌斯（M. Lurius）作为该岛的指挥官。四、一名兽医，或许生活于公元四或五世纪。关于他的作品只有少量残篇存世，现存于 *the Collection of Writers on Veterinary Surgery*，最初由 Joannes Ruellius 出版了拉丁语本，Paris 1530, fol.，后来由 Simon Grynaeus 出版了希腊文版，Basil. 1537, 4to。参看《希腊罗马传记与神话词典》，前揭，卷二，页 371。

• 墨革斯（Meges）：一、帕利乌斯（Phyleus）和欧乌斯托克（Eustyoche）的儿子，也或许是与克提墨涅（Ctimene）或提曼德拉所生的儿子，祖父是奥革阿斯。他是海伦的追求者之一，从多利切姆（Dulichium）和埃基那德斯带了四十艘船进攻特洛亚（Hom. *Il*. ii. 625, etc., v. 69, xiii. 692, xv. 520, etc., xix. 269; Eustath. *ad Hom*. p. 303; Paus. x. 25. §2; Strab. x. pp. 456, 459）。波吕格诺图斯在德尔斐的奈斯柯礼厅把他画作一个受伤的人。据克里特的狄克提斯（Dictys Cretensis, iii. 10）所述，他在特洛亚的战争中被杀。二、一个知名的医生，出生于腓尼基的西顿（Galen, *De Meth. Med.* vi. 6, vol. x. p. 454），他的医术在罗马取得了极大的成功，声名远播，生活于略早于科尔苏斯（Celsus）的时代，因此也许是在公元前1世纪（Cels. *De Medic.* vii. praef.）。他写了一些备受称赞的作品，被科尔苏斯多次引用，但是没有流传下来。或许他就是普林尼所提到过的那个人（*H. N.* xxxii. 24），同时提到过这个人的还有盖仑（Galen, *De Compos. Medicam. sec. Locos*, iii. 3, v. 3, vol. xii. pp. 684, 845）和古罗马医生拉杰斯（Scribonius Largus, *De Compos. Medicam.* c. 70. §202, p. 227）。一段墨革斯的希腊残篇被奥芮培锡阿斯（Oribasius）保存了下来（*Coll. Medic.* xliv. 14），最初由卡蒂纳尔迈（Cardinal Mai）在他的集子中出版，并冠以"Classici Auctores e Codicibus Vaticanis editi"的名字（vol. iv. p. 27, Rome, 8vo. 1831），也可以在Dr. Bussemaker的关于奥芮培锡阿斯的四十四卷书中找到（第72页，Groning. 1835, 8vo）。参看《希腊罗马传记与神话词典》，前揭，卷二，页1009。

- 奥革阿斯（Augeas或写作Augeias）：福尔巴斯和赫尔迈厄尼的儿子，埃利斯的厄佩翁的国王。据另一些说法，他又是埃利俄斯（Eleios）或赫利俄斯或波塞冬的儿子（Paus. v. 1. §7; Apollod. ii. 5. §5; Schol. *ad Apollon.* i. 172）。关于他母亲的说法，各个版本也不相同，一些人说是伊菲博埃（Iphiboë）或是瑙皮达默（Naupidame, Tzetz. *ad Lycoph.* 41; Hygin. *Fab.* 14）。他是阿尔戈的英雄之一，但在古代故事中，他更有名的事情同赫拉克勒斯有关联，欧律斯透斯所吩咐的任务中，有一项就是清理奥革阿斯的牛棚。赫拉克勒斯说要十分之一的牛作为回报，但是当这个英雄把阿尔菲斯河（Alpheus）和珀纳斯河（Peneus）的水引来清洗了牛棚之后，奥革阿斯拒不履行承诺。

因此赫拉克勒斯就和他打了起来，结果造成奥革阿斯和几个儿子命丧黄泉，只有一人例外，即帕利乌斯，赫拉克勒斯安排他接替其父亲的王位（Apollod. *l. c.*；ii. 7. §2；Diod. iv. 13, 33；Theocrit. *Idyll.* 25）。另外一个说法保存在泡萨尼斯的故事里（v. 3. §4, 4. §1），说奥革阿斯是寿终正寝，并且从俄克绪罗斯（Oxylus）那里得到了英雄的荣耀。二、雅典喜剧诗人。苏达斯（*s. v.*）和欧多基亚（Eudocia, p. 69）都提到了他的作品，即"Ἄγροικις, Δίς, Κατηρούμενος 和 Πορψύρα"。他似乎还写了一些史诗作品，且是从特俄斯的安提玛科斯那里借鉴来的（Fabric. *Bibl. Graec.* ii. p. 425）。参看《希腊罗马传记与神话词典》，前揭，卷一，页419。

● 阿德墨托斯（Admetus）：斐瑞斯（Pheres）的儿子，帖撒利的费莱城的建立者和国王，据说还是佩瑞克莱默涅（Periclymene）或克吕墨涅城的建立者和国王（Apollod. i. 8. §2, 9. §14）。他参加了卡吕冬（Calydnian）的狩猎和阿尔戈斯英雄的远征（Apollod. i. 9. §16；Hygin. *Fab.* 14. 173）。他继承了父亲在费莱的王位之后，就向珀利阿斯的女儿阿尔刻提斯求婚，珀利阿斯说要想娶她的女儿，就一定要派一辆由狮子和熊拉的车来接才行。不过，这件事情在阿波罗的帮忙下完成了。据说阿波罗之所以帮助他，完全是出于对他的偏爱（Schol. *ad Eurip. Alcest.* 2；Callim. *k. in Apoll.* 46, etc.），也有人说是因为阿波罗被罚要为凡人服务一年，因为阿波罗杀死了库克罗普斯（Cyclops, Apollod. ii. 10. §4）。在和阿尔刻提斯结婚之后，阿德墨托斯忘了给阿尔忒弥斯献祭，当他新婚之夜走进洞房时，发现许多蛇蜷成一团。然而，阿波罗帮助他劝服了阿尔忒弥斯，同时还让命运女神（Moirae）赦免阿德墨托斯一死，但条件是他的父亲、母亲或是妻子愿意为他去死。阿尔刻提斯答应了，但是柯拉（Kora）——或是据其他的版本说是赫拉克勒斯——把她带回了阳间（Apollod. i. 9. §15；参看阿尔刻提斯的相关内容)。二、忒米斯托克里(*Themistocles*)时代莫洛索伊的国王,在雅典的全盛时期,忒米斯托克里在民众的一些诉求上反对他,也许还造成了一定的伤害。后作为泡萨尼阿斯的叛国集团之一受到官兵的追捕,从科西拉逃到了伊庇鲁斯(Epirus)。在逃跑的过程中,他发现自己的境况岌岌可危,除了逃到阿德墨托斯那里以外,已经找不到一个避难所了。然而阿德墨托斯却不在,但王后弗西亚接待了这个外来人,并用米洛斯(Molossian)人最庄严的形式欢迎他,让他带着年轻的小王子,手握着手坐在壁炉旁边。阿德墨托斯回来后保证了他的安全。据普鲁塔克的另一种讲法,是阿德墨托斯自己而不是庇忒亚(Pthia)找到了拒绝的理由:阿德墨托斯拒不听从晚来的雅典和拉刻代蒙的专员的话。在去波斯法院的路上,把忒米斯托克勒斯(Themistocles)安全地送到了布匿(Pydna, Thucyd. i. 136, 137; Plut. Them. 24)。三、希腊的警句诗人,生活于公元二世纪早期。琉善保存了一句他的诗行(*Demonax*, 44; Brunck, *Anal*. iii. 21)。参看《希腊罗马传记与神话词典》,前揭,卷一,页19。

(16)除了墨革斯,画上还描绘了克瑞翁(Κρέων)的儿子吕科墨德斯手腕上的伤。乐斯凯欧说他是被阿革诺耳(Ἀγήνωρ)所伤。如果波吕格诺图斯(Πολύγνωτος)没有读过乐斯凯欧的诗,他就不会这样清楚地画出他们是怎样受的伤……

• 克瑞翁(Creon):希腊语意为"统治者"。一、神话中科林多的国王,莱卡图斯(Lycaethus)的儿子(Hygin. *Fab*. 25,此处说他是美诺寇[Menoecus]的儿子,因此同忒拜的克瑞翁混在了一起)。他的女儿格劳斯嫁给了伊阿宋,美狄亚发现后,就送了格劳斯一件衣服,格劳斯穿上这件衣服后被活活烧死(Apollod. i. 9. §28; Schol. *ad Eu-*

rip. Med. 20）。据许金鲁斯（*l. c.*）所述，美狄亚的礼物还包括一个花冠，克瑞翁与女儿一起死去，他的女儿叫做克利攸塞（Creusa 参看 Diod. iv. 54）。二、默涅俄库斯（Menoecus）的儿子，忒拜的国王。拉伊奥斯死后，克瑞翁把王位传给了俄狄甫斯，因为俄狄甫斯使这个国家免于斯芬克斯之害。在俄狄甫斯放弃统治之后，克瑞翁又重新执政。他对阿尔戈斯人的专制，尤其是对安提戈涅的专制，可以从索福克勒斯的《俄狄甫斯王》和《安提戈涅》之中找到。克瑞翁有一个儿子海蒙以及两个女儿亨里娥克（Henioche）和皮拉（Apollod. iii. 5. §8, 7. §1；Paus. ix. 10. §3）。阿波罗多洛斯还提到了第三个神话人物克瑞翁（ii. 7. §8）。三、古希腊修辞学家，生卒年不详，苏达斯在三篇文章中提到过他（*s. vv. ἐγκεκορδυλημένος, νιδάριον, φασκιόλιον*），都把他当做一部修辞作品的作者（*ῥητορικά*），还引用了这本书第一卷的内容，但不清楚他的其他事情。参看《希腊罗马传记与神话词典》，前揭，卷一，页 888。

• 阿革诺耳（Agenor）：一、波塞冬和利比亚的儿子，腓尼基国王，贝卢斯的双胞兄弟（Apollod. ii. 1. §4）。他娶忒勒法萨为妻，并成为卡德摩斯、福尼克斯、塞里克斯（Cylix）、塞色斯（Thasus）和菲纽斯的父亲。据某些人说还是欧罗芭的父亲（Schol. *ad Eurip. Phoen.* 5；Hygin. *Fab.* 178；Paus. v. 25. §7；Schol. *ad Apollon. Rhod.* ii. 178, iii. 1185）。他的女儿欧罗芭被宙斯抢走，阿革诺耳派他的儿子们出去寻找，告诫他们没有找到妹妹就不要回来。因为找不到欧罗芭，所以他的儿子一个也没有回来，全定居于其他国家（Apollod. iii. 1. §1；Hygin. *Fab.* 178）。维吉尔（*Aen.* i. 338）说伽太基城（Carthage）是阿革诺耳城，用这个名字来指从阿革诺耳到狄多（Dido）的后裔。巴特曼（Buttmann, *Mytholog.* i. p. 232, etc.）指出，阿革诺耳真正的腓尼基名字叫做柯纳斯（Chnas），这个名字正如迦南（Canaan）一样，他由此推断阿革诺耳或柯纳斯正像摩西书中的迦南一样。二、雅舒斯（Jasus）的儿子，百眼巨人（Argus Panoptes）的父亲，阿尔戈斯国王（Apollod. ii. 1. §2）。赫兰尼科斯（*Fragm.* p. 47, ed. Sturz.）说，阿革诺耳是甫洛纽斯（Phoroneus）的儿子，雅舒斯和佩拉斯戈斯的兄弟。在父亲死后，两个长兄把他的领地一分为二，佩拉斯戈斯掌管埃拉西诺斯（Erasinus）河附近的国土，并修筑拉瑞莎，而雅舒斯则掌管埃利斯附近的国土。这两人死后，年轻的阿革诺耳进犯他们的领地，并因此成为阿尔戈斯的国王。三、阿尔戈斯国中，特里奥帕斯的儿子和继承者，属于甫洛纽斯家族，是克罗托波斯（Crotopus）的父亲（Paus. ii. 16. §1; Hygin. *Fab.* 145）。四、普列翁和冉蒂佩（Xanthippe）的儿子，埃托洛斯（Aetolus）的孙子。卡吕冬的女儿厄庇卡斯忒（Epicaste）嫁给了他，并成为溥尔塔洛和德墨尼科（Demonice）的母亲（Apollod. i. 7. §7）。据泡萨尼阿斯（iii. 13. §5）说，勒达的父亲忒斯提奥斯也是阿革诺耳的儿子。五、斐格奥斯的儿子，阿提卡的普索菲斯的国王。他是普罗诺奥斯和阿尔丝娜媛的兄弟，阿尔丝娜媛嫁给了阿尔克迈翁，却遭抛弃。当阿尔克迈翁想把那著名的和谐之链和披肩送给他的第二任妻子卡丽荷媛时——卡丽荷媛是阿科洛厄斯的女儿——却被克瑞翁和普罗诺奥斯杀死，这是在斐格奥斯鼓动下完成的。当两兄弟来到德尔斐时，他们打算把这个项链和披风献给阿波罗，但是却被安菲特律翁（Amphoterus）和阿卡耳南（Acarnan）杀死（Apollod. iii. 7. §5）。泡萨尼阿斯（viii. 24. §4）叙述了相同的故事，说斐格奥斯的孩子有泰姆那斯、阿柯斯翁和阿尔菲丝波娅。六、特洛亚的安特诺尔和忒阿诺（Theano）的儿子，忒阿诺是雅典娜的女祭司（Hom. *Il.* xi. 59, vi. 297）。在《伊利亚特》中，他是特洛亚方面英勇无比的战士，是进攻希腊城堡时的领袖之一（iv. 467, xii. 93, xiv. 425）。他甚至有胆与阿喀琉斯作战，被阿喀琉斯打伤（xxi. 570, etc.）。阿波罗用一团烟雾把他从阿喀琉斯的愤怒中拯救出来，还变作阿革诺耳的样子，把阿喀琉斯从特洛亚城墙上引开，因而帮助特洛亚的逃亡者逃回城中（xxi. in fine.）。据泡萨尼阿斯所述（x. 27. §1），阿革诺耳被涅俄普托勒摩斯所杀，波吕格诺图斯在德尔斐的奈斯柯礼厅中的画描绘了这件事。还有另一些同名的神话形象出现在以下的文本中：Apollod. ii. 1. §5, iii. 5. §6; Hygin. *Fab.* 145。参看《希腊罗马传记与神话词典》，前揭，卷一，页68。

- 波吕格诺图斯（Polygnotus）：著名希腊画家，塔索斯（Thasos）人，并受到雅典人的喜爱，所以在那些雅典人的描述里他是雅典人。他出生于一个艺术家庭，这家人祖籍塔索斯，后来迁居雅典，并在雅典从事艺术创作。也许，他们正像大多在爱琴海岛上的艺人一样，跟伊奥尼亚学派学习绘画技艺。波吕格诺图斯的父亲阿格拉奥普丰（Aglaophon）是教他绘画技艺的老师。他还有一个兄弟叫做阿里斯托丰（Aristophon）。参看《希腊罗马传记与神话词典》，前揭，卷三，页462至467。

（17）乐斯凯欧如此描述埃特拉（Aἴϑρα）：当伊利昂被占领的时候，她逃了出来，跑到希腊联军的阵营里，却被忒修斯（Θησεύς）的儿子认了出来；接着德莫弗翁（Δημοφῶν, Δημοφόαν）跑去问阿伽门农（Ἀγαμέμνων），他是否能够占有她。阿伽门农回答说只要海伦同意，他就没有意见。于是，德莫弗翁派出一个传令官去问海伦，她答应了……

- 埃特拉（Aethra）：特洛岑（Troezen）的皮透斯（Pittheus）国王的女儿。柏勒洛丰（Bellerophon）追求她，在婚礼临近之际，他被放逐了（Paus. ii. 31. §12）。一次，她在思法瑞娅（Sphaeria）岛被波塞冬吓坏了，她去那里是遵照一个梦示去给思法瑞（Sphaerus）的墓献祭。埃特拉在这个岛上为阿帕图利亚·雅典娜（Athena Apaturia, the Deceitful）修建了一座神庙，并把这座岛叫作希埃娅（Hiera）而不是思法瑞娅，并且还在特洛岑的少女之中介绍奉献的传统，在她们结婚的那一天把她们的腰带献给雅典娜（Paus. ii. 33. §11）。后来，她嫁给埃勾斯，成了忒修斯的母亲（Plut. *Thes.* 3；Hygin. *Fab.* 14）。也有人说，那一夜，她真正的丈夫是波塞冬（Apollod. iii. 15 §7；Hygin. *Fab.* 37）。据普鲁塔克（Plutarch）所述，忒修斯可能被看做是波塞冬的儿子，波塞冬在特洛岑备受尊敬。然而，这个说法只是为了去掉故事中令人惊异的部分。在这件事情之后，她似乎就生活在阿提卡，在那里她被卡斯托尔（Castor）和波利丢克斯劫掠到了拉刻代蒙，并成了海伦的仆人，又和海伦一起去了特洛亚（Plut. *Thes.* 34；Hom. *Il.* iii. 144）。在特洛亚被攻陷的时候，她去了希腊联军的营帐，她的孙子辈之一德莫弗翁（Demophon）认出她来，就请求阿伽门农还她自由。阿伽门农就送信给海伦，要她放了埃特拉。海伦答应了，埃特拉重获自由（Paus. x. 25. §3；Dict. Cret. v. 13）。据许金鲁斯（*Fab.* 243）所述，后来她由于儿子的去世悲痛不已，自杀身亡。她成为海伦的奴隶这件事被画在了知名的库普塞卢斯箱子上（Paus. iv. 19. §1；Dion Chrysost. *Orat.* 11），也被波吕格诺图斯（Polygnotus）画在了德尔斐的奈斯柯礼厅之中（Paus. x. 25. §2）。二、海洋之神（俄刻阿诺斯）的女儿，阿特拉斯和她一起生下了12个许得斯（Hyades）和一个儿子许阿斯（Hyas，Ov. *Fast.* v. 171；Hygin. *Fab.* 192）。参看《希腊罗马传记与神话词典》，前揭，卷一，页51。

- 忒修斯（Theseus）：阿提卡伟大的传奇英雄，神话人物之一，其传说无法轻易整理清楚，也很难以它原初的样式呈现出来。后来的雅典人由于受权威作家们的影响，认为忒修斯是一个历史人物，尽管实际情况并不见得如此。因此，那些理性主义的神话学家付出大量心血来叙述忒修斯的生平故事。在这些故事中，那些超自然的力量被放入了背景之中，他的性格被加注了一些为雅典人所偏爱的模式，他们认为忒修斯是阿提卡城邦的建立者，并且他的故事在已经为人们所熟悉的那些传统故事中闪耀着夺目的光芒。这正是普鲁塔克在讲故事时所使用的方法。据较为通行的说法，忒修斯是雅典国王埃勾斯的儿子，母亲是皮透斯的女儿埃特拉（Aethra），皮透斯是特洛岑的国王。而另外一些讲法也有它们的理由，他们认为忒修斯是波塞冬与埃特拉的儿子（Plut. *Thes.* 6; Diod. iv. 59; Paus. i. 17. §3；参看埃特拉的相关内容）。忒修斯长大以后，在母亲的指导下，他拿起了剑，穿上了便鞋，这些都是埃勾斯留下的物品和象征，而后忒修斯去了雅典。由于急于模仿赫拉克勒斯（Hercules），忒修斯走陆路，还打击摧毁了那肆虐于这个国度的强盗和怪兽，以此显示了他的本领。在这个勇猛的英雄面前败下阵来的有：佩里斐忒斯（Periphetes）、西尼斯（Sinis）、斐娅（Phaea，克若米翁娜的母猪[the Crommyonina sow]）、索伊荣（Soiron）、刻耳库翁（Cercyon）和普罗克斯泰斯（Procrustes）。到了西菲索斯（Cephisus）以后，他得到了庇塔里达（Phytalidae）的净罪。在雅典，他很快被美狄亚（Medea）认了出来，于是美狄亚打算在一场宴会上毒死他。由于他身上所带的佩剑被埃勾斯认了出来，于是，挨勾斯与儿子相认了，并宣布他为王权的继承人。由于帕拉斯的儿子们也想继承王位，所以十分失望，决定用武力和战争来保卫继承权。不过，他们的计划由于传令官利奥斯（Leos）的背叛而失败。抓住马拉松的公牛是忒修斯的下一个功绩（参看赫拉克勒斯的相关内容）。也正是因为这件事，米诺斯的儿子安德洛革俄斯（Androgeos）死去了。当雅典人又不得不给米诺斯送去七个青年和七个少女的时候，忒修斯自愿献身，他想借此杀死米诺陶（Minotaur）。当他们到达克里特的时候，米诺斯的女儿阿里阿德涅喜欢上了忒修斯，并送给他一把剑来杀死米诺陶，还用一根线指引忒修斯走出囚禁怪物的迷宫。在达成目标并解救了一队受害者之后，忒修斯起航回家，还带走了阿里阿德涅（关于这个故事，克来德姆［Cleidemus］有不同讲法，读者可参看 Plut. *Thes.* 19）。关于阿里阿德涅也有多种不同的描述（参看阿里阿德涅的相关内容），不过，大部分的故事都讲，忒修斯要么是在纳克索斯（Naxos）岛上把阿里阿德涅弄丢了，要么是在这个岛上抛弃了她。大家都认为忒修斯与阿里阿德涅一起生了两个儿子：俄诺皮耳（Oenopion）和斯塔菲路斯。在船到达阿提卡的时候，他们忘记升起白帆，那是远征取得胜利的标志。结果这个失误导致了埃勾斯的死（参看埃勾斯的相关内容）。有艘船一直保存到法来瑞斯（Demetrius Phalereus）的时代，据说这条船就是当初忒修斯驶向克里特的那条船。也正是这条船，每年都向德洛斯岛派去神圣使节。值得注意的是，尽管荷马提到阿里阿德涅被忒修斯从克里特带走（*Od.* xi. 321），但他对米诺陶却只字未提。或许，这段故事是后来增加的内容。远征克里特的故事最开始的时候只是忒修斯众多爱情冒险故事之一，普鲁塔克还提到过一些（Thes. 29）。忒修斯登陆后不久，就设立了一个叫做奥斯柯普瑞娅（Oschophoria）的节日（*Dictionary of Antiquities*, *s. v. Oschophoria*）。潘亚尼匹斯亚（Pyanepsia）的起源以及伊斯特摩赛会的重建都归在了忒修斯的名下。忒修斯最有名的冒险行为，是他对阿玛宗人的远征。据说，他趁着阿玛宗人还没有从赫拉克勒斯进攻的影响中恢复过来，就展开进攻，并且抢走了她们的女王安提俄珀。接着，阿玛宗人进攻阿提卡，并入侵到了雅典城中，不过忒修斯在城中与她们进行了最后决战，打败了她们。关于这件事，普鲁塔克（*Thes.* 27）从许多地名和死去的阿玛宗人的坟墓中找到了文字性的证据。克来德姆甚至说能指出战斗打响以及战事变化的准确位置（参看埃斯库罗斯的著名文字，*Eu-*

men. 685）。据说，忒修斯和安提俄珀生下了一个儿子，叫希波吕托斯或德莫弗翁（Demophoon）。安提俄珀死后，他又娶淮德拉（参看希波吕托斯和淮德拉的相关内容）。忒修斯的传说出现在几乎所有古代英雄传说之中。他是阿尔戈斯英雄之一（美狄亚准备毒死他的时间错误问题，似乎并没有引起人们注意）。他还参加了卡吕冬人的狩猎，并帮助阿德拉斯托斯（Adrastus）拯救了那些在忒拜倒下的人。他与庇里托俄斯成了亲密的朋友，还帮助他和拉庇泰人进攻人马怪。在庇里托俄斯的帮助之下，他从斯巴达抢走了海伦——那时海伦还只是个孩子——并把她安置在阿弗德纳，让埃特拉来照顾她。作为回报，他又帮助庇里托俄斯去下界抢珀耳塞福涅，庇里托俄斯因此送了命，而忒修斯则被关了起来，直到武仙把他救出来。后来的不少作家都努力把这个传说写成历史上真实发生过的事，说他抢走了埃多纽斯（Aidoneus）的女儿科瑞（Core），而埃多纽斯是米洛斯（Molossians）人的国王（Plut. c. 31）。同时，卡斯托尔和波乐克斯（Pollux）入侵了阿提卡，并抢走了海伦和埃特拉——阿卡得摩斯（Academus）告诉这两兄弟哪里可以找到她们两人（参看阿卡得摩斯的相关内容）。墨涅斯修斯（Menestheus）也努力激励人们反对忒修斯，以至于忒修斯回来以后，再也无法建立起威信，只好退到斯库罗斯，并在那里由于他人的背叛而死在吕科墨得斯的手里。据说，这个英雄还在马拉松战争中向雅典伸以援手。公元前469年，客蒙（Cimon）在斯库罗斯找到了一个大号的骨架并把它带回了雅典，人们相信那就是忒修斯，并以他的名义修建了一座神殿来保存他的骨骼。这个神殿大部分还存在，并成为雅典最知名的纪念碑。纪念忒修斯的节日是每个月的第八天，尤其是在皮阿涅斯翁（Pyanepsion）。与这个节日相关的还有两个名字，一是科尼德娅（Connideia），以纪念忒修斯的护卫科尼达斯（Connidas）之事；二是塞泊涅西亚（Cybernesia），以纪念他的远行（*Dict. of Antiq. s. v.*

Thescia Fast.)。毫无疑问，忒修斯是一个纯粹传说中的人物，与他同时代人物赫拉克勒斯完全一样。不过，后来雅典人渐渐把他看做阿提卡一场重大政治改革的推行者。在他之前，阿提卡分裂为相互独立的小邦国或小城镇（总共有十二个），没有统一的领袖，只由一个邦联保持相互间的联系。忒修斯运用游说和武力相结合的方式，消除了议事会与政府的分离，收拢了分离的政治权力，把雅典建成了一个统一共同体的首府。西诺基亚节（Synoecia）正是为了纪念这场转变。而雅典娜女神节（Athenaea）也得以重新恢复，并被称为泛雅典娜节（Panathenaea。Thucyd. ii. 15）。据说，忒修斯建立了一个政治机构，只有他自己可以保留一些特权。整个城邦的公民被分为三类：欧帕特里德（Eupatridae）、吉奥莫雷（Geomori）和德米乌尔吉（Demiurgi, Plut 的相关内容）。参看《希腊罗马传记与神话词典》，前揭，卷三，页 1099 至 1100。

- 德莫弗翁（Demophon 或 Demophoon）：一、刻勒俄斯（Celeus）和墨塔涅伊拉（Metaneira）最小的儿子，被送到德默特尔（Demeter）那里养大。他并没有食用凡间的东西，而是用女神自己的奶和仙草养大。女神在晚上把他放到火上，以让他永远年轻，但有一次被墨塔涅伊拉发现了，墨塔涅伊拉大叫一声打断了女神正在做的事情，德莫弗翁就被火焰吞没了（Apollod. i. 5. §1; Ov. Fast. iv. 512, etc.; Hygin. Fab. 147; Hom. Hymn. in Cer. 234）。二、忒修斯和淮德拉的儿子，阿卡马斯（Acamas）的兄弟（Diod. vi. 62; Hygin. Fab. 48）。据品达所述（ap. Plut. Thes. 28），他是安提俄珀和忒修斯的儿子，并且他还和希腊人一起远征了特洛亚（然而，荷马却没有提到他），在那个地方解放了他的祖母埃特拉，埃特拉当时是海伦的奴隶（Paus. x. 25. §2）。据普鲁塔克所述，他深得拉俄狄刻（Laodice）的喜爱，并和她生下了米尼库斯（Munychus）或米里图斯（Munytus），埃特拉在伊利昂悄悄把这个孩子养大。德莫弗翁从特洛亚回来之后，菲丽丝（Phyllis）——色雷斯国王希提翁（Sithon）的女儿——爱上了他，他也同意娶她为妻。但在婚礼举行之前，他回到阿提卡去处理家务，由于待的时间太长，超过了菲丽丝的预想，结果她认为自己被遗忘，就自杀了。死后，她变成了一棵树。当德莫弗翁回来看到发生的这一切时，把这棵树紧紧地抱在怀中，于是芽子和树叶很快就长了出来（Ov. Ar. Am. iii. 38, Heroid. 2; Serv. ad Virg. Eclog. v. 10; comp. Hygin. Fab. 59）。后来，狄奥墨德从特洛亚返航的时候，漂到了阿提卡的海岸，由于不知道这个国家，狄奥墨德准备摧毁它。德莫弗翁奋起抵抗，从他们手中抢走了雅典娜木像，却不幸在打斗中杀死了一个雅典人。因此，雅典人传唤他到法庭受审——这也是第一次有人在这个法庭上受到审判（Paus. i. 28. §9）。据安东尼努斯·莱伯拉里斯（Antoninus Liberalis, 33）所述，德莫弗翁帮助赫拉克勒德亚人（Heracleidae）对抗欧律斯透斯，欧律斯透斯倒在了战场上，而赫拉克勒德亚人则接受了德莫弗翁在阿提卡的统治，这块地方被叫做四城联合区（tetrapolis）。俄瑞斯忒斯也来到雅典寻求德莫弗翁的保护。他在欢庆花月节（Anthesteria）的时候到来，并受到了热情接待。不过，他也收到警告说，不得败坏神圣的权利。这个警告让他在节日的第二天才起床，这天被叫做χόες（Athen. x. p. 437; Plut. Sympos. ii）。德莫弗翁被画在了德尔斐的奈斯柯礼厅，与海伦和埃特拉一起，正在思考怎样才能还埃特拉自由（Paus. i. 28. §9）。三、埃涅阿斯的同伴，被卡米拉（Camilla）杀死（Virg. Aen. xi. 675）。四、雅典派往忒拜的两位将军之一，据狄奥多罗斯所述，他接了民众的命令前去支援忒拜，它正处于武装状态以应对底比斯卫城的复辟（Cadmeia, Diod. xv. 26; Wesseling, ad loc.）。戴纳库斯（Deinarchus, c. Dem. p. 95）也在一定程度上认可了这些说法，戴纳库斯还提到了刻法罗斯的命令，以实现上述目的。不过,色诺芬说,两个雅典将军在前线履行职责以支持民主制的忒拜,但后来雅典人由于害怕斯巴达,处死了他们之中的一个将领,另一个在审讯之前就逃了,因而只算是被流放(Xen. *Hell*. v. 4. §§9, 10, 19; Plut. *Pelop*. 14)。五、亚历山大军队的预言家,公元前 326 年亚历山大准备进攻马里(Malli)城时,他曾经警告过大帝恐有性命之虞。亚历山大傲慢地拒绝了这个警告,在进攻过程中险些遇难(Diod. xvii. 93; Curt. ix. 4;参看 Arr. *Anab*. vi. 9, etc.; Plut. Alex. 63)。参看《希腊罗马传记与神话词典》,前揭,卷一,页 978 – 979。

(18) 这样描述安德洛玛刻(Ἀνδρομάχη):当那些希腊人向安德洛玛刻走过来时,她的儿子一直抓着她的乳房。乐斯凯欧说,当他被丢出防御工事之外时,大限就来临了,这并不是希腊人的决定,而是涅俄普托勒摩斯的个人想法,决意要杀了那孩子(指赫克托尔与安德洛玛刻的儿子)……(另参辑语 29)

- 安德洛玛刻(Andromache):西里西亚的忒拜国王阿埃提昂之女,《伊利亚特》中最高贵、最温和的女性形象之一。她的父亲和她的七个兄弟全被阿喀琉斯在进攻忒拜的时候杀死了,而她的母亲花了很多赎金换回了自由身,却被阿尔忒弥斯杀死。安德洛玛刻嫁给了赫克托尔,并生下一子,名叫斯卡曼德里俄斯(阿斯蒂阿纳克斯),安德洛玛刻对儿子抱有最深厚的爱(Apollod. iii. 11. §6)。参看《伊利亚特》第六卷,390 – 502 行的精彩描写,她与赫克托尔告别,赫克托尔正要上战场,而她则哀叹其夫的离去(xxii. 460, etc.; xxiv. 725, etc.)。在特洛亚被攻下以后,她的儿子被从城墙上扔了下去,她自己则落入涅俄普托勒摩斯手中。涅俄普托勒摩斯,阿喀琉斯的儿子,把她带到了伊庇鲁斯,后来安德洛玛刻为他生了三个儿子:莫洛塞斯

（Molossus）、皮埃鲁斯（Pielus）和柏加曼（Pergamus）。埃涅阿斯在登陆伊庇鲁斯后发现了她，那时她正在祭奠她心爱的赫克托尔（Virg. *Aen.* iii. 295, etc.；参看 Paus. i. 11. §1; Pind. *Nem.* iv. 82, vii. 50）。涅俄普托勒摩斯死后，或据其他人说，在涅俄普托勒摩斯娶了赫尔迈厄尼之后——赫尔迈厄尼是墨涅拉奥斯和海伦的女儿，安德洛玛刻成了赫勒诺斯的妻子。此人是赫克托尔的兄弟，卡昂尼（Chaonia）的国王，卡昂尼是伊庇鲁斯的一部分。安德洛玛刻为他生下了色斯特里鲁斯（Virg. *l. c.*；Paus. *l. c.* ii. 23. §6）。赫勒诺斯死后把王位传给了莫洛塞斯，安德洛玛刻则跟着儿子柏加曼去了亚细亚。据说安德洛玛刻死在了亚细亚，后来那里还有一个纪念她的英雄冢（heroum。Paus. i. 11. §2; comp. Dictys Cret. vi. 7, etc.；Eurip. *Andromache.*）。安德洛玛刻和她的儿子斯卡曼德里俄斯被波吕格诺图斯画在了德尔斐的奈斯柯礼厅中。参看《希腊罗马传记与神话词典》，前揭，卷一，页172。

（19）乐斯凯欧和英雄诗系《塞浦路亚》都把欧律狄刻当做埃涅阿斯的妻子。（20）在这些妇女上面的喷泉处，画的是德依诺玫（Δηινόμη, Deïnome）、梅提欧柯（Μητιόχη）、佩西斯（Πεῖσίς, Peisis）和克勒俄蒂克（Κλεοδίκη, Cleodice）。这些人中，唯有德依诺玫的名字出现在所谓的《小伊利亚特》中……（21）乐斯凯欧还提到了一个人，就是阿斯图诺（Ἀστύνοον, Astynous），他跪着，而涅俄普勒摩斯正用剑刺他……（22）乐斯凯欧说，赫利考纳（Ἑλικάονα）在夜战中受伤，奥德修斯发现了他，把他救了出来……（23）在那些尸体中，有一个是裸露着的，叫做佩利斯（Πῆλις, Pelis），背部受到撞击。他身下躺着埃奥诺斯（Ἠιονεύς, Eioneus）和阿德墨托斯，他们仍穿着胸甲。乐斯凯欧说，埃奥诺斯被涅俄普托勒摩斯所杀，而阿德墨托斯被菲洛特特斯（Φιλοκτήτου, Philotete）所杀……（24）柯若伊波（Κόροιβος, Coroebus）本是来跟卡珊德拉结婚的。大多数版本说他被涅俄普托勒摩斯所杀，但乐斯凯欧却认为是被狄奥墨得斯所杀。（25）在柯若伊波之上是普里阿摩斯、阿柯斯翁（'Αξίων）和阿革诺耳。关于普里阿摩斯，乐斯凯欧说他并没有被杀死在庭院中宙斯祭坛的炉边，而是被拖出祭坛杀死的，当时涅俄普托勒摩斯正从房门前经过……（26）乐斯凯欧说阿柯斯翁是普里阿摩斯的儿子，被尤埃莫诺（Εὐαίμονός, Euhaemon）的儿子欧律皮洛斯所杀。（27）据同一个诗人所述，阿革诺耳被涅俄普托勒摩斯所杀。

- 梅提欧柯（Metioche）：被波吕格诺图斯画在了德尔斐的奈斯柯礼厅中的第二个特洛亚妇女的名字。

- 赫利考纳（Helicaon），安特诺尔的儿子，救了奥德修斯和墨涅拉奥斯，使他们免于死亡。参看论述《塞浦路亚》的部分。

- 阿柯斯翁（Axion）：一、普索菲斯的斐格奥斯的儿子，泰姆那斯和亚耳西诺埃（Arainoe）抑或阿尔菲丝波娅的兄弟（Paus. viii. 24. §4）。阿波罗多洛斯（iii. 7. §5）说斐格奥斯的两个儿子是阿革诺耳和普罗诺奥斯。二、普里阿摩斯的儿子，被欧阿蒙的儿子欧律皮洛斯（Eurypylus）所杀。参看《希腊罗马传记与神话词典》，前揭，卷一，页448。

- 第25条的内容是荷马之杯（Homeric Cups）的一组，在这里乐斯凯欧的《小伊利亚特》被当做是它的源泉，它说"当普里阿摩斯逃到火炉边的宙斯祭坛旁时，涅俄普托勒摩斯把他拉出祭坛，在他的房子旁边把他杀死"。

- 奥古斯都（Augustan）的一块碎片说，"［涅俄普托勒摩斯］

杀死了普里阿摩斯和阿革诺耳，波里波特斯（Polypoites）杀死了埃基沃斯（Echios），特拉叙墨得斯（Thrasymedes）杀死了尼卡涅图斯（Nicaenetus），菲罗克忒忒斯杀死了狄奥佩特斯（Diopeithes，或 Dio[medes]）……"但是，不能确定这个画家在此处追随《小伊利亚特》。

28. Scholiast on Aristophanes, Lysistrata,

"无论如何，我相信，墨涅拉奥斯瞥了一眼海伦（Ἑλένη）的明眸，便立刻放下了手中的剑。"

这个故事是在伊比科斯（Ἴβυκος）那里找到的，皮拉的乐斯凯欧在《小伊利亚特》中讲了同样的故事。

• 伊比科斯（Ibycus）：亚历山大里亚教派（Alexandrine canon）第五个抒情诗人，雷吉亚人。有人称他为美赛尼亚人，这毫无疑问是因为第二次美赛尼亚战争的幸存者组成了雷吉亚人口的相当一部分。关于他的父亲，有不同的说法，如菲提乌斯（Phytius）、波里齐拉斯（Polyzelus）、柯尔达斯（Cerdas）、伊利达斯（Eelidas），但或许真正的名字应该是菲提乌斯。他一生最好的时光在萨摩斯（Samos）度过，在波利克勒第斯（Polycrates）的庭院里，大约在第六十届奥林匹亚运动会期间，即公元前 540 年左右。苏达斯把他生活的年代搞错了，提早了二十年，说他生活在克洛伊索斯（Croesus）时代，是波利克勒第斯的父亲。我们对他的生平知之不多，仅知道那个最知名的故事，即关于他的死，尽管也有不少人提出了质疑。穿越科林多附近的沙漠时他受到劫匪的袭击，受了重伤，但是他临死之际召唤一群碰巧飞过的鹤来为他报仇。不久后，当科林多人在剧场集会时，这些鹤出现了，当它们在这些观众头上飞过的时候，其中一个凶手碰巧也在场,就不自觉地叫了一声"小心伊比科斯的复仇者",因此这个罪犯得以暴露。短语"αἱ Ἰβύκου γέρανοι"后来演变成了一句习语(Suid.; Antip. Sid. *Epig.* 78, ap. Brunck, *Anal.* vol. ii. p. 27; Plut. *de Garrul.* p. 610, a.)。这个讲法的相反文献,由施内得温(Schneidewin)从另一个警句选集中提出来(Brunck, *Anal.* vol. iii. p. 262),文献似乎暗示伊比科斯被埋在了雷吉亚,这个也可以得到旁证,尤其是在当地十分流行用衣冠冢来纪念那些伟大的英雄们。所有故事都证明一件事,伊比科斯得到了当时人们的热爱和崇拜,因此人们把他看得像神一样亲切。他的诗作大多是情色性的,与他冲动的性格一脉相承。关于παιδεραστία(娈童恋)的指控最好用在他身上,而非其他情色作家身上(Cic. *Tusc.* iv. 33)。他的其他诗作带有一种神话与英雄性质,但是其中一些仍然充满情色。在关于英雄主题的诗作上,他与斯泰西科拉斯十分相似,斯泰西科拉斯是他所在学派的前辈。在他的对话作品中,也具有像他的诗作一样的性质,混合着多里斯和爱奥利亚的风格。苏达斯提到了他的七首抒情诗作,现在只存一些残篇。这些残篇的最好版本是施内得温(Schneid. *Ibyci Carm. Relig.*,还有一篇来自 K. O. Müller 的介绍书信,Gotting. 1835, 8vo.; Schneid. *Delect. Poes. Eleg.*; Müller, Dorier, vol. ii. p. 350; Bergk, *Frag. Poet. Ilyr. Graec.*; Welcker, *Rhein. Mus.* 1832, vol. iii. p. 401, *Kleine Schriften*, vol. i. p. 100; Bode, Ulrici, *Gesch. d. Hellen. Dichtkunst*; Müller, Bernhardy, *Gesch. d. Hell. Lit.*)。参看《希腊罗马传记与神话词典》,前揭,卷二,页557。

29-30. Tzetzes, commentary on Lycophron

《小伊利亚特》的作者乐斯凯欧谈到,安德洛玛刻和埃涅阿斯被抓起来,送给了阿喀琉斯的儿子涅俄普托勒摩斯,还被后者带到了法尔萨利亚($Φαρσαλίαν$)——阿喀琉斯的故乡。乐斯凯欧说:但是,英勇的阿喀琉斯之子,声名显赫,他把赫克托尔的妻子带回了空心船之中。

他从那美发的保姆怀中夺过她的孩子,并抓住孩子的脚把他从城垛上丢了出去,血流满地,这个孩子在下落时就注定遭受严酷的命运……

(30)他带回了战利品安德洛玛刻,赫克托尔的美妻,这是阿开奥斯人送给他所有用作欢迎礼物和荣誉标志之中最重要的一件。而埃涅阿斯自己,作为驯马人安喀塞斯($Αγχίσης$)的儿子,声名在外,他登上了远征的船,以此作为自己高于所有达那奥斯人($Δαναοί$)的特别奖励。

● 安喀塞斯(Anchises):卡皮斯(Capys)和忒弥斯的儿子,忒弥斯是伊拉斯的女儿。谱系往上溯源到宙斯(比较 Apollod. iii. 12. §2; Tzetz. *ad Lycoph*. 1232),安喀塞斯的儿子则是埃涅阿斯(Hom. *Il*. xx. 208, etc.)。许金鲁斯(*Fab*. 94)认为他是阿萨纳科斯(Assaracus)的儿子,卡皮斯的孙子。安喀塞斯同特洛亚王室以及伊达山的达耳达诺斯王都有关系。他外形俊美,堪比神灵,深受阿佛洛狄忒喜爱,正是和阿佛洛狄忒生下了埃涅阿斯(Hom. *Il*. ii. 820; Hes. *Theog*. 1008; Apollod. Hygin. *ll. cc*.)。另据荷马献给阿佛洛狄忒的颂歌来看(45, etc.),女神伪装成了弗里吉亚国王的女儿奥特乌斯(Otreus)与他相见。在离开他的时候,女神对他现了真身,并告诉他,他们将拥有一个叫做埃涅阿斯的孩子,但是女神命令他对外宣称说这个孩子是一个仙女的,并且警告说如果违反女神的命令,宙斯会用雷电劈死他。因此,后来有一次,安喀塞斯没有管住自己的嘴巴，向别人吹嘘他和女神云雨，结果就被雷电击中，有人说他就此丧命，也有人说他仅仅是眼瞎或肢残而已（Hygin. l. e.；Serv. ad Aen. ii. 648）。维吉尔在他的《埃涅阿斯纪》中讲到，安喀塞斯在特洛亚沦陷的时候还活着，埃涅阿斯把他的父亲扛出了火海，后来埃涅阿斯历险时得父亲出谋划策之助，因为维吉尔像恩尼乌斯（Ennius）一样，也给了安喀塞斯预言的能力（Aen. ii. 687, with Serv. note）。据维吉尔所述，安喀塞斯在埃涅阿斯刚到西西里时就去世了，于是被埋在了俄依克斯山上（Eryx, Aen. iii. 710, v. 759, etc.）。这个传说在西西里十分流行，似乎不仅仅是诗人的杜撰，因为哈利卡纳苏斯的狄奥尼索斯（i. 53）说，安喀塞斯在埃杰斯塔（Egesta）有了一个神殿，而且为安喀塞斯所举行的葬礼游戏一直持续到很晚的时代（Ov. Fast. iii. 543）。不过也有人说安喀塞斯死并葬于意大利（Dionys. i. 64; Strab. v. p. 229; Aurel. Vict. De orig. Gent. Rom. 10, etc.）。泡萨尼阿斯（viii. 12. §5）的说法又不一样，他讲安喀塞斯死在了阿尔卡丁（Arcadin），被他的儿子埋在了那个地方的一座山脚下，这座山则因他而得名。然而，还有一些地方宣称有安喀塞斯的坟墓。有人说他埋于伊达山，因为据传说讲他是在那里被宙斯杀死的（Eustath. ad Hom. p. 894），还有人说他埋于黑海（Hellespont）附近的特尔穆斯海湾（Thermus, Conon, 46）。据阿波罗多洛斯（iii. 12. §2）所述，安喀塞斯和阿佛洛狄忒还生了一个儿子，叫李瑞斯（Lyrus）或李尔鲁斯（Lyrnus），而荷马（Il. xiii. 429）称希波达弥亚为安喀塞斯最年长的女儿，但没有提到她母亲的名字。另一个西科昂的安喀塞斯出现在《伊利亚特》xxiiii. 296。参看《希腊罗马传记与神话词典》，前揭，卷一，页168。

- 策策斯（Tzetzes）引用了两段在英雄史诗中并不连贯的文字。

第一个是关于涅奥普托涅莫斯在攻陷城邦中的行为，第二个涉及希腊联军营帐中的战利品分配问题。

Scholiast on the *Iliad*（Aristonicus）

（最重要的标志是）因为从这段文字中（《伊利亚特》24.735），荷马后的作者都认为，阿斯蒂阿纳克斯（Ἀστυάναξ）被希腊人扔下了城垛。

● 在希腊神话中，阿斯蒂阿纳克斯（Astyanax）的希腊语原意为城邦的王子，他是赫克托尔和安德洛玛刻的儿子。其真名叫作斯卡曼德里俄斯，但特洛亚人叫他阿斯蒂阿纳克斯，因为他是特洛亚英雄的儿子。他在特洛亚战争中被涅俄普托勒摩斯所杀。

31. Athenaeus, *Scholars at Dinner*

黄瓜……乐斯凯欧提到了它：
"而因为当一只黄瓜在一个水源充足的地方长成之时。"

32. Aeschines, *Against Timarchus*

你会发现我们的城邦和我们的祖先已经为费蔑（Φήμης）建了祭坛，并认为她是最强大的女神，而荷马在《伊利亚特》中，经常在事情发生之前提到她。
费蔑成了战争的主人。

● 费蔑（Rumor）：流言女神，又译卢摩尔。她是该亚最小的女儿，长有双翼。她是奔跑神速的不吉利的怪物、传递信息的使者。她很快就把埃涅阿斯和狄多相好的事告诉了狄多的追求者伊阿耳巴斯，又把埃涅阿斯准备离开腓尼基的消息飞快地传达给狄多。参看《古希腊罗马神话鉴赏辞典》，前揭，页320。

● 最后半行文字并没有出现在《伊利亚特》或是《奥德赛》中。埃斯基涅斯（Aeschines）也许认为它来自《小伊利亚特》。

洗劫伊利昂（*ΙΛΙΟΥ ΠΕΡΣΙΣ*）

证　言

Augustan—Tiberian relief plaque

《伊利亚特》和《奥德赛》的 48 首朗诵段中（ῥαφῳδός）；洗劫伊利昂……

Dionysius of Halicarnassus, *Roman Antiquities*

而大部分我们了解的古代资源，出自诗人阿克提努斯。

关于阿克提努斯，另参关于《埃提奥匹亚》的证言。

- 哈利卡纳苏斯（Halicarnassus）：小亚细亚西南部卡里西亚地区的一座希腊古城，希腊史家希罗多德的诞生地。

论　述

Proclus, Chrestomathy, with additions and variants from Apollodorus, *The Library*

米利都的阿克提努斯用《洗劫伊利昂》中的两章接续了前面的故事，其内容如下：

(1) 特洛亚人觉得这个木马十分可疑，就站在周围讨论应该怎么办（而卡珊德拉说里面有一支军队，并且先知拉奥孔 [Λαοκόων] 也这样说），一些人想把它推下悬崖，一些人要把它烧掉，而另一些人则说这是祭献给雅典娜的圣物，最后这种想法流传开了。于是他们开始欢庆，祝贺战争的结束。而在此期间，（阿波罗给他们发出了一个警告）出现了两条毒蛇（从临近的岛上游了过来），并杀死了拉奥孔和他两个儿子中的一个。埃涅阿斯对这个征兆有些疑虑，就和他的人一起去了伊达山（Ἴδη）。

- 拉奥孔（Laocoon）：特洛亚英雄，他在荷马以后的特洛亚传说中扮演了重要的角色，尤其是在 Ἰλίου πέρσις（洗劫伊利昂）中，内容被普罗克洛斯的《益世文选》（Chrestomathia）保存了下来。他是安特诺尔的儿子（Tzetz. ad Lycoph. 347），也说是阿科忒斯（Acoëtes, Hygin. Fab. 135）——堤布拉的阿波罗的祭司，也有人说是波塞冬的祭司（Tzetz. l. c.；参看 Virg. Aen. ii. 201, with Serv. note.）。他的故事如下：当希腊人无法攻下特洛亚时，就假装回师，留下了一只大木马。当特洛亚人聚集在木马边上考虑到底是毁掉还是把它带回城里的时候，拉奥孔从城里跑向他们，大声警告他们，说这个木马十分危险。他一边说着，一边把自己的长矛刺进了木马的一侧（Virg. Aen. ii. 40, etc.）。然而，特洛亚人还是决定把木马拉进城去，并且用祭祀和宴饮来欢庆他们认为已经取得的长久和平。与此同时，作为俘虏被抓的西农（Sinon）被带到特洛亚人面前审问，不过他用花言巧语打消了特洛亚人对他和木马的怀疑。当他说完了话后，拉奥孔准备向波塞冬献祭一头公牛，突然两条可怕的毒蛇从特涅多斯岛向特洛亚海岸游了过来。它们向拉奥孔游了过去，所有的人都吓跑了，只有拉奥孔和他的两个儿子还在祭坛边（Virg. l. c. 229；Hygin. *Fab.* 135）。两条毒蛇先缠住两个小孩子，然后又缠住了前来救孩子的父亲，结果三人都被缠死了（Virg. *Aen.* ii. 199–227；参看 Q. Smyrn. xii. 398，etc.；Lycoph. 347）。接着，两条毒蛇又跑向特洛亚卫城，消失在了特里托尼斯（Tritonis）的盾牌后面。为何拉奥孔会遭受如此可怕的死亡，不同的人有不同的讲法。据维吉尔所讲，特洛亚人认为是因为他把长矛刺进了木马，而其他人认为他违反阿波罗的意愿而娶妻，并生下孩子（Hygin. *l. c.*）。或是因为波塞冬仇视特洛亚人，想让特洛亚人从拉奥孔身上看到他们将会遭遇什么样的命运。拉奥孔的故事总是激起史诗诗人、抒情诗人和悲剧诗人的创作热情，如巴库里德斯（Bacchylides）、索福克勒斯（Sophocles）、欧福里翁（Euphorion）、吕西玛喀斯、伪珀珊德洛斯、维吉尔（Virgil）、柏多拿斯（Petronius）、昆图斯和其他一些人。不过拉奥孔在古代艺术史上也十分著名。一组关于父亲和两个孩子被蛇缠绕的艺术作品存留至今。1506 年，即教皇朱利尔斯二世时代，在罗马的西特市场发现了这个作品，当时是在埃斯奎里（Esquiline）山的旁边。教皇识得它的价值，就从发现地的所有人那里把它买了回来，教皇每年为这家人提供抚恤金。这组艺术品从它被发现起就开始就引人注目，现存于罗马的梵蒂冈（Vatican）。它的模型则几乎遍布欧洲博物馆。普林尼（*H. N.* xxxvi. 4，11）认为它是艺术作品中的杰作，并认为它装饰了提图斯（Titus）王的宫殿，是罗德斯的艺术家阿格桑德尔（Agesander）、波里多罗斯（Polydorus）和雅典诺多罗斯（Athenodorus）的作品，并说整个艺术品是由一块大理石雕成的，但是后经仔细检查，发现是由五块组成的。关于这件艺术作品所蕴涵的深意，参看 Lessing. *Laocoon oder über die Grenzen der Malerei und Poesie*；Heyne，*Antiquarische Aufsatze*，ii. p. 1–52；Thiersch，

Epochen, p. 322; Welcker, *das Academ. Kunstmuseum zu Bonn*, p. 27, etc。另有一个同名者,是阿尔戈斯英雄之一(Apollon. Rhod. i. 192)。参看《希腊罗马传记与神话词典》,前揭,卷二,页717。

• 伊达(Ida):一是佛律癸亚一座著名山峰,它以充足的水资源和许多河流的发源地而著名;二是克里特岛上一座著名的山,宙斯在那里长大。宙斯让赫拉、阿佛洛狄忒和雅典娜去那里,帕里斯正是在那里裁决了谁是最美丽的女神。参看《古希腊罗马神话鉴赏辞典》,前揭,页504。

(2)西农为阿开奥斯人点起了火把,他们在伪装下第一批进入城邦。他们从特涅多斯岛航行过来,并同木马里的人一起进攻敌人。(他们猜想敌人还在睡觉,就打开木马,带上武器跑了出来。第一个是厄喀昂['Εχίων],溥尔塔洛[Πορϑάων 或 Πορϑάονος]的儿子,跳了出来,摔死了;后面的人就用一根绳子爬下来,并来到门边,打开城门让那些从特涅多斯岛划船回来的人进来。)他们杀死了很多人,并掌控了城邦。涅俄普托勒摩斯杀死了普里阿摩斯,尽管后者逃到了院子里的宙斯祭坛旁。墨涅拉奥斯找到了海伦,杀死得伊福玻斯(Δηίφοβος)之后就把她带上了船。

• 厄喀昂(Echion):一、五个由毒龙牙齿长成的斯巴达人之一,这些牙齿是卡德摩斯种下的(Apollod. iii. 4. §1;Hygin. *Fab.* 178;Ov. *Met.* iii. 126)。他娶了阿高厄(Agave),并生下彭忒俄斯(Pentheus, Apollod. iii. 5. §2)。据说他在波俄提亚为西布莉(Cybele)建了一座神殿,并帮助卡德摩斯建立了忒拜城(Ov. *Met.* x. 686)。二、赫尔墨斯和安提阿勒娅(Antianeira)在阿洛珀(Alope）的儿子（Hygin. *Fab.* 14；Apollon. Rhod. i. 56）。他是埃如托斯（Erytus）或欧律托斯的同胞兄弟，两兄弟一起参加了卡吕冬狩猎，还参加了阿尔戈斯英雄的远征，在远征中，他作为赫尔墨斯的儿子，扮演了一个狡猾间谍的角色（Pind. *Pyth.* iv. 179；Ov. *Met.* viii. 311；参看 Orph. *Argon.* 134，其中说他的母亲是拉奥忒俄[Laothoë]）。第三个同名者是巨人之一，克劳狄安（Claudian）提到过他（*Gigant.* 104）。另有一个同名画家和雕塑家，从略。参看《希腊罗马传记与神话词典》，前揭，卷二，页 3。

- 溥尔塔洛（Portheus）：英文通常作 Porthaon。一、他是阿革诺耳和厄庇卡斯忒的儿子，埃托利亚的普列翁和卡吕冬的国王，娶欧吕忒为妻，所生的孩子有：俄纽斯、阿格里俄斯（Agrius）、阿尔卡托乌斯、梅拉斯（Melas）、勒科佩乌斯（Leucopeus）和斯泰罗普（Hom. Il. xiv. 115, etc.；Apollod. i. 7. §7, etc.；Paus. iv. 35. §1, vi. 20. §8, 21. §7；Hygin. Fab. 175）。他的名字写作 Portheus 的时候并不多见（Heyne ad *Apollod. l. c.*），安东尼努斯·莱伯拉里斯提到他的这个名字，并认为他是阿瑞斯的儿子。二、佩里斐忒斯的儿子（Paus. viii. 24）。参看《希腊罗马传记与神话词典》，前揭，卷三，页 503。

- 得伊福玻斯（Deiphobus）：一、普里阿摩斯和赫卡柏的儿子，特洛亚人中仅次于赫克托尔（Hector）的英雄。帕里斯一次去得伊福玻斯那里，没有被人认出来，结果在一场争夺公牛的竞赛中征服了所有的人，但当得伊福玻斯一拔剑时，他却吓得跑到宙斯的赫瑞乌斯的（Herceius）祭坛里躲了起来（Hygin. *Fab.* 91）。得伊福玻斯与他的兄弟们赫勒诺斯和阿西奥斯（Asius）领导了对希腊人营帐的第三次进攻（Hom. *Il.* xii. 94），当阿西奥斯倒下的时候，得伊福玻斯冲上前去对抗伊多梅纽斯，但没有能杀死他，却杀死了许昔塞诺耳

(Hypsenor，xiii. 410）。当伊多梅纽斯向他挑战的时候，他叫埃涅阿斯来帮助他（xiii. 462）。他还杀死了阿斯卡拉普斯（Ascalaphus），他在取敌人头盔的时候，被墨里俄涅斯打伤，他兄弟波里忒斯（Polites）把他带出了战场（xiii. 517，etc.）。赫克托尔和阿喀琉斯交战的时候，雅典娜想去欺骗赫克托尔，就化身为得伊福玻斯的样子（xxii. 227）。他还陪着海伦一起去了希腊人藏身的木马那里（*Od.* iv. 276）。后来的作家把他描述为能够胜过阿喀琉斯的人。在帕里斯死后，他和海伦结了婚，因为据说得伊福玻斯也爱着海伦，也为了让海伦免于落入希腊人的手中（Hygin. *Fab.* 110；Dictys. Cret. i. 10，iv. 22；Serv. *ad Aen.* ii. 166；Tzetz. *ad Lycoph.* 168；Schol. *ad Hom. Il.* xxiv. 251；Eurip. *Troad.* 960）。也正是这个原因，特洛亚陷落时，所有希腊人的仇恨都落在了他身上，奥德修斯和墨涅拉奥斯冲进了他的房子，而他的房子最先着火（Hom. *Od.* viii. 517；Serv. *ad Aen.* ii. 310）。他自己被海伦杀死（Hygin. *Fab.* 240）。还有其他的说法讲，他是在同帕拉墨得斯的战斗中倒下的（Dares Phryg. 26），又说他被墨涅拉奥斯残忍地乱刀砍死（Dict. Cret. v. 12；Quint. Smyrn. xiii. 354，etc.；Eustath. *ad Hom.* p. 894）。在这可怕的死亡之后，埃涅阿斯在冥界找到了他，并且在罗提姆（Rhoeteum）海角为他建立了一个纪念碑（Virg. *Aen.* vi. 493，etc.）。他的尸体由于没有被埋葬，据说变成了一株植物，可以用来治疗疑病症（hypochondriasis）。泡萨尼阿斯（v. 22. §2）在奥林匹亚看到了他的雕像，是利西乌斯（Lycius）的作品，是阿波罗里亚（Apollonia）的居民在那里为他修建的。二、阿米克莱（Amyclae）的希波吕托斯的儿子，在伊斐图斯的谋杀案之后为赫拉克勒斯净罪（Apollod. ii. 6. §2；Diod. iv. 31）。参看《希腊罗马传记与神话词典》，前揭，卷一，页 955。

- 参看《奥德赛》8. 517f。陈中梅先生在注释中还提到了《埃涅阿斯纪》的第二卷，和此处的《英雄诗系》残篇有关联，认为维吉尔当时应该看到过《洗劫伊利昂》。

（3）伊勒俄斯（Ἰλέως, Ileus）的儿子埃阿斯强行拖走了卡珊德拉，还把雅典娜的木质神像也一起带走了。希腊人对此很生气，商议用石头砸死埃阿斯。但他跑到雅典娜的神坛里，躲过了这一劫。然而，当希腊人返航的时候，雅典娜在海上制造了灾难。

• 《伊利亚特》中并没有提到类似的故事，只简单提到了他与雅典娜之间的不合（*Il.* 23. 773ff.）："当他们正要冲到终点领取奖品时，/埃阿斯突然滑倒——雅典娜从中阻挠。"参看《罗念生全集》，前揭，卷五，页595。

（4）奥德修斯杀死了阿斯蒂阿纳克斯，涅俄普托勒摩斯占有安德洛玛刻，作为对自己的奖励。接着，他们瓜分了其他战利品。德莫弗翁和阿卡玛斯（Ἀκάμας）找到了埃特拉，并把她带了回去。然后他们放火烧城，并在阿喀琉斯的坟前杀死了波吕克塞涅（Πολυξένη）。

• 阿卡马斯（Acamas）：一、忒修斯和淮德拉的儿子，德莫弗翁的兄弟（Diod. iv. 62.）。在希腊联军远征特洛亚之前，他和兄弟德莫弗翁被派去劝海伦投降（荷马认为这个消息是墨涅拉奥斯和奥德修斯送去的，*Il.* xi. 139, etc.），但在特洛亚期间，阿卡马斯赢得了普里阿摩斯的女儿拉俄狄刻的爱（*Parthen. Nic. Erot.* 16），并和她生下穆提图斯（Munitus），后者由阿卡马斯的祖母埃特拉养大（Schol. *ad Lycophr.* 499, etc.）。维吉尔（*Aen.* ii. 262）说，他是藏在木马中的希腊人之一。他在回家的路上留在了色雷斯,因为他爱上了菲丽丝。但离开色雷斯到达塞浦路斯岛之后,他从马上摔下来,被自己的剑刺死了(Schol. *ad Lycophr. l. c.*)。塞浦路斯的阿卡马斯海角、弗里吉亚的阿卡马提安(Acamentium)镇和阿提卡的阿卡曼提斯(Acamantis)部落,均因他而得名(Steph. Byz. *s. v.* Ἀκαμάντιον; Paus. i. 5. §2)。波吕格诺图斯在德尔斐的奈斯柯礼厅为他画了像,德尔斐还有一座他的雕像(Paus. x. 26. §1, x. 10. §1)。二、安特诺尔和忒阿诺的儿子,最勇敢的特洛亚人之一(Hom. *Il.* ii. 823, xii. 100)。他为其兄弟报仇——他兄弟被埃阿斯所杀,结果他杀死了波俄提亚人普洛马可斯(Promachus, *Il.* xiv. 476)。他自己被墨里俄涅斯所杀(*Il.* xvi. 342)。三、欧索瑞斯(Eussorus)的儿子,参加特洛亚战争的色雷斯领袖之一(Hom. *Il.* ii. 844, v. 462),后来被忒拉蒙人埃阿斯所杀(*Il.* vi. 8)。参看《希腊罗马传记与神话词典》,前揭,卷一,页5。

- 波吕克塞涅(Polyxena):普里阿摩斯和赫卡柏的女儿(Apollod. iii. 12. §5)。阿喀琉斯爱上了她,当希腊联军在色雷斯海岸正要启程返航之际,阿喀琉斯的鬼魂出现了,要求把波吕克塞涅献祭给他。于是涅俄普托勒摩斯就在父亲坟前把她献祭了(Eurip. *Hec.* 40; Ov. *Met.* xiii. 448, etc.)。也有其他人说,阿喀琉斯出现在希腊联军领导人的睡梦中(Tzetz. *ad Lyc.* 323),或者是说一个声音从阿喀琉斯的坟墓边传出来,要分战利品,于是卡尔卡斯提议把波吕克塞涅献祭了(Serv. *ad Aen.* iii. 322)。因为有一个传说讲,阿喀琉斯答应普里阿摩斯要让特洛亚与希腊联军和解,如果普里阿摩斯答应把女儿波吕克塞涅嫁给他的话。阿喀琉斯为了去商谈婚姻的事情,就去了色莫布拉(Thymbracan)的阿波罗神殿,结果被帕里斯杀害(Hygin. *Fab.* 110)。斐洛斯特拉图斯还给出了一个全然不同的说法

(*Her*. 19. 11; comp. *Vit. Apollon*. iv. 16),据他讲,就在赫克托尔的遗体被送到普里阿摩斯那里的时候,阿喀琉斯和波吕克塞涅一见钟情。在阿喀琉斯被杀之后,波吕克塞涅跑到希腊联军那里,就在她心爱的人坟墓前自杀殉情。雅典卫城里还有波吕克塞涅被献祭的画像(Paus. i. 22. §6, comp. x. 25. §2)。参看《希腊罗马传记与神话词典》,前揭,卷三,页 471。

辑 语

1. Scholiast on Virgil, "a horse like a mountain"

阿克提努斯说木马有 100 英尺长,50 英尺宽,而且它的尾巴和膝盖还可以动。

Servius auctus on Virgil, "the huge horse"

一些记录显示,这匹木马有 120 英尺长,30 英尺宽,它的尾巴、膝盖和眼睛都可以动。

2. Scholiast on the *Iliad*, "a doctor is worth many others when it comes to cutting arrows out"

有人认为这荣誉并不适用于所有的医生,但对于玛卡翁来说,尤其适用,有人说他是唯一的外科医生,正如波达勒里俄斯(Ποδαλείριος)照看病人一样……这似乎也是阿克提努斯在《洗劫伊利昂》中的观点,他如是说:

"因为他们的父亲震地神(Ἐννοσίγαιος)亲自赐予他们治病的天赋。不过,他让其中一个在声望上比另一个高。他给予这一个更灵巧的手,能从肉中移出箭矢,割除创伤并治疗伤口;

而在另一个人的心里,他则放入了精密的知识,以诊断匿藏的东西并治愈那些无法变好的病症。正是这个人最先发现了狂怒的埃阿斯眼眸在闪烁以及他精神上的重负。"

- 波达勒里俄斯(Podalirius):埃斯克勒庇俄斯和厄庇俄涅(Epione)的儿子,或是阿尔斯诺埃的儿子,玛卡翁的兄弟,和他的兄弟一起领导特里卡的帖撒利人进攻特洛亚(Hom. *Il.* ii. 729, etc.; Apollod. iii. 10. §8; Paus. iv. 31. §9)。他和他的兄弟一样,擅长医术(Hom. *Il.* xi. 832, etc.)。他从特洛亚回来后被风暴卷到了迦利亚的西若斯(Syros)海岸,据说他就在那里定居了下来(Paus. ii. 26. §7, iii. 26. §7)。在德瑞亚(Dria)山被当做英雄供奉了起来(Strab. vi. p. 284)。参看《希腊罗马传记与神话词典》,前揭,卷三,页432。
- 震地神(the Earth-shaker):指波塞冬。但别的文献说玛卡翁和波达勒里俄斯是埃斯克勒庇俄斯的儿子。
- 《奥德赛》第九卷第520行:"奥德修斯,你过来,我会赐你礼物,/然后让强大的震地之神送你回家园,/因为我是他儿子,他宣称是我的父亲。/只要他愿意,他还会治好我的眼睛,/其他常乐的天神和凡人都无此能力。"参看王焕生译,《奥德赛》,前揭,页170。

3. Scholiast on Euripides, *Andromache*

其他人说欧里庇得斯在涉及特洛亚神话的时候,不会关注克珊托斯,而只会关注更有用、更可靠的资源:斯泰西科拉斯(Στησίχορος)说阿斯蒂阿纳克斯已经死了,创作《洗劫伊利昂》的《英雄诗系》诗人却说他事实上是被丢出城垛的,结果欧里庇得斯就采用了这种说法。

- 斯泰西科拉斯（Stesichorus）：西西里的西默拉人，知名的希腊诗人，与萨福（Sappho）、阿尔凯奥斯（Alcaeus）、皮塔科斯（Pittacus）和费拉瑞斯（Phalaris）同时，比阿尔克曼（Alcman）出生晚，却早于西蒙尼德（Simonides），据说生于第 37 届奥林匹亚运动会时期（公元前 632 年），活跃于第 43 届奥林匹亚运动会期间（公元前 608 年），死于第 55 届奥林匹亚运动会期间（公元前 560 年），或是死于第 56 届奥林匹亚运动会期间（公元前 556 至 552 年），享年 80 岁。但据卢西安（Lucian）说，享年 85 岁（Suid. s. vv. Στησίχορος, Σιμοννίδης, Σαπφω; Etseb. Chron. Ol. 43. 1; Aristot. *Rhet.* ii. 20. §5; Cyrill. *Julian.* i. p. 12, d. ; Lucian. *Macrob.* 26; Clinton, *F. H.* vol. i. *s. a.* 611, vol. ii. *s. aa.* 556. 553）。已经有不少人做出很大努力来解决上述内容中的一些问题，但是他们的研究似乎总体上都清楚地表明：斯泰西科拉斯活跃于公元前 6 世纪的早期。参看《希腊罗马传记与神话词典》，前揭，卷三，页 908。

4. Dionysius of Halicarnassus, *Roman Antiquities*

阿克提努斯说，宙斯把雅典娜木像交给了达耳达诺斯（Δάρδανος），而当伊利昂被攻占的时候，木像被藏在内部的圣所里而得以保存。一个精巧的复制品摆放在公众场合，以欺骗那些觊觎它的人，而它正是阿开奥斯人计划得到并带走的东西。

- 达耳达诺斯（Dardanus）：在希腊语中，Δάρδανος 的意思是"燃烧起来的"，他是宙斯和伊莱克特拉的儿子，伊莱克特拉是阿特拉斯的女儿。他是雅舒斯、雅西乌斯（Jasius）和伊阿宋的兄弟，或伊阿宋、阿提翁（Aetion）和哈摩丽娅的兄弟，而关于他的出生地也有不同的说法，包括阿尔卡迪亚、克里特、特洛阿斯或意大利

(*Serv. ad Vrig. Aen.* iii. 167.)。达耳达诺斯是特洛亚人传说中的祖先,并且还成了罗马人的祖先。在这里有必要区分早期希腊神话传说和后来在意大利诗歌中出现的传说。据前一个传说,他娶阿尔卡迪亚的帕拉斯(Palas)之女克律塞(Chryse)为妻,并和她生下了两个儿子艾达俄斯(Idaeus)和德玛斯(Deimas)。他的孩子统治了阿尔卡迪亚的阿特拉斯的王国一段时间,但他们后来由于大洪水被分开了,大灾难又紧随其后。德玛斯还留在阿尔卡迪亚,而艾达俄斯则随父亲达耳达诺斯一起走了。他们最先来到了萨莫色雷斯岛——因此后来那个地方被称为达达尼亚,在那里建立了殖民地以后,他们又去了弗里吉亚。在这个地方,达耳达诺斯接收了一块来自透克尔(Teucerus)国王的土地,并在这片土地上建立起了达耳达诺斯城。克律塞同他结婚的时候,为他带来了一份丰厚的嫁妆,这就是雅典娜神像(palladia)和诸神的圣道(sacra)。正是从这些神灵的身上,她领承了敬仰,这样的敬仰还被达耳达诺斯带进了萨莫色雷斯岛,尽管他没有使人们熟知这些神灵的名字。瑟维尔斯(*ad Aen.* viii. 285)说,达耳达诺斯还在萨莫色雷斯岛建立了塞利(Salii)城。当他去弗里吉亚的时候,把众神的神像一起带了去;当有了要建立一个城邦的想法之后,他去询问神灵,于是得到谕告,只要他妻子的神圣嫁妆在城邦中得到保存,并得到雅典娜的保护,这个城邦就能在众城邦之中成为永远无法战胜的城邦。达耳达诺斯死后,这些雅典娜的神像(也有人说只有一个雅典娜神像)被他的后裔带到了特洛亚。当克律塞死后,达耳达诺斯娶了透克尔的女儿巴忒娅——也有人说是克里特的阿里斯贝——并和她生下了厄瑞托尼俄斯和伊代亚(Idaea, Hom. *Il*. xx. 215, etc.; Apollod. iii. 12. §1, etc., 15. §3; Dionys. i. 61, etc.; Lycophr. 1302; Eustath. ad Il. p. 1204; Conon. Narr. 21; Strab. vii. p. 331; Paus. vii. 4. §3, 19.

§3; Diod. iv. 49; Serv. *ad Aen.* i. 32）。另据意大利传统，达耳达诺斯是柯瑞托斯（Corythus）的儿子，柯尔托那（Cortona）的埃特鲁斯坎（Etruscan）的王子，或者是宙斯同柯瑞托斯所生的儿子（Serv. *ad Aen.* ix. 10, vii. 207）。在同阿波里基内斯人（Aborigines）的战斗中，达耳达诺斯丢掉了头盔（κόρυς）。虽然他被打败，但是他带领部队又卷土重来，要夺回他的头盔。他最后取得了胜利，并把这场战斗的发生地命名为柯瑞托斯。后来他同其兄弟雅西乌斯一起离开了伊托鲁里亚。达耳达诺斯去了弗里吉亚，并在那里建立起了达尔达尼亚王国，两兄弟先把珀纳忒斯（Penates）一分为二之后，雅西乌斯去了萨莫色雷斯岛（Serv. *ad Aen.* iii. 15, 167, 170, vii. 207, 210）。另外还有四个同名神话形象，从略（Hom. *Il.* xx. 459; Eustath. *ad Il.* pp. 380, 1697; Paus. viii. 24. §2）。二、斯多亚哲学家，与阿斯克兰城（Ascalon）的安提俄克斯（Antiochus）同时代（大约公元前110），安提俄克斯与莫奈萨尔克（Mnesarchus）是雅典斯多亚学园的掌门人（Cic. *Acad.* ii. 22; Zumpt, *Ueber den Bestand der Philos. Schulen in Athen*, p. 80）。三、希腊智术师，阿西利亚（Assyria）人，斐洛斯特拉图斯提到过他（*Vit. Soph.* ii. 4），说他是埃迦伊（Aegae）的安提俄克斯的老师，因此他一定生活于公元2世纪左右。四、阿伊斯古拉普斯（Aesculapius）的第四代，索斯特拉图斯（Sostratus）一世的儿子，克里撒米斯（Crisamis）一世的父亲。克里撒米斯一世大约生活于公元前11世纪（Jo. Tzetzes, *Chil.* vii. *Hist.* 155, in Fabric. *Bibl. Graec.* vol. xii. p. 680, ed. vet.）。参看《希腊罗马传记与神话词典》，前揭，卷一，页939。

• 有人怀疑这段辑语反映了一个罗马人妄图占有真正的雅典娜木像。参看 Nicholas Horsfall, CQ29（1979），374f。但在阿尔提诺斯时代，特洛德（Troad）的阿勒阿戴（Alneiadai）提出过同样的说法。

5. Scholiast on the Iliad, "the Pleiades"

七星……据说，伊莱克特拉（Ἠλέκτρα）不愿意看到伊利昂的失陷——因为这个城邦是她的后代建立的，就离开了它的位置。原来它是七星之一，现在七星变成了六星。这个故事出自《英雄诗系》。

• 伊莱克特拉（Electra）：或译厄勒克特拉，意为"明亮"或"光辉"。一、海洋之神（俄刻阿诺斯）和忒提斯的女儿，陶玛斯（Thaumas）的妻子，与他生下的孩子有：伊里斯（Iris）和哈耳庇埃、阿耶罗（Aëllo）和俄库珀忒（Ocypete, Hom. *Hymn. in Cer.* 419; Hes. *Theog.* 266; Apollod. i. 2. §§2, 6; Paus. iv. 33. §6; Serv. *ad Aen.* iii. 212）。二、阿特拉斯和普勒俄涅（Pleione）的女儿，是七个普勒阿得斯（Pleiades）之一，与宙斯生下了伊阿西翁（Jasion）和达耳达诺斯（Apollod. iii. 10. §1, 12. §§1, 3）。据保存在瑟维尔斯（*ad Aen.* i. 32, ii. 325, iii. 104, vii. 207）中的传说讲，她是意大利国王柯瑞托斯的妻子，并与后者生了儿子伊阿西翁。宙斯和她生下的孩子是达耳达诺斯（比较 Serv. *ad Aen.* i. 384, iii. 167; Tzetz. *ad Lycoph.* 29）。狄奥多罗斯（v. 48）说哈摩丽娅是她和宙斯的女儿。她还和雅典娜神像的传说有关。据说，当伊莱克特拉来求拜雅典娜神像的时候——这个雅典娜神像由雅典娜所造，宙斯或雅典娜把它扔进了伊利昂的领地里，因为它已经被一个不再纯洁女人之手玷污了，接着伊拉斯就在那里为宙斯建了一座神殿（Apollod. iii. 12. §3）。另据其他传说，伊莱克特拉自己把雅典娜神像带到了伊利昂，并把它交给了她的儿子达耳达诺斯（Schol. *ad Eurip. Phoen.* 1136）。当她看见她儿子的这座城市毁于大火的时候，她撕扯着自己的头发,悲痛不已,因此就被放到了群星之中,成了一颗彗星(Serv. *ad Aen*. x. 272)。又有人说,伊莱克特拉和她的六姐妹被放在了群星之中,成了七个普雷德斯(Pleides),因为看到伊利昂的失陷而失去了原有的光泽(Serv. *ad Virg. Georg*. i. 138; Eustath. *ad Hom*. p. 1155)。伊莱克特拉神岛据说是得名于她(Apollon. Rhod. i. 916)。三、卡德摩斯的妹妹,忒拜的伊莱克特安(Electrian)大门因她而得名(Paus. ix. 8. §3; Schol. *ad Apollon. Rhod*. i. 916)。四、阿伽门农(Agamemnon)和克吕泰墨涅斯特拉的女儿,又叫作拉俄狄刻(Eustyath. *ad Hom*. p. 742.)。她是伊菲革涅亚、克律索忒弥斯和俄瑞斯忒斯的姐姐。她母亲和埃癸斯托斯的行为极大地伤害了她,使她悲痛万分,结果她就同俄瑞斯忒斯一起谋划杀害母亲。许金鲁斯(*Fab*. 122)所讲的关于她的故事如下:有错误消息称俄瑞斯忒斯和皮拉德斯在陶里斯被献祭给了阿尔忒弥斯,埃癸斯托斯的儿子阿勒忒斯接管了迈锡尼政府,但是伊莱克特拉为了了解其兄弟之死的细节,就去了德尔斐。她到达那个地方的时候,俄瑞斯忒斯和伊菲革涅亚也到了那里。那个在伊莱克特拉面前传假信的信使说,俄瑞斯忒斯是被伊菲革涅亚所献祭的。伊莱克特拉见到她妹妹伊菲革涅亚后十分恼怒,从祭坛上抓起一根火把,准备搞瞎她妹妹的眼睛。但是俄瑞斯忒斯突然来到,伊莱克特拉看见他还活着,一切均水落石出,他们一行到了迈锡尼,俄瑞斯忒斯杀死了篡夺者阿勒忒斯,伊莱克特拉嫁给了皮拉德斯。阿提卡的悲剧作家,埃斯库罗斯、索福克勒斯和欧里庇得斯都曾化用过这个故事,而最完美的自然是索福克勒斯的《伊莱克特拉》。埃癸斯托斯和克吕泰墨涅斯特拉在阿伽门农死后,准备杀害年轻的俄瑞斯忒斯,而这时候伊莱克特拉救了他,伊莱克特拉派了一个奴隶保护他去了福喀斯的潘洛忒(Phanote)的斯特欧皮俄斯(Strophius)国王那里,斯特欧皮俄斯善待他，把他和自己的孩子皮拉德斯放到一起受教育。伊莱克特拉这时还在思考如何为她父亲报仇，当俄瑞斯忒斯长大成人之后，伊莱克特拉就给他送了一封密信，提醒他不得忘记父仇。最后，俄瑞斯忒斯同皮拉德斯一起去了阿尔戈斯。他在父亲的坟墓上放了一缕头发，以表示伊莱克特拉的兄弟来了。俄瑞斯忒斯随后见到了伊莱克特拉，并告诉她这是遵阿波罗神谕报父仇。两个人都在那里哀叹他们不幸的命运，伊莱克特拉还催促他尽快行动。俄瑞斯忒斯同意了，并说他和皮拉德斯一起去克吕泰墨涅斯特拉那里，装作是从福喀斯来的外地人，并且骗她说俄瑞斯忒斯已经死了。这个计划最终得以实现，埃癸斯托斯和克吕泰墨涅斯特拉死在了俄瑞斯忒斯手中。后来俄瑞斯忒斯还让伊莱克特拉同他的朋友皮拉德斯结了婚（参看埃斯库罗斯《报仇神》和欧里庇得斯《俄瑞斯忒斯》）。伊莱克特拉后来成了墨冬（Medon）和斯特欧皮俄斯的母亲。她的坟墓后来在迈锡尼（Mycaenae）被发现（Paus. ii. 16. §5）。五、海伦的仆人，波吕格诺图斯在德尔莫的奈斯柯礼厅为她画了像，她正跪在女主人面前，为她穿上便鞋（Paus. x. 25. §2）。六、另一个伊莱克特拉是达那奥斯的女儿（Apollod. ii. 1. §5）。参看《希腊罗马传记与神话词典》，前揭，卷二，页8。

● 伊莱克特拉是达耳达诺斯的母亲，其父是宙斯，因此也是拉俄墨冬的祖先。

6. Scholiast on Euripides, *Trojan Women*, "and others the Thessalian host has received, and Theseus' sons, the lords of Athens"（帖撒利人主人已经收下了其他的人和忒修斯的儿子们，雅典的王胄们）

据一些人说，这个内容是为了取悦听众编出来的，因为阿卡玛斯和德莫弗翁除了获得埃特拉以外,并没有得到其他战利品,正是由于埃特拉的缘故,他们来到了伊利昂的第一个领地,它处于墨涅斯修斯（Μενεσθεύς）掌控之下。但是吕西玛喀斯（Λυσίμαχος）说,《洗劫伊利昂》的作者这样记叙:

"阿伽门农王赐礼物给忒修斯的儿子们,而让胸怀大志的墨涅斯修斯管理民众。"

- 墨涅斯修斯（Menestheus）：一、珀透斯（Peteus）的儿子,雅典国王,曾带领雅典人进攻特洛亚,在指挥骑兵和步兵作战方面超过了所有的人（Hom. *Il.* ii. 552, etc., iv. 327; Philostr. *Her.* ii. 16; Paus. ii. 25. §6）。在廷达柔斯之子（Tyndarides）的帮助下,他把忒修斯从自己的国度赶走了,最后死在了特洛亚（Plut. *Thes.* 32, 35; Paus. i. 17. §6）。维吉尔曾经提到过一个同名者（*Aen.* x. 129）；二、著名的雅典将军伊菲克拉特斯（Iphicrates）的儿子,母亲是色雷斯国王科提斯（Cotys）的女儿。因此,他总说自己比起父亲来更亲近母亲一些,因为他母亲使他成了一个色雷斯人,而其父亲却使他成了雅典人（Nep. *Iph.* 3; comp. Vol. ii. p. 617, a.）。他大约出生于公元前377年（see Rehdantz, *Vit. Iphic. Chabr. Timoth.* ii. §4）。长大后由于身材高大魁梧,他看起来比实际年龄大许多,所以他还是个孩子的时候就被招去执行λειτουργίαι,这个命令正是伊菲克拉特斯坚持下达的（Arist. *Rhet.* ii. 23. §17）。他娶了提莫忒乌斯（Timotheus）的女儿为妻,在公元前356年,被任命为军团长,据奈波斯（C. Nepos）所说,他的父亲和岳丈都受命来帮他,给他提供建议和参考,而他们三个人都受到同僚查尔斯（Chares）的指控,说他们在战斗中行为不检,通敌叛国。但是伊菲克拉特斯和墨涅斯修斯在公元前355年获释（Nep. *Tim.* 3; Dion Hal. *Dem.* p. 667; Rehdantz, *Vit. Iph-*

ic. etc., vi. §7, vii. §§5, 7；参看 Diod. xvi. 21；Wess. *ad loc.*；Isocr. περὶ ἀντιδ. §137)。墨涅斯修斯在战争技艺方面很有能力，后来又被任命为一支分遣队的司令，指挥100艘帆船，在公元前335年前去惩罚马其顿人，因为后者在一些雅典船从尤克森（Euxine）回来的时候劫下了他们。我们并不清楚他去世的准确时间，可能发生在公元前325年（Plut. Phoc. 7；Pseudo - Dem., περὶ τῶν πρὸς Ἀλεξ. συνϑ. p. 217, *Epist.* iii. p. 1428；Rehdantz, *Vit. Iphic.* etc., vii. §8)。三、雕刻家，一个雕像的残片记录下了他的名字。参看《希腊罗马传记与神话词典》，前揭，卷二，页1040。

- 吕西玛喀斯（Lysimachus）：叫这个名字的作者有六个。一、喜剧诗人。琉善曾嘲笑过他学究式的写作风格，尽管他出生在波俄提亚，却极喜欢用阿提卡的 T 字母来代替 Σ，不仅极喜欢用到下面这些词：Τετταράκοντα, τήμερον, καττίτερον, κάττυμα 和 πίτταν，而且甚至还用βασίλιττα这样的词（Lucian, *Jud. Vocal.* i. p. 90；Meineke, *Hist. Crit. Com. Graec.* p. 493)。不过，这个吕西玛喀斯的其他内容就不太清楚了，甚至这个名字都有可能是虚构的。二、一个地位不高的抒情诗人，μελοποιὸς εὐτελής，苏达斯和哈波克拉底翁（Harpocration）曾经提到过他，演说家吕库戈斯（Lycurgus）也在他的演讲περὶ διοικήσεως中提到过他。三、亚历山大大帝的教师之一，出生于阿卡南尼亚（Acarnanian）。尽管他所取得的成就较小，但他总是给自己取一些名字，让自己与一些贵族联系起来，如福尼克斯（Phoenix）、亚历山大·阿喀琉斯和菲利浦·佩琉斯等名字。通过这种巴结行为，他当上了年轻王子的教师，排名第二（Plut. *Alex.* 5.)。四、雅典纳乌斯提到的一个哲学家也叫这个名字，而且性格也相似，是阿塔勒斯（Attalus）国王的朝臣和教师。他的书充满了奉承之语。据卡利马库斯所述，他是泰奥多若斯（Theodorus）的学生，或据赫米普斯（Hermippus）所述，是泰奥弗拉斯托斯的学生（Ath. vi. p. 252.）。五、亚历山大里亚人，知名的语法学家，一些评论者和作家时常提到他，有人提到过他的《回归》（Ath. iv. p. 158, c. d.; *Schol. ad Apoll. Rhod.* i. 558, iii. 1179, *ad Soph. Oed. Col.* s, *ad Eurip. Andr.* 880, *Hec.* 892, *Phoen.* 26, *Hipp.* 545, *ad Pind. Pyth.* v. 108, *Isth.* iv. 104, *ad Lycoph.* 874; *Apost. Prov.* xvi. 25; *Plut. de Fluv.* 18; Hesych. *s. v. Σκῦρος*）。他也许还是Αἰγυπτιακά的作者，约瑟夫（*c. Ap.* i. 34, ii. 2, 14, 33）引用过里面的文字。更有甚者认为他就是库瑞涅的吕西玛喀斯，此人写作了περὶ ποιητῶν（*Proleg. ad Hes. Opp.* p. 30; Tzetz. *Chil.* vi. 920）。波菲利（Πορφύριος, Porphyry）也提到过一个同名的作者，写作了两卷本的περὶ τῆς Ἐφόρου κλοπῆς（Euseb. *Praep. Euang.* x. 3）。关于这个亚历山大里亚的吕西玛喀斯的生活年代，我们仅知道他比蒙纳瑟阿斯（Mnaseas）年轻，而蒙纳瑟阿斯活跃于公元前140年（Vossius, *de Hist. Graec.* p. 464, ed. Westermann; Fabric. *Bibl. Graec.* vol. i. p. 384, vol. ii. p. 129）。六、一个农业方面的作家，瓦罗（Varro）、哥伦梅拉（Columella）和普林尼经常提到他，也许与 *Schol. ad Nic. Alex.* 376 和 Plin. *H. n.* xxv. 7. 中提到的是同一人。另有众多同名者，参看《希腊罗马传记与神话词典》，前揭，卷二，页867。

Pseudo‑Demosthenes, *Funeral Oration*

阿卡曼缇斯的后人（Ἀκαμαντίδαι）想起了荷马的诗句，在其中他叙述了阿卡玛斯是由于其母亲埃特拉的缘故才去的特洛亚。接着，为了营救他自己的母亲而经历了种种灾难。

- 实际上是他的祖母。叙述者犯了一个错误。

归返 (*ΝΟΣΤΟΙ. ΑΤΡΕΙΔΩΝ ΚΑΘΟΔΟΣ*)

证 言

Scholiast on Pindar, *Olympian* 13.31a, 参看对欧墨洛斯的证言。

Hesychius of Miletus, *Life of Homer*

另外的某些诗歌也归在他的名下：如《阿玛宗尼亚》、《小伊利亚特》、《归返》等。

The *Suda*

"νόστος"：意指回家……那些颂扬《归返》的诗人，竭尽所能地紧随荷马。

从两部抄本页边所加文字可以看出，写作《归返》的似乎不是一个诗人，而是还有其他几位诗人。

Eustathius, commentary on the *Odyssey*

《归返》的作者是科诺普丰（*Κολοφών*）的诗人……

• 科诺普丰（Colophon）：古代吕底亚地区的一个城邦，可以追溯到公元前 500 年（the turn of the first millennium – BC.）。它也极有

可能是十二个伊奥尼亚（Ionian）同盟邦国中最古老的城邦之一。东边距雷贝多斯（Lebedos）约120斯塔（Stadia），南邻以弗所（Ephesus）。其旧址与现在叫做伊奥尼亚的地方同名。其名字有"顶峰"的意思。

论　述

Proclus, *Chrestomathy*, with additions and variants from Apollodorus, *The Library*

同此相关的是《归返》的五章内容，由特洛岑的阿吉亚斯写就，内容如下：

（1）雅典娜使阿伽门农和墨涅拉奥斯在远征的问题上发生争执。阿伽门农为了平息雅典娜的怒火，就在后面等候。狄奥墨得斯和涅斯托尔出航并安全地到了家。接着，墨涅拉奥斯出航，遭遇风暴，带着五艘船到达埃及，其余的船只全毁于海上。

● 参看《奥德赛》3.130 – 183 和《奥德赛》3.276 – 300，文繁不录。王焕生译《奥德赛》，前揭，页41。

（2）卡尔卡斯（Κάλχας）、勒俄透斯（Λεοντέα）和波吕波忒斯（Πολυποίτης）身边的部队步行前往科诺普丰（阿波罗多洛斯增加了安菲洛克斯和波达勒里俄斯），特瑞西阿斯（阿波罗多洛斯说是卡尔卡斯，看起来更有道理）死在了那里，他们把他埋了。

● 卡尔卡斯（Calchas）：迈锡尼或迈加拉的忒斯托耳（Thestor）

的儿子，他是希腊联军进攻特洛亚时最聪明的预言家（Hom. *Il.* i. 69, etc., xiii. 70）。他曾告诉希腊人，特洛亚战争会持续很长时间，甚至在他们从奥利斯（Aulis）起航之前，而在希腊人卷入战争的时候，还向他们解释了阿波罗愤怒的原因（*Il.* ii. 322; Ov. *Met.* xii. 19, etc.; Hygin. *Fab.* 97; Paus. i. 43. §1）。有预言曾说，如果卡尔卡斯遇到了一个比他还高明的预言家，他就得死去。这件事发生在克那鲁斯，因为卡尔卡斯在克那鲁斯的阿波罗丛林里遇到了著名的预言家莫朴索，并被他打败。他们比赛看谁能说出一棵无花果树上所结的无花果数量，或是一头母猪会产下的小猪数量，莫朴索都准确无误地讲了出来，于是卡尔卡斯被打败了，并且，据说他因此郁郁而终（Strab. xiv. p. 642, etc., 668; Tzetz. *ad Lycoph.* 427, 980）。另外一个关于他的死的传说如下：一个预言家看到卡尔卡斯在格利恩（Grynium）附近的阿波罗丛林中种下了一些葡萄树，就预言说他将永远也喝不到这棵树上的葡萄酿成的酒。当葡萄熟了被酿成酒后，卡尔卡斯就把这个预言家请到自己家来作客。在卡尔卡斯举杯祝酒的时候，这个预言家又一次说起同样的预言。这使得卡尔卡斯大笑不止，结果酒杯掉落，一口气没上来，死了（Serv. *ad Virg. Eclog.* vi. 72）。第三个传说讲，当卡尔卡斯与莫朴索在克那鲁斯为神谕的管理权而争吵不休时，卡尔卡斯向吕基亚人的国王安菲玛科斯（Amphimachus）保证他一定会取得胜利，而莫朴索则说他不会取胜。结果后一个预言得到实现。卡尔卡斯由于无法接受失利之痛，就自行结果了性命（Conon, *Narrat.* 6）。关于卡尔卡斯在道尼亚（Daunia）的预言，参看 *Dict. of Ant. s. v. Oraculum.* 参看《希腊罗马传记与神话词典》，前揭，卷一，页561。

- 波吕波忒斯（Polypoites）：一、阿波罗和弗西亚的儿子（Apollod. i. 7. §6；另参埃托洛斯的相关内容）。二、庇里托俄斯和希波达弥亚的儿子,拉庇泰人之一,他们都是参加了特洛亚战争的希腊人,他还在战争中带领阿吉萨(Argissa)、吉尔通(Gyrtone)、奥尔特(Orthe)、厄洛勒(Elone)和俄洛松(Oloosson)等地的人作战(Hom. Il. ii. 738, etc., 另参 vi. 29, xii. 129)。在帕特罗克洛斯的葬礼竞技上,他获得了投铁球的胜利(Il. xxiii. 836, etc.)。据说,特洛亚陷落以后,波吕波忒斯和勒翁泰奥斯(Leonteus)一起在庞菲利亚(Pamphylia)建立了阿斯盆都城(Aspendus。Eustath. ad Hom. p. 334)。参看《希腊罗马传记与神话词典》,前揭,卷三,页469。

(3) 当阿伽门农的队伍准备出航的时候,阿喀琉斯的鬼魂出现了,它预言将会发生什么,以阻止他们出航。(阿伽门农献了祭之后就启程了,并驶进了特涅多斯岛港,但忒提斯跑到涅俄普托勒摩斯处,劝他再等两天并献祭,他照做了。其余的人都起航了,并在特诺斯[Τῆνος]附近遇到了风暴,因为雅典娜已经央求宙斯给希腊人送去风暴。许多船因此沉了。)接着记叙了卡菲伊达斯岩(Καφηρίδας)附近的风暴以及洛克里斯人(Λοκροί)埃阿斯是如何死亡的(忒提斯清洗了他的尸体,并将他埋在米科诺斯[Μύκονος])。

• 特诺斯(Tenos):爱琴海上的希腊岛屿。在古希腊,此岛以"蛇之岛(Ophiussa)"和"水之岛(Hydroessa)"闻名。

• 卡菲伊达斯岩(Kapheria):位于欧玻亚南端朝东突起的海角。关于埃阿斯的死,参看《奥德赛》4,499–510:"埃阿斯同他的长桨战船一起被征服。/波塞冬首先让他撞上无比硕大的/古赖礁岩,但把他本人从海水中救起。/尽管雅典娜讨厌他,他仍可逃避死亡，/若不是他完全丧失理智，说话狂妄，/声称他背逆天意，逃出了大海的深渊。伟大的波塞冬听见了他的狂妄言词，/立即用有力的双手抓起那把三股叉，/劈向古赖巨岩，把巨岩劈成两半，一半留在原地，另一半倒向海中，丧失理智的埃阿斯正好坐在那上面，/把他抛向波涛翻滚的无边大海里。他就这样死去，咸涩的海水没少喝。"参看《奥德赛》，前揭，页72。

• 洛克里斯人（Locrian）：古希腊的部落。诺科伊人说洛克里斯方言，一种西北部的多里斯方言，这表明他们与多里斯有亲缘关系。

• 米科诺斯（Myconos）：希腊小岛，旅游胜地，因其世界主义性质和繁忙的夜生活而知名。

（4）涅俄普托勒摩斯遵照忒提斯的建议，走陆路。他走到色雷斯（Θράκη）时，发现奥德修斯在马翁尼亚人（Μαρωνείαι）那里。他完成了自己剩余的行程，福尼克斯死后，他将其埋藏。他一直走到了莫洛索伊人（Μολοσσοί）那里，并被佩琉斯认了出来。

• 色雷斯（Thrace）：此从《古希腊语汉语词典》的译法，但此名字是据英文音译，与希腊文原文发音差距较大。它是爱琴海北岸的一个地区，今分属希腊和土耳其两国。

• 马翁尼亚（Maronea）：布雷西亚（Brescia）省的一个小镇和居民区，位于意大利的隆巴地（Lombardy）。

• 莫洛索伊（Molossians）：古希腊部落，在迈锡尼时代定居于伊派瑞斯（Epirus）。

• 阿波罗多洛斯说，他赢得了一场战争，就成了莫洛索伊人的王,安德洛玛刻为他生了一个儿子,即莫洛塞斯(Molossus)。

(5) 接下来,俄瑞斯忒斯(Ορέστης)和皮拉德斯(Πυλάδης)为阿伽门农报仇,后者被埃癸斯托斯(Αἴγισϑος)和克吕泰墨涅斯特拉所杀,还有就是墨涅拉奥斯回到了他自己的国家。

● 俄瑞斯忒斯(Orestes):同名者众多,这里指阿伽门农和克吕泰墨涅斯特拉唯一的儿子,克律索忒弥斯、伊莱克特拉(Electra)和伊菲阿娜萨的兄弟(伊菲革涅亚;Hom. *Il.* ix. 142, etc., 284;比较 Soph. *Elect.* 154;Eurip. *Or.* 23)。据荷马说,阿伽门农从特洛亚返回后,并没有看见他的儿子,而在他有机会见到自己的儿子之前就已经被埃癸斯托斯和克吕泰墨涅斯特拉杀害了。俄瑞斯忒斯在其父亲死后的第八年,从雅典来到了迈锡尼并手刃仇人,并同时为埃癸斯托斯和他的母亲举行了隆重的葬礼。由于他的复仇行为,在人间赢得了巨大的声誉(*Od.* i. 30, 298, iii. 306, etc., iv. 546)。俄瑞斯忒斯故事的模糊情节为众多悲剧诗人提供了素材。因此,据说,关于谋杀阿伽门农这件事情,伊莱克特拉本来打算把俄瑞斯忒斯送走,悄悄地把这件事委托给他身边的一个奴隶。而这个奴隶把这个孩子交给了福喀斯的国王斯特欧皮俄斯,这个国王又娶了阿伽门农的妹妹阿纳柯比娅为妻。也有人说俄瑞斯忒斯是被他的保姆格利莎(Geilissa)救了(Aeschyl. *Choeph.* 732)。也说保姆是阿尔斯诺埃或拉奥德美娅(Pind. *Pyth.* xi. 25, with the Schol.),无论这个保姆是谁,她都做了一件事,那就是让埃癸斯托斯杀死了自己孩子,并让他觉得这个孩子是俄瑞斯忒斯。在斯特欧皮俄斯的家里,俄瑞斯忒斯与国王的儿子皮拉德斯一起长大,而俄瑞斯忒斯与此人之间的亲密友谊已经是众所周知的事情（Eurip. *Orest.* 804，etc.）。伊莱克特拉不断地派人送信来，告诉他杀父之仇不共戴天。于是俄瑞斯忒斯去德尔斐问神谕，这更加强了他为父报仇的决心。于是他悄悄地回到了阿尔戈斯，不让任何人知道（Soph. *Elect.* 11，etc.，35，296，531，1346；Eurip. *Elect.* 1245，*Orest.* 162）。他伪装成斯特欧皮俄斯的信使，来这里宣布俄瑞斯忒斯已经死了，并且带来了俄瑞斯忒斯的骨灰（Soph. *Elect.* 1110）。他为其父扫完墓之后，还在坟墓上祭献了一缕头发，这样就可以让他的姐姐知道他回来报父仇了。而其姐姐伊莱克特拉正受埃癸斯托斯和克吕泰墨涅斯特拉的虐待，伊莱克特拉就与他一起讨论了复仇的计划，并很快实行了，埃癸斯托斯和克吕泰墨涅斯特拉两个人均在宫殿中死于他的手中（Soph. *Elect.* 1405；Aeschyl. *Choeph.* 931；参看 Eurip. *Elect.* 625，671，774，etc.，969，etc.，1165，etc.，他在许多细节上与索福克勒斯不相同）。他在杀死母亲之后就立刻疯掉了。他看见了母亲的复仇之魂（Erinnyes），吓得立刻逃走。索福克勒斯没有提到这件事情的直接后果，而根据欧里庇得斯的讲法，俄瑞斯忒斯不只是疯掉了，阿尔戈斯人出于义愤，用石头把他和伊莱克特拉砸死了。由于墨涅拉奥斯拒绝为他提供帮助，于是他和皮拉德斯一起把海伦杀了，尸体被众神挪走。俄瑞斯忒斯还威胁墨涅拉奥斯说要杀死他的女儿赫尔迈厄尼。在阿波罗的调停下，他们的争吵才缓和下来，而俄瑞斯忒斯却和赫尔迈厄尼订了婚，皮拉德斯则和伊莱克特拉订了婚。有的说法又讲，俄瑞斯忒斯被他母亲的复仇之魂追逐，四处逃亡。在阿波罗的建议下，他去了雅典找雅典娜寻求保护。女神为他提供了保护，并让战神山（Areiopagus）的法庭来决定他的命运。厄里倪厄斯提出了对他的指控，而俄瑞斯忒斯则拿出德尔斐的神谕作为借口。当法庭投票决定的时候，两边打成平手。于是雅典娜下令放了他（Aeschyl. *Eumenides*)。而后他在阿瑞亚（Areia）为雅典娜建了一个神坛（Paus. i. 28. §5）。另据其他说法，俄瑞斯忒斯问阿波罗怎样才能结束他自己的疯症和无休止的游荡，阿波罗建议他去西徐亚（Scythia）的陶里斯，顺便把阿尔忒弥斯的像取回来——据说（Eurip. *Iph. Taur.* 79, etc., 968, etc.）她的像是从天上落到这里的，还要把她的像带到雅典去（参看 Paus. iii. 16. §6）。俄瑞斯忒斯和皮拉德斯就这样去了陶里斯，那里的国王是托阿斯，他们一到那里就被当地人抓住了，抓他们正是为了给阿尔忒弥斯献祭，这是当地的风俗。但是阿尔忒弥斯的祭司伊菲格勒埃（Iphigeneai）认出了他们，三个人一起带着女神的像逃走了（Eurip. *Iph. Taur.* 800, 1327, etc.）。俄瑞斯忒斯回来后就夺回了他父亲在迈锡尼的王位，这个王位此前被阿勒忒斯或墨涅拉奥斯篡夺了。阿尔戈斯的国王基拉伯斯（Cylarabes）死后无子嗣继承，于是俄瑞斯忒斯就成了阿尔戈斯的王。拉刻代蒙人自愿封他为国王，因为与墨涅拉奥斯和奴隶所生的儿子尼克斯特拉斯（Nicostratus）和墨伽彭忒斯（Megapenthes）相比，他们更喜欢廷达柔斯的这个孙子。阿尔卡迪亚人和福基思人也自愿和他联合起来以增加自己的实力（Paus. ii. 18. §5, iii. 1. §4; Philostr. *Her.* 6; Pind. *Pyth.* xi. 24）。俄瑞斯忒斯娶赫尔迈厄尼为妻，这是墨涅拉奥斯的女儿，和她生下了提撒美诺斯（Paus. ii. 18. §5）。据说他把移民从斯巴达带到了爱奥利斯（Aeolis），而阿尔戈斯在伊庇鲁斯的城邦俄瑞斯提库（Oresticum）是他在疯狂游荡时建立起来的（Strab. vii. p. 326, xiii. p. 582; Pind. *Nem.* xi. 42, with the Schol.）。在他统治期间，多里斯人在许洛斯的带领下进攻了伯罗奔尼撒（Paus. viii. 5. §1）。俄瑞斯忒斯在阿尔卡迪亚被蛇咬了一口而身亡（Schol. *ad Eur. Or.* 1640），他的遗体根据神谕从蒂吉亚运到了斯巴达，并埋在那里（Paus. iii. 11. §8）。拉刻代蒙人和特格阿坦人（Tegeatans）在一场战争之后达成了一项和平协定，在休战期间，拉刻代蒙人利卡斯（Lichas）找到了俄瑞斯忒斯在蒂吉亚或泰里亚（Thyrea）的遗物——是在一个铁匠店里找到的，于是他就把这些东西送到了斯巴达，因为据神谕讲，除非得到俄瑞斯忒斯的遗物，否则就无法取得战争的胜利（Herod. i. 67, etc.; Paus. iii. 3. §6, viii. 54. §3）。另据意大利的传说，俄瑞斯忒斯把陶里斯的阿尔忒弥斯的像带到了阿瑞西亚（Aricia），后来又带到了斯巴达。俄瑞斯忒斯自己则被埋在了阿瑞西亚，而他的遗物被送到了罗马（Serv. ad Aen. ii. 116）。另有三个神话形象也叫俄瑞斯忒斯，从略（Hom. Il. v. 705, xii. 139, 193; Apollod. i. 7. §3）。参看《希腊罗马传记与神话词典》，前揭，卷三，页42。

- 皮拉德斯（Pylades）：斯特欧皮俄斯和阿纳柯比娅的儿子，也或许与同塞德娜格拉（Cydragora）或阿斯提俄科所生的儿子（Paus. ii. 29. §4; Schol. *ad Eurip. Orest.* 33, 753; Hygin. *Fab.* 117）。他是俄瑞斯忒斯的朋友。俄瑞斯忒斯在福喀斯的时候受到皮拉德斯兄弟般的照顾（Pind. *Pyth.* xi. 23）。皮拉德斯后来娶了俄瑞斯忒斯的姐姐为妻，和她生了赫兰尼科斯、墨冬和斯特欧皮俄斯（Paus. ii. 16. §5；参看俄瑞斯忒斯、伊莱克特拉的相关内容）。另有两个同名者，从略。参看《希腊罗马传记与神话词典》，前揭，卷三，页606。

- 埃癸斯托斯（Aegisthus）：梯厄斯忒斯的儿子。梯厄斯忒斯在不知情的情况下与自己的女儿佩洛琵丝生下了他。他出生以后被母亲丢弃在荒野中，却被牧羊人发现，用羊奶把他养大，因此他的名字叫做"埃癸斯托斯"，在希腊语中意思是"属于羊的"，英译为"goat strength"（由"Αἴξ"变化而来，意即山羊；Hygin. *Fab.* 87, 88; Aelian, *V. H.* xii. 42）。后来，梯厄斯忒斯的兄弟阿特柔斯找到了他，把他当自己的孩子一样教育，以至于每个人都认为他是阿特柔斯的儿子。佩洛琵丝在与她父亲同床的那天晚上偷走了她父亲的宝剑，送给埃癸斯托斯。正是这把宝剑使她和父亲的乱伦事件被人发现，结果她就结束了自己的生命。阿特柔斯十分憎恨他的兄弟，就派埃癸斯托斯去杀他，结果埃癸斯托斯带的这把剑却让梯厄斯忒斯与儿子得以相认，后者反而回来杀死了他的叔叔阿特柔斯，当时阿特柔斯正在海边献祭。埃癸斯托斯和他的父亲接管了他们应得的东西，而这些东西曾被阿特柔斯夺去（Hygin. *l. c.* 和 252）。荷马似乎对这个悲剧性的事件并不清楚，从他那里我们仅仅知道，梯厄斯忒斯死后，埃癸斯托斯统治了迈锡尼，而且他也没有参加特洛亚远征（*Od.* iv. 518，etc.）。阿特柔斯的儿子阿伽门农由于远征特洛亚而离开，结果埃癸斯托斯勾引了克吕泰墨涅斯特拉——阿伽门农的妻子。埃癸斯托斯是如此邪恶，甚至还为他这样的恶行得逞而向众神表示感谢（Hom. *Od.* iii. 263，etc.）。为了对阿伽门农的回家有所准备，他派出了密探，当阿伽门农回来的时候，埃癸斯托斯把他请到宴会上去，在宴会上杀死了他（Hom. *Od.* iv. 524，etc.；Paus. ii. 16. §5）。这个事件之后，埃癸斯托斯在迈锡尼统治了七年，直到第八年阿伽门农的儿子俄瑞斯忒斯回家为父报仇，最后把这个奸夫置于死地（Hom. *Od.* i. 28，etc.；参看阿伽门农、克吕泰墨涅斯特拉、俄瑞斯忒斯的相关内容）。参看《希腊罗马传记与神话词典》，前揭，卷一，页26。

- 克吕泰墨涅斯特拉（Clytemnestra）：廷达柔斯和勒达的女儿，卡斯托尔、提曼德拉和斐洛罗埃（Philonoe）的妹妹，波利丢克斯和海伦同母异父的姐妹。她嫁给了阿伽门农（Apollod. iii. 10. §6，etc.）。关于她的故事，参看阿伽门农、埃癸斯托斯和俄瑞斯忒斯。

- 参看《奥德赛》3.303-312："埃吉斯托斯这时却在家策划

了那恶行。／他在多黄金的迈锡尼相继为王七年，／在杀死阿特柔斯之子后，人民臣服他。／第八年神样的奥瑞斯特斯从雅典归来，／给他带来灾难，杀死了弑父的仇人，／埃吉斯托斯谋害了他的显赫的父亲。／他杀死仇人后邀请阿尔戈斯人饮宴，／为了可怜的母亲和怯懦的埃吉斯托斯。善呐喊的墨涅拉奥斯恰在这一天归来，／带回来无数财宝，装满了各条海船。"参看《奥德赛》，前揭，页46。

辑　语

1. Pausanias, *Description of Greece*

但是荷马关于奥德修斯的诗歌以及所谓的《米尼亚斯》（*Μινυάς*）和《归返》（因为在这两首诗歌中提到了哈得斯［*Ἄδης*］以及其中的恐怖景象）并没有提到魔鬼欧律诺摩斯（*Εὐρύνομος*）。

● 在希腊神话中，据说米尼亚斯（Minyas）是奥尔霍迈诺斯（Orchomenos）的建立者，抑或是奥尔科莫诺斯国王的儿子。这个名字还用来命名一首早期的希腊史诗——大概是在公元前6世纪，诗文已经失传，作者佚名。而现存的一些辑语似乎同该国王没有多大关系。

● 哈得斯（Hades）：他的名字写法有多种。英文还写作 Pluton，希腊文写作 *Πλούτων* 或是理想化地写作 *Ἀΐδης*、*Ἀϊδωνεύς* 和 *Πλουτεύς*。他是下界之神。柏拉图（*Cratyl.* 403）发现人们喜欢叫它普鲁同（财富的赐予人），而不愿意叫他哈得斯或阿伊得斯，这两个名字太可怕。因此，我们可以发现在日常生活和神话传说中，"普鲁同"更常用,而诗人则愿意用古名字阿伊得斯或Pluteus的形式。"哈得斯"的语源意义还不是很清楚:一些人讲是从 ά-ιδεῖν 演变过来的,因此它表示"那看不见的神灵";也有人说是来自于 ἅδω 或 χάδω,所以哈得斯也许是指"拥抱一切的"或"万物的接收者"。罗马诗人用名字Dis、Orcus和塔尔塔罗斯作为普鲁同的同名者,来指称下界的神。哈得斯是克洛诺斯和瑞亚(Rhea)的儿子,宙斯和波塞冬的兄弟。他娶了德默特尔的女儿珀耳塞福涅。他们三兄弟划分了整个世界,哈得斯获得了"暗夜"与魂影之地的统治权(Apollod. i. 1. §5, 2. §1)。因此他也被称作下界的宙斯(Ζεὺς καταχθόνιος),或是被称作是魂影之王(ἄναξ ἐνέρων, Hom. Il. ix. 457, xx. 61. xv. 187, etc.)。然而,因为大地和奥林波斯同属三兄弟,所以他也可以去奥林波斯,有一次他被赫拉克勒斯打伤,而后就去了奥林波斯(Il. v. 395;参看 Paus. vi. 25. §3; Apollod. ii. 7. §3; Pind. Ol. ix. 31)。但哈得斯在自己国度里的时候,并不清楚地上和奥林波斯发生了什么事情(Il. xx. 61. etc.),他只能听到誓言和诅咒,当那些诅咒发誓的人达到厄里倪厄斯状态的时候。他有一顶帽子,戴上它就不会被人看见(Il. v. 845),后来有传说讲,这顶帽子是库克罗普斯在他们成功离开塔尔塔罗斯时送给他的礼物(Apollod. i. 2. §1)。古代的故事讲,哈得斯给人或神的荣耀就是把这个帽子借给他们暂时用一下(Apollod. i. 6. §2, ii. 4. §2)。哈得斯脾气火暴、冷酷无情,因此他是所有神中最招凡人恨的神(Il. ix. 158)。他长期关闭下界的大门(因此他也被称为 Πυλάρτης, Il. viii. 367;参看 Paus. v. 20. §1; Orph. Hymn. 17. 4),没有哪个鬼魂能够逃走或是重回阳间。当凡人向他祈求的时候,会用手击打大地(Il. ix. 567),为他和珀耳塞福涅提供的祭祀应该包括黑色的雄山羊和雌山羊,而献祭者必须要背过脸去(Od. x. 527; Serv. ad Virg. Georg. ii. 380)。他权力的标志是一根权杖,他像赫尔墨斯一样,用这根权杖把那些鬼魂赶入下界(Pind. *Ol.* ix. 35)。下界有他的宫殿,他在那里和妻子珀耳塞福涅一起共享王权。当他把珀耳塞福涅从地上抢走的时候,他坐的是一辆由四匹黑色的神马拉的金色马车(Orph. *Argon.* 1192,*Hymn.* 17. 14;Ov. *Met.* v. 404;Hom. *Hymn. in Cer.* 19;Claudian,*Papt. Proserp.* i. in fin.)。据说,除了这些马以外,他在下界还有公牛群,这些牛养在墨诺提俄斯照看的厄律忒亚岛(Erytheia)上(Apollod. ii. 5,§§10,12.)。他与其他的神一样,并不是一个忠诚的丈夫。复仇三女神(Furies)是他的女儿(Serv. *ad Aen.* i. 86)。他所爱的仙女冥忒俄(Mintho)被珀耳塞福涅变成了薄荷草(Strab. viii. p. 344;Ov. *Met.* x. 728);仙女琉刻(Leuce)也同样为他所爱,在她死后,哈得斯把她变作一棵白杨,并送到了极乐之地(Elysium,Serv. *ad Virg.* Eclog. vii. 61)。作为下界的神,哈得斯还是所有来自于大地的福泽的恩赐者:大地中所有金属都是他给予的,因此他才被叫做普鲁同(Hes. *Op. et Dies*,435;Aeschyl. *Prom.* 805;Strab. iii. p. 147;Lucian,*Tim.* 21)。由于他在自己的王国中要把所有的人都聚集起来,让这些人永远安睡,他拥有好几个别名,如波吕代蒙(Polydegmon)、波吕德克特(Polydectes)、柯律门努斯、帕格柯伊特斯(Παγχοίτης)等等(Hom. *Hymn. in Cer.* 9;Aeschyl. *Prom.* 153;Soph. *Antig.* 811;Paus. ii. 35. §7)。哈得斯在整个希腊和意大利都受到崇拜。在埃利斯,他有一片圣地和一个神殿,每年仅开放一次(Paus. vi. 25. §3)。我们还发现他在皮罗斯、特里菲里阿库(Triphyliacus)、门忒(Menthe)山附近、特拉雷斯(Tralles)和倪萨(Nysa)之间、雅典的厄里涅的(Erinnys)丛林以及奥林匹亚都有神殿(Strab. iii. p. 344,xiv. p. 649;Paus. i. 28. §6,v. 20. §1)。关于此神的画像较少,但从现存的来看,他和兄弟宙斯和波塞冬十分相似，只是头发下垂，挡住了前额，看起来威严而阴森。他常用的标记是哈得斯和刻耳柏洛斯（Cerberus）的钥匙（Hirt, *Mythol. Bilderb.* i. p. 72, etc.）。荷马总是用阿伊得斯来称呼这个神。但后来，这个词变成指他所住的地方，他的房子或是他的王国，所以到后来直接变成了称呼下界的名字。我们在这里无法对古代的下界概念的形成作全面的描述，因为这样的讨论属于神话地理学。参看《希腊罗马传记与神话词典》，前揭，卷二，页319。

• 欧律诺摩斯（Eurynomus）：下界的魔鬼。在德尔斐有一个关于他的传说。据说他专吃死人的肉，把死人吃得只剩下骨头。波吕格诺图斯为他在德尔斐的奈斯柯礼厅画了一幅像，深蓝色的皮肤，磨着牙齿，坐在一张兀鹰的皮上（Paus. x. 28. §4）。还有两个神话人物也叫这个名字，一个是奥维德（Ovid）提到的（*Met.* xii. 311），另一个出现在《奥德赛》中（ii. 22）。参看《希腊罗马传记与神话词典》，前揭，卷二，页112。

2. *Etymologicum Genuinum*

在《英雄诗系》中，死者的灵魂都被称为内卡斯（νεκάς）。

• 内卡斯：据《古希腊语汉语字典》，这个词应该是"死人堆"的意思。

3 Athenaeus, *Scholars at Dinner*

据诗人所述，老坦塔罗斯（Τάνταλος）也是一个酒色之徒。无论如何，《归返》的作者说，当他来到众神那里并和他们呆了一段时间之后，宙斯就给予他一项自由，许他任何想要的东西，由于他对感官享乐贪得无厌，就要求这种享乐，并且还要和众神过同样的生活。宙斯对此很生气，但还是实现了他的愿望，因为有言在先，但是为了使他不能从摆在他面前的任何东西中获得快乐，反而要他遭受无尽的惊恐，宙斯悬挂了一块大石在他头上。这样，他就不能从摆在他面前的任何东西中得到快乐了。

• 坦塔罗斯（Tantalus）是宙斯的儿子，他统治着吕狄亚的西庇洛斯，以富有而出名。由于出身高贵，诸神对他十分尊敬。他可以跟宙斯同桌用餐，不用回避神祇们的谈话。可是他的虚荣心又使他实在不配享有天上的福祉，于是，他开始对诸神作恶。他泄露他们生活的秘密。他从他们的餐桌上偷取蜜酒和仙丹，并把它们分给凡间的朋友。他把别人在克里特的宙斯神庙里偷走的一条金狗藏在家里，窝藏赃物，拒不交出，将金狗窃为己有。有一天，他邀请诸神到家中做客，为了试探一下神祇们是否通晓一切，他让人把自己的儿子珀罗普斯杀死，然后煎烤烧煮，做成一桌菜款待他们。在场的谷物女神得默忒耳因思念被抢走的女儿珀耳塞福涅，在宴席上心神不定，只有她出于礼貌稍微尝了一块肩胛骨，别的神祇早已识破了他的诡计，纷纷把撕碎的男孩的肢体丢在盆里。命运女神克罗托将肢体从盆里取出，让男孩重新活了过来，可惜肩膀上缺了一块，那是被得默忒耳吃掉的，后来只好用象牙补做了一块。坦塔罗斯因此得罪了神祇。他罪恶滔天，被神祇们打入地狱，在那里备受苦难和折磨。他站在一池深水中间，波浪就在他颔下翻滚。可是他却忍受着烈火般的干渴，喝不上一滴水，虽然水就在嘴边。他只要弯下腰去喝水，水立即就从身旁流走，留下他孤身一人空空地站在一块平地上，就像有个妖魔作法，把池水抽干了似的。他饥饿难忍。在他身后就是湖岸，岸上长着一排果树，结满累累果实，树枝被果实压弯了，吊在他的额前。他只要抬头朝上张望，就能看到树上蜜水欲滴的生梨，鲜红的苹果，火红的石榴，香喷喷的无花果和绿油油的橄榄。这些水果似乎都在微笑着向他招呼，可是等他踮起脚来想要摘取时，就会刮起大风，把树枝吹向空中。除了忍受这些折磨外，最可怕的痛苦则是连续不断的对死神的恐惧，因为他的头顶上吊着一块大石头，随时都会掉下来，将他压得粉碎。坦塔罗斯蔑视神祇，被罚入地狱，永无休止地忍受三重折磨。参看《古希腊罗马神话鉴赏辞典》，前揭，页446。

4. Pausanias, *Description of Greece*

《归返》一诗写道，克吕墨涅（Κλυμένη）是米尼亚斯的女儿，她嫁给了狄伊翁（Δηΐων）的儿子刻法罗斯（Κέφαλος），而他们的孩子就是伊普菲克勒斯（Ιφικλῆς, Ἴφικλος或Ἰφικλεύς）。

• 克吕墨涅（Clymene）：又称埃萨（Asia），海洋女神之一。一、海洋之神（俄刻阿诺斯）和特堤斯的女儿，伊阿佩托斯（Iapetus）的妻子，他们的孩子有阿特拉斯、普罗米修斯及其他人（赫西俄德 *Theog.* 351, 507；参看 Virg. *Georg.* iv. 345; Schol. *ad Pind. Ol.* ix. 68; Hygin. *Fab.* 156）。二、伊普费斯（Iphis）或弥倪阿斯（Minyas）的女儿，斐拉柯斯或刻法罗斯的妻子，他们的孩子有伊普菲克勒斯和阿勒西墨德（Alcimede, Paus. x. 29. §2; Hom. *Od.* xi. 325; Schol. *ad Apolldo. Rhod.* i. 45, 230）。另据赫西俄德（*ap. Eustath. ad Hom.* p. 1689；参看 Ov. *Met.* i. 756, vi. 204）所述，她是法厄同的母亲，父亲是赫利俄斯。而据阿波罗多洛斯（iii. 9. §2）所述，她是阿塔兰塔的母亲，父亲是雅舒斯。三、墨涅拉奥斯的亲戚，海伦的同伴，也被帕里斯一起带走了（Hom. *Il.* iii. 144; Dictys Cret. i.

3, v. 13）。在特洛亚被攻陷以后，分配战利品的时候，克吕墨涅被分给了阿卡马斯。波吕格诺图斯在德尔斐的奈斯柯礼厅画了她被俘的样子（Paus. x. 26. §1；比较 Ov. *Her.* xvii. 267）。还有一些其他的人物也叫这个名字（Hom. *Il.* xvii. 47；Hygin. Fab. 71；Apollod. iii. 2. §1, etc.；Paus. x. 24. §3）。参看《希腊罗马传记与神话词典》，前揭，卷一，页807。

• 狄伊翁（Deion）：一、埃奥洛斯和厄那瑞忒（Enarete）的儿子，福喀斯的国王，狄奥米德的丈夫，有孩子阿斯忒瑞佩娅（Asteropeia）、阿伊涅托斯（Aenetus）、阿克托耳、斐拉柯斯和刻法罗斯（Apollod. i. 7. §3, 9. §4）。在他兄弟萨尔摩纽斯（Salmoneus）死后，他把其兄弟的女儿堤洛（Tyro）带到自己家里，并让她嫁给了克瑞透斯。有时候他的名字也以得伊俄纽斯（Deïoneus）的形式出现（Eustath. *ad Hom.* p. 1685）。二、赫拉克勒斯和迈加拉的儿子，德沃空（Deïcoon）的兄弟（Apollod. ii. 7. §8）。参看《希腊罗马传记与神话词典》，前揭，卷一，页954。

• 刻法罗斯（Cephalus）：一、赫尔墨斯和赫尔斯（Herse）的儿子，被厄俄斯抢走，并和她在叙利亚生下孩子提托诺斯（Apollod. iii. 14. §3）。许金鲁斯（*Fab.* 160, 270）说他是赫尔墨斯和克利攸塞的儿子，或者是潘帝翁的儿子；赫西俄德（Theog. 986）则认为刻法罗斯的儿子是法厄同，而不是提托诺斯。在雅典的克拉梅科斯（Cerameicus）的皇家廊墙上，以及阿米克莱的阿波罗神殿里，都画了刻法罗斯被赫墨拉（Hemera，而不是厄俄斯）抢走的事情（Paus. i. 3. §1, iii. 18. §7）。二、福喀斯的统治者狄伊翁和狄奥米德的儿子，娶普洛克力思或普洛克涅（Procne）为妻，他们的孩子有阿尔奇乌斯（Archius）和拉埃尔特斯。也有人认为他也得到了厄俄斯的喜爱（Apollod. i. 9. §4；Hygin. *Fab.* 125；Schol. *ad Callim.*

Hymn. in Dian. 209),不过他却和普洛克力思山盟海誓,相约永不分离。一次,当帅气的刻法罗斯正打猎取乐的时候,厄俄斯来到了他身边向他求爱,却被他拒绝。于是女神就命令他,在他妻子失言之前不可背誓,不过,女神却让他去试探妻子的忠贞。于是厄俄斯把他变作了另外一个人,并给了他丰厚的礼物,让他去勾引普洛克力思。普洛克力思被这些光鲜的礼物所引诱,违背了自己对刻法罗斯所许下的誓言,而当她认出自己丈夫的时候,就逃到了克里特并向阿尔忒弥斯述说了自己的罪过。阿尔忒弥斯于是送了她一条狗和一把百发百中的长矛作为礼物,然后又把她送回了刻法罗斯身边。普洛克力思化装成年轻人回到自己家中,并和刻法罗斯一起去打猎。刻法罗斯发现她的狗和长矛十分厉害,就想要从她手中买去这两样东西,但普洛克力思拒绝出售这两样东西,除非是为了爱。于是他答应爱普洛克力思,这时她显明正身,两人终于和解。然而,她依然担心厄俄斯对她丈夫的爱,所以成天小心翼翼地盯着他,尤其当他外出打猎的时候。结果,刻法罗斯有一次不小心用那把百发百中的长矛刺中了她(Hygin. *Fab.* 189)。阿波罗多洛斯(iii. 15. §1)和奥维德(*Met.* vii. 394, etc.;参看 Anton. Lib. 41;Schol. *ad Eurip. Orest.* 1643)所讲的故事与这里稍有不同。后来,忒拜的安菲特瑞翁来到刻法罗斯身边,叫他不要让自己的狗去追猎正在卡德美娜(Cadmena)领地上搞破坏的狐狸。此后,他又同安菲特瑞翁一起去对抗忒勒波恩(Teleboans)。征服对方之后,刻法罗斯得到了安菲特瑞翁的回报——一座岛,后来这座岛以他的名字命名,叫做刻法罗尼亚(Cephallenia, Apollod. ii. 4. §7;Strab. x. p. 456;Eustath. *ad Hom.* p. 307, etc.)。刻法罗斯也被认为是伊普菲克勒斯的父亲,母亲是克吕墨涅(Paus. x. 29. §2)。据说刻法罗斯最后从莱夫卡斯海角跳入海中自杀身亡,他曾在这个海角为阿波罗建了一座神殿,说是为了弥补杀妻之过（Strab. x. p. 452；参看 Paus. i. 37. §4；Hygin. *Fab.* 48）。二、莫洛斯人（Molossian）的首领，和另外一位首领安提诺乌斯（Antinous）一起，受卡洛普斯（Charops）的诽谤被迫站到了珀尔修斯一边，为了自卫而对抗罗马（参看安提诺乌斯的相关内容）。一些人从波利比乌斯的语言之中推断，在战争爆发以后，刻法罗斯自杀以避免落入敌手，但是李维（Livy）告诉我们，此人是在忒克蒙（Tecmon）的莫洛斯镇被杀害的，因为他在那里顽强抵抗罗马将军安利修斯（L. Anicius），此事发生在公元前 167 年。另有几位同名者，从略。参看《希腊罗马传记与神话词典》，前揭，卷一，页 667。

- 伊普菲克勒斯（Iphiclus）：一、忒拜的安菲特瑞翁和阿克梅娜（Alcmene）的儿子，比他的兄弟（Half-brother）赫拉克勒斯小一个晚上。赫拉或安菲特瑞翁派来的蛇把伊普菲克勒斯吓坏了，而他哥哥赫拉克勒斯却把蛇扼死了（Apollod. ii. 4. §8）。他先娶了奥托墨杜莎为妻——她是阿尔卡托乌斯的女儿，和她有了孩子伊奥劳斯（Iolaus），后来又和克瑞翁（Creon）最年轻的女儿结了婚（Apollod. ii. 4. §11）。他陪赫拉克勒斯进行了几次远征，也是卡吕冬狩猎者之一（Apollod. i. 8. §2）。据阿波罗多洛斯所述（ii. 7. §3），他和希波科翁的儿子在战场上兵戎相见；而据泡萨尼阿斯（viii. 14. §6）所述，他在同摩里翁德斯（Molionides）的战斗中受伤，然后被送到了斐纽斯（Pheneus），受到布帕库斯（Buphagus）和普若莫涅（Promne）的照顾，不过还是死在了那里，并在当地受到英雄般的推崇。二、忒斯提奥斯与拉奥奉特的儿子，也说是前者与黛达弥亚所生，还有人说是与欧里忒弥斯或勒俄基柏所生。他参加了卡吕冬狩猎和阿尔戈斯英雄的远征（Apollod. i. 8. §3, 9. §16; Apollon. Rhod. i. 201; Orph. *Arg.* 158; Val. Flacc. i. 370; Hygin. *Fab.* 14）。

三、斐拉柯斯的儿子，狄伊翁和克吕墨涅的孙子，克吕墨涅是弥倪阿斯的女儿。他娶狄奥墨德娅（Diomedeia）或阿斯提俄科为妻，并成为波达尔克斯（Podarces）和普洛特西劳斯的父亲（Hom. *Il.* ii. 705, xiii. 698; Apollod. i. 9. §12; Paus. iv. 36. §2; x. 29. §2; Hygin. *Fab.* 103）。他像其他两个伊普菲克勒斯一样，也是阿尔戈斯英雄之一，并且拥有大量的牛群，不过，他把这些牛都送给了墨兰波斯（Melampus），而作为交换，他得到的是关于自己子孙后代的一个预言（Hom. *Il.* ii. 705, *Od.* xi. 289, etc.）。他也因擅跑而声名远播，在珀利阿斯的葬礼竞技上赢得过胜利，但是在与阿玛瑞科斯（Amarynceus）人竞技时，被涅斯托尔打败（Paus. v. 17. §4, 36. §2. x. 29. §2; Hom. *Il.* xxiii. 636）。参看《希腊罗马传记与神话词典》，前揭，卷二，页616。

5. Pausanias, *Description of Greece*

> 在这些上面画的是麦娜（Μαῖα或Μαιάς），她坐在岩石上。在诗歌《归返》中，同她相关的内容是，她离开人世的时候仍然是处女，还有，她是普罗托斯（Προῖτος）的女儿，普罗托斯是忒耳珊德洛斯（Θέρσανδρος）的儿子，忒耳珊德洛斯是西绪福斯（Σίσυφος）的儿子。

- 指波吕格诺图斯的壁画。参看前文《小伊利亚特》的相关内容。
- 麦娜（Maia）：此人的名字拼写有问题，《英雄诗系》中的希腊文写作Μαῖρά，英文写作Maira。她是阿托厄斯（Atals）和普勒俄涅的女儿（因此又叫做阿特兰提斯或佩拉斯［Atlantis, Pleias］），普勒阿德斯七姐妹中（Pleiade）最年长者。她在阿尔卡迪亚的库烈涅山的洞穴中，与宙斯发生了关系，生下了赫尔墨斯。宙斯和凯里斯特的儿子也交给她抚养（Hom. *Od.* xiv. 435，*Hymn. in Merc.* 3；Hes. *Theog.* 938；Apollod. iii. 10. §2，8. §2；Tzetz. *ad Lycoph.* 219；Horat. *Carm.* i. 10. 1，2. 42，etc.）。麦娜也是罗马神明，叫做Majesta。她同火神（Vulcan）相关联，有人认为她就是火神的妻子，仅仅因为火神的祭司在五月的第一天向她献祭，在后来流传的说法中，这位女神就被认为是麦娜——阿托厄斯的女儿。麦娜更有可能是古代一个善良女神（bona dea）的名字，也被称为俄普斯、福娜（Fauna）和福图阿（Fatua，Macrob. *sat.* i. 12；Gellius，xiii. 22；Fest. p. 134，ed. Müller）。参看《希腊罗马传记与神话词典》，前揭，卷二，页905。

- 普罗托斯（Proitos，字典中的英文写作Proetus）：阿巴斯（Abas）和俄卡雷亚（Ocaleia）的儿子，阿克里西俄斯（Acrisius）的双胞胎兄弟。他们兄弟俩为争夺阿尔戈斯的王位而发生争执，结果普罗托斯被打败，遭到放逐（Paus. ii. 25. §6）。有人研究发现，这场争吵起因于普罗托斯对达那埃（Danaë）的行为。达那埃是阿克里西俄斯的女儿（Apollod. ii. 4. §1），而奥维德（*Met.* v. 238）则说阿克里西俄斯被普罗托斯放逐。阿克里西俄斯的孙子珀尔修斯为其祖父报仇，用墨杜萨的头把普罗托斯变成了一块石头。但根据流行的传说，当普罗托斯从阿尔戈斯被流放之后，他逃到了焦巴特（Jobates）或安菲阿那克斯（Amphianax）那里，并和后者的女儿安忒亚或斯忒娜波阿结了婚（Hom. *Il.* vi. 160；Eustath. *ad Hom.* p. 630，etc.；比较 Serv. ad Virg. Eclog. vi. 48）。后来，焦巴特派部队把普罗托斯送回国。帝润斯（Tirynth）被库克罗普斯占领，并加强了防卫（Schol. *ad Eurip. Orest.* 953；Paus. ii. 16. §4）。于是阿克里西俄斯就和他的兄弟一起共享王位，把帝润斯交给了他的兄弟，其辖区包括赫拉神庙（Heraeum）、美狄亚地区（Midea）和阿尔戈利斯（Argolis）的海岸（Paus. ii. 16. §2）。普罗托斯和妻子生下了三个女儿，分别是吕西普斯（Lysippe）、伊菲诺伊和伊菲阿娜萨（Servius, *l. c.*，他称后两个女儿为希波诺厄［Hipponoë］和基瑞纳莎［Cyrianassa］，还有 Aelian 提到过他［*V. H.* iii. 42］，不过只提到两个女儿俄勒格［Elege］和色纳埃涅［Celaene］）。这几个女孩子长成之后都犯了疯病，而原因则有多种不同的说法。一些人说是狄奥尼索斯给她们施加了惩罚，因为她们怠慢了此神（Apollod. *l. c.*；Diod. iv. 68）；另有人说是赫拉施加的惩罚，因为她们自认为比天后还要美，或因为她们偷了赫拉雕像上的黄金（Serv. *ad Virg. Ecl.* vi. 48）。她们在疯癫的状态中漫游到了伯罗奔尼撒。墨兰波斯答应治好她们，不过要普罗托斯拿三分之一的国土来交换。普罗托斯不接受这样的条件，结果他女儿的疯症不仅越来越重，而且还传到了其他阿尔戈斯女人身上，以至于这些女人杀死自己的孩子，并且发了疯地到处跑。普罗托斯只好答应了墨兰波斯的条件，但是后者坐地起价，说他的兄弟庇阿斯（Bias）也要和他一样共享阿尔戈斯的王位。普罗托斯同意了（Herod. ix. 34；Schol. *ad Pind. Nem* ix. 30）。于是，墨兰波斯就选了最有活力的年轻人，让他们去追那些疯女人，并且还一边叫一边跳，一直把她们赶到西科昂。在追逐的过程中，普罗托斯的女儿伊菲诺伊死了，而另外两个女儿却被墨兰波斯用净化的方法治好了，并嫁给了墨兰波斯和庇阿斯。据传，普罗托斯在西科昂和提坦涅（Titane）之间建了一座赫拉的圣殿，还在西科昂建了一座阿波罗的圣殿（Paus. ii. 7. §7, 12. §1）。至于他的女儿们在哪个地方治好的，众说不一，一些人说在阿尼格罗斯河（Anigros, Strab. viii. p. 346），另一些人说在阿尔卡迪亚的克勒托尔（Cleitor, Ov. *Met.* xv. 325）或阿尔卡迪亚的陆西（Lusi, Paus. viii. 18. §3）。一些人甚至说普罗提得斯姐妹（Proetides）是被埃斯克勒庇俄斯治好的（Pind. *Pyth.* iii. 96）。除了这三个女儿以外，普罗托斯还有一个儿子叫墨伽彭忒斯（Apollod. ii. 2. §2；参看墨伽彭忒斯）。当柏勒罗丰去普罗托斯那里净化自己犯下的罪行时，普罗托斯的妻子爱上了他，并邀请他去她那里，但是柏勒罗丰却不愿听从命，结果她就在普罗托斯面前诬告他，说柏勒罗丰非礼她。于是普罗托斯就把柏勒罗丰送到吕基亚的焦巴特那里，并带了一封信给焦巴特，让他杀死柏勒罗丰（Hom. *Il.* vi. 157, etc.; Apollod. ii. 3. §1; Tzetz. *ad Lyc.* 17；参看 Hipponous）。二、另有一个同名者是忒耳珊德洛斯的儿子，梅拉（Maera）的父亲（Paus. x. 30. ; Schol. *ad Od.* xi. 325）。参看《希腊罗马传记与神话词典》，前揭，卷三，页543。

- 忒耳珊德洛斯（Thersander）：一、西绪福斯的儿子，哈利阿图斯（Haliartus）和克洛罗斯（Coronus）的父亲（Paus. ix. 34. §5）。二、阿伽米底达斯的儿子，拉特里雅（Lathria）和阿纳桑德（Anaxandra）的父亲，居住于斯巴达（Paus. iii. 16. §5）。三、波吕涅克斯和阿尔格娅（Argeia）的儿子，后辈英雄（Epigoni）之一。他娶了德摩那萨，并和她有了孩子提撒美诺斯。他当了忒拜的国王以后，和阿伽门农一起去了特洛亚，并在这次远征中死在了忒勒福斯手中。他的坟墓在米西亚（Mysia）的艾拉（Elaea），在那里还有专人给他献祭（Paus. iii. 15. §4, vii. 3. §1, ix. 5. §7, x. 10. §2; Schol. *ad Pind. Ol.* ii. 76; Dict. Cret. ii. 2; Herod. iv. 147; Apollod. iii. 7. §2）。维吉尔（*Aen.* ii. 261）认为忒耳珊德洛斯是藏于木马中的英雄之一，不过荷马并没有提到他。参看《希腊罗马传记与神话词典》，前揭，卷三，页1099。

- 西绪福斯（Sisyphus）：埃奥洛斯和厄那瑞忒的儿子，因此他又叫做"埃奥洛斯之子"（Aeolides, Hom. *Il.* vi. 154; Horat. *Carm.*

ii. 14. 20)。他还是克瑞透斯、阿塔玛斯（Athamas）、萨尔摩纽斯、德依翁（Deïon）、马格涅斯（Magnes）、佩里厄瑞斯、卡那刻（Canace）、亚克安娜（Alcyone）、佩西狄克（Peisideice）、卡吕刻（Calyce）和帕瑞默德的兄弟（Apollod. i. 7. §3；Paus. x. 31. §2）。他娶了阿特拉斯的女儿梅罗普（Merope，也有人说她是普勒阿得斯姐妹之一）（Apollod. i. 9. §3；Ov. *Fast*. iv. 175；参看梅罗普的相关内容），并和她有了孩子格劳科斯、厄尔利提翁（或者是波尔菲里雍［Porphyrion］，Schol. *ad Apollon. Rhod*. i. i. 1094)、忒耳珊德洛斯（Thersandrus）和哈勒穆斯（Halmus，Paus. ii. 4. §3，ix. 34. §5）。在后来的说法中，他也被认为是奥托吕科斯的儿子，西农的父亲（Serv. *ad Aen*. ii. 79）。他还是西农奥德修斯的父亲，因此后者又被人称作"西绪福斯之子"（Sisyphides，Ov. *Met*. xiii. 31；Serv. *ad Aen*. vi. 529；Tzetz. *ad Lycoph*. 344；Eustath. *ad Hom*. p. 1701）。据说正是他修建了埃菲拉城以及后来的科林多（Corinth, Hom. *Il*. vi. 153；Apollod. i. 9. §3）。然而也有传说提到，美狄亚在离开科林多的时候把这座城市的管理权交给了他（Paus. ii. 3, in fin.）。作为科林多的国王，他鼓励航海和经商，不过他本人却不诚实、贪婪而道德败坏，他的家族和他自己一样名声极臭（Hom. *Il*. vi. 153；Theogn. 703, 712；Schol. *ad Aristoph. Acharn*. 390、*ad Soph. Aj*. 190；Eustath. *ad Hom*. p. 1701；Tzetz. *ad Lycoph*. 980；Ov. *Her*. xii. 204；Horat. *Sat*. ii. 17. 12）。据说，他在科林多的海岸找到了墨利克尔忒斯（Melicertes）的尸体，并把它埋在了地峡之中，为了纪念他还创立了地峡竞技运动会（即伊斯特摩赛会，Paus. ii. 1. §3；Apollod. iii. 4. §3；Schol. *ad Apollon. Rhod*. iii. 1240；Tzetz. *ad Lycoph*. 107, 229）。他因为生前的邪恶在下界受到了严惩，要把一块大石头推上山，而这石头一上了山马上就会滚下来（Cic. *Tusc*. i. 5；

Virg. Georg. iii. 39; Ov. *Met.* iv. 459, Ib. 175; Lucret. iii. 1013）。关于他受罚的原因却有许多不同的说法；一些人说那是因为他背叛了神的旨意（Serv. *ad Aen.* vi. 616; Schol. *ad Hom. Il.* i. 180, vi. 153），还有人说是因为他攻击旅人，并用石头砸死了他们。有人说他是被忒修斯杀死的（Schol. *ad Stat. Theb.* ii. 380），还有的传说讲，西绪福斯与他的兄弟萨尔摩纽斯交恶，就求问神谕如何才能除掉兄弟。阿波罗回答，如果他和其兄弟的妻子堤洛生下儿子，这些孩子就会杀死他。西绪福斯就真与堤洛生下了两个儿子，但是在孩子们刚刚出生的时候，母亲堤洛就杀死了他们。西绪福斯对她进行了残忍的报复，结果因此在下界受到惩罚（Hygin. *Fab.* 60）。另一个版本说，当宙斯把阿索波斯的女儿伊琴娜从弗里乌斯（Phlius）带走的时候，西绪福斯把这件事透露给了阿索波斯，并得到了阿索波斯丰厚的报酬，即科林多卫城（Acrocorinthus），但是宙斯却在下界狠狠地惩罚了他（Apollod. i. 9. §3, iii. 12. §6; Paus. ii. 5. §1; Tzetz. *ad Lycoph.* 176）。还有人讲，宙斯为了惩罚他的背叛行为，把死神派到西绪福斯那里去了，结果西绪福斯却成功地把死神用链子套了起来，以至于直到战神解救死神之前，无人死亡；而死神一被释放，西绪福斯自己则到了大限之期（Eustath. *ad Hom.* pp. 631, 1702）。在他死之前，他希望妻子不要将他下葬。她遵守了其丈夫的遗言，而西绪福斯在下界就抱怨妻子不给他下葬，要冥王或冥后珀耳塞福涅允许他还阳去惩罚他的妻子。而当他的要求得以满足后，他回到阳间却再次拒绝返回下界，直到赫尔墨斯用武力将他带走，而玩弄这样的计谋正是他在下界受罚的原因（Eustath. *l. c.*; Theogn. 700, etc.; Schol. *ad Pind. Isthm.* i. 97, *ad Soph. Aj.* 625; Horat. Carm. ii. 24. 20）。波吕格诺图斯在德尔斐的奈斯柯礼厅画了他受罚的样子（Paus. x. 31. §2）。据传说他被埋在了地峡之中，但即便同时代的人也不知道具体位置（Paus. ii. 2. §2；参看 Völcker, *Mythol. des Iapet. Geschl.* p. 241）。参看《希腊罗马传记与神话词典》，前揭，卷三，页842。

6. Argument of Euripides, *Medea*

关于伊阿宋（Ἰάσων）的父亲埃宋（Αἴσων），《回归》的作者说道：

她（美狄亚 [Μήδεια]）立刻把埃宋变成了美少年，用她特有的技术把他的旧皮去掉，并在她的金炉中煮沸了各种药剂。

• 伊阿宋（Jason）：又译杰森，古希腊神话人物，相传是伊俄尔科斯国王埃宋和波吕墨涅（又说安菲诺墨、波吕斐墨或阿尔客墨得）之子。自埃宋的兄弟（又说侄子）珀利阿斯夺取王位后，亲人们为保伊阿宋免遭毒手，将其送给马人刻戎抚养。刻戎教他医术。成人后，他回到家乡，要求继位，珀利阿斯要他先去埃厄忒斯的国家取回金羊毛，意欲借刀杀人。伊阿宋接受条件，领导阿尔戈船队开始远征。他们经过千辛万苦，到达埃厄忒斯国王那里，国王的女儿美狄亚是个巫师，她爱上伊阿宋，帮他顺利取回金羊毛。他到家后见父亲和兄弟都被珀利阿斯杀害，母亲自杀，于是决定报仇。美狄亚用魔法驱使珀利阿斯的女儿们将父亲剁成肉块煮熟，并谎称可使国王恢复青春，她们事后得知上当，便将伊阿宋夫妇赶出伊俄尔科斯。他们来到科林多，得到国王克瑞翁的保护，平静生活，生下两个儿子。后来伊阿宋爱上克瑞翁的女儿，要娶其为妻。美狄亚怒火中烧，害死国王和公主，还当着伊阿宋的面杀死两个孩子。伊阿宋后悔莫及，最后孤身一人死在阿尔戈船的残骸边。参看《希腊罗马传记与神话词典》，前揭，卷三，页552，文繁不录。另参库恩著

《希腊神话》,前揭,页 169 – 197。

• 埃宋(Aison 或 Aesion):伊俄洛科斯的建立者克瑞透斯的儿子,母亲是萨尔摩纽斯的女儿堤洛。他被异父(母)兄弟珀利阿斯赶走,不能与其共享帖撒利的王权。他是伊阿宋和普洛马可斯(Promachus)的父亲,但是关于他的妻子却有不同的说法,包括:波里墨德(Polymede)、阿尔西墨德(Alcimede)、安菲诺墨(Amphinom)、波吕斐墨(Polypheme)、玻利米勒、阿耳涅(Arne)和斯伽菲(Scarphe。Apollod. i. 9. §11 和§16; Hom. *Od.* xi. 258; Tzetz. *ad Lycophr.* 872; Diod. iv. 50; Schol. *ad Apollon.* i. 45; Schol. *ad Hom. Od.* xii. 70)。珀利阿斯渴望独享王位,就把伊阿宋派去参加阿尔戈斯英雄的远征,但是当他某天听说阿尔戈斯英雄即将回来的时候,决意用武力除掉埃宋,结果后者却自行结束了性命(Apollod. i. 9. §27)。另据狄奥多罗斯(iv. 50)说,珀利阿斯强迫埃宋喝牛血自杀,因为他得到消息说伊阿宋和他的同伴已经在远征中死去。另据奥维德(*Met.* vii. 163, 250, etc.)所述,埃宋活到了阿尔戈斯英雄们回来,并且还被美狄亚再一次变年轻了。伊阿宋作为埃宋的儿子,也被称为"埃宋尼德斯"(Aesonides, Orph. *Arg.* 55)。《希腊罗马传记与神话词典》,前揭,卷一,页 46。

• 美狄亚(Medea),希腊神话中的柯厄奇斯公主,曾背叛家庭,帮助帖撒利王子伊阿宋取得金羊毛,并同他结婚。后伊阿宋喜新厌旧,另娶新欢。美狄亚将婚服赠与新娘,新娘穿上后即被焚而死。最后她又杀死亲生子,永绝伊阿宋后嗣。古希腊悲剧作家欧里庇得斯据此写有同名戏剧。

7. Clement of Alexandria, *Miscellanies*

特俄斯的安提玛科斯曾写道:"因为,随礼物而来到人间还有许多的苦（πέλονται）。"而正是在这个地方，阿吉沃亚斯写道：

"因为礼物（δῶρα）迷惑了人们的心智，并腐蚀了人们的行动。"

- 此处也许暗指厄里费勒的受贿事件。

8. Scholiast on the *Odyssey*

弥克涅（Μυκήνη）是伊那科斯（Ἴναχος）和梅丽娅（Μελιά）的女儿。正如在《英雄诗系》中讲到的那样，她和阿瑞斯托耳（Ἀρέστωρ）是阿尔戈斯（Ἄργος）的父母。

- 弥克涅（Mycene）：伊那科斯的女儿，阿瑞斯托耳的妻子。"迈锡尼"即来自于她的名字（Hom. *Od.* ii. 120；Paus. ii. 16. §3）。参看《希腊罗马传记与神话词典》，前揭，卷二，页1139。迈锡尼（古希腊语：Μυκῆναι，拉丁语转写：Mycenae），位于希腊伯罗奔半岛东北阿尔戈斯平原上的一座城市，位于科林多和阿尔戈斯之间。它是荷马史诗传说中阿开奥斯人的都城，由珀耳修斯所建，在特洛亚战争时期由阿伽门农所统治。实际上，在公元前的第二个千年中它确实是希腊大陆最重要的城市，统治着爱琴海南部广大的地区，所代表的文明称为迈锡尼文明。在古典希腊时期之前，这个城市（可能）已经被多立斯人入侵所破坏，其宫殿于公元前12世纪被废弃，前468年阿尔戈斯军队占领了此地，将居民尽数驱逐，迈锡尼城从此消失。古典时期，旅行家泡萨尼阿斯曾经访问过这个遗址，并记录了狮子门等今天还屹立在原处的纪念建筑。其他著名遗迹还有阿特柔斯宝库、阿伽门农之墓等。今天它是希腊著名的旅游景点，也是联合国教科文组织评选的世界遗产。

- 伊那科斯（Inachus）：河神和阿尔戈斯的国王，被认为是海洋之神（俄刻阿诺斯）和忒提斯的儿子。伊那科斯跟一个仙女梅丽娅——即海洋之神（俄刻阿诺斯）的女儿，又说是跟他的妹妹阿尔格娅（Argeia）——生下了甫洛纽斯和阿埃吉亚乌斯（Aegiaeus），还有人说，除了这些孩子之外还有伊娥（Io）、百眼巨人（Panoptes）和斐格奥斯（或叫做佩吉乌斯 [Pegeus]，Apollod. ii. 1. §§ 1, 3; Hygin. *Fab.* 143, 145; Tzetz. *ad Lycoph.* 177; Schol. *ad Eruip. Or.* 920, 1239; Ov. *Met.* i. 583, etc., 640, etc., *Amor.* iii. 6, 25; Serv. *ad Vrig. Georg.* ii. 153）。伊那科斯是最古老的神或阿尔戈斯的英雄。据说，伊那科斯河就是由于伊那科斯在那里投河而得名。伊那科斯因为伊娥（Io）的遭遇而责备宙斯，宙斯愤怒不已，就派暴怒神来追他，于是他被迫跳河（Plut. *de Fluv.* 18）。这条河以前叫做卡曼洛尔（Carmanor）或哈利阿科门（Haliacmon）。由于伊那科斯是阿尔戈斯的第一个统治者和第一个祭司，所以这个国家也经常被叫作伊那科斯之地（Eurip. *Or.* 932; Dionys. i. 25; Hygin. *Fab.* 143）。在波塞冬和赫拉就阿尔戈斯的归属发生争吵的时候，伊那科斯决定支持赫拉，据说波塞冬因此就夺去了他和另外两个法官（阿斯忒里翁 [Asterion] 和克菲索斯 [Cephissus]）的水，于是，除了雨季之外，他们变得十分干燥（Paus. ii. 15. § 4, etc.; 参看 Apollod. ii. 1. § 4.）。古人也多次尝试去解释关于伊那科斯的故事：他们有的时候把伊那科斯当做阿尔戈斯人，正是他在丢卡利翁（Deucalion）的人洪水之后领导阿尔戈斯人从山地走向平原，并把水引入了合适的渠道；有时候又认为他是移民者，是埃及或利比亚殖民地的领导人，横跨海洋而来，并统一了佩拉斯吉亚人（Pelasgians），这些人散居在伊那科斯河岸（Schol. *ad Eurip. Or.* 920, 932; Sophocl. *ap. Dionys.*

l. c.)。参看《希腊罗马传记与神话词典》,前揭,卷二,页 571。

● 梅丽娅(the Oceanid Melia):仙女,海洋之神(俄刻阿诺斯)的女儿,和伊那科斯生下了甫洛纽斯和阿埃吉亚乌斯或佩吉乌斯(Apollod. ii. 1. §1; Schol. *ad Eurip. Orest.* 920)。她又和西勒诺斯(Seilenus)一起生下了马人福洛斯(Pholus, Apollod. ii. 5. §4),和波塞冬生下了阿米科斯(Amycus, Apollon. Rhod. ii. 4; Serv. *ad Aen.* v. 373)。她被阿波罗抢走,和他生下了伊斯门纽乌斯(Ismenuius,一些人称她的兄弟为伊斯墨鲁[Ismenus], Schol. *ad Pind. Pyth.* xi. 5; Tzetz. *ad Lyc.* 1211)和预言家藤勒瑞斯(Tenerus)。她在阿波罗的神殿里(the Ismenium)得到供奉,就在忒拜旁边(Paus. ix. 10. §5, 26, §1; Strab. p. 413)。其名字的复数形式 Μελίαι 或 Μελιάδες 成为仙女的名字,与巨人们(Giantes)和厄里倪厄斯一样,他们都是从乌拉诺斯的血液中滴出来的,被大地该亚接收了(Hes. *Theog.* 187)。那些照顾宙斯的仙女也被叫做梅丽娅(Callim. *Hymn. in Jov.* 47; Eustath. *ad Hom.* p. 1963)。参看《希腊罗马传记与神话词典》,前揭,卷二,页 1021。

● 阿瑞斯托耳(Arestor):百眼巨人(Argus Panoptes)的父亲,伊娥(Io)的监护人,因此伊娥也被称为阿瑞斯托瑞德斯(Arestorides, Apollod. ii. 1. §3; Apollon. Rhod. i. 112; Ov. *Met.* i. 624)。另据泡萨尼阿斯(ii. 16. §3)所述,阿瑞斯托耳是弥克涅的丈夫,弥克涅是伊那科斯的女儿,迈锡尼城因她而得名。参看《希腊罗马传记与神话词典》,前揭,卷一,页 277。

● 阿尔戈斯(Argos):这里要介绍的是三个古希腊时期的人物,英文又写作 Argus。一、阿尔戈斯的第三任国王,宙斯和尼俄柏(Niobe)的儿子(Apollod. ii. 1. §1, etc.)。有学者(*ad Hom. Il.* i. 115)称他是阿庇斯(Apis)的儿子,并在阿尔戈斯继承了阿庇斯的王位。后来这个国家因他而被称作了阿尔戈斯,并且所有伯罗奔尼撒人也都叫做阿尔戈斯人(Hygin. *Fab.* 145; Paus. ii. 16. §1, 22. §6, 34. §5)。他和欧阿德涅(Euadne)生下了孩子雅舒斯和佩苒图斯(Peiranthus),又说孩子是佩拉斯(Peiras)、皮达夫洛斯、克瑞阿索斯和提瑞娜(Tiryna),也有人说是和佩托(Peitho)生下的(Schol. *ad Eurip. Phoen.* 1151,1147; *ad Eurip. Orest.* 1252,1248,930)。二、又叫百眼巨人(Panoptes)。关于他的父母有不同的说法。他的父亲有如下不同的说法:阿革诺耳、阿瑞斯托耳、伊那科斯或阿尔戈斯(Argus),而有人说他父亲是奥特库吞(Autochthon, Apollod. ii. 1, 2, etc.; Ov. *Met.* i. 264.)。他得了百眼巨人这个外号(即能看见一切的),因为他有一百只眼睛,其中一些眼睛可以永远不睡。他拥有超人的力量,他杀死了一头肆虐于阿尔卡迪亚的狂野的公牛,一个抢劫、冒犯人类的萨提尔(Satyr)和一条叫做艾奇德娜的毒蛇——它使道路变得不安全。在做了这三件事情之后,赫拉就任命他为一头母牛的保护者,这头母牛是伊娥变来的(参看 Schol. *ad Eurip. Phoen.* 1151, 1213.)。宙斯命令赫尔墨斯抢走这头母牛,赫尔墨斯完成了这个任务。据说,赫尔墨斯用石头把阿尔戈斯砸死了,也有人说,是用笛声把他催眠之后砍下了他的脑袋。赫拉还把他的两只眼睛放到了孔雀的尾巴上,那是她最钟爱的动物(Aeschyl. *Prom.*; Apollod. *Ov. ll. cc.*)。三、据阿波罗多洛斯所述,他是阿尔戈斯英雄的船"阿尔戈"号(Argo)的建造者(ii. 9. §§1, 16),是菲利塞斯的儿子。罗得岛的阿波罗尼奥斯(i. 112)说他是阿瑞斯托耳的儿子,而其他人则说他是赫斯托尔(Hestor)或波吕布斯的儿子(Schol. *ad Apollon. Rhod.* i. 4, *ad Lycophr.* 883; Hygin. *Fab.* 14; Val. Flacc. i. 39,此人说他是一个泰斯庇斯人[Thespian])。菲利塞斯的儿子阿尔戈斯在菲利塞斯死后,被他的祖父埃厄忒斯

(Aeetes)送去掌管他在希腊的遗产。他在旅途中遭遇海难,伊阿宋在阿瑞提亚斯(Aretias)岛上找到了他,并把他送回了柯厄奇斯(Colchis, Apollon. Rhod. ii. 1095, etc.; Hygin. *Fab.* 21)。许金鲁斯(*Fab.* 3)说,在菲利塞斯死后,阿尔戈斯准备和他的兄弟们一起逃到阿塔玛斯。参看《希腊罗马传记与神话词典》,前揭,卷一,页282。

9. Philodemus, *On Piety*

赫西俄德写道,埃斯克勒庇俄斯($Ἀσκληπιός$)为宙斯所杀……据说,这也是出自《归返》。

- 埃斯克勒庇俄斯(Asclepius)是希腊神话中的医神,有起死回生的神术,其法物就是蛇。他经常手持蛇杖,云游四方,救死扶伤。长杖表示要踏遍天涯海角,灵蛇象征着要为人们带来健康和长寿。奇怪的是《希腊罗马传记与神话词典》没有提到这个医神,而是提到了另外四个同名者。参看《希腊罗马传记与神话词典》,前揭,卷一,页383。

10. Caption to vase relief(公元前3-2世纪)

据诗人阿吉亚斯在《阿开奥斯人的归返》中所记"阿伽门农之死"。

"这个花瓶表明,阿伽门农的后继者是阿尔克迈翁和埃阿斯之子墨斯托尔,而第三个人的名字已经模糊难辨,他正躺在一个宴会上,正受到安提欧库斯和阿尔格俄斯($Ἀργεῖος$)的攻击。"

- 阿尔格俄斯(Argeios或Argeius):伊利斯人的代理人之一,

被派到波斯（Persia）去与佩洛庇达斯（Pelopidas）合作（公元前367年），参加共同反抗斯巴达的谈判，并让阿尔塔薛西斯支持忒拜（Artaxerxes, Xen. *Hell.* vii. 1. §33）。色诺芬（Xenophon）再一次提到他（*Hell.* vii. 4. §15），当他在描述阿尔卡迪亚人与伊利斯人之间的战争时（公元前365年），阿尔格俄斯作为埃利斯的民主派领导人之一参加了战争。从这里的注释来看，此处的阿尔格俄斯与文中提到的攻击阿伽门农的人似乎不是同一人，文中所提到的人物暂时无考。参看《希腊罗马传记与神话词典》，前揭，卷一，页279。

11. Apollodorus, *The Library*

据悲剧作家所述，瑙普利俄斯（Ναύπλιος）娶了卡特柔斯（Κατρέως）的女儿克吕墨涅，而据《归返》的作者所述，他娶了斐莱拉（Φιλύρα）……而且他还成了帕拉墨得斯、欧伊阿克斯（Οἴακα）和瑙斯默冬（Ναυσιμέδοντα）的父亲。

• 瑙普利俄斯（Nauplius）：一、波塞冬和阿密摩涅（Amymone）的儿子，阿尔戈斯人，著名航海家，普罗托斯和达玛斯托尔（Damastor）的父亲（Apollon. Rhod. i. 136, etc.; Schol. *ad Apollon. Rhod.* iv. 1091）。他是瑙普利亚（Nauplia）城的建立者，而且该城正是因他而得名（Paus. ii. 38. §2, iv. 35. §2; Schol. *ad Eurip. Orest.* 54）。据说他还发现了大熊星座（Theon, *ad Arat. Phaen.* 27; Paus. viii. 48. §5; Strab. viii. p. 368.）。二、克吕托纽斯（Clytoneus）的儿子，阿尔戈斯英雄之一，上一个瑙普利俄斯的后人（Apollon. Rhod. i. 134.）。三、欧玻亚岛的国王，帕拉墨得斯、欧伊阿克斯（Oeax）和瑙西墨冬（Nausimedon）的父亲，母亲是克吕墨涅或斐莱拉或赫西俄涅（Apollod. ii. 1. §4）。克吕墨涅是卡特瑞斯（Catreus）的女儿，她和妹妹埃洛普（Aerope）被父亲送给了瑙普利俄斯，后者把她们带到了国外。瑙普利俄斯娶了克吕墨涅，而把埃洛普送给了普勒斯忒涅斯，后两者正是阿伽门农和墨涅拉奥斯的父母（Apollod. iii. 2. §2）。瑙普利俄斯的儿子帕拉墨得斯在希腊人围攻特洛亚的时候，被希腊人判了死刑。瑙普利俄斯认为此事十分不公，他等着希腊人回来，就在他们到达欧玻亚岛海岸的时候，他在最危险的地方点亮了导航灯。水手被误导，船毁人亡，这些人或死于波涛，或死于瑙普利俄斯的剑下（Philostr. *Her.* x. 11; Schol. *ad Eurip. Orest.* 422; Tzetz, *ad Lycoph.* 384; Hygin. *Fab.* 116）。据说他还送假情报给那些在特洛亚作战的英雄的妻子们，以此来报复希腊人，让这些女人对丈夫不再忠贞，或直接导致她们自杀（Eustath. *ad Hom.* p. 24; Tzetz, *l. c.*; Paus. i. 22. §6）。参看《希腊罗马传记与神话词典》，前揭，卷二，页1145。

• 卡特柔斯（Catreus）：米诺斯和帕西淮的儿子，克里特岛王位的继承人。《希腊罗马传记与神话词典》上没有收录此人。

• 在古希腊神话中，斐莱拉（Philyra）是海洋之神（俄刻阿诺斯）和忒提斯的女儿。刻戎是她同克洛诺斯生下的儿子（Pind. *Nem.* iii. 82; Apollon. Rhod. ii. 1241；参看刻戎的相关内容）。她生下儿子的时候，觉得这个孩子长得太丑，就把他抛弃了。她是主管香水、写作、治疗、美和纸的女神，她还教会人们制作纸张。二、另据其他传说，她和瑙普利俄斯生下了许多孩子，因此她一般又被叫做克吕墨涅（Clymene, Apollod. ii. 1. §4）。参看《希腊罗马传记与神话词典》，前揭，卷三，页335。

• 瑙普利俄斯的儿子们跑去帮助埃癸斯托斯，却被俄瑞斯忒斯和皮拉德斯所杀（泡萨尼阿斯 1.22.6，据雅典卫城［Acropolis］的一幅画）。

12. Athenaeus, *Scholars at Dinner*

《归返》的作者在第三章中说道:

"赫尔迷俄涅乌斯 (Ἑρμιονεύς) 在伊索斯 (Ἷσον) 身后轻快地追逐着,并把箭射在了他的腹股沟上。"

- 赫尔迷俄涅乌斯 (Hermioneus) 也许是墨涅拉奥斯的儿子,墨涅拉奥斯在战斗中帮助俄瑞斯忒斯攻打埃癸斯托斯的人。《希腊罗马传记与神话词典》中并没有收录此人,而是详细介绍了 Ἑρμιόνη,这是海伦和墨涅拉奥斯唯一的女儿,漂亮得像金色的阿佛洛狄忒 (Aphrodite, Hom. *Od.* iv. 14. *Il.* iii. 175)。参看《希腊罗马传记与神话词典》,前揭,卷二,页 416。

13. Scholiast on the *Odyssey*

正如亚历克翁 (Ἀλεξίον) 所说,她是……但据《归返》的作者说,她是一个基泰人 (Γέται)。

- 亚历克翁 (Alexion):古代的医生,从他的名字来看,或许是希腊人。他是西塞罗的朋友,西塞罗称赞过他的医术,而且对他的突然死亡悲痛不已(公元前 44 年。*Ad Att.* vii. 2, xiii. 25, sv. 1. d2.)。参看《希腊罗马传记与神话词典》,前揭,卷一,页 128。
- 她是个奴隶,墨涅拉奥斯和她生下了墨伽彭忒斯 (Megapenthes, *Odyssey* 4.12)。
- 这句话的意思也许是说她的名字叫基泰 (Getis)。但诗人也许是在说 ἐκ δούλησ Γέτιδος,意即"来自一个 Getic 的奴隶"。这个词 (Getic) 最早的意思是一个叫基泰 (Getae) 的地方,是色雷斯的一个部落。

特勒戈诺斯纪 (*ΤΗΛΕΓΟΝΙΑ. ΘΕΣΠΡΩΤΙΣ*)

证 言

Clement of Alexandria, *Miscellanies*

希腊人故意偷窃其他人的作品,并当成自己的。正如库瑞涅（*Κυϱήνη*）的欧伽蒙（*Εὐγάμων*）从穆赛俄斯（*Μουσαῖος*）手中偷窃了他讲述特斯普洛托斯人（*Θεσπϱωτοί*）的整部作品一样。

- 《特勒戈诺斯纪》（*Telegony Thesprotis*）：希腊语原文的意思应该是"父亲走后所发生的故事"。它接着《奥德赛》讲奥德修斯回到伊塔卡之后所发生的事情。其故事情节竟然有些像《俄狄浦斯王》所讲的杀父娶母的故事。参看程志敏著《荷马史诗导读》，上海：华东师范大学出版社，2007年，页62。
- 库瑞涅（Cyrene）：古希腊在北非的殖民地，位于今天的利比亚。
- 欧伽蒙（Eugammon，或Eugamon）：《英雄诗系》诗人之一，库瑞涅人，大约生活于公元前568年前后。他是佩西斯特拉图斯（Peisistratus）、斯泰西科拉斯（Stesichoru）和阿瑞斯忒阿斯的同时代人。他的诗作实际上是《奥德赛》的后续故事，题目叫做"特勒戈诺斯纪",一共有两卷或两节（rhapsody），并且成为《英雄诗系》的结局部分。它包括奥德修斯杀死佩涅洛佩的追求者之后直到奥德修斯死的全部故事。诗歌的内容已经全部佚失，只有普罗克洛斯的《益世文选》里面还有故事的脉络（参看 Eustath. *ad Hom.* p. 1796.）。由于欧伽蒙生活的时代很晚，他极有可能充分利用了早期诗人的一些成果。亚历山大里亚的克莱门（*Strom.* vi. p. 751；参看 Euseb. *Praep. Euang.* x. 12）明确表示，欧伽蒙在他的《特勒戈诺斯纪》中结合了穆赛俄斯（Musaeus）的一整部史诗，叫作"Thesprotis"。究竟《特勒戈诺斯纪》应归于早于欧伽蒙的拉刻代蒙人基纳厄同名下，还是确为欧伽蒙所作，现在还不清楚。《特勒戈诺斯纪》的名字来自于特勒戈诺斯，他是奥德修斯与基尔克的儿子，此人杀死了奥德修斯（参看 Bode, *Gesch. der Episch. Dichtk.* p. 339, etc.）。

- 穆赛俄斯（Musaeus）：文学形象，半神话人物，与奥勒（Olen）、俄耳甫斯（Orpheus）和潘弗斯（Pamphus）被列为一类。他创作了多部作品，尤与德默特尔秘仪相关，传说他在赫拉克勒斯时代统治着埃琉西斯（Diod. iv. 25）。据说他属于欧摩尔波斯家族（Eumolpidae），是欧摩尔波斯和塞勒涅的儿子（Philochor. *ap. Schol. ad Arist. Ran.* 1065；Diog. Laërt. *Prooem.* 3）。在其他不同的传说中，他是色雷斯人。还传说，他是俄耳甫斯的儿子，后来又说他是俄耳甫斯的模仿者和弟子（Diod. iv. 25；Serv. *ad Virg. Aen.* vi. 667.）。还有人说他是安提菲幕斯（Antiphe‐mus）或安提欧菲幕斯（Antiophemus）与海伦的儿子（Schol. *ad Soph. Oed. Col.* 1047；Suid. *s. v. Μουσαῖος*）。据亚里士多德（Aristotle, *Mirab.* p. 711, a.）讲，德沃克（Deioce）是他的妻子；而在雅典娜乌斯（xiii. p. 597）所引用的赫耳墨西阿那克斯（Hermesianax）的挽歌诗中，安提俄珀被认为是他的妻子。苏达斯认为他有一个儿子叫欧摩尔波斯。阿里斯托芬（Aristophanes）作品的一段的评论，刻在法勒瑞斯（Phalerus）的穆赛俄斯墓碑上。泡萨尼阿斯（i. 25. §8）提到一个传说，比雷埃夫斯（Peiraeus）的 $Mουσεῖον$ 之所以拥有这个名字，就是因为穆赛俄斯埋在这个地方。我们发现以下的诗作里曾提到过他，把他作为先辈：1、$Χρησμοί$，《神谕》（Oracles, Aristoph. Ran. 1031; Paus. x. 9. §11; Herod. viii. 96）。奥诺玛克利托斯（Onomacritus）在佩西斯特拉图斯家族（Peisistratidae）统治时代，忙于收集与整理以穆赛俄斯名义传播的神谕，却被希帕库斯放逐，因为他在收集过程中窜入了自己的东西（Herod. vii. 6; Paus. i. 22. §7）。2、$Ὑποθῆκαι$，或叫《诫言》，是他给儿子欧摩尔波斯的"诫子书"，长达4000行（Suid. l. c.）。3、《致德默特尔的颂歌》。泡萨尼阿斯（i. 22. §7）认为这部作品是当时还存世的唯一的穆赛俄斯真作。4、$Ἐξακέσεις\ νόσων$（Aristoph. Ran. 1031; Plin. H. N. xxi. 8. s. 21）。5、$Θεογονία$（Diog. Laërt. Prooem. 3）。6、$Τιτανογραφία$（Schol. ad Apoll. Rhod. iii）。7、$Σφαῖρα$（Diog. Laërt. l. c.）。这个 sphaera 究竟是什么，并不清楚。8、$Παραλύσεις$, $Τελεταί$ 和 $Καθαρμοί$（Schol. ad Arist. l. c.; Plat. Respubl. ii. p. 364, extr.）。亚里士多德（Polit. viii. 5, Hist. Anim. vi. 6）引用了穆赛俄斯的一些诗行，但没有指出出自哪部作品。一些人假定这个 $Θεογονία$ 和 $Σφαῖρα$ 的作者穆赛俄斯与古代那个吟唱诗人穆赛俄斯不是同一人，却没有证据来支持这个观点。海洛（Hero）与利安得（Leander）的爱情诗，出自后来的作家之手。穆赛俄斯的诗歌都未存世，但是有少许的引用出现在泡萨尼阿斯、柏拉图（Plato）、亚历山大里亚的克莱门、斐洛斯特拉图斯和亚里士多德的作品中（Fabric. Bibl. Graec. vol. i. p. 119）。另有三个同名者：一、忒拜抒情诗人，塔米拉（Thamyra）和菲拉蒙（Philammon）的儿子，据苏达斯（s.v.）所述，他生活于特洛亚战争之前。二、史诗诗人，以弗所（Ephesus）人，大约生活于公元前二世纪中叶。据苏达斯说，他写了一部诗作叫 Περσηίς，共十卷，题献给尤蒙尼斯（Eumenes）和阿塔勒斯。苏达斯所说的下面这句话意义不明：τῶν εἰς τοὺς Περγαμηνοὺς καὶ αὐτὸς κύκλους。三、语法学家，关于海洛和利安得的著名爱情诗的作者。其生平几不为人知。老斯卡利杰（Scaliger）认为这部作品是古代雅典吟唱诗人所作，但是在众多抄本中，都清楚地写着作者是语法学家穆赛俄斯，现在大多承认这部诗作是较晚的一部作品。据施拉德（Schrader）和其他评论家所述，这个作者不会早于公元5世纪。它的总体风格也大不同于早期诗人的简略风格，而一些个别的表达又不像是后来的语言。这部诗作是在公元13世纪被发现的，已经有了很多版本。最开始是由 Marcus Musurus 出版的拉丁文本，却没有具体指出它写作的时间和地点。其他的还有 Kromayer, Halae Magd. 1721；Schrader, 1742；Heinrich, 1793；Passow, Leipzig, 1810；Schaefer, Leipzig 1825。另有一些翻译本。英文本：Marlowe, Stapylton, Stirling, etc.；德文本：Stollberg, Passow, etc.。法文本：Marot, etc.；意大利文本：Bernardo Tasso, Bettoni, etc.。参看《希腊罗马传记与神话词典》，前揭，卷二，页1126。

- 特斯普洛托斯人（Thesprotians）：古希腊特斯普洛托斯的部落，靠近摩罗西安。诗人荷马经常提到特斯普洛托斯，它与伊塔卡和都利奇（Doulichi）为友好盟国。他们东北边是卡昂尼人，而北边是摩罗西安人。这个特斯普洛托斯部落一直是伊庇鲁斯同盟的一员，直到最后并入罗马帝国。《特勒戈诺斯纪》的故事就发生在那里。

Photius, *Library*

《英雄诗系》由众诗人填充得以完成，直到奥德修斯登上伊塔卡（Ἰθάκη）。奥德修斯正是在这里被自己的儿子特勒戈诺斯（Τηλέγονος）在不知情的情况下所杀。

- 伊塔卡（Ithaca）：伊奥尼亚海上的一个岛屿，拥有45平方公里的土地。奥德修斯是伊塔卡国王。
- 特勒戈诺斯（Telegonus）：一、普洛透斯的儿子，波吕戈诺斯（Polygonus）的兄弟，和他的兄弟一起被赫拉克勒斯所杀，都是因为他们向赫拉克勒斯挑战比赛摔跤（Apollod. ii. 5. §9；参看波吕戈诺斯的相关内容）。二、埃及国王，娶了伊俄，四处游荡，停顿下来之后，他找到了自己的儿子厄帕福斯（Epaphus, Apollod. ii. 1. §3.）。另据欧里庇得斯的评注者说（*Or.* 920），这个特勒戈诺斯是厄帕福斯的儿子，利比亚的兄弟。三、奥德修斯与基尔克的儿子。奥德修斯回到伊塔卡的时候，基尔克却把特勒戈诺斯送出去寻找他的父亲。一场风暴把他的船毁在了伊塔卡的某个海岸上，由于饥饿所迫，他就开始在那个地方抢劫。奥德修斯和忒勒玛科斯（Telemachus）听别人说起这个陌生人的野蛮行径，前去制服他，结果特勒戈诺斯用他母亲送的长矛刺死了奥德修斯（参看 Horat. iii. 29.8；Ov. *Trist.* i. 1, 114）。在雅典娜的指引下，特勒戈诺斯在忒勒玛科斯和佩涅洛佩的陪伴之下，去了爱伊亚岛的基尔克那里，并在那里埋葬了奥德修斯，还娶了佩涅洛佩，并成为伊塔卢斯的父亲（Italus, Hes. *Theog.* 1014；Hygin. *Fab.* 127；Tzetz. *ad Lycoph.* 805；Eustath. *ad Hom.* pp. 1660, 1676；Serv. *ad Aen.* ii. 44；Lucian, *De Salt.* 46；Aristot. *Poet.* 14）。在意大利，特勒戈诺斯被认为是图斯库隆（Tus-

culum）和普莱奈斯特（Praeneste）的建立者（Ov. *Fast.* iii. 92, iv. 71；Horat. *l. c.*；Dionys. Hal. iv. 45；Plut. *Parall. Min.* 41）。在一些传说中，特勒戈诺斯（又被称为是 Teledamus）被说成是奥德修斯和卡吕普索的儿子（Eustath. *ad Hom.* p. 1796）。参看《希腊罗马传记与神话词典》，前揭，卷三，页988。

Eusebius, *Chronicle*

Ol. 41：（参看关于基纳厄同的内容）。

Ol. 53.2（567／566）：库瑞涅人欧伽蒙被认了出来，他写作了《特勒戈诺斯纪》。

Choeroboscus（？），*On Syllabic Quantity*

那些意指一部作品的单词常常带一个双元音 $Eι$（ei），如 Ὀδύσσεια（Odysseia）表示关于奥德修斯的作品，《赫拉克勒亚》（Ἡράκλεια, Herakleia）表示关于赫拉克勒斯的作品，而《特勒戈诺斯纪》（Τηλεγόνεια, Telegoneia）表示关于特勒戈诺斯的作品。

论 述

Proclus, *Chrestomathy*, with additions and variants from Apollodorus, *The Library*

在此之后是荷马的《奥德赛》，再接下米是由库瑞涅的欧伽蒙所写的《特勒戈诺斯纪》中的两章内容，如下：

（1）求婚者被他们的家人埋藏。奥德修斯向仙女们献祭之后，乘船去了埃利斯（Ἦλις），以观察他的牧群。他受到波吕克塞诺斯（Πολύξενος 或 Πολύξεινος）的招待，并接受了一只兑酒的碗，上面雕刻着特俄普佛尼俄斯（Τροφώνιος）、阿伽默德斯（Ἀγαμήδης）和奥革阿斯的故事。接着他驶回了伊塔卡，并按特瑞西阿斯的指定做了献祭。

- 埃利斯（Elis）：古代地名，现伊利亚专属区（Ilia Prefecture）。它位于伯罗奔半岛的希腊南部，北靠阿哈伊亚州（Achaea），东接阿尔卡迪亚，南临美赛尼亚，西边则是伊奥尼亚海。第一届奥林匹亚节就是在这个地方举行，时在公元前8世纪，而传说时间是在公元前776年。这个地方出现的人物有：埃利斯的科诺布斯（Coroebus of Elis），运动员；国王和领袖人物萨尔摩纽斯、埃特里俄斯（Aethlius）、恩底弥翁、厄帕俄斯、埃托洛斯、奥革阿斯、安菲玛科斯、塔尔庇俄斯（Thalpius）和俄克绪罗斯；智慧之士埃利斯的希帕斯（Hippas of Elis）、埃利斯的斐多（Phaedo of Elis）、斐罗（Phrrho）和特洛亚洛斯。

- 波吕克塞诺斯（Polyxenus）：阿伽斯藤涅（Agasthenes）的儿子，奥革阿斯的孙子，安菲玛科斯的父亲。他在攻打特洛亚的战争中，是埃庇安人的领袖（Hom. Il. ii. 623；Paus. v. 3. §4）。还有三个同名的神话人物，一是埃琉西斯的国王（Hom. Hymn. in Cer. 154），二是埃利斯的国王（Apollod. ii. 4. §6），三是伊阿宋和美狄亚的儿子（Paus. ii. 3. §7）。还有两个同名者：一、叙拉古的贵族，他的妹妹嫁给了著名的赫莫克里特（Hermocrates）。狄奥尼索斯（Dionysius）在公元前406年成为自己国家的僭主之后，就想与贵族联姻以加强自己的实力，于是他把妹妹嫁给了波吕克塞诺斯，同时自己娶了赫莫克里特的女儿（Diod. xiii. 96）。从这一刻开始，波吕克塞诺斯就同僭主的命运相联。叙拉古人在公元前404年发动起义，直接威胁到狄奥尼索斯的权力时，他的这个兄弟带着自己的人全力支持他。同样，在公元前395年的时候，当迦太基人（Carthaginians）准备包围叙拉古的时候，波吕克塞诺斯被派到塔利安的希腊人、科林多人和拉刻代蒙人那里寻求帮助。他出色地完成了任务，回到西西里时带了一支有三十艘船的舰队，满载同盟军而来，总指挥是拉刻代蒙人法拉西达斯（Pharacidas），援兵的到来使叙拉古得以脱险（Id. xiv. 8，62，63.）。二、西西里的陶罗门尼昂（Tauromenium）人，被他的同胞们派到尼苛德摩（Nicodemus）那里去作使节，尼苛德摩是岑托瑞普（Centoripe）的僭主（Timaeus, *ap. Athen.* xi. p. 471f.）。参看《希腊罗马传记与神话词典》，前揭，卷三，页471。

- 特俄普佛尼俄斯（Trophonius）：埃尔吉诺斯（Erginus）的儿子，奥尔科莫诺斯的国王，也说是阿波罗的儿子。他和他的兄弟阿伽默德斯在德尔斐修建了神庙，并在波俄提亚国王的许里俄斯（Hyrieus）修建了宝库（Hom. *Hymn. in Apoll.* 296；Paus. ix. 37和39；Strab. ix. p. 421）。他死后被当做英雄崇拜，在波俄提亚的勒巴德埃（Lebadeai）附近的洞中还有他的一句著名的神谕（Heord. i. 46；Strab. ix. p. 414；Eurip. *Ion*, 300；Aristoph. *Nub.* 502；comp. *Dict. of Autiq. s. v. Oraculum.*）。参看《希腊罗马传记与神话词典》，前揭，卷三，页1177。

- 阿伽默德斯（Agamedes）：斯狄法勒斯（Stymphalus）的儿子，阿瑞阿斯（Areas）的曾孙（Paus. viii. 4. §5, 5. §3.）。他和厄庇卡斯忒生下孩子刻耳库翁，她还给他带来了个继子——特俄普佛尼斯，此人据说是阿波罗的儿子。另据其他传说讲，阿伽默德斯是阿波罗和厄庇卡斯忒的儿子，或者是宙斯和伊俄卡斯忒（Iocaste）

的儿子，并且是特俄普佛尼斯的父亲。然而最通常的说法是，他是奥尔科莫诺斯的国王埃尔吉诺斯的儿子，特俄普佛尼斯的兄弟。这两兄弟据说以建筑师的身份而闻名，尤其是在修建宫殿和神庙方面。他们在德尔斐修建了一座阿波罗神庙，还为波俄提亚的海瑞亚国王修筑了一座许里俄斯的宝库（Paus. ix. 37. §3；Strab. ix. p. 421）。查拉克斯在阿里斯托芬的评注（*Nub.* 508）中，提出了一个完全不同的说法，认为他们是为奥革阿斯的国王修建了藏宝库。在泡萨尼阿斯的笔下，这个宝库的故事与希罗多德（ii. 121）所讲的埃及国王拉潘尼图斯（Rhampainitus）的宝库十分相似。在建造许里俄斯宝库的过程中，阿伽默德斯和特俄普佛尼斯努力用如下的方式来建设，那就是，石头可以从外面取出来，取出后就是进入宝库的入口，但一般人却看不出来。阿伽默德斯和特俄普佛尼斯就不断偷宝库里的东西，而国王看到门锁均完好无损，而宝物却不停地减少，于是就设陷阱抓小偷。阿伽默德斯中了圈套，结果特俄普佛尼斯砍了他的头以灭口。然而，特俄普佛尼斯杀死了他之后就立刻被大地吞了进去。这件事据说发生在勒巴德埃的一个丛林里，那里有所谓的阿伽默德斯洞，在他的旁边还有一根柱子。那里还有特俄普佛尼斯的神谕，那些要询问神谕的人，必须先给阿伽默德斯献祭一只白羊（Paus. ix. 39. §4；参看 *Dict. of Ant.* p. 673）。据西塞罗所提到的传说来看（*Tusc. Quaest.* i. 47；参看 Plut. *De consol. ad Apollon.* 14），阿伽默德斯和特俄普佛尼斯修建了德尔斐的阿波罗神殿之后，就向神索要回报，说自己为人类贡献出了最好的事物。神答应他们某天会实现他们的请求，而当这一天到来时，他们兄弟俩已双双去世。究竟是埃及的宝库故事来自希腊，还是希腊的宝库传说来自埃及，现代的学者说法不一。米勒（Müller, *Orchom.* p. 94, etc.）的解释比较可信，他认为这个传说出自米尼亚人，后来传到了奥革阿斯，而在普萨米提库斯（Psammiti chus）统治之前，希腊人就已经知道这个传说了，只是在普萨米提库斯的统治期间两地的交流才开始。参看《希腊罗马传记与神话词典》，前揭，卷一，页57。

• 阿伽默德斯和特俄普佛尼斯受奥革阿斯（波吕克塞诺斯的祖父）的委托为他修建一个藏宝室。他们就在里面修了一个密门，用来进入藏宝室偷盗宝物。奥革阿斯设了一个陷阱，阿伽默德斯就被抓住了，但是特俄普佛尼斯砍掉了他同伙的头以保住自己不被查出来，并逃走了。希罗多德的 *Rhampsinitus*（2.121）故事是这同一个民间故事的不同版本。

（2）此后，他又去了特斯普洛托斯人的领地（并遵照特瑞西阿斯的预言，为波塞冬献祭，以取悦于他），并娶了特斯普洛托斯人的女王卡里狄克（Καλλιδίκην）。接着，特斯普洛托斯人之间爆发了战争，一方由奥德修斯领导，另一方由卜瑞格（Βρύγοι 或 Βρίγες）领导。阿瑞斯打得奥德修斯狼狈逃走，雅典娜则起而对付阿瑞斯，最后阿波罗让他们和解了。在卡里狄克死后，王权被交给了奥德修斯的儿子波吕波忒斯，他自己则回到了伊塔卡（在那里，佩涅洛佩为他生下了波里波厄忒斯 [Πολιπόρϑην]）。

• 参看《奥德赛》11.121–131："这里你要出游，背一把合用的船桨，／直到你找到这样的部族，那里的人们／未见过大海，不知道食用掺盐的食物，／也从未见过涂抹了枣红颜色的船只／和合用的船桨，那是船只飞行的翅膀。／我可以告诉你明显的征象，你不会错过。／当有一位行路人与你相遇一道途，／称你健壮的肩头的船桨是扬谷的大铲，／那时你要把合用的船桨插进地里，／向大神波塞冬敬献各种美好的祭品，／一只公羊、一头公牛和一头公猪。"参看荷马著《奥德赛》，前揭，页199。

- 卡里狄丝（Callidice 或 Kallidice）：特斯普洛托斯（Thesprotia）的女王，奥德修斯的妻子，他们的孩子叫波吕波忒斯（Polypoetes）。据说，奥德修斯在杀死了佩涅洛佩的追求者后，又开始了另一次远航，来到了特斯普洛托伊，并在那些呆了些年月，还娶了女王卡里狄丝。

（3）同时，特勒戈诺斯（从基尔克[Κίρκη]那里得知他是奥德修斯的儿子）已经出海寻找他的父亲了，在登上了伊塔卡之后，他就开始蹂躏这个岛屿。奥德修斯站出来抵抗，结果被他的儿子误杀（当奥德修斯站出来抵抗的时候，他用佩带的长矛刺伤了奥德修斯，而长矛的尖上有一个发亮的带钩的刺，奥德修斯就死了）。

- 基尔克（Circe）：神话传说中的巫师，荷马称她是美发的女神，赫利俄斯与海的女儿珀耳塞所生，是埃厄忒斯（Aeëtes）的妹妹（*Od.* x. 135），住在爱伊亚岛上。当奥德修斯漂流至此的时候，基尔克把他的同伴变成了猪，而后深深地爱上了这个落难的英雄，就引诱奥德修斯和她生活了一年。最后，当奥德修斯想要离开她的时候，她告诉奥德修斯要下到冥府去向先知特瑞西阿斯询问神谕。当他从冥府回来以后，基尔克就向他预告了回家路上会遇到的危险，并放走了他（*Od.* lib. x.–xii.；参看 Hygin. *Fab.* 125）。关于她的出身，不同的诗人有不同的说法，一些人说她是许珀里翁和埃若普的女儿（Orph. *Argon.* 1215），其他人说她是埃厄忒斯和赫卡忒（Hecate）的女儿（Schol. *ad Apollon. Rhod.* iii. 200）。据赫西俄德（*Theog.* 1011）

所述,她和奥德修斯生下了阿格里俄斯。拉丁诗人也充分运用基尔克的故事,不过把变作了斯库拉和奥索尼斯(Ausonians)人的国王皮古斯(Picus)的故事。参看《希腊罗马传记与神话词典》,前揭,卷一,页757。

• 这可以看成是特瑞西阿斯的预言的实现,在《奥德赛》11.134中,他说死亡会以一种温和的方式"从海上"降临在奥德修斯身上。然而,其他人则反对特勒戈诺斯的故事,他们认为这个表达的意思是"远离大海"。

(4)特勒戈诺斯认识到了自己的错误,把他父亲的遗体和忒勒玛科斯、佩涅洛佩交给他的母亲基尔克。后者让他们不朽(把他们送往福人岛),特勒戈诺斯和佩涅洛佩生活在一起,而忒勒玛科斯则和基尔克生活在一起。

辑 语

1. Athenaeus, *Scholars at Dinner*

   奥德修斯年老之时,
   尚能大碗吃饭,拼命喝酒。

2. Synesius, *Epistles*

   因为他们并没有被晚上澎湃的波涛吵醒。

3. Pausanias, *Description of Greece*

   在路的右边有一个高高的土堆,据说那是佩涅洛佩的坟墓,诗歌《特勒戈诺斯纪》并不同意这种说法。据这首诗所述，奥德修斯从特洛亚回来以后，佩涅洛佩为他生了一个儿子波里波厄忒斯。

4. Eustathius，commentary on the *Odyssey*

《特勒戈诺斯纪》的作者、那位库瑞涅人说，特勒戈诺斯（或 Teledamus）是奥德修斯同卡吕普索（Καλυψώ）的儿子，而忒勒玛科斯和阿尔克西劳（Ἀρκεσίλαος）是他同佩涅洛佩的儿子。

• 卡吕普索（Calypso）：在赫西俄德（Theog. 359）那里，她是海洋之神（俄刻阿诺斯）和忒提斯的女儿，在阿波罗多洛斯（i. 2. §7）那里，则是涅柔斯的女儿，而在荷马那里是阿托厄斯的女儿（*Od.* i. 50.）。这最后一个卡吕普索就是住在欢乐岛（Ogygia）上的仙女，奥德修斯遭遇海难时就漂流到了这个岛的岸上。卡吕普索爱上了这个落难英雄，并向他承诺能让他永远年轻不死，只要他能和她待在一起。她把奥德修斯留在岛上七年，直到最后众神命令一定要放他继续走上回家的路为止（*Od.* v. 28，etc.，vii. 254，etc.）。参看《希腊罗马传记与神话词典》，前揭，卷一，页588。

• 阿尔克西劳（Arcesilaus）：同名者众多，《希腊罗马传记与神话词典》中并没有提到此处的阿尔克西劳。参看《希腊罗马传记与神话词典》，前揭，卷一，页258。历史上叫这个名字的还有一个是古希腊哲学家，生活于公元前316－241年，早期或是中期学院的建立者（怀疑派）。他出生于爱奥利亚（Aeolis）的皮塔内（Pitane），受训于数学家奥托吕科斯（Autolycus），后来在雅典又师从泰奥弗拉斯托斯和克朗托（Crantor），正是他们把此人引进了学院之中。第欧根尼·拉尔修说他死于酗酒，但另一些证据却使这种说法不可信。

当时雅典人对他十分尊敬。他的学说只能从其他人的作品中辑出来（Cicero, *Academica* i. 12, iv. 24; *De Oratorio* iii. 18; Diogenes Laërtius iv. 28; *Adv. Math.* vii. 150, *Pyrrh. Hyp.* i. 233; Sextus Empiricus *Against the Logicians*）。

• 应该是把基尔克（Circe）误写成了"卡吕普索（Calypso）"，"特勒戈诺斯（或是 Teledamus）"是欧斯塔修斯特有的注释方式，在其手稿中多次出现。"阿尔克西劳"（Arcesilaus）也许是波里波厄忒斯的名字的另外一种写法。

5. Scholia on the *Odyssey*，"死亡会从海上降临到你的身上"。

意即远离海洋。诗人并不知道关于特勒戈诺斯的故事，也不知道刺尖上的钩子。

但是有人……说，在去拜访基尔克的路上，赫淮斯托斯用雷鱼为特勒戈诺斯做了一把长矛。趁这鱼正在吃福耳库斯（Φόρκυς, Φόρκος 或 Φόρκυν）湖中的小鱼时，福耳库斯把它杀死了。它的头十分坚硬，浑身闪着金光。特勒戈诺斯正是用这把长矛杀死了奥德修斯。

荷马之后的作者创作了特勒戈诺斯的故事，他是基尔克和奥德修斯的儿子，也正是他跑到伊塔卡去寻找自己的父亲，并用带鱼钩的长矛误杀了奥德修斯。

• 福耳库斯（Phorcys, Phorcus 或 Phorcyn）：一、据荷马史诗所述，他是一个统治着海洋的老人，或者又叫"海上老人"，在伊塔卡有一个海港归在他的名下。据说他是仙女托俄莎的父亲（*Od.* i. 71, xiii. 96, 345）。后来的作家也说他是蓬托斯（Pontus）和该亚的儿子，陶玛斯、涅柔斯、欧律比亚和葛托（Geto）的兄弟（Hes.

Theog. 237; Apollod. i. 2. §6)。他和自己的妹妹刻托生下了格莉伊、欧尔贡涅（Orgones, Hes. *Theog.* 270, etc.）、赫斯佩里斯之龙（Hesperian, ibid. 333, etc.）和赫斯佩里斯的女儿们（Schol. *ad Apollon. Rhod.* iv. 1399）；他还和赫卡忒或是克雷苔丝（Cratais）生下了斯库拉（Schol. *ad Apollon. Rhod.* iv. 828; Eustath. *ad Hom.* p. 1714; Tzetz. *ad Lycoph.* 45）。瑟维尔斯（*ad Aen.* v. 824）称他是海神和托俄莎的儿子（参看 Muncker, *ad Hygin. Fab.* praef. p. 4）。二、淮诺普斯（Phaenops）的儿子，阿斯坎尼亚（Ascania）的特里吉安人（Thrygiants）的指挥官，在特洛亚战争中支持普里阿摩斯，却被埃阿斯所杀（Hom. *Il.* ii. 862, xvii. 218, 312, etc.; Paus. x. 26. §2）。参看《希腊罗马传记与神话词典》，前揭，卷三，页345。

6. Eustathius, commentary on the *Odyssey*

《归返》的作者，科诺普丰人。据他所述，忒勒玛科斯后来娶了基尔克，而基尔克的儿子特勒戈诺斯则娶了佩涅洛佩。

- 这次，欧斯塔修斯搞清楚了谁是特勒戈诺斯的母亲，但却把诗的内容搞错了。

关于赫拉克勒斯和忒修斯的史诗

克瑞俄菲洛斯的《奥卡利亚》
(*ΚΡΕΩΦΥΛΟΥ ΟΙΧΑΛΙΑΣ ΑΛΩΣΙΣ*)

证 言

Strabo, Gography

另外一个萨摩斯（Σάμος）人是克瑞俄菲洛斯（Κρεόφυλος），据说他曾经把荷马当做客人，并被认为写了诗歌《奥卡利亚》。但是卡利马库斯在一个警句中表明的内容正相反，他认为克瑞俄菲洛斯创作了它，而该诗之所以被认为属于荷马是由于他所谓大方的结果：

"我本是萨摩斯人的作品（πόνος），此人曾在家里接待神圣的行吟诗人；我歌颂欧律托斯（Εὔρυτος）的不幸和那淡黄色头发的伊奥勒（Ἰόλη）。但我却被当作荷马之作而知名——亲爱的宙斯啊，这是对克瑞俄菲洛斯多大的恭维啊！"

有人说，此人是荷马的老师，而其他人则说荷马的老师并非此人，而是普洛康内萨斯的阿瑞斯忒阿斯（Ἀριστέας）。

● 这部诗作按完全的意译，应为《奥卡利亚的征服》（*The Capture of Oichalia*）。这部作品出现的地方较少，国内外众多研究文献都没有提到这部作品。奥卡利亚，古希腊地名，传说中是国王欧律托斯的城市，参看《伊利亚特》第二卷第596行："那人从奥卡利亚的欧律托斯家里去到那地方。"参看《罗念生全集》，前揭，卷五，页52。

- 克瑞俄菲洛斯（Creophylus）：一、希腊地位最高的史诗诗人之一，一些传说直接把他和荷马放在一起，要么说他是荷马的朋友，要么说是荷马的女婿（Plat. *de Rep.* x. p. 600, b; Callim. *Epigram.* 6; Strab. xiv. p. 638, etc.; Sext. Empir. *adv. Math.* i. 2; Eustath. ad Hom. Il. ii. 730; 苏达斯, *s. v.*）。据说克瑞俄菲洛斯是喀俄斯人，曾经把荷马接进自己的家里，然而也有人说他是萨摩斯人或伊俄斯人。史诗Οἰχαλία或Οἰχαλίας ἅλωσις归在他名下，还有人说这两部作品是荷马送给他的礼物，或是荷马送给他作为女儿的嫁妆（普罗克洛斯, *ap. Hephaest.* p. 466, ed. Gaisford; Schol. *ad Plat.* p. 421, ed. Bekker; 参看苏达斯的相关内容）。也有传说指出，克瑞俄菲洛斯是最早的荷马后裔（Homeridae）之一，并且同荷马本人关系最近，与后来的荷马诗歌也有联系，因为他保存并教授荷马诗歌，并把它们传给后人，斯巴达的立法者吕库戈斯就是从他手里得到荷马的那些诗歌的（Plut. *Lyc.* 4; Heracleid. Pont. *Polit. Fragm.* 2; Iamblich. *Vit. Pythag.* ii. 9; Strab. xiv. p. 639）。他的诗歌Οἰχαλία包括了赫拉克勒斯与欧律托斯争夺伊俄勒（Iole）的竞赛，结果却导致奥卡利亚陷落。据帕尼西亚斯说这首诗作是抄袭的（Clem. Alex. *Strom.* iv. p. 266），而且经常有人提到这首诗，不过有时会提到作者的名字，有时不会，我们只保存着从中摘抄出来的一小段文字（Phot. *Lex.* p. 177, ed. Porson; Tzetz. *Chil.* xiii. 659; Cramer, *Anecd.* ii. p. 327; Schol. *ad Soph. Trach.* 266; Bekker, *Anecd.* p. 728）。泡萨尼阿斯（iv. 2. §3）提到了克瑞俄菲洛斯的一首诗作，叫Ἡρακλεία，但这首诗作似乎只是《奥卡利亚》另一个名字而已（参看 Schol. *ad Eurip.*

Med. 276.)。《赫拉克勒亚》被阿波罗尼奥斯的评论者归于基纳厄同,不过也有人说这是一个错误,并且还侧面提到了克瑞俄菲洛斯的《奥卡利亚》(Welcker, *Der Episch. Cyclus*, p. 219, etc.; Wüllner, *De Cycl. Epic.* p. 52, etc.; K. W. Müller, *De Cycl Groaec. Epic.* p. 62, etc.)。二、《以弗所编年史》(ὧροι Ἐφεσίων)的作者雅典娜乌斯曾经提到过他(viii. p. 361)。参看《希腊罗马传记与神话词典》,前揭,卷一,页889。

● 欧律托斯(Eurytus):一、梅拉纽斯(Melaneus)和斯特拉托尼丝(Stratonice)的儿子(Schol. *ad Soph. Trach.* 268),奥卡利亚国王。有一个帖撒利人的城市也叫这个名字(Müller, *Dor.* ii. §1)。他是一个技艺高超的弓箭手,和安提奥刻(Antioche)结婚,并和她生下了伊俄勒、伊斐图斯、摩利翁(Molion)或德依翁、克吕提乌斯和托克色乌(Diod. iv. 37.)。他以善使弓而自傲,甚至有传说讲是他教会赫拉克勒斯这门技艺的(Thoocrit. xxiv. 105; Apollod. ii. 4. §9; Soph. *l. c.*)。他以自己的女儿伊俄勒为奖品,宣称谁若在弓箭技艺上胜过了他和他的儿子们,就把伊俄勒奖给谁。赫拉克勒斯赢得了胜利,但是欧律托斯和他的儿子们,除了伊斐图斯以外,都不愿意把伊俄勒送给他,因为他们担心赫拉克勒斯会杀死他和伊俄勒所生的孩子(Apoll*od.* ii. 6. §1)。结果赫拉克勒斯就带上军队前来进攻奥卡利亚,最后拿下了这个城市,并杀死了欧律托斯和他的儿子们(Apollod. ii. 7. §7)。据雅典娜乌斯所述(xi. p. 461),赫拉克勒斯杀死这些人,是因为他们曾经向欧玻亚人要了贡物。另一方面,据荷马史诗,欧律托斯是被阿波罗杀死的,因为欧律托斯在弓箭技艺上向他挑战(Od. viii. 226)。欧律托斯的遗体被保存在卡纳西安的(Carnasian)丛林中,而在美赛尼亚的奥卡利亚,每年都给他献祭(Paus. iv. 3. §6, 27. §4, 33. §5.)。二、阿克托耳和埃利斯的莫里奥涅的儿子（Hom. *Il.* ii. 621; Apollod. ii. 7. §2; Paus. ii. 15. §1; Eurip. *Iph. Aul.* 270）。三、赫尔墨斯和安提阿勒娅的儿子，厄喀昂的兄弟，阿尔戈斯英雄之一（Apollod. i. 9. §16; Hygin. *Fab.* 14, 160; Val. Flacc. i. 439）。他也被称为埃如托斯（Pind. *Pyth.* iv. 179; Apollon. Rhod. i. 51; Orph. *Arg.* 133.）。另有两个神话形象也叫这个名字（Apollod. iii. 10，§5, i. 6. §2）。还有一个知名的毕达哥拉斯学派哲学家也叫这个名字，扬布利科斯（Iamblichus）在一段文字中（de *Vit. Pyth.* 28）说他是一个克鲁顿（Croton）人，而在另一段话中（同上，36）又把他放入塔仁坦人的毕达哥拉斯教派（Tarentine Pythagoreans）之列。他是菲洛劳斯（Philolaus）的学生，第欧根尼·拉尔修（iii. 6，viii. 46）说他是柏拉图的老师之一，尽管这种说法十分可疑。欧律托斯的作品并不是十分确定，除非我们假定斯托布斯提到的（*Phys. Ecl.* i. p. 210）一个归于欧律托斯名下的残篇的作者正是我们这里的欧律托斯（Ritter, *Gesch. der Pythag. Philos.* p. 64, etc.）。参看《希腊罗马传记与神话词典》，前揭，卷二，页114。

• 在希腊神话中，伊俄勒（Iole）是欧律托斯的女儿。欧律托斯许诺，谁能在箭术比赛中打败他的儿子们，就把伊俄勒嫁给他。赫拉克勒斯取胜了，但欧律托斯却违背了自己的诺言。赫拉克勒斯杀死了他和他的儿子们后，和伊俄勒私奔。她是赫拉克勒斯最后的爱人。另据其他作家所述，她也是德律奥佩（Dryope）的半个妹妹（Half－sister）（Anton. Lib. 32; Ov. *Met.* ix. 325, etc.）。参看《希腊罗马传记与神话词典》，前揭，卷二，页605。

• 阿瑞斯忒阿斯（Aristeas）：普洛康内萨斯人（Proconnesus），卡伊斯托诺波斯（Caystrobius）或德莫查尔斯（Demochares）的儿子，史诗诗人。据苏达斯所述，他生活于克洛伊索斯和居鲁士的时代。关于他生平的描述十分神奇,就像极北族人阿巴里斯(Abaris)一样。据希罗多德在意大利南部的密达庞敦(Metapontum)听过的传说所述,他在死后 340 年又重现了。从这个传说来看,阿瑞斯忒阿斯或许应该属于公元前 8 或 9 世纪,但其他传说则把他放到荷马之前,或者是荷马的同时代人,并且还是荷马的老师(Strab. xiv. p. 639)。据希罗多德(iv. 13 – 16)、策策斯(Chil. ii. 724, etc.)和苏达斯(s. v.)所述,阿瑞斯忒阿斯是一个魔法师,死后重生,而且他的灵魂可以随心所欲出入自己的身体。他和阿巴里斯一样,同阿波罗崇拜相关,据说这种崇拜正是他引入密达庞敦的。希罗多德称他是阿波罗最喜欢、最钟爱的吟唱诗人($\varphi o\iota \beta \acute{o}\lambda \alpha \mu \pi \tau o\varsigma$)。据说,他的旅行足迹已经穿过尤克森的东部和北部地区,还去过伊塞顿人(Issedones)的国度以及阿瑞玛斯帕(Arimaspae)、奇美里(Cimmerii)、极北区(Hyperborei)和其他神秘的国度。他回来后就写了一部史诗,共三卷,名叫 $\tau \grave{\alpha}\ \grave{A}\rho\iota\mu \acute{\alpha}\sigma \pi \varepsilon\iota\alpha$。他在这本书中描写了他看见的或假装看见过的所有东西。这部充满了异闻奇事的作品被当作了历史和地理文献资料,甚至一些人还把阿瑞斯忒阿斯当作希腊历史学家。但毫无疑问的是,这部作品肯定是文学性的创作,并且施特拉波(Strabo, i. p. 21, xiii. p. 589)似乎对他的评判过于冷酷,称他是一个 $\grave{\alpha}\nu \grave{\eta}\rho\ \gamma \acute{o}\eta \varsigma\ \varepsilon \check{\iota}\ \tau \iota \varsigma\ \check{\alpha}\lambda \lambda o\varsigma$。古人经常提到这首"Arimaspeia"诗(Paus. i. 24. §6, v. 7. §9; Pollux, ix. 5; Gellius, ix. 4; Plin. H. N. vii. 2),其中十三行六音步英雄诗被朗吉努斯(Longinus, *De Subim.* x. 4)和策策斯(Chil. vii. 686, etc.)保存了下来。因此这首诗的存在毋庸置疑,但古代人也否认这首诗出自阿瑞斯忒阿斯之手(Dionys. Hal. *Jud. de Thucyd.* 23)。苏达斯还提到了阿瑞斯忒阿斯一篇文章中的诸神谱系,不过没有任何相关的东西可供参考(沃秀斯, *De Hist. Graec.* p. 10, etc. ed. Westermann; Bode, *Gesch. der*

Episch. Dichtk. pp. 472 – 478）。另有几个同名者，从略。参看《希腊罗马传记与神话词典》，前揭，卷一，页292。

Clement of Alexanderia, *Miscellanies*：参看下文，关于帕尼阿西斯的证言。

Proclus, *Life of Homer*

因此据说，荷马航海去了伊俄斯（Ἴος或Νίος），并同克瑞俄菲洛斯一起共度时光，他写完《奥卡利亚》后，就把此诗送给了克瑞俄菲洛斯，因此现在通行的写法都是记在克瑞俄菲洛斯名下。

- 伊俄斯（Ios）是爱琴海中的一个岛屿，位于塞拉（Thera）以北，现名尼奥。

Hesychius of Miletus, *Life of Homer*

还有其他一些诗歌也归在他名下：《阿玛宗尼亚》、《小伊利亚特》……《奥卡利亚》等等。

The Suda（from Hesychius of Miletus, *Index of Famous Authors*）

阿斯提克勒（Ἀστυκλέους）的儿子克瑞俄菲洛斯，来自于喀俄斯（Χίος）或萨摩斯，史诗诗人。一些人说他是荷马的女婿（或侄儿），而另一些人则说他只是荷马的朋友，在热情招待了荷马之后，从荷马手中得到了诗歌《奥卡利亚》。

- 阿斯提克勒（Astycles）：除了在这个地方知道他是克瑞俄菲

洛斯的父亲以外，无考。

- 喀俄斯（Chios）：有两个神话人物，他们两个中的任何一个都被说成是喀俄斯岛名的由来（Paus. vii. 4. §6; Steph. Byx. *s. v.* Χίος）。参看《希腊罗马传记与神话词典》，前揭，卷一，页695。喀俄斯岛是希腊的第五大岛，位于爱琴海，离小亚细亚海岸7公里。

辑 语

1. *Homeric Parsings*

我们在《奥卡利亚》中也可以找到这样的形式（ὄρηαι），此诗被认为是荷马所作，尽管作者的名字是克瑞俄菲洛斯。赫拉克勒斯正对伊奥勒说：

"女士，你可用自己的眼睛看吧。"

2. Strabo, *Geography*

他们落脚于奥卡利亚，它在这些地方，以及在欧玻亚和阿尔卡迪亚，以"欧律托斯之城"而闻名……他们研究了这些问题，尤其是：赫拉克勒斯占领的究竟是哪一个奥卡利亚，以及《奥卡利亚》的作者究竟描写的哪一个。

- "这些地方"：帖撒利的赫斯提埃沃提斯（Hestiaiotis）。
- 欧玻亚（Euboea）：阿索波斯的女儿，欧玻亚岛因她而得名（Eustath. *ad Hom.* p. 278）。另有其他三个神话人物也叫这个名字（Paus. ii. 17. §2; Apollod. ii. 7. §8; Athen. vii. p. 296）。参看《希腊罗马传记与神话词典》，前揭，卷二，页60。

- 阿尔卡迪亚（Arcadia 或 Arcady）：希腊地名，位于伯罗奔尼撒，名字得自神话人物阿尔卡斯（Arcas）。

Pausanias, *Description of Greece*

帖撒利（Θεσσαλία）人和欧玻亚人（大部分事情在希腊却恰好相反）说，在后一种情况，欧律提昂（Εὐρύτιον, Eurytion），这个在我们的时代被荒废的地方，在古代是一个城邦，叫做奥卡利亚。克瑞俄菲洛斯在他的《赫拉克勒亚》（Ἡρακλείαι）中写到一些事情同欧玻亚人的故事相符。

- 很明显，泡萨尼阿斯提到的名字是《奥卡利亚》。

3. Scholiast on Sophocles, *Trachiniae*

关于欧律托斯究竟有多少个儿子，有不同的说法：赫西俄德说是四个……克瑞俄菲洛斯说是两个，而阿瑞斯托克拉底（Ἀριστοκράτης）说是三个，分别是托克色乌（Τοξεύς）、克吕提乌斯（Κλύτιος）和狄伊翁。

- 阿瑞斯托克拉底（Aristocrates）：同名者较多：一、阿尔卡迪亚的奥尔科莫诺斯的国王，埃喀米斯（Aechimis）的儿子，因为冒犯了阿尔忒弥斯在许穆尼斯（Hymnis）的贞洁女祭司而被民众用石头砸死（Paus. viii. 5. §8, 13. §4）。二、阿尔卡迪亚的奥尔科莫诺斯国王，在第二次美赛尼亚战争中是阿尔卡迪亚人的首领。他受拉刻代蒙人的贿赂，在特伦奇（Trench）战争中犯下叛国罪，多年后被人发现，于是被阿尔卡迪亚人用石头砸死。据泡萨尼阿斯说，他的家族被夺去了王权；或据波利比乌斯所述，他的整个家族被灭；

不过，后来所有的论述都不太准确，因为我们发现他的儿子亚里斯托达莫斯（Aristodamus）统治着奥尔科莫诺斯和阿尔卡迪亚的大部分地区。阿瑞斯托克拉底看来似乎生活于公元前 680 至前 640 年（Strab. viii. p. 362; Paus. iv. 17. §4, 22. §2, viii. 5. §8; Polyb. iv. 33; Plut. de sera Num. Vind. c. 2; Müller, *Aeginetica*, p. 65, Dor. i. 7. §11）。三、斯喀利阿斯（Scellias）的儿子。参看下文。四、德摩斯忒涅斯（Demosthenes）曾写下一篇演说辞，支持尤提克勒斯（Euthycles）批评阿瑞斯托克拉底在卡里德默（Charidemus）的事情上颁布了一项非法的命令。五、罗德斯人的将军，生活于公元前 154 年，似乎出现在对抗克里特人的战争中（Polyb. xxxiii. 9, with Scweighäuser's note.）。六、历史学家，希帕库斯的儿子，斯巴达人，写了一部关于拉刻代蒙人事件的作品（Λακωνικά），雅典娜乌斯（iii. p. 82, e.）引用了其中的四卷内容，普鲁塔克也引用过其中的内容（*Lycurg.* 4, 31, *Philop.* 16），其他作家也引用过其中的内容（Steph, *s. v.* Ἀβάντις; Schol. ad Soph. *Trach.* 270）。七、一个富裕而有影响力的雅典人（Plat. *Gorg.* p. 472, a.），斯喀利阿斯的儿子，属于寡头派，是四百僭主政府的成员之一，不过他和忒拉门尼斯（Theramenes）一起，也是推翻政府的主要力量（Thuc. viii. 89, 92; Lys. *c. Erat.* p. 126; Demosth. *c. Theocr.* p. 1343）。阿里斯托芬（*Av.* 126）提到过他，并用双关语调侃他的名字和政治。在公元前 407 年，阿尔喀比亚德（Alcibiades）回到雅典，被任命为将军，阿瑞斯托克拉底和阿德曼图斯（Adeimantus）被指定为陆军将军，受阿尔喀比亚德的导（Xen. *Hell.* i. 4. §21; 参看 Diod. xiii. 69; Nep. *Alc.* c. 7）。同一年，阿瑞斯托克勒被认定是支持阿尔喀比亚德的十将军之一，结果他是六个被送上审判席的将军之一，并在阿吉纽西（Arginusae）战争之后被处死，约在公元前 406 年（Xen. *Hell.* i. 5. §16, 6.

§29，7. §§2，34；Diod. xiii. 74，101）。八、语法学家，他发明的治疗牙痛的方法被安德罗马彻斯（Andromachus）保留了下来（ap. Gal. *De Compos. Medicam. sec. Loc.* v. 5，vol. xii. pp. 878，879），所以他大概生活于公元1世纪前后。克拉默（Cramer）的 *Anecdotu Graeca Parisiensia* 第一卷提到过他，见页395。参看《希腊罗马传记与神话词典》，前揭，卷一，页303。

- 托克色乌（Toxeus）：俄纽斯和阿勒塔亚斯（Althaes）的儿子，被墨勒阿革洛斯所杀（Apollod. i. 8. §1；Anton. Lib. 2；参看俄纽斯的相关内容）。参看《希腊罗马传记与神话词典》，前揭，卷三，页1166。

- 克吕提乌斯（Clytius）：一、拉俄墨冬的儿子，克莱托尔（Cletor）和普洛克勒亚的父亲，特洛亚的长老之一（Hom. *Il.* iii. 147，xv. 419；Paus. x. 14. §2）。二、奥卡利亚国王欧律托斯的儿子，阿尔戈斯英雄之一，在远征中被赫拉克勒斯所杀，也有人说是被埃厄忒斯所杀（Apollon. Rhod. i. 86；Schol. *ad Soph. Trach.* 355；Hygin. *Fab.* 14）。也有其他神话形象叫这个名字（Paus. vi. 17. §4；Ov. *Met.* v. 140；Apollod. i. 6. §2；Virg. *Aen.* ix. 774，x. 129，325，xi. 666）。参看《希腊罗马传记与神话词典》，前揭，卷一，页808。

珀珊德洛斯的《赫拉克勒亚》
(*ΠΕΙΣΑΝΔΡΟΥ ΗΡΑΚΛΕΙΑ*)

证 言

Theocritus，雕像上的警句

　　古诗人中的第一人，卡米洛斯（*Κάμειρος*）的珀珊德洛斯（*Πείσανδρος*），记载了宙斯之子，那个与狮子搏斗者，手段凶残，还讲述了他奋力完成的所有功业。

- 卡米洛斯（Camirus）：罗德斯（Rhodes）岛上的一座城邦，位于该岛的西北海岸。
- 珀珊德洛斯（Pisander）：英文还写作 Peisander，同名者众多，与文学相关的有两人：一、卡米洛斯的诗人，此地属于罗德斯。他的父母叫做佩松（Peison）和阿里斯塔埃克（Aristaechms），他有一个妹妹叫做狄奥克里娅（Diocleia）。不过，除了他没有后人以外，我们对于他的生平知道得并不多。他大约生活于第三十三届奥林匹亚运动会期间（公元前 648 – 前 645 年）。据其他人说，他是比赫西俄德还要早的诗人，与欧摩尔波斯同时代，也是他的朋友。不过，后来的说法仅仅表明，早期大诗人与后来志趣相一的追随者的联系，常常被说成真有私人交往。珀珊德洛斯有一首诗作，共两卷，描述赫拉克勒斯的功绩, 被称为《赫拉克勒亚》(Hράκλεια), 而亚历山大里亚的克莱门 (Clement) 批评说, 这首诗完全是从林都斯 (Lindus) 的皮西诺斯 (Pisinus) 那里抄来的。在这首诗中, 赫拉克勒斯第一次带上了一根棍棒作为武器, 披上了狮子皮, 而不是英雄时代的盔甲。正如米勒 (Müller) 所述, 珀珊德洛斯也有可能是第一个指出此英雄的十二项功绩的人 (Strab. xv. p. 688; Suid. *s. v.* Πείσανδρος; Eratosth. *Catast.* 12; Ath. xii. p. 512, f; Schol. *ad Apoll. Rhod.* i. 1196; Theocr. *Epigr.* xx.; Müller, *Hist. of Gk. Lit.* ix. §3, Dor. ii. 12. §1)。亚历山大的语法家们对珀珊德洛斯的这首诗作评价十分高, 就好像他们评价安提玛科斯和帕尼西亚斯一样, 并把这部作品与荷马及赫西俄德的作品一起当做史诗经典。这首诗只有为数不多的几行被保存了下来。其中有两行, 一行在关于阿里斯托芬的评注 (*Nub.* 1034) 中被保存下来, 另一行被斯托布斯 (*Flor.* xii. 6) 保存下来。苏达斯告诉我们, 其他归于珀珊德洛斯名下的诗均是伪作, 主要是由阿瑞斯忒阿斯所作。在希腊诗集 (vol. i. p. 49, ed. Jacobs) 中, 我们发现了一段铭文归于罗德斯的珀珊德洛斯, 也许正是这位卡米洛斯的诗人。这是一段关于一个希帕埃蒙 (Hippaemon) 的铭文, 还提到了他的马、狗和随从。尽管理由不是很充分, 一些人仍然认为这是《赫拉克勒亚》的一个部分 (Paus. ii. 37, viii. 22; Phot. *Bibl.* 239; Ath. xi. p. 469, d; Strab. xiv. p. 655; Quint. x. 1; Apollod. *Bibl.* i. 8; Hygin. *Poët. Astr.* ii. 24; Schol. *ad Pind. Pyth.* ix. 185; Schol. *ad Apoll. Rhod.* iv. 1396; Steph. Byz. *s. v.* Κάμιρος; Heyne, *Exc.* i. *ad Virg. Aen.* ii.; Fabric. *Bibl. Graec.* vol. i. pp. 215, 590; Voss. *de Poët. Graec.* 3; Bode, *Gesch. der Epischen Dichtkunst*, pp. 499, etc.)。从忒奥克里托斯 (忒奥克里托斯, *Epigr.* xx.) 那里得知, 这段铭文出自于一个雕像, 而这个雕像正是卡米洛斯人为了纪念珀珊德洛斯而雕刻的。另有不少同名者，从略。参看《希腊罗马传记与神话词典》，前揭，卷三，页168。

- 忒奥克里托斯（Θεόκριτος，Theocritus）：叙拉古诗人，生活于公元前3世纪早期（公元前270年工作于亚历山大里亚庭院），牧歌的创始人。他一改昔日的文学风格和形式，将其精巧地融合成一种新形式，使其不仅能支持永久地创新，而且注重从单一性向多样性转变。30首诗歌和一些辑语以及24条铭文归在他的名下。其中一些明显是伪作（如第19、20、21和23），另外一些的真实性也值得怀疑（如第25、26）。有学者称，阿尔特米德洛斯（Artemidorus）在一段带古人注释（此注释充分而广博）的铭文中，称他齐聚了"牧歌缪斯"，所以"那曾经散落的，现在全都齐全了"。毫无疑问，他的文本里收录了大量的匿名材料，这些材料中带有明显的各式样的忒奥克里托斯的风格（田园风格是用多里斯［Doric］方言写成的），这些作品和其他的大师作品放在一起，真假难辨。

作为伟大革新者卡利马库斯（Callimachus）的同时代人，忒奥克里托斯也是希腊诗歌传统的继承者。不过，他传达精深奥义所使用的方法，见于一些小篇幅的作品之中，其方法是用一些暗示性的例子来阐明问题，而不是卷入与真假敌人之间神经质的论争之中。他的作品中最接近于宣言或议论性的文字的，是一篇谈论如何理解他技艺的文本，它是收录于文集中的第7首诗歌，名叫塔利西亚（Thalysia），意思是"丰收的家园"。该作品隐约带有自传性，它描绘了一个随意虚构的形象"希米奇达斯（Simichidas）"，记录了他年轻时在科斯岛（Cos）上的一次旅行。他在路上碰到了一个克里特人，叫作黎西达斯（Lycidas），"一个牧羊人——也不会有谁把他当做其他什么人，因为他的样子看起来太像一个牧羊人了"。于是这两人开始了一场诗歌竞赛，然后又讨论了当前的诗歌形式。其中提到了斐利塔斯（Philitas）和"萨摩斯的索色利达斯（Socelidas）"（阿斯克里庇德斯的回文词；参看阿斯克里庇德斯［2］），黎西达斯还称赞他年轻的同伴拒绝模仿荷马文风的做法。"比赛"的结果也是一个早已料到的结局，因为希米奇达斯提前被许诺了奖品。同样，他笨拙的宴会文字配不上黎西达斯明媚而雅致的诗歌。毫不奇怪的是，正如 F. Williams 所揭示的那样，从早期的偏好中可以得到一个结论，黎西达斯简直就是诗歌之神阿波罗，他在诗歌中的顿悟，成了对"诗人的圣化"的解释，赫西俄德以及阿尔基洛科斯从缪斯女神那里得到过这种圣化（CQ. 1971，137 - 45）。

其余田园牧歌也有程式性的含意（programmatic implications），第一首对做工精巧杯子的仔细描述的诗歌更是如此。这首诗歌的场景似乎可以看作忒奥克里托斯诗歌程式的可见参照物（其中最明显的是描述了一个男孩全神贯注地为一只蟋蟀编织小笼子的场景）。也有一些文字片断，表明了作者在希腊世界中遇到的麻烦。第 16 首诗歌在想象中重新讲述了西蒙尼德请求叙拉古的希耶罗二世（Hieron II）资助的故事。第 17 首诗歌也讲到了一个相似的请求，针对的是托勒密二世菲来德法斯（Philadelphus），这首诗整体看来更少创造力，不过，却用一种夺目的顽皮描述了死后的生活。国王的父亲被虚构为在奥林波斯享受幸福，亚历山大大帝和赫拉克勒斯做了他的神圣的酒伴（16 - 33）。第 14 首诗歌的主题是描述亚历山大里亚的同时代者以及赞美那里的英明统治者，这首诗歌是一个开创性的转变，把新谐剧的场景（参看希腊新谐剧的相关内容）用于六音步诗歌形式中。第 15 首诗歌则为我们概述了在托勒密的宫殿里一年一度的阿多尼斯（Adonis）节的场景，这首诗歌是文集中两首"城市拟剧（mimes）"之一，这两首诗歌发展了索福戎（Sophron）在公元 5 世纪发明的诗歌形式。我们通过两个村妇的眼睛和耳朵来观看庆典和倾听颂歌（忒奥克里托斯尤其喜欢简短的诗作），这两个村妇叫做葛尔歌（Gorgo）和普娜西克诺阿（Praxinoa），她们两个之间的单调对话令人惊奇地占据了诗作的第一个部分（诗人已经不再喜欢对话式［diptychal］的写作方式）。

另外的一首拟剧也是对话式，不过这次看上去却像是独白。一个雅典的年轻妇人，叫做希迈塔阿（Simaetha），正在教她的仆人塞斯提丽斯（Thestylis）。他们意欲在一场魔法仪式（magical ritual）中招回游走的爱人，如若不注意，也会毁了爱人。随后，在仆人撒下药水之后，她想起了与那个年轻人第一次见面以及她第一次失身。咒语以及单独场景的第一个部分不断地被副歌（refrain）打断（punctuated），这些副歌与场景十分合拍，还出现了一个催眠的场景，发生在第一首诗歌中，在达芙妮（Daphnis）死去之时所唱的歌中。这诗歌充分地证明了忒奥克里托斯的独创性，他拓宽了'适合诗歌'的那些内容的范围。其影响非常深远，这里的双重视角甚至可以在艾略特的《荒园》里找到回音，《荒园》里有特瑞西阿斯近乎同样肮脏的引诱。尽管（就像所有忒奥克里托斯的作品一样）这部作品预先设定了其听众是那些博学的学者，不过其中仍然有不小的情绪感染力，也具有可表演性。

不仅如此，忒奥克里托斯对更多"主流"诗歌形式也了若指掌，如他对六音步格律诗的选择（参看希腊韵律［metre, Greek］, 4b）以及他常用的一些手段（唯有一个例外，他的三首爱奥尼亚抒情诗是十分做作的尝试；参看 Greek Language, §4; Metre, Breek, §4［h］）均可说明。史诗还是最难处理的内容。有两首诗歌选取了阿尔戈斯的题材（13，关于许拉斯；22，这首诗的第二个部分讲述了波利丢克斯［Polydeuces］；参看 Dioscuri 和阿米科斯［Amycus］之间的争斗），这两首诗也会或多或少地与同时代的阿波罗尼奥斯的长篇史诗有关联——也许忒奥克里托斯是要向他那位并不优秀的对手表明如何恰当处理同样的题材。在第 24 首诗作中，他把品达（Nem. 1）的内容重新放入了史诗之中，改写了赫拉克勒斯在摇篮里杀死毒蛇的故事。唯有作为恋人或小孩，这些传统的英雄才能稍微拴住希腊人的想象（参看斯巴达的喜歌［epithalamium］18 中的墨涅拉奥斯形象）。在第 16 首诗歌中的 48-57 行中所使用的系列修辞表明：其中两行是针对荷马的《伊利亚特》（而在这里强调的重点是失败者，在特洛亚作战的最帅气的希腊战士库克诺斯，荷马的诗作中并没有提到此人），接下来的六行针对的是《奥德赛》，在其中农民的地位超过了英雄。

新的人物，从某种意义上讲也是更老的人物形象，被拿出来代替史诗战士：达芙妮、许拉斯（Hylas）和阿多尼斯都为情而亡（swoons in erotic death），波吕斐摩斯（Polyphemus）（6，11；参看库克罗普斯的相关内容）加入到了希迈塔阿人中，而第 3 首中的牧羊人作为一个失恋之人取代了奥德修斯的中心地位。史诗的血腥争斗被取代，新的比赛模式是牧羊人的歌唱比赛（参看 Pastoral Poetry, Greek）。旧有的错误理念和幻想被排除在外，而颇为吊诡的是，忒奥克里托斯用来取代它们的新模式，正是靠旧模式的矫揉造作才变得有道理。在一个不确信和充满怀疑的时代，忒奥克里托斯提供了三盏明灯，指引着生命的航向：爱（这条原则注定因为排斥或死亡而最终失败）、人的决断和技艺。这些原则依次被形象化地雕刻于杯上，即 $αἰπολικὸν\ Θάημα$（牧羊人的惊恐），1.27-55。

在古代传统中，忒奥克里托斯的诗作获得了一个统一的名称"$εἰδύλλια$"，即"小品文"。至于"艾多利亚"（idylls，即田园诗）一词的直接音译，容易造成误解，认为乡村倦怠且消极，也许最好不要为这个精力充沛、勤劳而又十分聪明的诗人的作品贴上标签。

文本参看：A. S. F. Gow（ed.），*Bucolici Graeci*（1952）；Trans.：Gow，*The Greek Bucolic Poets*（1953）；Comm.：Gow，*Theocritus*（1952），with trans.；K. J. Dover（1971；Select poems）. Studies：Ph. - É. Legrand，*Étude sur Théocrite*（1898）；G. Lawall. *Theocritus' Coan Pastorals*（1976）；T. G. Rosenmeyer，*The Green Cabinet：Theocritus and the European Pastoral Lyric*（1969）；C. Segal，*Poetry and Myth in Ancient Pastoral*（1981）；K. J. Gutzwiller，*Theocritus' Pastoral Analogies：The Formation of a Genre*（1991）；S. Goldhill，*The Poet's Voice*（1991），ch. 4；R. Hunter，*Theocritus and the Archaeology of Greek Poetry*（1996）。参看《牛津古典辞典》，前揭，页 1498。

Strabo, *Geography*

珀珊德洛斯，这个写作《赫拉克勒亚》的诗人，也是罗德斯人。

● 罗德斯（Rhodes）：希腊的一个海岛，离土耳其 18 公里，位于爱琴海东部。

Stephanus of Byzantium, *Geographical Lexicon*

珀珊德洛斯，这个著名的诗人来自卡米洛斯。

Quintilian, *Training in Oratory*

什么？难道珀珊德洛斯没有很好地讲述赫拉克勒斯的事迹吗？

Clement of Alexanderia, *Miscellanies*

希腊人故意偷窃了其他人的作品,并当成自己的。正如欧伽蒙……和卡米洛斯的珀珊德洛斯从林德斯（Λίνδος）的佩西诺斯（Πεισίνου）手中偷窃《赫拉克勒亚》一样。

● 林德斯（Lindos）：希腊的罗德斯海岛东海岸的一个城市,位于爱琴海南部。

Anonymous fragment on music (from Aristoxenus)

音乐的发明晚于韵律的发明。因为尽管最古老的诗人就是荷马、赫西俄德以及珀珊德洛斯,而跟在他们之后的则是诉歌诗人等等。

Proclus, *Life of Homer*

有许多六音步诗人,其中最主要的有荷马、赫西俄德、珀珊德洛斯、帕尼阿西斯和安提玛科斯。

● 策策斯在许多地方提到这五个史诗诗人。

The Suda (from Hesychius of Miletus, *Index of Famous Authors*)

珀珊德洛斯,皮索（Πείσωνος）和阿里斯苔克玛斯（Ἀρισταίχμας）之子,来自于罗德斯的卡米洛斯城。一些人认为他和诗人欧莫普斯（Εὐμόλπου, Eumolpus；或指欧墨洛斯？）同时代,并且还说后者喜欢他,但是另外有人说他甚至早于赫西俄德,还有些认为他生活于第33届奥林匹亚赛会期间（公元前

648 – 前 645 年）。他有一个妹妹叫做狄奥克勒亚（Διόχλειαν）。他的诗作《赫拉克勒亚》共两章，描述了赫拉克勒斯的所作所为。他在诗作中第一次让赫拉克勒斯带上了棍棒。他的其他诗歌被认为是伪作，其他作品中混入了诗人阿瑞斯托乌斯（Ἀριστεύς 或 Ἀριστέας）的诗作。

- 皮索（Piso）：《希腊罗马传记与神话词典》罗列了三十三个皮索家族的成员，不过，这里的皮索似乎与这三十三个都不相符，因为这三十三个皮索最早的生活于公元前 211 年。参看《希腊罗马传记与神话词典》，前揭，卷三，页 371–377。此处人物无考。
- 对比辑语 1。据默伽克利德斯（Megaclides）所述，斯泰西科拉斯（PMGF229，对比 S16）最先把赫拉克勒斯描述成穿着狮皮、扛着弓和棍的人。
- 阿瑞斯托乌斯（Aristeus 或 Aristeas）：一、科林多人，阿得曼图斯（Adeimantus）的儿子，曾带领军队去平息波提狄亚（Potidaea）于公元前 432 年的叛乱。他曾经与波提狄亚有关联，而他的部队大部分是志愿军，都是因崇敬而追随他的。他一来就被任命为同盟部队的总司令，这时他遭遇的对手是雅典人卡里亚斯（Callias），不过他战胜了这个雅典将军。他带着自己的部队取得了成功，再追敌归来的时候，他发现自己的部队被切断，不过，他大胆行军，以极小的损失进入了城邦之中。这时，他发现城邦已经被围。他看不到希望，于是命令手下离开，逃往海上，只留下 500 卫戍部队给他。不过，这次逃亡取得了成功，他自己最后也加入了逃亡队伍之中。后来，他陷入卡尔西狄克（Chalcidice）的一场小规模战斗中，于是向伯罗奔尼撒谋求援助。最后，在波提狄亚投降前不久，也就是这场战争的第二年，公元前 430 年，他被伯罗奔尼撒和其他使节一起派到波斯，但是在拜访阿德里西亚（Odrysian）人的希塔尔西斯（Sitalces）的途中，他们被他的儿子萨多库斯（Sadocus）交给了雅典的使节。而在雅典，部分是因为害怕阿瑞斯托乌斯的精力和能力，部分是因为报复斯巴达的残暴政治，雅典人处死了他（Thuc. i. 60 – 65，ii. 67；Herod. vii. 137；Thirlwall's *Greece*，iii. pp. 102 – 4，162，3）。二、科林多人，佩利库斯（Pellichus）的儿子，科林多舰队的指挥官之一，这只舰队在公元前436年被派去进攻埃庇达诺斯（Epidamnus，Thuc. i. 29）。三、公元前423年斯巴达的指挥官（Thuc. iv. 132）。四、阿尔戈斯人，开蒙（Cheimon）的儿子，在道力霍萨（Dolichos）的奥林匹亚运动会中获过奖。不过，文中所提到的阿瑞斯托乌斯与这里注释中的人物不一样。《希腊罗马传记与神话词典》，前揭，卷一，页297。

- 阿瑞斯托乌斯：也许这里是指普洛康内萨斯的阿瑞斯忒阿斯。

辑　语

1. Pseudo – Eratosthenes, Catasterisms

　　列奥（Leo）：这是耀眼的星群之一。黄道带里的动物接受了宙斯的荣耀，因为它们是众兽之首。而有些人又说这是值得纪念的赫拉克勒斯劳作（Heracles' Labors）之首。因为唯有这类生物，在他们追慕荣耀之时，宙斯并没有直接用武器杀死它们，而是同它们扭斗并扼杀它们。罗德斯的珀珊德洛斯谈到了这件事。他解释了为什么英雄身着皮毛，那是因为他完成了一件辉煌的壮举。

- 伊拉特斯提尼斯（希腊文写作Ερατοσθένης，公元前276－194年），希腊数学家、地理学家和天文学家。他的同时代人戏称其为"贝塔"，在希腊文中意为"第二"，因为他在推测古地中海地区很多领域，都居于第二的水平。他以发明了一套经纬系统而著名，而且他还是目前所知道的第一个计算地球圆周的人。

Strabo, *Geography*

> 据说，斯百人（Σίβας）是那些参加赫拉克勒斯远征的人的后裔，作为他们血统的标志，他们像赫拉克勒斯那样穿兽皮、带棍棒，并给它们的牛和骡打上一个棍子的标记……这种赫拉克勒斯式的打扮方式比特洛亚传奇还要新。无论是谁写出了《赫拉克勒亚》——珀珊德洛斯或是其他的什么人，这种装扮都是一种虚构。古老的赫拉克勒斯的木头雕像并不是这个样子。

- 斯百人：一个印度人部落，现以此命名的城镇位于欧亚之交，乌拉尔山脉的南面。

2. Pausanias, *Description of Greece*

> 在我看来，许德拉（Λερναία Ὕδρα）只有一个头，而不是更多，但是卡米洛斯的珀珊德洛斯为了使这个生物更吓人，也使他自己的诗作更引人注意，就说它有许多脑袋。

- 许德拉（Hydra）：希腊神话中厄喀德那（见 Echinda 的相关内容）和帝丰所生的九头蛇，身躯硕大无比，性情十分凶残，生有九个脑袋，其中八个头可以杀死，而第九个头，即中间直立的那个却是杀不死的。许德拉在阿耳哥利斯的勒那沼泽地里长大，常常爬到岸上，糟蹋庄稼，危害牲畜。大力神赫拉克勒斯的第二个任务就是杀死这条九头蛇。赫拉克勒斯激战的时候每打碎她的一个脑袋，在原来的位置就会又长出一个，于是赫拉克勒斯借助侄子伊俄拉俄斯的帮助，让伊俄拉俄斯手执火把，把附近的树林点着，然后用熊熊燃烧的树枝灼烧刚长出来的蛇头，不让它长大。由于中间那个头无法杀死，赫拉克勒斯只好把它砍下埋在路边的一块巨石下。赫拉克勒斯杀死许德拉后，把自己的箭浸泡在她的血液中，此后用这支剧毒的箭杀死了革律翁（见 Geryon 的相关内容）。有记载称许德拉长着狗的身体，她的气息中也含有剧毒，足以致人于死地。

3. Scholiast on Pindar, *Olympians*

在传说的基础上，他认为刻律涅牝鹿（Ελαφος Κερψνιτις 或 Ελαφος Κρψσοκερως）是雌性并带有金角，因为《忒修斯纪》的作者就是这样说的，与卡米洛斯的珀珊德洛斯和费瑞居德斯所说一样。

• 刻律涅牝鹿（Ceryneian Hind / Cerynitis）为希腊神话中的神鹿，因所处之刻律涅山（Mount Ceryneian）而得名。捕捉刻律涅牝鹿是赫拉克勒斯的第三项伟绩。他先后灭除了尼米亚猛狮和九头蛇。迈锡尼国王欧律斯透斯见怪兽无法难倒英雄，便命他活捉最后一头刻律涅牝鹿。整整一年，赫拉克勒斯跑遍了希腊、色雷斯、伊斯特利亚（Istria），甚至到了极北族人的领土。牝鹿最后进了阿尔忒弥山（Artemision）躲避，又从那儿跑到拉顿河畔（the Ladon River），想要渡河。英雄趁猎物在水中时发出一箭，将其制住。他背起活鹿回去交差，路遇阿尔忒弥斯和阿波罗。女神斥责他亵渎神物。英雄加以分辩，说是欧律斯透斯的过错，自己为了赎罪，不得不如此，并保证将活鹿还回,终于得到二神同情。英雄于是回返迈锡尼。欧律斯透斯本欲激起阿尔忒弥斯的愤怒,以对付赫拉克勒斯,哪知并未得逞。英雄将鹿带到宫外,要国王自取。欧律斯透斯上前,英雄双手一松,牝鹿立即飞奔而去。英雄埋怨国王不够迅捷。欧律斯透斯只能空自怨嗟。据狄奥多罗斯(Diodorus Siculus)说,英雄捕鹿的具体方式众说纷纭一,或说用网,或说趁鹿熟睡时捕获,或说他长年追踪,牝鹿筋疲力尽,只得就擒。无论如何,这回英雄胜在智取,而非力擒。

4. Pausanias, *Description of Greece*

卡米洛斯的珀珊德洛斯说赫拉克勒斯并没有杀死斯廷法罗斯湖怪鸟(Στυμφαλίδες ὄρνιϑες),而是用铃舌的碰撞声把它们吓跑了。

● 斯廷法罗斯湖怪鸟(Stymphalian birds):希腊神话中栖息在阿耳亚斯廷法罗斯湖畔的一种怪鸟,是"死亡"和"毁灭"的象征。它们有着铁翼、铁嘴和铁爪,坚硬的铁嘴甚至能将青铜盾啄破,抖落的羽毛会像箭一样飞射出去。赫拉克勒斯的第六件任务就是赶走这些怪鸟,他用雅典娜交给他的两面大铜铵惊起怪鸟,并用手中的弓箭将其射落,仓皇逃走的怪鸟飞越大海,一直飞到阿瑞蒂亚岛。还有一些记载将斯廷法罗斯湖怪鸟视为食人鸟。

5. Athenaeus, *Scholars at Dinner*

珀珊德洛斯在《赫拉克勒亚》第二章中讲道,赫拉克勒斯坐着横渡海洋(俄刻阿诺斯)的那只大杯是属于太阳神的,但赫拉克勒斯却从海洋之神俄刻阿诺斯那里得到了它。

6. Scholiast on Pindar, Pythians

据卡米洛斯的珀珊德洛斯所述，安泰俄斯（'Ανταῖος）的女儿名叫阿勒克依（Αλκηΐς, Alceïs）。

• 安泰俄斯（Antaeus）：又译作安泰，古希腊神话里的巨人，他的力量来源是大地，所以只要身体不离开大地，就会有源源不绝的力量来助他打赢胜仗。后来，这个弱点被大力神赫拉克勒斯识破，就在两军对阵当中，他用计将安泰举至半空中，使之脱离地面，就此掐死他，赢得了胜利。

7. Scholiast on Aristophanes, *Clouds*

据说，当赫拉克勒斯在塞莫皮莱山（Θερμοπύλαι）附近奋力劳作之时，雅典娜给他送来了温热的泉水（hot springs），正如珀珊德洛斯所述：

"眼光明亮的雅典娜为他在塞莫皮莱山制造了温热的洗浴之地，就在海边。"

• 塞莫皮莱山（Thermopylae）：古地名，又译温泉关。在希腊东部爱琴海沿岸。公元前480年希波战争中，波斯国王薛西斯率海陆军侵入希腊，斯巴达王列奥尼达率军扼守温泉关抵抗。因内奸出卖，波斯人从小路包围袭击，守军三百人均战死。长期以来，温泉关之战一直是西方历史文学中长久不衰的主题之一，这个悲壮的故事被书写成多种文字，以诗歌、传记、谚语的方式流传下来。人们赞美和歌颂这些英勇不屈、视死如归的希腊英雄。他们的事迹作为一种精神通过人们的记载永世长存。

8. Stobaeus, *Anthology*

珀珊德洛斯:
"救人命的谎言并不可耻。"

9. Hesychius, *Lexicon*

"莫与马人讲道理。"
一个谚语,出自珀珊德洛斯,用来表示不可能的情形。

10. Athenaeus, *Scholars at Dinner*

珀珊德洛斯说,赫拉克勒斯赐给忒拉蒙一只杯,作为他在攻打伊利昂战役中英勇行为的奖励。

11. *Homeric Parsings*(aiei 的词形意思是"永远")

卡米洛斯的珀珊德洛斯的作品中也有 ae ($\dot{\alpha}\varepsilon$)。

12. Plutarch, *On the Malice of Herodotus*

在古代的文人(men of letters)中,荷马、赫西俄德、阿尔基洛科斯、珀珊德洛斯、斯泰西科拉斯、阿尔克曼或品达都没有注意到埃及或腓尼基还有一个赫拉克勒斯:他们只知道这个赫拉克勒斯,也就是波俄提亚和阿尔戈斯的这一个赫拉克勒斯。

• 波俄提亚(Bœotia):希腊中部的一个地区。东北部邻近科林多海湾。南部与梅加里斯(Megaris)和基泰隆(Kithairon)山脉接壤,这个山脉形成了与阿提卡的一道天然屏障,北部靠近奥普蒂恩的洛克里(Opuntian Locris)和埃夫里普(Euripus)海峡,西临福基斯（Phocis）。波俄提亚中部有一个大湖泊，叫做科帕斯（Copais）湖。现代的波俄提亚行省与古代的边界相近。古希腊神话中，这个地方与两大神话传说的中心相关，一是忒拜以及卡德美亚（Cadmean）人的军事要冲，另一个是奥尔科莫诺斯的米尼亚（Minyae）的中心，一个繁荣的商业城邦。

帕尼阿西斯的《赫拉克勒亚》
(*ΠΑΝΥΑΣΣΙΔΟΣ ΗΡΑΚΛΕΙΑ*)

证 言

The Suda (from Hesychius of Miletus, *Index of Famous Authors*)

帕尼阿西斯是波吕雅柯斯（Πολύαρχος）的儿子，来自于哈利卡纳苏斯（Ἁλικαρνᾱσσός 或 Ἁλικαρνασσός），奇事、七步诗诗人的解释者，传承了灭绝的诗歌艺术。然而，萨摩斯的杜里（Δοῦρις）把他当做狄奥克勒斯（Διοκλῆς）的儿子，并认为他是萨摩斯人，正如他认为希罗多德（Ἡρόδοτος Ἁλικαρνᾱσσεύς）来自于图利（Θούριοι）一样。帕尼阿西斯被认为是历史学家希罗多德的堂兄弟，因为帕尼阿西斯是波吕雅柯斯的儿子，而希罗多德是波吕雅柯斯兄弟吕克斯（Λύξης, Lyxes）的儿子。然而，又有说法认为，帕尼阿西斯的妹妹不是吕克斯，而是希罗多德的母亲何依娥（Ροιώ）。帕尼阿西斯大约生活于第78届奥林匹亚运动会期间（公元前468–前465年）。据相当早的一种说法认为，他生活于波斯战争期间。他被哈利卡纳苏斯的第三代僭主吕戈达迷斯（Λύγδαμις）所杀。赫西俄德和安提玛科斯之后的一些作者认为，作为诗人，他仅次于荷马。他写作了十四章的《赫拉克勒亚》，一共9000行，诉歌《伊奥尼卡》，涉及柯多罗斯（Κόδρος）、涅琉斯（Νηλεύς）和伊奥尼亚（Ἴωνες）殖民地，共计 7000 行。

- 波吕雅柯斯（Polyarchus）：共有两个同名者，一个是希腊的医生，科尔苏斯提到过他（*De Med.* v. 18. §1, pp. 86, 177），因此定然生活于公元 1 世纪之前。他似乎写作了一本药物学的著作，其中的一些药方被盖仑（Galen、*De Compos. Medicam. sec. Loc.* viii. 5, vol. xiii. pp. 184, 185, 186, *De Compos. Medicam. sec. Gen.* vii. 7, vol. xiii. p. 981）、阿提斯（Aëtius, ii. 4. 57, iii. 2. 14, pp. 415, 481, 530）、马塞洛斯（Marcellus, *De Medicam.* c. 20, p. 339）还有保禄·埃及涅塔（Paulus Aegineta, *De Re Med.* iii. 68, 70, 74, vii. 18, pp. 486, 487, 489, 684）引用过，他的作品仅有这些摘录存留下来。另有一个同名者，他的名字有时又写作 Polemarchus，希腊文为 Πολέμαρχος，塔林敦人，毕达哥拉斯的追随者（Iamblich. *Vit. Pyth.*）。法布里修斯（Fabricius）认为（*Bibl. Graec.* vol. i. p. 864），此人和波吕雅柯斯是同一人，又叫 ἡδυπαϑής，雅典娜乌斯（xii. p. 545）曾提到过他，因为他曾经被小狄奥尼索斯派到塔林敦做使节，他在那里同阿尔希塔斯（Archytas）十分亲密，并向那个哲学家详细讲解了快乐的好处。雅典娜乌斯以亚里士多塞诺斯（Aristoxenus）为依据，记载了他谈的话。不过这看上去并不是一个十分令人信服的猜想。那些归于波吕雅柯斯名下的学说，明显不属于毕达哥拉斯，甚至也无法就此说明他是塔林敦人。参看《希腊罗马传记与神话词典》，前揭，卷三，页 443。

- 哈利卡纳苏斯（Halicarnassus）：古希腊城邦，位于迦利亚和安纳托利亚的西南海岸，是克拉米柯（Ceramic）海湾的一个风景如画且十分重要的地方。

- 萨摩斯的杜里（Duris）：萨摩斯人，阿尔喀比亚德的后代

(*Plut. Alcib.* 32),林扣斯的兄弟,居住在托勒密菲来德法斯地区。他早年生活的时代正是雅典人派 2000 殖民者来萨摩斯的时候,这些殖民者把岛上的居民通通赶走了,时在公元前 352 年。杜里在离开母邦时,还只是个孩子。后来他在奥林匹亚运动会的拳击赛上获奖,那里还为他建了一个带铭文的雕像(Paus. vi. 13. §3)。获胜的年份并不是十分清楚,但一定是在萨摩斯人回到自己的岛屿之前,也就是公元前 324 年以前。他还一定在雅典待过一段时间,因为他和他的兄弟林扣斯都被认为是泰奥弗拉斯托斯的学生(Athen. iv. p. 128)。他回到萨摩斯之后,获得了僭主的权力,不过他如何得到这个王权以及在这个位置上待了多久,则不太清楚。不过,可以确信公元前 281 年他还活着,因为他的一部作品(ap. Plin. *H. N.* viii. 40)提到了那一年发生的事情。杜里是一个高产的作家,大部分作品都与历史相关,不过没有哪一部完整地留传到我们手中,我们所拥有的只是他作品的一些残篇。他主要的作品有:1、《希腊史》(*ἡ τῶν Ἑλληνικων ἱστορία*)(Diod. xv. 60),或如其他人所说,叫 *ἱστορίαι*。它以三个君主的去世开始,分别是:阿铭塔(Amyntas)——马其顿的菲利浦的父亲、斯巴达的亚吉西波里斯(Agesipolis)、费尔舍(Pherse)的伊阿宋,时在公元前 370 年。下面一直写到公元前 281 年,囊括了 89 年的历史。这部书的卷数也不太清楚,似乎总共有 28 卷。古代一些作家提到了一部杜里的作品,叫 *Μακεδονικά*,不过这究竟是一部单独的作品,抑或仅仅是《希腊史》的一个部分,引起了现代学者的无尽争论。格奥尔特(Grauert, *Histor. Analect.* p. 217)和克林盾(Clinton)认为,这是另外一部作品,而汜秀斯和德罗伊森(Droysen, *Gesch. d. Nachfolg. Alex.* p. 671, etc.)的观点似乎拥有更强大的证据,他们认为 *Macedonica* 是《希腊史》的一个部分。2、*Περὶ Ἀγαθοκλέα ἱστορίαι*,多卷,苏达斯引用过其中第四卷的内容。3、Σαμίων ὧροι，这部作品是萨摩斯的编年史，古代作家经常提到它，至少有 12 卷。4、Περὶ Εὐριπίδου καὶ Σοφοκλέους（Athen. iv. p. 184），这部作品似乎与 περὶ τραγῳδίας（Athen. xiv. p. 636）是同一部作品。5、Περὶ νόμων（Etym. M. p. 460. 49）。6、Περὶ ἀγώνων.（Tzetz. ad Lycoph. 613；付修斯，s. v. Σελίνου στέφανος）。7、Περὶ ζωγραφίας（Diog. Laërt. i. 38, ii. 19）。8、Περὶ τορευτικῆς（Plin. Elench. lib. 33, 34），不过这部作品也许与同上一部作品是同一部。9、Λιβυκά（Phot. s. v. Λαμία；Schol. ad Aristoph. Vesp. 1030）。杜里作为一个历史学家，在古代人中间似乎并没有受到多大的推崇。西塞罗（ad Att. vi. 1）说起他，仅仅是 homo in historia satis diligess，而狄奥尼索斯（de Compos. Verb. 4）认为他应该被列为那种不注重其作品形式的历史学家之中。他的历史真实性也受到普鲁塔克的质疑（Perid. 28；参看 Demosth. 19, Alcib. 32, Eum. 1），但是普鲁塔克并没有给出任何原因来解释这种质疑，也许只是因为他在杜里的作品中找到了其他作家们从来没有提到过的一些事情，并因此怀疑他叙述的可信性。杜里的残篇被 J. G. Hulleman 收集了起来，"Duridis Samii quae supersunt," Traject. ad Rhen. 1841, 8vo（参看 W. A. Schmidt, de Fontib. vet. auctor. in enarrand. erpedit. a Galta in Maced. et Graec. susceptis, p. 17, etc.；Panofka, Res Samiorum, p. 98, etc.；Hulleman, l. c. pp. 1 – 66）。参看《希腊罗马传记与神话词典》，前揭，卷一，页 1092。

- 狄奥克勒斯（Diocles）：同名者众多。一、俄耳西罗科斯（Orsilochus）的儿子，克瑞同（Crethon）和俄耳西罗科斯的父亲，斐赖（Phere）的国王（Hom. Il. v. 540, etc., Od. iii. 488；Paus. iii. 30. §2.）。二、叙拉古人，因其编著的法典而知名。修昔底德并没有提到过他，但是据狄奥多罗斯所述，他是提议把雅典将军德摩斯忒涅斯和尼基阿斯判处死刑的人之一（Diod. xiii. 19）。狄奥多罗斯还借此事件说他是叙拉古最杰出的民众煽动家，而且这个时候他似乎正是民众或是民主党派的领袖，与赫莫克里特针锋相对。如若狄奥多罗斯记录的时间表正确的话，紧接着第二年（公元前412年）发生了一场民主革命，狄奥克勒斯和其他人一起受命创制并建立新的法典。在这次行动中，狄奥克勒斯发挥了重大的作用，使他的那些同僚相形见绌，甚至此法典也因狄奥克勒斯而赢得了声名。对于法典的细节，我们知道得不多，但是这部法典却得到了狄奥多罗斯的称赞，因为其文风简明，并且还仔细区分了不同罪行的差别，并定下了不同的刑法。能很好说明此法典的优秀品质的是如下事实：这部法典不仅在叙拉古作为文明法典流传下来，而且在西西里其他城邦中也得到认可，直到最后整个岛屿全部臣服于罗马法为止（Diod. xiii. 35）。赫莫克里特和他的党派被放逐以后（公元前410年），狄奥克勒斯理所当然成为了共同体的领导人物。第二年，他指挥由叙拉古和其他西西里城邦的军队前去为西默拉解围——这座城邦被汉尼拔（Hannibal）围困，汉尼拔是吉格斯（Gisco）的儿子。不过，狄奥克勒斯在这里犯下了一个无法弥补的错误。他从这座城邦撤军的时候，尽量带走当地的居民，结果过于匆忙而没有时间来掩埋那些死难的军人（Diod. xiii. 59-61）。这一件事引起了叙拉古人对他的不满，当赫莫克里特重回西西里并取得对迦太基人的胜利后，赫莫克里特把那些死在西默拉的军人的骸骨以极高的荣誉送了回来，这种不满就与日俱增。人们对狄奥克勒斯的这种厌恶终于导致他在公元前408年遭到流放（Diod. xiii. 63, 75）。并不清楚他后来是否被召回，不过我们已经无法把叙拉古后来的革命同狄奥多罗斯的奇怪故事联系起来。狄奥多罗斯说他后来用剑自杀，借以表达对加于自己法令的不满，这项法令由于他考虑不周，导致一支武装力量进入了议事厅（Diod. xiii. 33）。不过，同一个作者还讲述了一个几乎一样的故事，是关于卡隆达斯（Charondas）的，如此看来这个关于狄奥克勒斯的故事就显得十分可疑。有可能他去世的时间正是在这个时候，因为我们在后来的事件中没有找到他的名字。三、一个勇敢的雅典人，在迈加拉的流放时在一场战斗中为了保护一个年轻人而牺牲。麦加拉人给予这个英勇的人英雄般的荣耀，这后来演化成一个节日，在每年的春天举行（Theocrit. xii. 27. etc.；Aristoph. *Aerm.* 774；Plut. Thes. 10；*Dict. of Ant. s. v. Διόκλες*）。四、三个富有的西西里人的名字，这三人曾被 Verres 和他的随从抢劫。五、关于 Atekles，参看下文。六、尼达斯（Cnidus），柏拉图主义者，*Δкατεοβαί* 的作者，尤西比乌斯曾经提到过他。七、希腊的语法家，研究荷马诗歌，（*ad Il. xiii.* 103），同时被提到的还有狄奥尼索斯、阿利斯塔克（Aristarchus）和卡埃瑞斯（Chaeris）。阿尔忒诺多洛斯（Arterodorus）讲过他的一个梦（Oneir. iv. 72）。八、墨格尼西亚（Magnesia）人，他写了一部名叫 *ἐπιδρομὴ τῶν φιλοσόφων* 的作品，还写了一部记录哲学家们生平的作品（*περὶ βίων φιλοσόφων*），这两部作品都对第欧根尼·拉尔修（Diogenes Laërtius）产生了影响（ii. 82, vi. 12. 13. 20. 36. 87, 91, 99, 103, vii. 48, 162, 166, 179, 181, ix. 61, 65, x. 12）。九、佩巴里苏斯（Peparethus）人，最早的希腊历史学家，他的作品描述了罗马的建立，据说费边·毕克托（Q. Fabius Pictor）在很多方面都紧追他的步伐（Plut. *Rom.* 3, 8；Fest. *s. v. Romam.*）。不过他比费边·毕克托早多少年，并不太清楚。关于他的事情还有两件不太确定，第一，他究竟是不是一部英雄史诗的作者（*περὶ ἡρώων σύνταγμα*），普鲁塔克提到过这部作品（Quaest. Graec. 40）。第二，一部关于波斯历史的作品（*Περσικά*）究竟是不是出自他手，约瑟夫引用过这部作品（*Ant. Jul.* x. 11. §1）。也或许这两部作品属于罗德斯的狄奥克勒斯——此人曾写作《埃托利亚》（Αἰτωλιαί），普鲁塔克提到过这本书（De Flum. 22）。十、锡巴里斯（Sybaris）人，一个毕达哥拉斯学派的哲学家（Iamb. Vit. Pyth. 36），不过，一定要把这个人与另外一个毕达哥拉斯学派的人区分开来，后者是弗里乌斯的狄奥克勒斯，扬布利科斯曾经提到过他（Vit. Pythag. 35），说他是毕达哥拉斯的狂热信徒。后一个狄奥克勒斯在亚里士多塞诺斯时代仍然活着（Diog. Laërt. viii. 46），不过关于他的其他事情，我们所知甚少。十一、雅典人，或据其他人所述，是斐鲁斯（Phlus）人——也许生活于斐鲁斯，实际上却是雅典公民，旧喜剧作家，与撒里翁（Sannyrion）和菲里琉斯（Philyllius）同时代（Suid. s. v.）。下面列出的作品名字主要是苏达斯和欧多基亚（p. 132.）提到过的，并且语法学家也经常引用：Βάκχαι、Θάλαττα Κύκλωτις（有些人把这一部归于卡里亚斯名下）和Μέλιτται。Θυέστυς和Ὄνειροι只有苏达斯和欧多基亚提到过，题目有可疑的地方。总而言之，他似乎是一位十分杰出的诗人（Meineke, Frog. Com. Graec. i. pp. 251 - 253, ii. pp. 838 - 841）。十二、一个生卒年不详的几何学家，曾写过περὶ πόριων，欧托基奥斯（Eutocius）引用过这本著作（Comm. in Sph. et. Cycl. Archim. lib. ii. prop. v.）。据他所述，这个几何学家曾按一定的比例，用一个平面来划分球体。不过，欧多基亚还有一个摘录使他为我们所知（Op. Cit. lib. ii. prop. ii.），这个几何学家用一条曲线来解决两个平均比例数的问题，现在为称为蔓叶类曲线，这个数学问题十分知名，不用多作叙述。不过，字典中并没有提到作为神话人物的这个形象，在希腊神话中，他是德默特尔最早的祭司之一，也是最早学习埃琉西斯秘仪的人。据说，他因保护其男伴（boyfriend）而死。《希腊罗马传记与神话词典》，前揭，卷一，页1010。

- "正如他认为希罗多德来自于图利"：这里表明，杜里否认哈利卡纳苏斯（Halicarnasus）的说法，不认为他是主要的作者。图利（Thurii）是大希腊（Magna Graecia）的一座城邦，位于塔仁坦（Tarentine）海湾，离希巴利（Sybaris）不远，现意大利境内。
- 何依娥（Rhoio）：英文还写作 Rhoeo，但这里的何依娥与文中所讲似乎并不是同一人，名字十分接近，收录于此：一、斯塔菲路斯和克律索忒弥斯的女儿，阿波罗爱上了她。当她父亲发现她有了孩子的时候，就把她放在一个箱子里丢进了大海。箱子漂到了欧玻亚海岸（或许是德洛斯岛），何依娥就在那里生下了阿尼乌斯（Anius, Diod. v. 62；Tzetz. *ad Lycoph.* 570）。后来她和雅瑞克斯（Zarex）结了婚（Tzetz. *ad Lycoph.* 580）。二、河神斯卡曼得洛斯的女儿，和拉俄墨冬生下了提托诺斯（Tzetz. *ad Lycoph.* 18）。参看《希腊罗马传记与神话词典》，前揭，卷三，页653。
- 吕戈达迷斯（Lygdamis）：一、在奇米里俄斯（Cimmerian）人入侵吕底亚的时候，吕戈达迷斯是领导人。他们拿下了萨迪斯（Sardis），接着向以弗所进发，劫掠了阿尔忒弥斯的神殿，后来当他们遇到失败的时候，就认为那是因为不应该劫掠神殿，于是不得不回到西里西亚，吕戈达迷斯和他所有的部队均葬身于此地。希罗多德提到过奇米里俄斯人的这次入侵，他说在吕底亚的国王阿底斯（Ardys）的辖区内，奇米里俄斯人由于被游牧民族西徐亚人（Nomad Scythians）赶出了他们自己的定居点，就入侵了亚细亚，并拿下了萨迪斯，除了这个城邦的要塞没有攻下来（Strab. i. p. 61, xiii. p. 627；Plut. Mar. 11；Callimach. *Hymn. in Dian.* 252, etc.；Hesych. s. v. Λύγδαμις；Herod. i. 15）。二、纳克索斯人，在与寡头政治的斗争中，成为了此岛上最受欢迎政党的杰出领导。他打败了寡头统治者，获得了这个国家的统治权。他用自己的方式，扶持佩西斯特拉图斯

第三次回到雅典。但是，在他离开的时候，他的政敌似乎又重新占据了上风。后来佩西斯特拉图斯征服了这座岛，并让吕戈达迷斯当上了这座岛上的僭主，这事大约发生在公元前 540 年。佩西斯特拉图斯还向那些雅典客人承诺要照顾好吕戈达迷斯。吕戈达迷斯在公元前 532 年又支持波利克勒第斯当上了萨摩斯的僭主。波利克勒第斯是那些把拉刻代蒙人推下台的僭主之一，因此这些人在公元前 525 年对波利克勒第斯发动了远征（Aristot. *Pol.* v. 5；Athen. viii. p. 348；Herod. i. 61, 64；Polyaen. i. 23. §2；Plut. *Apophth. Lac.* 64）。三、阿尔忒弥西娅（Artemisia）的父亲，阿尔忒弥西娅是哈利卡纳苏斯的女王，与薛西斯是同时代（Herod. vii. 99；Paus. iii. 11. §3）。四、哈利卡纳苏斯的僭主，皮星德利斯（Pisindelis）的儿子，阿尔忒弥西娅的孙子。据说，历史学家希罗多德不遗余力地要把他的城邦从这个吕戈达迷斯的僭主统治中推翻（参看希罗多德，p. 431, b.）。五、叙拉古人，生活于潘克拉蒂奥（Pancratium），在第三十三届奥林匹亚运动会上获了奖。在叙拉古的拉乌屯依隘（Lautumiae）附近还为了他树了一座纪念碑。据说，他在体型上与忒拜的赫拉克勒斯不相上下，而据说用他的脚来丈量奥林匹亚运动场，只有 600 步长（feet），而如果用一个普通人的脚来量的话，则有 625 步（feet, Paus. v. 8. §8；Arican. ap. Euseb. Ἑλλ. Ὀλ. p. 40；Scaliger, Ἱστορ. συναγ. p. 315；Krause, Olympia, p. 321）。参看《希腊罗马传记与神话词典》，前揭，卷二，页 860。

- 柯多罗斯（Codrus）：麦兰苏斯（Melanthus）的儿子，雅典国王。据说他的统治是在伯罗奔尼撒被多里安人征服之后，约是公元前 1068 年。多里斯人曾经从伯罗奔尼撒出发进犯阿提卡，结果途中得到神谕，只要阿提卡的国王不遇难，他们就能获得胜利。于是，多里斯人十分小心，生怕杀死了国王。不过，柯多罗斯得知这个神谕后决定要牺牲自己来保存国家。他化装成了一个普通人，撞进了敌人的军营并和敌军士兵打了起来，而后被杀死。当多里斯人发现阿提卡国王已经死去时，就停止了进攻，班师回国。据该传说，由于没有哪个人可以跟如此高尚且如此爱国的国王相比，于是王权被废除了，取而代之的是执政官制。在这件事情上，还有一些其他事情可以证明。柯多罗斯死后，他的儿子们为继承王位而争吵不休，世袭贵族则利用这个机会尽力削减总执政官的权力，结果他们成功地取消了王权制，而代之以执政官制。墨冬于是继承了王位当上了执政官，而他的兄弟们则移居到了小亚细亚，他们在那里建立起了若干个伊奥尼亚殖民地（Herod. v. 76; Lycurg. c. *Leocr.* 20; Vell. Pat. i. 2; Justin, ii. 6, etc.; Paus. iv. 5. §4, vii. 2; Strab. xiv. p. 633, etc.）。二、另有一个罗马同名诗人，是维吉尔的同时代人，维吉尔曾嘲笑他过于浮夸（Eclog. vii. 22, x. 10）。另据瑟维尔斯所述，瓦勒吉乌斯（Valgius）在他的诉歌中也提到过柯多罗斯。维席尔特（Weichert, *Poët. Lat. Reliq.* p. 407）认为，这个柯多罗斯与雅比塔斯（Jarbitas）是同一个人，是蒂莫格勒斯（Timagenes）的移民，贺拉斯（Horace）还嘲讽过他（Epist. i. 19. 15）。不过，伯格（Bergk）认为，柯多罗斯在维吉尔和瓦勒吉乌斯那里都是杜撰的名字，都是指诗人柯尼斐希乌斯（Cornificius, *Classical Museum*, vol. i. p. 278）。朱文纳尔（Juvenal, i. 1）也提到过一个可怜的诗人，同样也叫做柯多罗斯（评论者称他为科达斯［Cordus］），这个诗人写了一部叫《忒修斯》的悲剧。总的说来，在所有上面提到的这些情况中，柯多罗斯都被看做是一个杜撰的名字，这个名字被罗马诗人用来指代那些打油诗人，他们总是不断地拿自己的作品去烦别人。参看《希腊罗马传记与神话词典》，前揭，卷一，页811。

- 涅琉斯（Neleus）：克瑞透斯和堤洛的儿子，堤洛是萨尔摩纽斯的女儿。在与克瑞透斯结婚以前（注：字典上写的是与涅琉斯结婚以前，疑误，据上下文修改），堤洛爱上了河神厄尼普斯（Enipeus）。一天，波塞冬化作厄尼普斯的样子来到她身边，和她生下了珀利阿斯和涅琉斯（Hom. *Od.* xi. 234, etc.）。堤洛把这两个孩子丢弃，但这两个孩子却被牧神发现并养活。他们长大成人之后，知道了自己的生母是谁。珀利阿斯杀死了那个虐待自己生母的养母（Apollod. i. 9. §8）。在克瑞透斯死后，这两兄弟又为谁来继承伊俄洛科斯的王位而争吵不休。涅琉斯被放逐，他和墨兰波斯、庇阿斯三人一起去了皮罗斯，这个地方是他的叔叔阿法柔斯交给他的（Apollod. i. 9. §9; Diod. iv. 68）。涅琉斯就这样成了皮罗斯的国王，而这城邦在他到达的时候就已经存在了。还有人说，是他建立了这个本来没有的皮罗斯城，或者至少那里的皇宫是他修建的（Paus. iv. 2. §3, 36. §1）。我们还发现，不少城邦都用涅琉斯这个名字，都以与涅琉斯或其儿子涅斯托尔有联系而为荣，如美赛尼亚的皮罗斯城、埃利斯的皮罗斯城以及特菲利亚（Triphylia）的皮罗斯城。最后一个城邦也许正是荷马提到过的同涅琉斯与涅斯托尔相关的那一个（Strab. viii. p. 337）。涅琉斯与克罗里斯（Chloris）结婚。据荷马所述（*Od.* xi. 280, etc.），克罗里斯是奥尔霍迈诺斯（Orchomenos）的安菲翁的女儿，而据其他的人讲（Diod. *l. c.*），她是一个忒拜女人。涅琉斯和她生下了孩子涅斯托尔、克洛弥俄斯（Chromius）、佩里克吕墨诺斯（Periclymenus）和佩罗（Pero）。不过，据说他一共有十二个儿子（*Od.* xi. 285, *Il.* xi. 692; Apollod. i. 9. §9; Schol. *ad Apollon. Rhod.* i. 156）。当赫拉克勒斯杀死了伊斐图斯之后，就到涅琉斯那里净罪。不过，涅琉斯是伊斐图斯的父亲欧律托斯的朋友，因此他拒绝为赫拉克勒斯净罪（Diod. iv. 31）。作为报复，赫拉克勒斯对皮罗斯发动军事进攻，杀死了涅琉斯的儿子们，只留下了涅斯托尔（Hom. *Il*. xi. 690.），但后来的作家说涅琉斯自己也被杀害了（Apollod. ii. 6. §2, 7. §3; Hygin. *Fab*. 10）。涅琉斯的整个城邦陷入一种全无抵抗能力的境地，埃庇安国王奥革阿斯利用这个机会入侵了他的国家。在众多的战利品中，奥革阿斯要了一驾马车，这驾马车曾经被涅琉斯带到奥林匹亚运动会上（Hom. *Il*. xi. 699, etc.）。涅琉斯后来又抢走埃庇安的羊群来作为报复，于是后者又再一次进犯皮罗斯的领地，并在阿尔菲奥斯（Alpheius）围困了忒里俄莎（Thryoëssa）。雅典娜把这个情况告诉了涅琉斯，但涅琉斯不愿意让自己的儿子涅斯托尔去冒险进攻埃庇安，就把他的战马藏了起来。结果涅斯托尔直接步行前去打仗，并赢得了胜利（*Il*. xi. 707, etc.）。泡萨尼阿斯说（ii. 2. §2），涅琉斯死在科林多，他曾与涅斯托尔一起重新回到过奥林匹亚赛场。涅琉斯的后人尼莱德人（Neleïdae）被赫拉克勒德亚从他们的城邦中赶了出来，就移居到了雅典（Paus. ii. 18. §7, iv. 3. §3）。许金鲁斯（*Fab*. 10, 14）称涅琉斯的父亲为希波科翁，并说他是阿尔戈斯英雄之一。二、柯多罗斯（Codrus）的小儿子，由于他的兄长墨冬无法行走，他便趁势争夺王权。当德尔斐神谕支持墨冬的时候，他带人移居到伊奥尼亚去了，并在那里建立了米利都。他的儿子埃皮托斯领导定居在普里埃内（Priene）的殖民者。另外一个儿子也统领着一队定居者，这队定居者在爱亚苏斯（Iasus）人与迦利亚人大战之后极大地补充了爱亚苏斯的力量（Herod. ix. 97; Paus. vii. 2, §1，在以前的版本中称他是 Neileus; Polyb. xvi. 12; 苏达斯, *s. v.* Ἰωνία; Strab. xiv. p. 633）。三、斯塞珀西斯（Scepsis）人，科里斯柯斯（Coriscus）的儿子，亚里士多德和泰奥弗拉斯托斯的学生。泰奥弗拉斯托斯把图书馆交给他并任命他来管理。关于亚里士多德著作流传史与涅琉斯及其后人的关联，到处都可以找到论述（Vol. I. p. 323）。不过，关于涅琉斯个人的历史我们却知道得并不多（Strab. xiii. p. 608, b; Diog. Laërt. v. 52, 53, 55, 56; Athen. i. p. 3, a; Plut. *Sull.* p. 468. b; Fabric. *Bibl. Graec.* vol. iii. p. 499）。《希腊罗马传记与神话词典》，前揭，卷二，页1150。

- 伊奥尼亚（Ionian）：伊奥尼亚人居住在以雅典为主的阿提卡地区、优卑亚岛，以米利都、爱菲索为主的爱琴海东岸中段，以及大部分爱琴海岛，如喀俄斯、萨摩斯、那克索斯等岛。参看《凯若斯——古希腊语文教程》，前揭，页3。

Hellenistic verse inscription from Halicarnassus：

> 并不是古老的巴比伦滋养了言辞甜美的希罗多德和帕尼阿西斯，而是哈利卡纳苏斯多岩石的土地滋养了他们；而哈利卡纳苏斯因他们的歌颂，也在希腊城邦中享有远播的荣光。

同上

> （这个城邦）撒下了帕尼阿西斯的种子，此人是著名的英雄史诗大师；特洛亚诗系的《塞浦路亚》也应运而生。

一个诗人雕像上的铭文

> 诗人帕尼阿西斯最为愁苦。

Dionysius of Halicarnassus, *On imitation*

> 因为赫西俄德旨在通过顺口的名称和悦耳的结构来取悦人，而安提玛科斯则靠音调优美、遒劲有力和推陈出新。帕尼阿西

斯则兼而有之，他在处理材料与谋篇布局上均胜人一筹。

Clement of Alexandria, *Miscellanies*

希腊人故意偷窃其他人的作品，当成自己的，就像欧伽蒙……和哈利卡纳苏斯的帕尼阿西斯从萨摩斯人克瑞俄菲洛斯手中偷窃了《奥卡利亚》一样。

Eusebius *Chronicle*

Ol. 72.3（490/489）：诗人帕尼阿西斯正受到祝贺。

对于帕尼阿西斯在史诗诗人中的地位，参看前文关于珀珊德洛斯的内容。

辑　语

1. Pausanias, *Description of Greece*

忒拜人也在迈加拉（Μέγαρα）展示了对赫拉克勒斯的孩子们的纪念，并讲述那些孩子们的死亡，同西默拉（Ἱμέρα）的斯泰西科拉斯和帕尼阿西斯在他们的诗行中讲述的故事没有什么不同。

• 迈加拉（Megara）：古代城邦名，在希腊的阿提卡境内，位于科林多海峡的北部，阿提卡四大区域之一。另有一个神话人物也叫这个名字，她是忒拜国王克瑞翁（Creon）的女儿，赫拉克勒斯的妻子（Hom. *Od.* xi. 269; Eurip. *Herc. Fur.* 9; Apollod. ii. 4. §11; Paus. i. 41; Pind. *Isthm.* i. 82）。参看《希腊罗马传记与神话词典》，前揭，卷二，页1007。

- 西默拉（Himera）：西西里一个重要的古代希腊城邦，位于该岛的北海岸。

- 这里指的是赫拉克勒斯突然在狂乱中杀死了自己的孩子。这个故事由于欧里庇得斯的悲剧作品《赫拉克勒斯》而广为人知。后一条辑语也许是指他去拜访德尔斐，以得到净化。据阿波罗多洛斯 *Library* 2. 4. 12 中所述，神谕让他去帝云斯（Tiryns）侍奉欧律斯透斯，此人会让他承担一系列艰巨的任务。

2. Pasanias, *Description of Greece*

波吕雅柯斯的儿子帕尼阿西斯是一首关于赫拉克勒斯的史诗的作者，他说卡斯塔利娅（Κασταλία）是阿科洛厄斯（Ἀχελῷος）的女儿。他这样谈到赫拉克勒斯：

"他用轻快的脚步跨过了白雪皑皑的帕纳索（Παρνησσόν）山，到了阿科洛厄斯的卡斯塔利娅的不死之水。"

- 卡斯塔利娅（Castalia）：帕纳索山脚下的卡斯塔利娅（Castalian）山泉中的仙女。她是阿科洛厄斯的女儿（Paus. x. 8. §5）。据说，阿波罗追求她，她自己就跳入井中（Lutat. *ad Stat. Theb.* i. 697）。其他人也说这个井的名字来自于一个叫卡斯塔里乌斯（Castalius）的人，他要么只是一个普通人，要么是阿波罗的儿子、德尔斐斯（Delphis）的父亲。他从克里特来到克瑞萨（Crissa），并在这里建立起了德尔斐的阿波罗崇拜（Ilgen, *ad Hom. hymn. in Apoll.* p. 341）。还有第三种说法，卡斯塔里乌斯是德尔福斯（Delphus）的儿子，提伊娅（Thyia）的父亲（Paus. vii. 18. §6，x. 6. §2）。参看《希腊罗马传记与神话词典》，前揭，卷一，页627。另据维基百科介绍，阿波罗把她放到了德尔斐的一个泉水旁，在帕纳索斯（Parnassos）或是赫利孔（Helicon）山脚下。只要有人喝了泉水或是听到了泉水平静的水声，就能激发出作诗的灵感。这座圣泉也用来清洁德尔斐神殿。

- 阿科洛厄斯（Achelous）：据传，阿科洛厄斯神是希腊最大的、最古老的河神。他和他的3000个河流兄弟，一起被认为是俄刻阿诺斯和忒提斯的儿子（Hes. *Theog.* 340），也说是俄刻阿诺斯和该亚的儿子，后来还有说是赫利俄斯与该亚的儿子（Natal. Com. vii. 2）。关于河流阿科洛厄斯的起源，瑟维尔斯作了如下的描述（*ad Virg. Georg.* i. 9；Aen. viii. 300）：有一次，阿科洛厄斯失去了他的女儿，即塞壬（Sirens），他于是在悲痛中向母亲祈求，母亲把他抱入怀中。在他母亲拥抱他的那个地方，河流奔涌而出，低吟着他的名字。其他关于此河的起源及其名字来历的说法，见拜占庭人斯梯芬那斯、施特拉波（x. p. 450）和普鲁塔克（*De Flum.* 22）的记述。阿科洛厄斯神还是赫拉克勒斯的竞争对手，他们都追求德阿涅拉（Deïaneira），并且还为争当新郎同赫拉克勒斯（Heracels）打了起来。阿科洛厄斯输了，不过由于他拥有变化的神力，于是他一会儿变作一条蛇，一会儿又变作一头公牛。但是，即便他拥有这样的能力，他还是败在了赫拉克勒斯的手下。他在变作公牛的时候，赫拉克勒斯取下了它的一只牛角，后来阿科洛厄斯只好放弃了，并用阿玛勒忒斯（Amalthes）的角来复原（Ov. *Met.* ix. 8, etc.；Apollod. i. 8. §1, ii. 7. §5）。索福克勒斯（*Trachin.* 9, etc.）让德阿涅拉以不一样的方式来叙述这些事情。据奥维德（Met. ix. 87.）所述，海的女儿们（Naiads）把赫拉克勒斯从阿科洛厄斯身上取下来的角变作了许多只角。忒修斯从卡吕冬狩猎回来的时候,受到阿科洛厄斯的热情接待,阿科洛厄斯还对他讲,自己如何创造了埃基那德斯(Echinades)岛(Ov. Met. viii. 574, etc.)。关于阿科洛厄斯的妻子和孩子,不同的文章中提到了许多说法。施特拉波(x. p. 458)提出一个关于阿科洛厄斯传说的十分天才性的解释,据他说,所有这一切都是来自于河流本身的品质。河水流动的声音很像公牛的声音,而河流本身的弯弯曲曲又能说明阿科洛厄斯为何能变成蛇,并长出角来。在河流的口岸形成岛屿的事情似乎不用多作解释了。他败在赫拉克勒斯手中,据说是指赫拉克勒斯在河边修筑堤岸以限制河床的扩大,并以此得到了大量可供耕种的土地,这些土地就是故事中所讲的许多牛角(参看 Voss, *Mytholog. Briefe*, lxxii.)。还有人说,阿科洛厄斯的故事来自于埃及,埃及人把他说成第二个尼罗河(Nilus)。不过,无论这样的故事究竟如何,阿科洛厄斯肯定在很早的时候就已经被整个希腊供奉为一个伟大的神灵(Hom. *Il.* xxi. 194),并接受人们的祈祷、牺牲和誓言等(Ephorus ap. Macrob. v. 18)。多多那的(Dodonean)宙斯总是在他的每一个神谕里加上一条,那就给河神阿科洛厄斯献祭(Ephorus, *l. c.*)。阿科洛厄斯之所以受到如此广泛的推崇,是因为他代表着滋养万物的水(Virg. Georg. i. 9,另参 Voss 的注释)。阿科洛厄斯与赫拉克勒斯之间竞争的故事被表现在阿米克莱的王座上(Paus. iii. 18. §9),在奥林匹亚的麦加拉(Megarians)人的宝藏中有一座关于他的雕像,是由邓塔斯(Dontas)用雪松木和黄金做成的(Paus. vi. 19. §9)。在阿卡耳南(Acarnania)的一些硬币上,阿科洛厄斯神被塑造成人头牛身的样子(参看 Philostr. *Imag.* n. 4)。参看《希腊罗马传记与神话词典》,前揭,卷一,页8。

- 帕纳索山(Parnassus):帕纳索山是希腊中部一座石灰石山,

耸立在德尔斐,也即科林多海湾北部,四周橄榄树丛生,风景如画。在希腊神话中,这座山是献给阿波罗和科瑞基亚(Corycian)仙女的,也是缪斯女神的家。

3. Clement of Alexander, *Protreptic*

因为帕尼阿西斯说,除这些神以外,其余许多神均为凡人服务,他这样写道:

"德墨特尔容忍着,声名显著的赫淮斯托斯容忍着,波塞冬容忍着,银弓的阿波罗在一年的时间内忍受着为凡人做仆人般的服务,连心狠的阿瑞斯也忍受着——他是受其父亲所迫。"

• 某人(也许是雅典娜)正安慰着赫拉克勒斯,讲起众多的神话传说(mythical episodes of gods),这些神在人的掌控之下忍受着苦役。后面的内容也许可以更充分解释这层意思,而辑语四和五恰好适合这个内容。

4. Apollodorus, *The Library*

但帕尼阿西斯说特里普托勒摩斯($Τριπτόλεμος$)是埃琉西斯($Ἐλευσίς$)的儿子,因为他说德墨特尔来到后者的身边服侍他。

• 特里普托勒摩斯(Triptolemus):刻勒俄斯和墨塔涅伊拉或是波莉米亚(Polymnia)的儿子,或另据其他的说法,是国王埃琉西斯同柯桐尼娅(Cothonea)(又或是辛提妮娅[Cyntinea]或者西俄娜[Hyona], Serv. *ad Virg. Georg.* i. 19; Schol. *ad Stat. Theb.* ii. 382.)的儿子。还有人说他是俄刻阿诺斯和该亚的儿子,又或是刻勒俄斯的弟弟或亲戚,又或是忒洛基诺斯(Trochilus)与一个埃琉西斯城女人生的孩子，还或是拉鲁斯（Rharus）与安菲特律翁（Amphictyon）的一个女儿所生的儿子，最后还有人说他是德塞勒斯（Dysaules）的儿子（Hygin. *Fab.* 147; Apollod. i. 5. §2; Paus. i. 14. §2; Hom. *Hymn. in Cer.* 153）。特里普托勒摩斯深得德默特尔的喜欢，他是耕种和农业的发明者，并且也是人类文明的创始人。在埃琉西斯秘仪中，他是最大的英雄（Plin. *H. N.* vii. 56; Callim. *Hymn. in Cer.* 22; Virg. *Georg.* i. 19）。据阿波罗多洛斯所述，特里普托勒摩斯是刻勒俄斯和墨塔涅伊拉的儿子，德默特尔到达阿提卡的埃琉西斯的时候，承担下了照看德莫弗翁的任务，此人是特里普托勒摩斯的兄弟，而那时特里普托勒摩斯才刚刚出生。为了让孩子不朽，德默特尔晚上就把他放入火中，但是墨塔涅伊拉却不小心看到了这一幕，惊声尖叫起来，结果这个孩子就被大火烧死了。作为对丧亲之痛的一种补偿，女神送给特里普托勒摩斯一驾马车，上面有长着翅膀的飞龙和小麦种子。另据其他的传说，特里普托勒摩斯最开始把小麦种在拉里安（Rharian）平原上，后来又把这文明的种子撒到整个世界上去，再后来，在那个地方建立起了一个特里普托勒摩斯的神坛和一个打谷场（Paus. i. 38. §6）。在荷马致德默特尔的颂诗中，特里普托勒摩斯被描述为这个国家的主要首领，他像其他贵族一样在敬拜德默特尔时受这位女神亲自教导（123，474等等）。不过，颂诗中却没有提到他和刻勒俄斯的联系。在许金鲁斯记述的传说中，特里普托勒摩斯是埃琉西斯的儿子，而特里普托勒摩斯才是那个女神想让他变得不朽的孩子。埃琉西斯一直小心提防着她，但还是被她发现了，并立刻被女神整死（Ov. *Trist.* iii. 8. 2）。特里普托勒摩斯接受了飞龙战车之后，就满世界跑，好让人类享受农业所带来的福泽（参看 Paus. vii. 18. §2, viii. 4. §1; Ov. *Met.* v. 646, etc.）。他回到阿提卡后，刻勒俄斯王想要杀死他，但是在德默特尔命令之下，刻勒俄斯王不得不把自己的整个国家都交给特里普托勒摩斯来管，而这个国家还是以他的父亲埃琉西斯来命名的。于是特里普托勒摩斯建立起了对德墨特尔的崇拜，并兴起了立法女神节（Thesmophoria, Hygin. *Fab.* 147；参看 Dionys. Hal. i. 12; Ov. *Fast.* iv. 507, etc.）。他在埃埃琉斯城和雅典均有神殿和雕像（Paus. i. 14. §1, 38. §6）。特里普托勒摩斯在艺术作品中常是一个年轻的英雄形象，有时戴着宽边帽，站在飞龙拉的马车上，手里握着权杖和谷穗（参看 Müller, *Anc. Art. adn its Rem.* §358）。参看《希腊罗马传记与神话词典》，前揭，卷三，页1175。

• 埃琉西斯（Eleusis）：这里不再指地名，而是指人名。共有两个同名者：一、赫尔墨斯与达埃娜（Daeira）的儿子，达埃娜是俄刻阿诺斯的女儿。阿提卡的埃琉西斯是因为他而得名（Paus. i. 38. §7; Apollod. i. 5. §2; Hygin. *Fab.* 147）。他娶柯桐尼娅或是辛媞妮娅（Cyntinia）为妻（Hygin. *l. c.*; Serv. *ad Virg. Georg.* i. 19）。二、第二个埃琉西斯曾被第欧根尼·拉尔修（i. 29）提到过，他是一部关于阿喀琉斯的作品的作者（περὶ Ἀχιλλέως）。参看《希腊罗马传记与神话词典》，前揭，卷二，页9。

• 德墨特尔当保姆服侍的那个国王叫埃琉西斯，并不是《致德墨特尔颂歌》（*Hymn to Demeter*）中所说的克勒俄斯（Keleos）。

5. Sextus Empiricus, *Against the Professors*

古文物研究者说，我们学问的创始人（the author）埃斯克勒庇俄斯被雷电所击……斯泰西科拉斯在《厄里费勒》(Ἐριφύλη) 中说，这是因为他复活了一些在忒拜中死去的人……但帕尼阿西斯说，那是因为复活了死去的廷达柔斯（Τυνδαρεύς 或 Τυνδάρεως）。

- 厄里费勒（Eriphyle）：阿尔戈斯的塔拉俄斯的女儿，安菲阿刺俄斯的妻子。厄里费勒说服自己的丈夫参加了攻打忒拜的远征，虽然她明知丈夫必死无疑。这是因为她接受了波吕涅克斯的贿赂，此人送了她一串项链（Hom. *Od.* xi. 326; Apollod. i. 93 §3; 参看安菲阿拉乌斯、阿尔克迈翁和和谐之链［Harmonia］）。参看《希腊罗马传记与神话词典》，前揭，卷二，页49。

- 阿波罗由于他的儿子埃斯克勒庇俄斯被杀而生气，就杀死了雷电的制造者库克罗普斯。为了对这个行为做些弥补，他被迫服侍阿德墨托斯一年。

- 廷达柔斯（Tyndareos 或 Tyndareus）：佩里厄瑞斯和郭尔格福妮的儿子，阿法柔斯、刘基伯、艾卡瑞斯和阿蕾忒（Arete）的兄弟（Apollod. i. 9. §5）。另据其他讲法（Apollod. iii. 10. §4），他是欧伊巴罗斯的儿子，他母亲或是仙女巴忒娅，或是郭尔格福妮（Paus. iii. 1. §4.）。廷达柔斯和艾卡瑞斯一起，被他们的继兄弟希波科翁和侄儿们放逐，于是他逃到埃托利亚的忒斯提奥斯，并在那里支持忒斯提奥斯对邻邦的战争。也有其他说法讲（Paus. *l. c.*），艾卡瑞斯支持希波科翁。而据拉科尼亚（Laconian）传说讲，廷达柔斯去了拉科尼亚的佩勒那（Pellana），但是，据美赛尼亚的传说，他去了美赛尼亚的阿法柔斯那里（Paus. iii. 1. §4, 21. §2）。在埃托利亚，他娶勒达为妻，勒达是忒斯提奥斯的女儿（Apollod. iii. 10. §5; Eurip. *Iph. Aul.* 49），后来他在赫拉克勒斯的帮助下回到斯巴达他自己的国家（Apollod. ii. 7. §3, iii. 10. §5; Paus. ii. 18. §6; Diod. iv. 33.）。廷达柔斯与勒达生下了提曼德拉、克吕泰墨涅斯特拉和菲洛埃（Philonoë, Apollod. iii. 10. §6; Hom. *Od.* xxiv. 199）。一天晚上，勒达与宙斯和廷达柔斯同时发生了关系，结果就有了孩子波利丢克斯和海伦。这两个据说是宙斯的孩子，而另外两个孩子卡斯托尔和克吕泰墨涅斯特拉，则是廷达柔斯的（Hygin. Fab. 77；参看狄奥斯库里、海伦和克吕泰墨涅斯特拉的相关内容）。当廷达柔斯发现他的漂亮女儿海伦身边总是有一大堆的追求者的时候，开始害怕起来，万一有人成功追求到了他女儿，其他的人会开始搞破坏。于是在奥德修斯的建议之下，他让所有的追求者都发誓，共同保护海伦所选择的那个追求者，以免他受到不公正的对待（Paus. iii. 20. §9）。据说，正是廷达柔斯在斯巴达修筑了卡尔西沃库斯的雅典娜（Athena Chalcioecus）神殿（Paus. iii. 17. §3）。当卡斯托尔和波利丢克斯被接纳为神灵之后，廷达柔斯把墨涅拉奥斯请到斯巴达去，并把整个国家交到他手里（Apollod. iii. 11. §2.）。他的坟墓在泡萨尼阿斯生活的时代出现在斯巴达（iii. 17. §4）。参看《希腊罗马传记与神话词典》，前揭，卷三，页1195。

6. Stephanus of Byzantium, *Geographical Lexicon*

本比纳（Βέμβινα, Bembina）是勒米亚（Νεμέα）领土上的一个村庄……帕尼阿西斯在《赫拉克勒亚》的第一卷中说：
"而动物的皮毛来自于本比纳的狮子，而且还有……"

- 勒米亚（Nemea）：希腊地名，位于伯罗奔尼撒的东北部，靠近伊利索斯（Elissos）河流的源头。在希腊神话中，勒米亚以"勒米亚狮子"的出生地而知名，这个狮子被赫拉克勒斯杀死。

7.

本比纳的怪狮子的皮。

8. Pseudo‑Eratosthenes, *Catasterisms*

巨蟹座（Καρκίνος）：据说，它被赫拉安置在了众星之中，因为，在其余的家伙帮助赫拉克勒斯杀死许德拉的时候，唯有它从湖里跳了出来，咬了赫拉克勒斯的脚，正如帕尼阿西斯在《赫拉克勒亚》中所讲的那样。赫拉克勒斯大为恼火，不得不用脚把它碾碎。它因此得到了极高的荣誉，并被安置在黄道十二宫的位置之中。

9. Athenaeus, *Scholars at Dinner*

帕尼阿西斯在《赫拉克勒亚》的第三卷中讲道：

他把其中的一部分混在一个闪着金光的碗里，就一杯接一杯地喝了下去，痛快地喝了一回。

• 这里也许是指赫拉克勒斯接受半人马的福洛斯（Pholos）招待时的情景，他正要去抓捕厄律曼托斯山的野猪（阿波罗多洛斯，*Library* 2.5.4）。参看斯泰西科拉斯，Geryoneis, PMG 181 = S19。

10. Scholiast on Pindar, *Pythians*

但是据说，狂暴女神堤俄涅（Θυώνη）与赛墨勒（Σεμέλη）不同，堤俄涅是狄奥尼索斯的保姆，正如帕尼阿西斯在《赫拉克勒亚》的第三卷所述：

"他从保姆狂暴女神堤俄涅的怀里跳了出来。"

• 堤俄涅（Thyone）是主管狂怒的女神，这种狂怒俘获了那些参加狄奥尼索斯酒神狂欢的女信徒。她还被看做是狄奥尼索斯的母亲。她生下来的时候叫赛墨勒,忒拜的公主,为宙斯所爱。天后赫拉知道后,就欺骗这个女孩,诱使她让宙斯全副武装出现在她面前,宙斯不得已照做了,而她却被宙斯的光芒所毁灭。她的儿子狄奥尼索斯从她的子宫中复活了,待到成年就下到冥界让其母亲堤俄涅去和奥林匹亚诸神为伴。

- 这里把两个女神名都作一个仔细的解释,以对她们有一个全面的了解。堤俄涅是赛墨勒的名字,狄奥尼索斯用这个名字把她从冥府里带了出来,并把她带到众神的领地之中(Hom. *Hymn.* v. 21; Apollod. iii. 5. §3; Cic. *de Nat. Deor.* iii. 23; Pind. *Pyth.* iii. 99; Diod. Sic. iv. 25; Apollon. Rhod. i. 636)。另有一个名字虽然不一样,但写法十分相近,Theoneus (Θυωνεύς):一、狄奥尼索斯的别名,与堤俄涅的意思一样,都是从θύειν演化而来,意思是"受到刺激的"(Ov. *Met.* iv. 13; Horat. *Carm.* i. 17. 23; Oppian, *Cyneg.* i. 27; Hesych. *s. v.* Θυωνίδης)。二、狄奥尼索斯在喀俄斯的儿子,托阿斯的父亲(Acron, *ad Horat. Carm.* i. 17. 23)。关于赛墨勒(Semele)的介绍如下:卡德摩斯和哈摩丽娅的女儿,生于忒拜,也是伊诺(Ino)、阿高厄、奥托诺厄(Autonoë)和波吕多洛斯(Polydorus)的妹妹。宙斯爱上了她(Hom. *Il.* xiv. 323, *Hymn. in Bacch.* 6, 57; Schol. *ad Pind. Ol.* ii. 40),而赫拉受嫉妒心的驱使,化作赛墨勒年迈保姆的样子,引诱她请求宙斯全副武装地出现在自己的眼前,就像出现在赫拉眼前一样。宙斯曾经答应过要满足她的每一项要求,于是就照她所说的做了。结果宙斯以雷电神的样子出现在她面前时,赛墨勒立刻就被雷电的火光烧死了。不过,宙斯救下了她的孩子狄奥尼索斯,她死的时候正怀着这个孩子(Apollod. iii. 4. §3; Ov. *Met.* iii. 260, etc.; Hygin. *Fab.* 179)。泡萨尼阿斯(ix. 2. §3)叙述说,阿克泰翁(Actaeon)爱上了她,不过阿尔忒弥斯却让自己的狗把这个家伙撕成了碎片，不让他们俩成婚。在拉科尼亚（Laconia）的布雷斯阿伊（Brasiae）人的传说中，赛墨勒在生下了狄奥尼索斯之后，她的父亲卡德摩斯把她放进一只船丢进海里。她的遗体漂到了布雷斯阿伊的海岸上，于是就被埋在了那里；狄奥尼索斯的生命得救了，并在布雷斯阿伊被养大（Paus. iii. 24. §3）。在她死后，她的传说仍在继续，说她被她的儿子以堤俄涅的名字带出了冥府，带到了奥林波斯山（Pind. Ol. ii. 44, Pyth. xi. 1; Paus. ii. 31. §2, 37. §5; Apollod. iii. 5. §3）。她的雕像和坟墓都在忒拜（Paus. ix. 12. §3, 16. §4）。参看《希腊罗马传记与神话词典》，前揭，卷三，页776。

11. Athenaeus, *Scholars at Dinner*

至于蛋糕，塞琉古（*Σέλευκος*）说帕尼阿西斯第一个提及它们，他是在描述埃及人的献祭时提到的（布西里斯 [*Βούσιρις*]）。

"把许多蛋糕放在最上面，还有许多幼鸟。"

● 塞琉古（Seleucus）：同名者众多，有不少帝王也用到这个名字，从略，这里介绍几个文学史上的人物：一、诗人，历史学家默涅斯普托勒默斯（Mnesiptolemus）的儿子，大约生活于安提俄克斯大帝期间。雅典娜乌斯保存了他的一首宴饮歌（paederastic scolion，雅典娜乌斯称他为 *Τὸν τῶν ἱλαρῶν ἀσμάτων ποίητην*。Athen. xv. p. 697, d.; Brunck, *Anal.* vol. ii. p. 291; Jacobs, *Anth. Graec.* vol. iii. p. 5, vol. xiii. p. 951）。二、埃默萨（Emesa）的语法家，写了两卷本的帕提亚（Parthian）历史，评论过抒情诗，还写了一首关于钓鱼术（*Ἁλιευτικά*）的诗，一共四卷（Suid. s. v.）。不过，雅典娜乌斯说后者是塔拉乌斯（Taraus）的塞琉古的作品（vii. p. 320, a.）。三、亚历山大里亚的著名语法学家，在罗马教书。他的另外一个名字叫做赫默瑞库斯（Homericus），他除了评论过许多的诗人作品以外，还写了一系列的语法及其他方面的作品，苏达斯（s.v.）记录了他的书的名字。还有一些其他的人物也用这个名字（参看沃秀斯，*de Hist. Graec.* p. 496, ed. Westermann; Fabric. *Bible. Graec.* vol. i. pp. 86, 184, n., 522, vol. ii. p. 27, vol. iv. p. 166, vol. v. p. 107, vol. vi. p. 378）。参看《希腊罗马传记与神话词典》，前揭，卷三，页776。

- 布西里斯（Busiris）：埃及传说中最残暴的国王。

12. Athenaeus, *Scholars at Dinner*

帕尼阿西斯在《赫拉克勒亚》的第一卷中讲道，赫拉克勒斯从涅柔斯（Νηρεύς）那里搞到了太阳（Sun）之杯，并坐在里面航行到了厄律提娅（Ἐρύθειαν）那里。

- 涅柔斯（Nereus）：蓬托斯和该亚的儿子，朵丽斯（Doris）的丈夫，他和朵丽斯生下了50个海上仙女。他被描述为聪明正直的海上老人，居住在大海底部（Hom. *Il.* xviii. 141, *Od.* xxiv. 58; Hes. *Theog.* 233, etc.; Apollod. i. 2. §6）。他统治的地域在地中海，尤其是在爱琴海域，因此他有时也被称作爱琴沃（Aegean, Apollon. Rhod. iv. 772; Stat. *Theb.* viii. 478）。像其他的海中神灵一样，他也拥有预言将来并变化成万物的能力。他在赫拉克勒斯的故事中起了一个重要的作用，就好像普洛透斯在奥德修斯的故事中一样，也好比格劳科斯在阿尔戈斯英雄的故事中一样（Apollod. ii. 5. §11; Horat. *Carm.* i. 15）。维吉尔（*Aen.* ii. 418）说，三叉戟是他的随身物品，诗人们给他的称呼表明他年长、和蔼以及他关于未来的真知灼见。在艺术作品中,涅柔斯像其他海中神仙一样,眼角、下巴和胸前都挂有尖尖的海草(Hirt, *Mythol. Bilderb.* p. 150, etc.)。还有另外一个神话人物也叫这个名字(参看 Apollod. i. 7. §4)。参看《希腊罗马传记与神话词典》,前揭,卷二,页1160。

- 在所有的小海神中,涅柔斯和普洛透斯异常独特。涅柔斯是人们熟知的"海中老人"。他代表了海水友善的一面。他和50个可爱的女儿一起生活在海中。她们中最著名的有安菲瑞垂托、忒提斯、盖拉蒂和潘诺珀。赫拉克勒斯寻觅金苹果时,涅柔斯建议他去找普罗米修斯。

- 厄律提娅(Erytheia 或 Erythea):赫斯佩里斯的女儿(Ἑσπερίδες, Hesperides),她们是有名的金苹果果园的守卫,这个果园是地母该亚送给赫拉与宙斯的结婚礼物。其余姐妹的名字分别叫做埃格勒(Aegle)、厄律提娅、赫斯提亚(Hestia)和阿瑞提莎(Arethusa)。不过,她们的身世在不同的传说中有不同的说法。有人说,她们是夜的女儿或是俄瑞波斯的女儿(Hes. *Theog.* 215; Hygin. *Fab.* init.),有的说她们是福耳库斯(Phorcys)和刻托的女儿(Schol. *ad Apollon. Rhod.* iv. 1399),还有的说她们是赫斯佩里斯(Hesperus)的女儿,又说她们是宙斯和忒弥斯的女儿(Serv. *ad Aen.* iv. 484; Schol. *ad Eurip. Hipp.* 742)。一些传说只提到四个女孩中的三个,即赫斯佩瑞(Hespere)、厄律忒斯(Erytheis)和埃格勒;其他传说则只讲了另外三个,即埃格勒、阿瑞提莎和赫斯佩瑞莎(Hesperusa)或赫斯佩瑞娅(Hesperia, Apollon. Rhod. iv. 1427; Serv. *l. c.*; Stat. *Theb.* ii. 281)。不过,也有人提到了七个女孩(Diod. *l. c.*; Hygin. *Fab.* init.)。诗人们都说这些女孩子歌声甜美(Hes. *Theog.* 518; Orph. *Fragm.* 17; Eurip. *Herc. Fur.* 394; Apllon. Rhod. iv. 1399)。在最早的传说中,这些仙女们居住在俄刻阿诺斯河的最西端（Hes. *Theog.* 334, etc., 518; Eurip. *Hipp.* 742）。后人试图确定她们住所的位置，和她们看管的花园的位置，结果这些诗人和地理学者们得出了许多不同的结论，认为该花园在利比亚的不同地方，如库瑞涅附近、阿特拉斯山或是利比亚西岸的岛上（Plin. *H. N.* vi. 31, 36; Vrig. *Aen.* iv. 480; Pomp. Mela, iii. 10），还说是在大地的最北端，在波瑞亚斯风的那边，和极北族人在一起。她们在看管果园的时候，毒龙拉冬（Ladon）还给她们以帮助和监督。参看《希腊罗马传记与神话词典》，前揭，卷二，页443。

• 这条辑语的内容不太可能出现在第一卷，太早了。辑语13表明它可能出现在第四或第五卷。

13. "Ammonius," commentary on *Iliad* 21

塞琉古指出，帕尼阿西斯在《赫拉克勒亚》的第五卷中把阿科洛厄斯当作了俄刻阿诺斯：

"而你怎样渡过阿科洛厄斯银色的漩涡，又怎样渡过海洋之神俄刻阿诺斯广阔的水域？"

• 问询的对象是赫拉克勒斯，而发问者或许是革律翁（Geryon）。

14. Scholiast on Nicander, *Theriaca*, "sometimes he looks like flowers of copper"

有另外一种读法"ἄνθεσι χάλκης"（青铜的花）……这种青铜的花啊，名字是来自于预先就有的称呼。如同在《赫拉克勒亚》中的比喻一样：

"它发亮的鱼鳞闪烁着，有时看起来像蓝色的搪瓷，有时像铜花（flowers of copper）。"

- "这种青铜的花啊"：若按英文翻译应该为："chalke 是一种紫色的花。"
- "名字是来自于预先就有的称呼"：若按英文本翻译应该为："这个名字还被用来称呼紫色的鱼。"与希腊文有出入。
- 铜花：也许是像铜绿一样的绿色。这些诗行也许来自一段对毒蛇的描述，它守护着金苹果。

15. Hyginus, *Astronomy*

  Engonasin（the Kneeler）[现代的赫拉克勒斯座]：伊拉特斯提尼斯说，赫拉克勒斯站在前文提到的毒蛇前，准备战斗，他左手持狮皮，右手拿着棍棒。他正努力杀死赫斯佩里斯女儿（Ἑσπερίδες）的守护之蛇，此蛇即便是睡意逼来也不会合一下眼，这正表明了它作为守卫者的身份。这是帕尼阿西斯在《赫拉克勒亚》中讲述的故事。

- 赫斯佩里斯女儿：参看关于"厄律提娅"的注释。

Avienius, *Phaenomena*

  接着，你将会看到一个奋勇拼搏（exerting himself）的形象。阿厄托斯（Ἄρατος）提到那个古老而没有名字的家伙，并且他拼搏的原因也并不清楚。但帕尼阿西斯知道……他说，安菲特瑞翁（Ἀμφιτρύων）的儿子正值青春年少之时，却受一个暴虐僭主的残酷统治，于是他不远千里，从南部不名之地，来到了赫斯佩里斯女儿的地区。他还趁看管人浑浑噩噩而慵懒睡着的时候摘下了金苹果,在这之前,那毒蛇,这个后母不可抑制的愤怒的产物[赫拉,赫拉克勒斯的不共戴天的仇人],死于胜利者的殴打之下,松弛了它那用来阻挡道路的蜿蜒盘旋的身躯。据说,接着他用左膝支撑起身体,故事讲他就是这样休息的,从奋累中恢复了过来。

• 阿厄托斯(Aratus):同名者较多,先介绍一个作家,写了两部天文学著作。不太清楚他出生的年代,不过,他大约生活于公元前270年。所以,欧几里得(Euclid)死去的时候和阿波罗尼奥斯·佩加依乌斯(Apollonius Pergaeus)出生的时候,他极有可能还在世,他还是萨摩斯的阿利斯塔克的同时代人。忒奥克里托斯(Theocritus)还提到过他(*Idyll.* vi. 和 vii.)。希腊不少佚名作者描述过他的生平,其中有三种说法保存在布尔(Buhle)编的阿厄托斯作品的第二卷中,还有一种说法保存在伯达菲(Petavius)的《乌兰诺洛吉乌》(Uranologium)中。苏达斯和欧多基亚也提到过他。从这些事实来看,他是西里西亚的索利(Soli,即后来的庞培古城[Pompeiopolis])人,或者据另外的作家说,是塔尔索(Tarsus)人。他还受马其顿国王安提戈诺斯·戈纳塔的邀请,并在王宫中颐养天年。他的主要研究兴趣是物理学(据说,这也是他的专业)、语法学和哲学,在哲学方面,他受斯多亚(Stoic)的狄奥尼索斯·赫拉克勒托斯(Heracleotes)教导。涉及不同主题的诗歌作品,还有一些散文书信归在他名下(布尔,vol. ii. p. 455),但是这些作品都没有传到我们手中,只有两首诗作流传下来。这两首诗歌总是被合在一起,好像是一首,但是很明显它们是两首诗歌。第一首叫$\Phi\alpha\iota\nu\acute{o}\mu\varepsilon\nu\alpha$,共计732行;第二首叫$\Delta\iota o\sigma\eta\mu\varepsilon\tilde{\iota}\alpha$(Prognostica),共计422行。约在一个世纪以前,欧多克斯(Eudoxus)写了两部散文作品,$\Phi\alpha\iota\nu\acute{o}\mu\varepsilon\nu\alpha$ 和

Ἔνοπτρον，不过，两部作品都佚失了。为阿厄托斯作传的人告诉我们，安提哥那（Antigonus）希望把这两部作品转化成诗篇，于是才有了后来作者写的Φαινόμενα。希帕库斯为我们保存了一些残篇（Petav. *Uranolog.* p. 173, etc., ed. Paris. 1630），阿厄托斯事实上诗化（versify）了这两部作品，或者也可以说模仿这两部作品，尤其是第一部。这首诗的本意是介绍星座知识，讲解它们起落的规律以及球体的运动圆周，银河正是这样来计算的。诗作也介绍了黄道北端的星座位置，参照围在北极的主要星群（大熊座、天龙座和仙王座），猎户座则是作为南北分界的点。该诗坚持认为，大地是不动的，而天宇则围着一个轴在转动，它还描绘出了太阳在黄道十二宫中经过的路径。不过，行星只是被认为是能自行运动的物体，却没有尝试着找出它们的规律，也没有描述出月球的轨道。诗歌开篇就断言，万物均依赖于宙斯。还有一篇文字叫τοῦ γὰρ καὶ γένος ἐσμέν，圣保罗（St. Paul，阿厄托斯的同乡人）曾在对雅典人的演说中提到了这篇文字（Acts svii. 28）。准确地说，阿厄托斯既非一个数学家也非一个观察星相的人（参看 Cic. *de Orat.* i. 16），或者，在某种程度上讲，他也从来不追求科学的精确性。他不但无法准确描述某个特别类别，而且他所解释的一些现象也无法同任何景象观察者在一定限度内所做出的假想相一致，还有一些说法在任何时代都无人接受（参看 *Penny Cyclopaedia* 关于阿厄托斯的文字）。这些错误部分可以归在欧多克斯身上，部分则是由于阿厄托斯使用材料的方法不当。希帕库斯（大约一个世纪后）是一个天文学者和观察星相的人，他写了一部关于欧多克斯和阿厄托斯的Φαινόμενα的评论，间或提到他自己的一些观察与两位作者的描述之间的差别。Διοσημεῖα包含从天文现象来进行的天气预测，还描述了天文现象对动物的影响。这看起来像是在模仿赫西俄德，维吉尔也在他的田园诗里学习他的一些写作手法。据说，材料则全是来自亚里士多德的《气象学》(Meteorologica)、泰奥弗拉斯托斯的"De signis Ventorum"和赫西俄德作品(Buhle, vol. ii. p. 471)。两首诗歌均没有在我们通常的意义上谈到"天文学"。这两首诗以其优美和准确而知名，这得益于师法古人。不过，它们达到了一种创造性和诗性的高度，主题的性质又避免了问题的多样化(See Quintil. x. 1)。后来出现了众多的评论和拉丁语译本，说明这两部作品在希腊和罗马十分流行。阿喀琉斯·塔提乌斯（Tatius）的 $\Phi\alpha\iota\nu\acute{o}\mu\varepsilon\nu\alpha$ 介绍、希帕库斯在三本书中的评论和另外一篇被伯达菲归在阿喀琉斯·塔提乌斯名下的作品均收录在《乌兰诺洛吉乌》中，还开列了一系列评论者的名字（p. 267），其中包括阿利斯塔克、盖米诺斯（Geminus）和埃拉托斯特尼（Eratosthenes）。有三首拉丁译文的部分内容保存了下来。一首是西塞罗年轻时写的（Cic. de Nat. Deor. ii. 41），一首是凯撒·吉曼尼库斯（Caesar Germanicus）所写，最后一首是由费斯图斯·阿维恩鲁斯（Festus Avienus）所写。阿厄托斯作品的最早版本是阿尔杜斯（Aldus）出版的（Ven. 1499, fol.）。后来出版的主要有：格洛提斯（Grotius, Lugd. Bat. 1600, 4to.）、布尔（Lips. 1793, 1801, 2vols. 8vo., 并带有三个拉丁文本）、玛蒂埃（Matthiae, Francof. 1817, 8vo.）、弗斯（Voss, Heidelb. 1824, 8vo., 附带一个德文诗歌版）、布德曼（Buttmann, Berol. 1826, 8vo.）和贝克（Bekker, Berol. 1828, 8vo.）。另有一些同名者，从略。参看《希腊罗马传记与神话词典》，前揭，卷一，页255。

- 安菲特瑞翁（Amphitryon 或 Amphitruo）：特洛岑国王阿尔凯奥斯的儿子，母亲是墨诺叩斯的女儿希波诺默（Hipponome, Apollod. ii. 4. §5.）。泡萨尼阿斯（viii. 14. §2）称他的母亲是拉奥诺默（Laonome）。阿尔凯奥斯的兄弟厄勒克特律翁（Electryon）统治迈锡尼的时候,普忒瑞劳斯(Pterelaus)和塔皮安人(Taphians)一起入侵了他们的国家并强迫他们投降,还赶走了他们的牛群。厄勒克特律翁的儿子们和普忒瑞劳斯的儿子比武,双方所有人都倒下了,厄勒克特律翁有一个儿子李西诺斯(Licymnius)活了下来,普忒瑞劳斯也有一个儿子活了下来,叫欧瑞斯(Eueres)。不过,塔皮安人却和牛群一起逃走了,这些牛群本来是交给伊利斯人的国王波吕克塞诺斯管理的。因此,在付了一笔赎金以后,安菲特瑞翁又把它们带回了迈锡尼。厄勒克特律翁现在执意要为儿子们报仇,于是发动了对塔皮安人的战争。他在外出征战之时,把自己的国家和女儿阿克梅娜交给安菲特瑞翁,条件是在他作战回来之前不得与其女儿结婚。此时,安菲特瑞翁则把他带回迈锡尼的牛群交给厄勒克特律翁,其中有一只牛疯了,安菲特瑞翁准备用棍子打死它,结果一不小心打在了厄勒克特律翁的头上,要了他的命。厄勒克特律翁的兄弟斯忒尼卢斯利用这个机会把安菲特瑞翁赶走了,于是安菲特瑞翁只好与阿克梅娜和李西诺斯一起去了忒拜。他的叔叔克瑞翁为他净了罪。安菲特瑞翁为了重新赢回阿克梅娜,准备为阿克梅娜兄弟的死向忒勒波恩人(Teleboans)报仇,并要求克瑞翁支持他的大计,克瑞翁答应了他,不过有一个条件,那就是安菲特瑞翁一定要去解救卡德摩斯人脱离一场灾难,那是一只野狐狸造成的。不过,由于这只狐狸命中注定无法被任何人治服,安菲特瑞翁就去了雅典的刻法罗斯那里,刻法罗斯为他提供了一条狗,因为这条狗注定可以征服它追逐的所有动物。刻法罗斯答应把狗借给他,不过,他向安菲特瑞翁索要远征塔皮安人所得战利品的一部分。于是,当这只狗去追逐这只狐狸的时候,宙斯把这两只动物都变作了石头,以避免命运的两难境地。安菲特瑞翁在刻法罗斯、帕诺皮欧斯、赫雷乌斯(Heleius)和克瑞翁的帮助下,现在攻击并洗劫了塔皮安人的岛屿,但是只要普忒瑞劳斯还活着,他就无法征服整个岛屿。这个首领头上有一根波塞冬送的金头发,能保他不死。他的女儿柯玛埃托(Comaetho)爱上了安菲特瑞翁,就砍掉了这根金头发,结果普忒瑞劳斯一命归天,安菲特瑞翁占领了整个岛屿。安菲特瑞翁处死了柯玛埃托,把岛屿交给了刻法罗斯和赫雷乌斯,并带着战利品回到了忒拜。在这些战利品中,他还把一支三叉戟献给了伊斯墨涅的阿波罗(Apollo Ismenius, Apollod. ii. 4. §6, 7; Paus. ix. 10. §4; Herod. v. 9)。安菲特瑞翁不在的时候,宙斯与阿克梅娜的恋情故事,参看阿克梅娜的相关内容。安菲特瑞翁与米尼亚人(Minyans)的国王埃尔吉诺斯纳战,结果他和赫拉克勒斯一起使忒拜免于向埃尔吉诺斯纳贡,之所以要纳贡,是由于忒拜人杀死了柯律门努斯(clymenus, Apollod. ii. 4. §8, etc.)。安菲特瑞翁的坟墓在泡萨尼阿斯时代出现在忒拜(i. 41. §1;参看 Hom. *Od.* xi. 266, etc.; Hes. *Scut. Herc.* init.; Diod. iv. 9, etc.; Hygin. *Fab.* 29, 244; Müller, *Orchom.* p. 207, etc.)。埃斯库罗斯和索福克勒斯各自都写了一部叫《安菲特瑞翁》的悲剧,不过现在都佚失了。现在我们还能找到一部普劳图斯(Plautus)的喜剧,叫《安菲特瑞翁》,作品的主题有些可笑,讲宙斯化作阿克梅娜的爱人安菲特瑞翁去找阿克梅娜。参看《希腊罗马传记与神话词典》,前揭,卷一,页152。

• 帕尼阿西斯明显把赫斯佩里斯的女儿们安排在遥远的非洲南部。费瑞居德斯却把她们转移到了遥远的北方(参看17,Fowler - Apollodorus, Library 2.5.11)。另外参看 JHS 99(1979),145。

16. Scholiast on the *Odyssey*

《西西里纪行》的作者(*the Description of Sicily*)吕普弗多洛斯(Νυμφόδωρος)、波吕爱诺斯(Πολύαινος)和帕尼阿西斯都

说太阳神的牛群是由法拉克俄斯（Φάλακρος）守护的。

• 波吕爱诺斯（Polyaenus）：同名者众多，其中历史人物有五个：一、公元前214年，叙拉古的领袖人物之一（Liv. xxiv。22）。二、库帕里索斯（Cyparissus）人，菲勒普蒙（Philopoemen）在公元前207年杀死马其安尼达斯（Machanidas）的时候，他是共犯（Polyb. xi. 18. §2）。三、阿哈伊亚州人，属于阿尔空（Archon）、波利比乌斯和更多的温和爱国人士一派，他们认为阿伽散人（Achaesans）不应该在罗马人针对珀尔修斯人的战争中站到罗马人的对立面。这事发生在公元前171年。四、或许是克罗狄斯帝王的自由民，他还在布鲁萨（Prusa）给帝王留下了一间房子（Plin. Ep. x. 23. s. 75）。五、小普林尼时代比提尼亚（Bithynia）的副将（Legatus, Plin. Ep. vii. 6. §6）。文学家共有五人：一、雅典人，历史学家，尤西比乌斯曾经提到过他（Chron. i. p. 25）。二、兰萨古斯（Lampsacus）人，雅典诺多罗斯（Athenodorus）的儿子，数学家，伊壁鸠鲁（Epicurus）的朋友。他接受了后者的那一套哲学方法，尽管他早就在数学方面取得了巨大的名声，但却追随伊壁鸠鲁而认为几何学毫无价值（Cic. de Fin. i. 6, Acad. ii. 33; Diog. Laërt. x. 24, ii. 105, 另参默纳吉斯的注释）。据说，曾经有一篇反对波吕爱诺斯的文字存世，不过现在只存残篇，保留在赫库拉努姆（Herculaneum）的一篇题为 Δημητρίου πρὸς τὰς Πολυαίνου ἀπορίας 的文字中（Schöll, Geschichte d. Griech. Litteratur, vol. ii. p. 209）。三、朱利尔斯·波吕爱诺斯，希腊诗集中四条警句的作者（ix. 1, 7, 8, 9, Tauchnitz），在其中的一条警句中，他又被称为是萨迪斯的波吕爱诺斯，智术师，苏达斯曾经提起过他。苏达斯说（s. v. Πολύαινος）他生活于凯撒一世即朱利尔斯·凯撒（Julius Caesar）期间。后面一部作品可能谈到的是温提底乌斯（Ventidius）对帕提亚（Parthians）人取得的胜利。四、马其顿人，写了一部战略学著作（Στρατηγήματα），这部作品保留至今。他大概生活于公元 2 世纪中叶。苏达斯（s. v.）说他是一个修辞学家，而我们从他的行为上了解到，他十分喜欢在帝王面前作辩护（Praef. lib. ii. 和 lib. viii.）。他把自己的作品献给马可·奥勒留（M. Aurelius）和维鲁斯（Verus），当时这二人正参加帕提亚战争，约是在公元 163 年，他说自己年纪太大，已经无法与这些战士们一起参加战斗了（Praef. lib. i.）。这部作品分为八卷，前六卷描述了希腊著名将军的战争谋略，第七卷描绘的则是蛮夷和外族将领，第八卷描绘的是罗马人和一些杰出的女人。不过，第六卷和第七卷的内容已经佚失了一部分，所以波吕爱诺斯所描述的 900 条战争谋略只有 833 条传到我们手中。这部作品虽然有一些当时做的演讲痕迹，但是整部作品清晰明快。它还包含了众多古代知名将领的逸闻趣事，以及一些经常被我们忽略的历史史实。不过，其作品的历史真实性却受到某种程度的质疑，因为我们发现该作者明显缺乏判断力，并且，我们也不太清楚他的论述究竟基于什么样的原始文献。这部作品的缩抄本保存在巴黎国王图书馆，一共只有五十五章，不过它却阐明并解释了原文的许多章节。波吕爱诺斯还写了一些其他作品，不过都失传了。苏达斯保留了其中两部作品的名字，*Περὶ Θηβῶν* 和 *Τακτικὰ βιβλία γ'*。斯托布斯还引用过波吕爱诺斯的一部作品（Florileg. xliii. [or xli.] §53）（Ibid. §41）。波吕爱诺斯自己也表达过要写作一部关于重大事件作品的意图，主要想写马可·奥勒留和维鲁斯的大事（Praef. lib. vi.）。波吕爱诺斯作品的拉丁文本由吉乌图斯·瓦忒乌斯（Justus Vulteius）1549 年在巴赛尔（Basel）出版，共 8 卷。第一个希腊文本由卡佐邦（Casaubon）出版，Lyon，1589，12mo.；第二个希腊文本由潘克利图斯（Pancratius Maasvicius）1690 年出版，Leyden，8 卷；第三个希腊文本由撒穆尔（Samuel Mursinna）1756 年出版，Berlin，12mo.；最近一个由柯雷（Coray）1809年出版，巴称，8卷。这部作品还被希普德（R. Shepherd）翻译为英文，London，1793年，4to；由西博（Seybold）翻译为德文，Frankfort，2vols. 8卷．1793年和1794年，还由布鲁斯塔格（Blume Stuttgart）翻译为德文，1834年，16mo（Fabric. *Bible. Graec.* vol. v. p. 321, etc.; Schöll, *Geschichte der Griech. Litterature*, vol. ii. p. 716; Kronbiegel, *De Dictionis Polyaeneae Virtutibus et Vitiis*, Lipsiae, 1770; Droysen, *Geschichte des Hellenismus*, vol. i. p. 685）。五、萨迪斯人。参看《希腊罗马传记与神话词典》，前揭，卷三，页441至442。

- 法拉克俄斯（Phalacrus）：《希腊罗马传记与神话词典》中仅提到了一位，受威尔斯（Verres）统治的西西里（Sicilians）人之一，岑图瑞帕（Centuripa）人，负责指挥一艘船（Cic. *Verr.* v. 40, 44, 46）。但是，字典中没有收录此人的希腊文拼写方式。参看《希腊罗马传记与神话词典》，前揭，卷三，页233。

17. Pausanias, *Description of Greece*

帕尼阿西斯写道："忒修斯和庇里托俄斯（Πειρίϑοος）坐在椅子上的样子表明他们并不是被缚在这里的，相反是石头长在他们的肉上。"

- 庇里托俄斯（Pirithous）：伊克西翁（Ixion）或是宙斯与狄娅（Dia）的儿子，帖撒利的拉瑞莎人（Hom. *Il.* ii. 741, xiv. 317; Apollod. i. 8. §2; Eustath. *ad Hom.* p. 101）。他是拉庇泰人之一，娶希波达弥亚为妻，生下了波吕波忒斯（Hom. *Il.* ii. 740. etc. xii. 129）。庇里托俄斯正与希波达弥亚欢庆婚礼的时候，烂醉的人马怪欧律提翁（或欧律托斯）把希波达弥亚抢走了，这个行为直接导致人马族与拉庇泰人之间的战争（Hom. *Od.* xi. 630, xxi. 296, *Il.* i. 263, etc.; Ov. *Met.* xii. 224）。

雅典人十分尊敬他，把他和忒修斯都当做英雄（Paus. i. 30. §4；参看 Apollod. i. 8. §；Paus. x. 29. §2；Ov. *Met.* viii. 566；Plin. *H. N.* xxxvi. 4，另参关于赫拉克勒斯与人马怪的文字）。参看《希腊罗马传记与神话词典》，前揭，卷三，页166。

● 他们被留在了冥府，本来他们是去救庇里托俄斯的妻子珀耳塞福涅的，下去之后就被留下了。赫拉克勒斯下去抓刻耳柏洛斯（Cerberus）的时候看到了他们。

18. Commentary on Antimachus, *Thebaid*, "the Water of Shuddering"

他将其放在了哈得斯，并以帕尼阿西斯相同的方式，谈到了在哈得斯的西绪福斯，他说：

"在他说了这些以后，那震颤的水倒了他一身。"

19. Stobaeus, *Anthology*; lines 12 – 19 also Athenaeus, *Scholars at Dinner*

"来吧，朋友，喝吧！在酒桌上，要有喝酒的样子，多喝酒，还得多劝酒，这也是一种品德。在酒桌上要像在战场上一样猛，风卷残云，永不停息。战场上很少有人能够勇猛而经得起沉重的打击。我觉得，在酒桌上如鱼得水，并劝其他同伴喝酒的人，也一样光荣有面子。那只是袖手旁观、限制饮酒的家伙，在我看来并不是真正地活着，或者说活得太苦：简直就是一个笨蛋。酒就像火一样，对于地球上的我们来说是一种恩赐，是抵御伤害的好防护，是乐歌的伴侣。因为它本身就拥有那些令人愉悦的因素——节庆的、奢华的、舞动的、令人迷恋的，它还是烦恼和消沉的避难所。因此，在宴会上，你一定要举起酒杯愉快地喝，不要吃了饭就沉默寡言地坐在一边，活像一只秃鹫，忘记了最好的欢乐。"

• 说话的人也许是在奥卡利亚（Oichalia）的欧律托斯，他正鼓励他的客人赫拉克勒斯多喝几杯。辑语 20-22 出自赫拉克勒斯的回答，因为他准备劝阻那贪杯的主人。这个有节制的赫拉克勒斯，同品达（Pindar）和普洛蒂科斯（Prodicus）描述的道德英雄十分相似，他会修正其他旧传统。

20. Athenaeus, *Scholars at Dinner*

> 史诗诗人帕尼阿西斯把第一轮的酒安排给了美惠三女神卡里忒斯（Χάριτες）、时序三女神荷赖（Ὧραι）和狄奥尼索斯，第二轮再安排给阿佛洛狄忒和狄俄尼索斯，而第三轮安排给了许布里斯（ὕβρις）和阿特（ἄτη）。他说：

> "美惠三女神卡里忒斯和兴高采烈的时序三女神荷赖喝了第一杯，还有狄奥尼索斯这个大力的咆哮者，正是他发明了酒。继这些人之后，生于塞浦路斯的女神喝下了她的那一份，还有狄奥尼索斯，这个阶段的酒量正处于对人来说最好的阶段：如果你按量饮酒，再从宴会中回到家中，那么你绝不会碰到什么坏事。但当某人饮酒过度，逼近了第三轮酒的极限，那么许布里斯和阿特就会开始他们并不可爱的第三轮，这会带来麻烦。现在，朋友，你已有太多的美酒，所以去和你的妻子一起吧，把你的同伴送去睡觉。在喝了第三轮甜美的酒之后，我担心许布里斯会把你激起的精神和你好客的心带到一个坏的结果上。所以照我说的去做吧，别再狂喝滥饮了。"

• 美惠三女神卡里忒斯（Graces）：单数写作Χάρις，是恩惠与美丽的化身，罗马诗人把她们翻译为 Gratia，后来又写作 Grace。荷马没有讲她们叫什么名字，只是讲其中一个女神是赫淮斯托斯的妻子（*Il.* xviii. 882）。赫西俄德（*Theog.* 945）提到的女神叫阿格拉伊亚（Aglais），是三女神中最年轻的一个（参看 Eustath. *ad Hom.* p. 1148）。另据《奥德赛》所述，阿佛洛狄忒是赫淮斯托斯的妻子，从此我们可以推断，就算阿佛洛狄忒和美惠女神不是同一个，至少也关系紧密，并且在两个神灵所拥有的概念形象方面也有相似性。不过，正如我们所知的那样，这个恩惠与美丽的化身在很早的时候，就已经分为多个，而不再是一个。这或许是暗示，在这个世界上，表现美与装饰美的方式多种多样。在《伊利亚特》中，帕西忒亚（Pasithea）被认为是较年轻的一个美惠女神，是睡神的妻子，而在荷马的诗作之中，美惠女神的复数形式出现了多次（*Od.* xviii. 194）。关于美惠女神的身世也是众说纷纭。最为人接受的说法是，她们是宙斯和赫拉的女儿，也有可能是宙斯与欧律诺墨、欧诺弥亚（Eunomia）、欧律多墨涅（Eurydomene）、哈摩丽娅或忘川河（Lethe）的女儿（赫西俄德. *Theog.* 907, etc.；Apollod. i. 3. §1；Pind. *Ol.* xiv. 15；Phurnut. 15；Orph. *Hymn.* 59. 2；Stat. *Theb.* ii. 286；Eustath. *ad Hom.* p. 982）。还有人说，她们是阿波罗与埃格勒或欧安忒（Euanthe）的女儿（Paus. ix. 35. §1），或说是狄奥尼索斯与阿佛洛狄忒或柯洛妮丝的女儿。荷马史诗仅仅提到一个美惠女神，不过在总数上并不确定，从提到帕西忒亚的那些文字来看，好像诗人知道有许多美惠女神，并且还把她们分为了不同的类别。赫西俄德清楚地提到过三个美惠女神，她们的名字是欧芙洛欣（Euphrosyne）、阿格莱亚（Aglaia）和塔利亚（Thalia），于是，随着她们名字的确定，她们的数量也定了下来，不过在希腊仍然有某些地方坚信古代就已经确定的数量。因此，斯巴达人仅有两个美惠女神，叫克勒塔（Cleta）和法厄那（Phaënna）；雅典人也相信有两个美惠女神；而奥克索（Auxo）和赫革摩涅（Hegemone），则在很早的时候就相信有三个美惠女神。赫耳墨西阿那克斯则把佩托作为第三个（Paus. ix.

35.）。索斯特拉图斯（ap. Eustath. *ad Hom.* p. 1665）讲过，阿佛洛狄忒和另外三个美惠女神（帕西瑟［Pasithes］、卡蕾［Cale］和欧芙珞欣）一起就谁更美争吵不休。当忒瑞莎（Teiresia）把比美获胜的奖品送给卡蕾的时候，她却被阿佛洛狄忒变成了一个老女人，不过卡蕾却送了她一头漂亮的头发，并把她送到了克里特。这段文字中提到的卡蕾让一些评论者认为，荷马也（*Il.* xviii. 393.）提到过两个美惠女神的名字，那就是帕西忒亚和卡蕾，并且καλή这个词应该大写首字母。美惠女神的品格和性质也可以通过她们的名字表达出来。她们能够用雅致的方式为人类生活增添快乐，并给人类带来节日的喜庆。因此，这种社会交往中的优雅与美，就属于她们掌管（Horat. *Carm.* iii. 21, 22; Pind. *Ol.* xiv. 7, etc.）。她们大多数时候都被描述为其他女神的仆人和伴侣，因为真正的快乐只存在于一种圈子之内，在那里所有个体都必须放弃自己的利益，而将为别人提供快乐作为自己的主要目标。统治的欲望越小，越能取得更大的胜利；越少要求别人的尊重，越能获得更多的自由。这似乎就是美惠女神要体现的想法。她们还把美与恩惠赐给那些为神和人带来快乐和提高的所有事物。或许这也可以解释为什么要说美惠女神是神匠赫淮斯托斯的妻子。因此，最完美的艺术作品被称为是美惠女神的作品，并且最伟大的艺术家也是她们的最爱。她们给人的日常生活带来的优雅还包括她们缓和了酒的刺激作用（Hor. *Carm.* iii. 19. 15; Pind. *Ol.* xiii. 18），而且她们还陪伴着阿佛洛狄忒和爱若斯（Eros, Hom. *Od.* viii. 364, xviii. 194; Paus. vi. 24. §5）。她们还帮助赫尔墨斯和佩托，为演说术与劝说术带来优雅（赫西俄德. *Op.* 63），就连智慧本身也向她们索要优雅。不过，诗歌是特别受她们钟爱的艺术形式，因此她们又被称为ἐρασίμολποι 或φιλησίμαλποι。也正是因为这个原因，她们成了缪斯的朋友，并和她一起住在奥林波斯山上（Hes. *Theog.* 64; Eurip. *Herc. fur.* 673; Theocrit. xvi. in fin.）。诗人创作总是受缪斯的激发，不过他们的那些诗歌之所以能够装饰生命,并为众神带来节日的喜庆,却是美惠女神的功劳。后来的罗马作家把美惠女神描绘成感恩与仁慈的象征,这也有可能是 Gratia 一词本身的意思使然(Senec. *De Benef.* i. 8;参看 Diod. v. 73)。据说,最开始把美惠女神崇拜引入波俄提亚的是克菲索斯的儿子埃忒奥克洛斯(Eteoclus),或者又叫厄忒俄克勒斯(Paus. ix. 35. §1;Theocrit. xvi. 104;Pind. *Ol.* xiv)。在奥尔霍迈诺斯和派洛斯岛,有一个节日是为了祭拜美惠女神的,叫 χαρίσια 或 χαριτήσια(Eustath. *ad Hom.* p. 1843;Apollod. iii. 15. §7)。在奥尔霍迈诺斯,很早的时候是以一些粗糙的石头作为崇拜的形式,因为那些人相信这些石头是厄忒俄克勒斯时代从天上掉下来的(Paus. ix. 38. §1;Strab. ix. p. 414)。希腊的许多地方都有她们的雕像,如在斯巴达,在从斯巴达通往阿米克勒斯(Amyclse)的路上,以及在克里特、雅典、埃利斯、赫尔迈厄尼和其他的一些地方(Paus. i. 22. §8,ii. 34. §10,iii. 14. §6,vi. 24. §5)。她还时常作为其他神灵的伴侣出现在艺术作品中,如像赫拉、赫尔墨斯、爱若斯、狄奥尼索斯、阿佛洛狄忒、荷赖和缪斯。在德洛斯岛和德尔斐的古代阿波罗雕像上,阿波罗把美惠女神抓在手中。最开始美惠女神着装华丽,后来则慢慢变为全裸像,就算是泡萨尼阿斯(ix. 35. §2)也不知道这种裸体传统是如何形成的。关于裸体和华装的美惠女神都有艺术品存世。毫无疑问,她们的形象总是妙龄少女,而且还总是拥抱在一起。而她们的归属也因为神性的不同而各不相同。作为阿波罗的侍女,她们总是随身带着乐器,而作为阿佛洛狄忒的伴侣,她们总是带着桃金娘、玫瑰花或骰子(年轻人最喜欢的游戏。Hirt,*Mythol. Bilderb.* ii. p. 215,etc.)。参看《希腊罗马传记与神话词典》,前揭,卷一,页 686。

- 时序三女神荷赖(Horae):她们本来是自然与季节次序的女神,不过后来逐渐被看做是总体次序和正义的女神。荷马既没有提到她们共有几个，也没有提及她们的身世，只是说她们是奥林匹亚掌管天气和服侍宙斯的女神。她们照看着奥林匹亚的大门，并且还通过天气的变化来促进大地的丰收（*Od.* xxiv. 343；参看 x. 469, xix. 132，*Il.* v. 749，viii. 393）。总的说来，天气总是根据季节的变化而改变，所以她们也被认为是季节女神，也就是说，她们是大自然自我展示的不同阶段（*Od.* ii. 107. x. 469, xi. 294, xix. 152, xxiv. 141）。她们总是十分仁慈，为人类和众神带来众多福泽（*Il.* viii. 433；参看 Moschus, *Idyll.* ii. 160；Paus. v. 11. §2）。在不同的情况之下，人类对时间的流逝（或季节的更替）感受不同，总是或快或慢，不过，无论怎样的说法都可用于荷赖身上（Theocr. xv. 104；Pind. *Nem.* iv. 34；Horat. *Carm.* iv. 7. 8；Ov. *Met.* ii. 118）。季节或时间的过程总是被形象地描述成荷赖的舞蹈，并且还和美惠女神、赫柏、哈摩丽娅和阿佛洛狄忒一起，她们总是陪伴着缪斯的歌，阿波罗弹着里拉琴，她们则跳着舞（Hom, *Hymn. in Apoll. Pyth.* 16, etc.；Pind. *Ol.* iv. 2；Xen. *Sympos.* 7）。荷马关于她们的讲法流传很广，他说荷赖是每年不同季节的给予者，尤其是春季和秋季，因为这是大自然繁荣与成熟的季节。在雅典，很早的时候就有两个荷赖得到崇拜，她们叫做塔罗（Thallo，春之神）和卡尔波（Carpo，秋之神）（Paus. ix. 35. §1；参看 Athen. xiv. p. 636；Ov. *Met.* ii. 118, etc.；Val. Flacc. iv. 92；Lucian, *Dial. Deor.* x. 1）。春神荷赖每年都陪着珀耳塞福涅从下界还阳，而"荷赖的房间开了"就指春天来了（Orph. *Hymn.* xlii. 7；Pind. *Fragm.* xlv. 13, p. 576, ed. Boeckh.）。春天的品性：鲜花、芬芳和优雅的春意，都归在了荷赖的身上。因此她们还装扮着从海上升起的阿佛洛狄忒，为潘多拉（Pandora）做花环，而且那些无生命的事物还被认为是被荷赖夺去了魔力（Hom. *Hymn.* viii. 5, etc.；Hes. *Op.* 65；Hygin. *Poet. Astr.* ii. 5；Theocr. i.

150；Athen. ii. p. 60)。因此，她们与美惠女神有相似之处，并且还总是和她们一起被提到，她们一会儿混在一起，一会儿又区分开来（Paus. ii. 17. §4；Müller, *Orchom.* p. 176，etc. 2nd edit.）。由于她们还要负责促进所有事物的生长，因此她们还被认为是年轻和新生神灵的保护者（Paus. ii. 13. §3；Pind. *Pyth.* ix. 62；Philostr. *Imag.* i. 26；Nonnus, *Dionys.* xi. 50)。雅典的男孩子一旦成为青年人（ephebi），他们就会在阿格饶罗斯（Agraulos）神殿里发的誓言中提到春神塔罗（Pollux, viii. 106）。在希腊神话中，有一个清晰可见的渐进过程，即从身体性概念向伦理性概念转变，因此荷赖对自然的影响慢慢转移到人的生活中来了。最早的迹象出现在赫西俄德那里，因为他把荷赖描述成给予城邦好的法律、正义和和平的神。他说她们是宙斯和忒弥斯的女儿，还给她们起了名字：欧诺弥亚、狄克（Dice）和厄瑞涅（Eirene, *Theog.* 901，etc.；Apollod. i. 3. §1；Diod. v. 72.）。但伦理的概念和身体的概念无法分开，总是混在一起，就好像品达作品中表现的那样（*Ol.* iv. 2, xiii. 6, *Nem.* iv. 34, Orph. *Hymn.* 42）。不同的作家提到荷赖的数量不同，不过，在古代，大部分时候都是说她们只有两个，就像雅典人所认为的那样（Paus. iii. 18. §7，ix. 35. §1）。不过后来大家都认为她们共有三个，就像莫伊莱（Moerae）和美惠女神一样。许金鲁斯（*Fab.* 183）完全搞不清楚她们的数量和名字，因为他搞混了她们的正名和别号以及她们分别负责的季节和时间。他最先开列出了十个荷赖女神：提坦尼斯（Titanis）、奥克索、欧诺弥亚、斐露萨（Pherusa）、卡尔波、狄克、欧珀里娅（Euporia）、厄瑞涅、俄耳托西亚（Orthosia）和塔罗，接着他又重新列出了十一个女神，分别是：奥格（Auge）、阿纳托利（Anatole）、穆西亚（Musia）、吉慕娜西娅（Gymnasia）、宁芙（Nymphes）、墨森布瑞亚（Mesembria）、斯蓬得（Sponde）、泰勒特

(Telete)、阿卡米（Acme）、塞朴里多斯（Cypridos）和狄希斯（Dysis）。雅典人崇拜荷赖（塔罗和卡尔波），并且她们在那里的神殿里还有一座狄奥尼索斯·欧特乌斯的祭坛（Athen. ii. p. 38；参看 xiv. p. 656；Hesych. s. v. ὥραια）。她们在阿尔戈斯也同样得到崇拜（Paus. ii. 20. §4），还有在科林多和奥林匹亚也一样（v. 15. §3）。在艺术作品中，荷赖总是被描绘成妙龄少女，带着不同季节的果实（Hirt. *Mythol. Bilderb.* ii. p. 122）。参看《希腊罗马传记与神话词典》，前揭，卷二，页517。

- 骄横女神（Hybris）：又译作 Insolence、Violence、Arrogance、Outrage。赫西俄德 *Works and Days* 214 ff 曾提到该女神。
- 阿特（Ate），据赫西俄德所述（*Theog*, 230），她是厄里斯（Eris）的女儿，而据荷马（*Il.* xix. 91）所述，他是宙斯的女儿："宙斯的长女阿特能使人们盲目，／是个该诅咒的女神；她步履轻柔，／从不沾地面，在人们的头上行走，使人的心智变模糊，掉进她的网罗。"参看《罗念生全集》，前揭，卷五，页488。

21. Athenaeus, *Scholars at Dinner*（after fr. 19）

又一次：

"酒是人类从众神那里得到的最好礼物，光荣的酒啊，每一支歌都与它相合，还有每一曲舞、每一次高兴的爱。它排除了人们心中的每一种痛苦，只要适度，但是，超过了限度，就不会这样好了。"

22. Athenaeus, *Scholars at Dinner*（after fr. 20）

其后便是关于不适度的酒：

"因为，跟着它到来的便该是阿特和许布里斯了。"

- 这行诗也许直接跟在辑语 21 之后。

23. Scholiast on the *Iliad*, "the nymphs who dance about the Achelous"

> 有人读作"在阿凯勒西翁（'Αχελήσιον, Achelesius）周围"；这是吕底亚（Λυδία）的一条河，许洛斯（"Υλλος）的一条支流，而且（据说）赫拉克勒斯在这一带生病之后，这河为他提供温泉浴，他给自己的儿子们起名为许洛斯，而给他与翁法勒生的儿子起名为阿喀勒斯喀——他成为了吕底亚的国王。据帕尼阿西斯所说，那里还有阿喀勒斯的仙女们。

- 吕底亚（Lydia）：古安纳托利亚西部的一个地区。西滨爱琴海，占有赫尔姆斯和凯斯特两河的河谷。据说吕底亚人是金银币的创始者。公元前 7 世纪中期~前 6 世纪中期，他们一度称霸小亚细亚，对西方的伊奥尼亚人发生过很大影响。吕底亚人为经商的民族。据希罗多德所记载，他们是首先开设常年零售商店的民族。
- 许洛斯（Hyllus）：在希腊神话中共有两个同名者：一、该亚的儿子，据说许洛斯河正是因为他而得名。他的巨大无比的骨头在一个较晚的时候出现在吕底亚（Paus. i. 35. in fin.）。二、德伊阿勒亚（Deianeira）与赫拉克勒斯所生的儿子，不过，据另外的人也说是赫拉克勒斯与美里特（Melite）或翁法勒（Omphale）所生的儿子（Apollon. Rhod. iv. 543, etc. 参看赫拉克勒德亚）。参看《希腊罗马传记与神话词典》，前揭，卷二，页 536。
- 翁法勒（Omphale）：吕底亚国王雅尔丹鲁斯（Jardanus）的女儿，特摩洛斯（Tmolus）的妻子，丈夫死后，她自己掌管了国家。赫拉克勒斯杀死了伊斐图斯之后生了重病，神谕说除非他能够用三年的时间靠服侍他人挣钱,否则他的病将永远都不会好,于是赫尔墨斯就把他卖给了翁法勒。他和她生下了一些孩子(Apollod. i. 9. §19; ii. 6. §3, 7. §8; Soph. *Trach.* 253; Dionys. i. 28; Lucian, *Dial. Deor.* xiii. 2;参看赫拉克勒斯的相关内容)。参看《希腊罗马传记与神话词典》,前揭,卷三,页27。

Scholiast on Apollonius of Rhodes

帕尼阿西斯说,赫拉克勒斯在吕底亚生病了,得到了河神许洛斯的治疗,这条河在吕底亚。这就是他的两个儿子都叫许洛斯的原因。

24. Stephanus of Byzantium, Geographical Lexicon

特赫米雷斯($Τρεμιλεῖς$):吕基亚($Λυκία$)的别名。居民叫特赫米雷斯人。其名来自于特赫米雷斯,正如帕尼阿西斯所述:

"伟大的特赫米雷斯居住在这里,娶了一个少女,一个太古时代的(Ogygian)仙女,叫做普拉克西狄刻($Πραξιδίκη$),生活在银色的西博邑($Σίβρωι$, Sibrus),依傍着涡流湍急之河。她生下的五个坏儿子中,包括特洛斯($Τλῶος$, Tloos)和品纳沃斯($Πίναρός$, Pinaros),而克拉戈斯($Κράγος$)则用他自己的力量抢去了所有的可耕地。"

• 吕基亚(Lycia):古代的安纳托利亚的一个地区,现在是安塔利亚(Antalya)和木格拉(Mugla)的行省,位于土耳其的南海岸。

• 普拉克西狄刻($Πραξιδίκη$, Praxidikê / Praxidice,[执行正义]):创业、惩罚、公断与报应女神,人间正义的监督者。她与兄弟救世之神索忒耳（Soter）结合，生下了宅户之神克忒西俄斯（Ctesius）、团结女神荷摩诺亚（Homonoia）和美德女神阿瑞忒（Arete）。

• 克拉戈斯（Cragus）：在古代社会，共有好几处用到这个名字，包括四个地名：吕基亚（Lycia）的一座山峰、西里西亚的一座山峰、吕底亚（Lydia）的一座城邦和西里西亚的一座城邦。还有一个神话人物叫这个名字，他是吕基亚的神，与宙斯有联系，后又成为特赫米雷斯的儿子。正是因为这个克拉戈斯，才有了克拉戈斯山的名称。他被当做主司胜利与力量的神。《希腊罗马传记与神话词典》没有收录此人。注释内容来自维基百科。

• 特赫米雷斯（Tremileis）是一个当地部落的名字，它出现在吕基亚人的抄本中。西博邑（The Sibrus or Sirbis）就是克珊托斯，这个熟悉的名字，插入下一行中，作了注释。特洛斯和品纳沃斯（Tloos 和 Pinaros）是吕基亚特洛斯山镇（Tlos）和品纳沃斯山镇（Pinara）的名字来源，而克拉戈斯则是位于克珊托斯山谷西部的一座山名字的来源。

25. Stephanus of Byzantium, *Geographical Lexicon*

盾状区（'Ασπίς）：利比亚（Λιβύη）中的一个镇……吕基亚边上的一个岛。还有在雷贝多斯（Λεβέδος）和特俄斯之间的另一个岛……普撒拉（Ψαρά）附近的一个岛。还有一个不长树的地方，正如叙拉古的克勒翁（Κλέων）在其作品《论海港》中写的内容一样。在比萨（Πίσης）那边还有一个，帕尼阿西斯在《赫拉克勒亚》第 11 卷提到了。

• 盾状区（Aspis）：该词在希腊语中表示盾牌的意思，这里指地区，是指像盾牌一样的地区。

- 利比亚（Libya）：古代利比亚指尼罗河西部的一个地区，大致相当于现代非洲西北部地区。
- 雷贝多斯（Lebedos）：伊奥尼亚殖民城邦之一，靠近以弗所。
- 普撒拉（Psyra）：爱琴海上的希腊岛屿之一，距希俄斯（Khios）的西北部44海里，距雅典的东北东部75海里，总面积43平方千米。
- 叙拉古的克勒翁（Cleon of Syracuse）：地理作家，马加努（Marcianus）曾经提到过他（Periplus, p. 63）。他的作品《论海港》（"Περὶ τῶν λιμένων"）曾经被拜占庭人斯梯芬那斯（Stephanus Byzantinus）引用过（s. v. Ἀσπίς）。另有众多同名者，参看《希腊罗马传记与神话词典》，前揭，卷一，页798。叙拉古是南意大利的一个古代城邦，因其悠久的历史文明而名扬天下。它位于西西里岛的东南角，右边是叙拉古海湾，并靠近伊奥尼亚海。
- 比萨（Pisa）：据推测是在小亚细亚南部。

26. Clement, *Protreptic*

是的（Aye），荷马说，埃多纽斯（Ἀιδωνεύς）被赫拉克勒斯所伤，而帕尼阿西斯却认为是伊利斯（Ἦλις）的哈得斯为他所伤。帕尼阿西斯还说婚姻女神赫拉（Conjugal Hera）也被这位赫拉克勒斯所伤。

在多沙的皮罗斯（Πύλος）。

- 埃多纽斯（Aidoneus）：一、Ἀϊδης的加长写法（Hom. *Il*. v. 190, xx. 61.）。二、伊庇鲁斯的摩罗西安人的带神话性质的国王，珀耳塞福涅的丈夫，科瑞（Core）的父亲。忒修斯在庇里托俄斯的帮助下，抢走了海伦，并把她藏在阿弗德纳（参看阿卡得摩斯的相关内容），而后他还和庇里托俄斯一起去伊庇鲁斯，并且作为一种奖励，他还得到了埃多纽斯的女儿科瑞。国王认为这两个异乡人都是十分有诚意的追求者，于是，他提出只要庇里托俄斯能够征服一条叫做刻耳柏洛斯（Cerberus）的狗，就把自己的女儿嫁给他。不过，当埃多纽斯发现他们两个来这里是要带走自己的女儿之后，他就让刻耳柏洛斯杀死庇里托俄斯，并把忒修斯抓了起来，后者在赫拉克勒斯的要求之下才被放出来（Plut. *Thes.* 31，35）。尤西比乌斯（Chron. p. 27）说埃多纽斯的妻子是德墨特尔的女儿，和他一起私奔了。很明显，关于埃多纽斯的故事正是劫掠珀耳塞福涅的神圣传说的一个部分，装扮成历史故事的真实模样，很明显是后来的阐释者的作品，也可以说是真正古代神话的破坏者的作品。参看《希腊罗马传记与神话词典》，前揭，卷一，页88。

- 伊利斯（Elis）：古希腊的一个地区，相当于现在的伊利亚（Ilia）行省，位于希腊南部伯罗奔半岛，北边与阿哈伊亚（Achaea）相接，东部与阿尔卡迪亚相接，南临美赛尼亚，西靠伊奥尼亚海。

- 皮罗斯（Pylos）：一座位于伯罗奔尼撒的西海岸的城，在南希腊的美赛尼亚区域内。

Arnobius, Against the Heathens

难道帕尼阿西斯不是你们这些人中的一员吗？你们不是都认为哈得斯和女王赫拉被赫拉克勒斯所伤吗？

- 参看《伊利亚特》5.392－397："赫拉吃过苦，安菲特律昂的强大的儿子／用一支有三个倒刺的箭头射她的右乳，／使她受够无法形容的沉重痛苦。／巨大的哈得斯也吃过速飞的箭矢的苦头，／

还是那个人、提大盾的宙斯的儿子在皮洛斯，/ 在死者中间射中他，使他感到痛苦。"参看《罗念生全集》，前揭，卷五，页122。

27. Etymologicum Genuinum

神话［字面意思即"词语"］：争执……而在帕尼阿西斯那里：

"分裂的语词曾让［……］的人们后悔，那就是：争纷。"

28. Apollodorus, *The Library*

但是，赫西俄德说阿多尼斯（Ἄδωνις）是福尼克斯和阿尔菲丝波娅（'Αλφεσιβοῖα）的儿子，而帕尼阿西斯认为他是忒伊亚斯（Θείας）的儿子，是亚述（'Ασσυρίων）国王，他还有一个女儿士麦那（Σμύρνη）。她没有很好地尊重阿佛洛狄忒，而惹恼了女神。因此她爱上了自己的父亲，女仆帮助她在父亲不知情的情况下和他睡了十二个晚上。当父亲知道后，就抓起剑追杀她，正要被追上的时候，她求众神让她消失。众神可怜她，把她变成了一棵名叫士麦那（没药树［myrrh］）的树。十个月之后，树裂开了，上文提到的阿多尼斯就生于其中。由于长得俊美，阿佛洛狄忒在他还是孩子的时候就把他藏在胸中，把他和珀耳塞福涅（Περσεφόνη）放在一起，不让众神看到。但珀耳塞福涅看到他就不愿放他走了。宙斯就做了一个判决，把一年分成了三个部分，命令阿多尼斯应该独自待三分之一个年头，同珀耳塞福涅待三分之一个年头，再同阿佛洛狄忒在一起待三分之一个年头。但阿多尼斯在自己的三分之一时间内也同阿佛洛狄忒待在一起。后来，他打猎的时候，被一只野猪顶伤而死。

- 阿多尼斯（Adonis）：希腊神话中的人物。许多花的神话都与福寿草（Adonis）有关，Adonis是希腊及拉丁语，源于闪语的'Adon'（Lord）或Tamnuz或Naaman，即"主"或"老爷"的意思。阿多尼斯原为近东地区的自然神，是植物凋零和复苏的象征。公元前五世纪，关于他的信仰首先传到希腊的塞浦路斯，然后希腊人以他们的神话人物重新述说出这个东方神明的故事。希伯莱语、阿拉伯语等都属闪语。古代的巴比伦人、亚述人、腓尼基人等都属闪族。在希腊神话中，阿多尼斯是美女弥娜（Myrrha）之子。弥娜因与父喀吕阿斯私通，被神化为没药树，阿多尼斯就是从没药树中出生的。阿多尼斯一生下就美貌无比，爱神阿佛洛狄忒把他藏在桃金娘中托给冥后珀耳塞福涅抚养，两位女神都爱上了他，并争执不下，最后宙斯决定：阿多尼斯一年三分之一同珀耳塞福涅生活，三分之二同阿佛洛狄忒生活。他还是传说中塞浦路斯的国王，帕福斯的阿佛洛狄忒的祭司。后来阿多尼斯在狩猎中被野猪撞伤致死，传说他流的血长出红色的雉眼花（Adonis annua）或秋牡丹（anemone, Anemone coronaria），而悲伤的阿佛洛狄忒流下的眼泪则化为白玫瑰。Anemone这个字是源于对Naaman的悲伤，此外，如一些学者所指出的，在希腊红色的Anemone coronaria比Adonis annua更常见，因此它们也代表着阿多尼斯的血滴。阿多尼斯因与两位女神的关系而成为植物凋零和复苏的象征，同时也被认为是植物神，特别是谷神。希腊人为祭祀阿多尼斯而种植一种"阿多尼斯园圃"，所谓的园圃是指填满土的篮子或花盆，主要或完全由妇女在里面放上小麦、大麦、莴苣以及各种花卉，并照管八天。植物受了太阳热能的培育生长很快，但它们没有根，也很快地枯萎下去，八天终结时就把死去的植物及一些阿多尼斯偶像一起拿出去扔到海里或溪流里。这种习俗或许可以解释成是阿多尼斯或是阿多尼斯力量的象征，但也有学者认为其原本或许是一种促进植物生长和再生的巫术。

- 阿尔菲丝波娅（Alphesiboea）：一、阿多尼斯的母亲（参看阿多尼斯的相关内容）。二、斐格奥斯的女儿，与阿尔克迈翁结婚。三、据忒奥克里托斯（iii. 45）所述，她是庇阿斯的女儿，珀利阿斯的妻子。不过，后者又被叫做阿纳柯比娅。四、一个印度的仙女，深得狄奥尼索斯的喜欢，但狄奥尼索斯却无法得到她；后来狄奥尼索斯变作一只老虎，吓她就范；最后才得以把她扛过索雷克斯（Sollax）河。正是由于这个传说，这条河得名底格里斯河（Tigris，Plut. de Fluv. 24）。参看《希腊罗马传记与神话词典》，前揭，卷一，页134。

- 忒伊亚斯（Theias）：阿西利亚人的国王，士麦那的父亲，阿多尼斯的外祖父（Apollod. ii. 7. §7; Apollon. Rhod. i. 1213，和他的 Schol. on i. 1207; Propert. i. 20. 6；参看许拉斯的相关内容）。参看《希腊罗马传记与神话词典》，前揭，卷三，页1023。

- 亚述（Assyria）：位于现在的伊拉克境内。

- 士麦那（Smyrna）：亦为古城名，今称"伊兹密尔"。土耳其西部海港，濒爱琴海伊兹密尔湾。自古即为贸易中心，古希腊人的殖民城市，十五世纪后属土耳其，第一次世界大战中被希腊占领。1921年，土耳其资产阶级革命取得胜利，收复其地。

- 并不清楚这个故事会有多少内容与帕尼阿西斯的讲法相符，也不清楚在哪个地方相符。不过，辑语29一定是这条辑语的一部分。

29. Hesychius, *Lexicon*

埃奥耶斯（'Hοίην）：阿多尼斯、帕尼阿西斯。

- 英译为"Eoies [He of the Dawn]",男性人名,与"黎明女神"一词字形相近。

30. Scholiast on the *Iliad*; *Etymologicum Magnum*

而帕尼阿西斯称凉鞋（πέδιλα）为"门槛"（βηλά）。

忒修斯纪 (ΘΗΣΗΪΣ)

证 言

Aristotle, *Poetics*

所以,所有那些诗人似乎都误入歧途,他们写了《赫拉克勒斯纪》、《忒修斯纪》以及那一类的诗歌,他们认为赫拉克勒斯是一个人,应该属于同一个神话 ($μῦϑον$)。

● 罗念生译文为:"那些写《赫拉克勒斯纪》、《忒修斯纪》以及这类诗的诗人好像都犯了错误;他们认为赫拉克勒斯是同一个人,情节就有整一性。"参看亚里士多德《诗学》,罗念生译,上海:世纪出版集团,上海人民出版社,2006年,页37。

辑 语

1. Plutarch, *Life of Theseus*

因为,《忒修斯纪》的作者写过阿玛宗人的起义。当忒修斯正在欢庆他同淮德拉 ($Φαίδρα$) 的婚礼时,安提俄珀 ($Ἀντιόπη$) 带着那帮阿玛宗人发起进攻,却被赫拉克勒斯杀死,这很明显带上了神话虚构的印迹。

• 席代岳翻译为:"有位作者在《忒修斯纪》这篇长诗中,提到亚马逊人势力的崛起,以及安蒂欧普为了报复帖修斯对她的拒绝,反而娶斐德拉为妻,就率领一群亚马逊人前来攻打雅典,结果全被海克力斯歼灭;可以明显看出这些说法毫无根据,完全是神话和杜撰的传说。"参看普鲁塔克《希腊罗马名人传》,席代岳译,长春:吉林出版集团有限责任公司,2009年,页28。

• 淮德拉(Phaedra):米诺斯与帕斯菲(Pasiphaë)或克里特所生的女儿,忒修斯的妻子(Apollod. iii. 1. §2)。她是希波吕托斯的继母,希波吕托斯是忒修斯与安提俄珀或希波吕特所生。由于淮德拉爱上了希波吕托斯却遭到拒绝,于是就在忒修斯面前中伤他。后来在希波吕托斯死后,其父亲知道了真相,淮德拉只好离开(Hom. *Od.* xi. 325; Eurip. *Hippol.*;参看忒修斯和希波吕托斯的相关内容)。参看《希腊罗马传记与神话词典》,前揭,卷三,页230。

• 安提俄珀(Antiope):一、尼克忒奥斯和波吕克索(Polyxo)的女儿(Apollod. iii. 5. §5, 10. §1),又或是波俄提亚河神阿索波斯的女儿(*Odyss.* xi. 260; Apollon. Rhod. i. 735)。她还和宙斯生下了安菲翁和泽托斯(Zethus,参看安菲翁的相关内容)。狄奥尼索斯让她发了疯,这是她的儿子们向狄耳刻(Dirce)复仇所造成的。她发了疯之后,在希腊四处游荡,直到西绪福斯(Sisyphus)的孙子福科斯治好她并娶她为妻。她死后与福科斯埋在同一个坟墓之中(Paus. ix. 17. §4)。二、阿玛宗人,希波吕特的妹妹,嫁给了忒修斯(Paus. i. 2. §1, 41. §7)。据瑟维尔斯所述(*ad Aen.* xi. 661),她是希波吕特的女儿。狄奥多罗斯(iv. 16)说,赫拉克勒斯把她当做礼物送给了忒修斯。后来阿玛宗人入侵阿提卡的时候,安提俄珀与忒修斯一起抵抗，巾帼不让须眉，战死在忒修斯的身边（参看 Diod. iv. 28; Plut. Thes. 26, 27）。据许金鲁斯（*Fab.* 241）所述，安提俄珀是阿瑞斯的女儿，忒修斯在一条神谕的指引下杀死了她。三、皮龙（Pylon）或皮拉翁（Pylaon）的女儿，嫁给了欧律托斯，并和他生下阿尔戈斯英雄伊斐图斯和克吕提俄斯（Clytius）。她还叫安提奥刻（Apollon. Rhod. i. 86; Hygin. *Fab.* 14）。四、埃奥洛斯的女儿，波塞冬和她生下了波俄特斯（Boeotus）和希伦（Hellen, Hygin. *Fab.* 157; Diod. iv. 67，这两个英雄的母亲叫做阿尔涅［Arne］）。另有两个神话人物也同名，参看 Apollod. ii. 7. §8 和 *Serv. ad Aen.* vi. 46。不过，瑟维尔斯似乎把安提俄珀和安忒亚搞混了，安忒亚是普罗托斯的妻子。参看《希腊罗马传记与神话词典》，前揭，卷一，页200。

• 安提俄珀是阿玛宗人，忒修斯把她带到了雅典并同她结婚。参看阿波罗多洛斯，摘要 1.16 – 17。

2. Scholiast on Pindar, *Olympians*

据传说，他认为［刻律涅牝鹿］为雌鹿，长了金角，因为《忒修斯纪》的作者正是那样描述的，卡米洛斯的珀珊德洛斯和费瑞居德斯也这样认为。

谱系与古物的史诗

欧墨洛斯纪 (*EYMHΛΟΣ*)

证 言

Clement of Alexandria, *Miscellanies*

据说,西蒙尼德 (Σιμωνίδης) 与阿尔基洛科斯同时代,而卡里诺斯稍稍年长……而科林多 (Κόρινϑος) 的欧墨洛斯年龄更大些,与叙拉古的建立者阿尔齐亚斯 (Ἀρχίας) 同时代。

- 西蒙尼德 (Simonides):此名共有两个人用过,一个是西奥斯的西蒙尼德 (Simonides of Ceos),中文版《不列颠百科全书》译为"西摩尼得斯",约公元前556年生于喀俄斯,约公元前468年卒于叙拉古,是一位抒情诗人和警句作家。他年轻时便离家,大部分时间住在雅典,并游历各城邦,接受一些僭主的款待,据说他是为报酬而写诗的第一位希腊诗人。另一个是阿玛斯的西蒙尼德 (Simonides of Amorgos,常写作 Semonides),希腊抑扬格 (iambic) 诗人,活跃于公元前七世纪中叶。

- 科林多 (Corinth):古希腊城邦,位于科林多海峡,这一条狭长的通道连接了希腊大陆和伯罗奔半岛。海峡的西部是科林多海湾,东部是萨罗尼克 (Saronic) 海湾。据传说,这个城邦是科林多建立的,此人是太阳神赫利俄斯 (Helios) 的后代,而其他一些神话说是由女神埃菲拉（Ephyra）建立的，她是提坦海神的女儿，因此这个城邦在古时候又叫做埃菲拉。

- 阿尔齐亚斯（Archias）：类神话中的科林多人（Quasi-mythological Corinthian citizen），也是西西里叙拉古殖民地的建立者。在科林多的阿克泰翁（Actaeon）神话中，阿尔齐亚斯爱上了麦里梭（Melissus）的儿子，年轻的阿克泰翁。此人是当时城邦中最帅气、最谦虚的年轻人。阿尔齐亚斯向他求爱。当发现无计可施的时候，阿尔齐亚斯就计划绑架他。阿尔齐亚斯假装受邀请去参加麦里梭的宴会，与自己的同伙对这个孩子动手并企图把他拐跑，却遭到孩子整个家庭的反抗，在接下来的拉锯战中，阿克泰翁被撕成了两半。麦里梭要求科林多人为他主持公正，却遭到冷遇。于是他爬到了波塞冬神庙的顶上，要激起此神的愤怒以便为自己的孩子报仇，然后他一头撞死在石头上。接着就发生了巨大的干旱和饥荒，神谕宣称阿克泰翁死于非命，神要惩罚人类。阿尔齐亚斯只好自我放逐，就带领一队科林多人去了西西里，在那里建立起了殖民地。阿尔齐亚斯在建立起城邦、生下了两个女儿之后，被他的"老相好（old eromenos）"忒勒福斯所杀。

Clement of Alexandria, *Miscellanies*

史家欧墨洛斯和阿修西劳斯（Ἀκουσίλαος）把赫西俄德的诗歌转换成散文，还把这些作品当做是他们自己的。

- 阿修西劳斯（Acusilaus）：阿尔戈斯人，希腊较早的史家之一（*Dict. of Ant.* p. 575, a.），大约生活于公元前6世纪的后半叶。他被说成是卡布拉斯（Cabras）或斯卡布拉斯（Scabras）的儿子，甚至还被人放在希腊七贤之中。苏达斯（参看相关词条）说，他在铜表上编写了谱系,他父亲在自己的房子里把它挖了出来。他所写的谱系有三卷曾经被引用过,不过其中大部分只是把赫西俄德的作品写成了散文(Clem. *Strom.* vi. p. 629, a.)。就像其他的历史学家一样,他也是以伊奥尼亚方言写作的。柏拉图是最早提到过他的作家(*Symp.* 178b)。后来的那些作品虽然归在阿修西劳斯名下,但十分可疑。阿修西劳斯的残篇由 Sturtz 出版,Gerae,1787;2nd ed. Lips. 1824;还收录在"Museum Criticum"中,i. p. 216,etc. Camb. 1826。参看《希腊罗马传记与神话词典》,前揭,卷一,页 18。

Eusebius,*Chronicle*

Ol. 5.1.(760 / 759):那个写作《波格尼亚》(*Bougonia*)和《欧罗芭之歌》的诗人欧墨洛斯被认出来了。

Ol. 9.1(744 / 3):科林多诗人欧墨洛斯被认了出来,还有厄立特里亚(Ἐρυθραί)女祭司西比娜(Σίβυλλα)。

亚历山大里亚的库依洛斯(Κύριλλος)也认为欧墨洛斯生活于第九届奥林匹亚运动会期间。

- 厄立特利亚的女祭司西比娜(Erythraean Sibyl):西比娜这个名字用来指代好几个女祭司,这些女祭司出现在古代的不同国家和地区。据说名字由 Διός 和 βουλή 组成,因此可以发布宙斯的谕言(Plut. *Phaedr.* p. 244;Serv. *ad Aen.* iii. 445)。第一个西比娜,据称,其他女祭司之所以得此名正是因为她,她是达耳达诺斯和涅索(Neso)的女儿。一些作家只提到了四个女祭司,分别是厄立特里亚的女祭司、萨摩斯的女祭司、埃及的女祭司和萨迪斯的女祭司(Aclian, *V. H.* xii. 35)。不过一般认为共有十个女祭司,分布在巴比伦(Babylonian)、利比亚、德尔斐(年长的德尔斐女祭司是宙斯与拉米斯的女儿，还有一个年轻的，参看 Paus. x. 12. §1)、奇米里俄斯、厄立特利亚（也有两个，一个年长一个年轻，年轻的叫赫若菲勒 [Herophile]，参看 Strab. xiv. p. 645)、萨摩斯人、库米人（Cumaean，此人有的时候被认为与厄立特利亚是同一人，参看 Aristot. *Mirab.* 97)、黑海（Hellespontian）或特洛亚（Trojan，参看 Tibull. ii. 5. 19)，弗里吉亚和帝布尔提涅（Tiburtine, Paus. x. 12; Lactant. *Instit.* i. 6)。这些西比娜中，最知名的是库米人（Cumaean)，不过她的名字众多：赫若菲勒、德莫（Demo）、菲莫诺埃（Phemonoë)、德菲伯（Deiphobe)、德莫菲勒（Demophile）和阿马尔塞（Amalthea, Paus. *l. c.*; Serv. *ad Aen.* iii. 445, vi. 72; Tibull. ii. 5. 67; 苏达斯，*s. v.*)。埃涅阿斯下到冥府前，曾向她询问神谕（Ov. *Met.* xiv. 104, etc., xv. 712; Virg. *Aen.* vi. 10)。据说，她是从东方来意大利的（Liv. i. 7)。据传说讲，她曾经向塔克文（Tarquinius）国王出售西比娜的书（Sibylline books）（Plin. *H. N.* xiii. 28; Gell. i. 19)。泡萨尼阿斯也提到了一个希伯来的西比娜，名叫撒比（Sabbe)，她是柏罗沙斯（Berosus）和厄瑞曼特（Erymanthe）的女儿。参看《希腊罗马传记与神话词典》，前揭，卷三，页815。厄立特利亚（Erythrae 或 Erythrai）是小亚细小的十二个伊奥尼亚城邦之一，位于西索斯（Cyssus）港东北部 22 公里处，正对喀俄斯岛。

- 亚历山大里亚的库依洛斯（Cyril of Alexandria 或 Cyrillus）：他是亚历山大里亚的主教，亚历山大里亚在罗马帝国的统治之下，达到了鼎盛时期。参看《希腊罗马传记与神话词典》，前揭，卷一，页918。

Scholiast on Pindar, *Olympians*, "Among them (the Corinthians) the sweet-breathed Muse blooms"

他说，欧墨洛斯是科林多人，还写作了《希腊人的归返》

($Nόστον\ τῶν\ Ἑλλήνων$)。

Pausanias, *Description of Greece*

在希波塔（$Συβότα$）的儿子芬塔（$Φίντα$）的时代，墨塞尼亚（$Μεσσηνία$）人首先把贡品和歌队送到德洛斯岛向阿波罗献祭。他们为神唱的行吟诗是欧墨洛斯创作的，而且只有这首诗才被认为是欧墨洛斯的真品。

- 希波塔（Sybotas）和芬塔（Phintas）均无从考证。
- 美赛尼亚（Messenians）：伯罗奔尼撒的一个行省，是希腊的一个地区，它东部靠近塔宇格图斯山，北部靠近内达（Neda）河和阿尔卡迪亚山脉，西南部靠近地中海。
- 后来，泡萨尼阿斯引用了行吟诗歌中的一部分。参看 *Loeb Greek Lyric*，ii. 290。

辑　语

一、提坦之战（$Τιτανομαχία$）（欧墨洛斯或阿克提努斯）

1. Philodemus, *On Piety*

然而，《提坦之战》的作者说，一切事物都来自以太（$Αἰθέρος$）。

Homeric Parsings（from Methodius）

据《提坦之战》的作者说，其他人把陨石（$Ἄκμων$）理解成以太（Aἰϑήρ），把乌拉诺斯（Οὐρανός）当做是以太的儿子；以太是永不休止的（ἀκμάτος），因为火也是如此。

• 乌拉诺斯（Ouranos）：拉丁文写作 Caelus，该亚的儿子（Hes. *Theog*. 126，etc.；参看 Cic. *De Nat. Deor*. iii. 17），又是该亚的丈夫，他和她生下了俄刻阿诺斯、科依沃斯（Coeus）、克瑞斯、许珀里翁、伊阿佩托斯（Iapetus）、忒伊亚、瑞亚（Rheia）、忒弥阿斯（Themias）、莫涅莫绪涅、福柏、忒提斯、克洛诺斯（Cronos），还有库克罗普斯布戎忒斯（Brontes）、斯泰罗普、阿尔戈斯，百臂巨人科托斯（Hecatoncheires Cottus）和布里阿洛斯和巨吉斯（Gyes，Hes. *Theog*. 133，etc.）。据西塞罗所述（*De Nat. Deor*. iii. 22，23），他还是墨丘利（Mercury，赫尔墨斯）的父亲，其母亲是狄娅（Dia）。他还和维纳斯（Venus）生下了赫默娜（Hemera）。乌拉诺斯恨自己的孩子，于是在他们出生以后就把他们关在塔尔塔罗斯之中。正是因为这样的行为，克洛诺斯就在该亚的煽动之下，把乌拉诺斯阉割并废黜了其统治权（Hes. *Theog*. 180）。在他的血滴之中诞生了巨灵（Gigantes）、米洛的（Melian）仙女，并且据另外一些人所述，还诞生了西勒诺斯（Silenus）。他的四肢被丢进大海，结果海水在他的四肢旁形成泡沫，从中诞生了阿佛洛狄忒（Hes. *Theog*. 195；Apollod. i. 1；Serv. *ad Aen*. v. 801，*ad Virg*. Ecl. vi. 13）。参看《希腊罗马传记与神话词典》，前揭，卷三，页1284。

• 作者正在这里解释为什么一些诗人称乌拉诺斯（Heaven）为陨石（Akmon）的儿子。

2. Lydus, *On the Months*

科林多的欧墨洛斯本会说，宙斯出生在如今叫作吕底亚的这个国家。

- 也许是关于西彼洛斯山（Mt. Sipylos）。参看 Aristides, Orations 17.3，18.2，21.3。

3. Scholiast on Apollonius of Rhodes

欧墨洛斯在《提坦之战》中说，埃盖翁（Αἰγαίων）是大地与海（蓬托斯）的儿子，居住在海上，是提坦巨人们（Τιτάν）的盟军。

- 埃盖翁（Aigaion）：一般而言，他是乌拉诺斯与该亚的儿子，而不是该亚与蓬托斯的儿子。埃盖翁和他的兄弟们巨吉斯和科托斯（Cottus）以天之子（Uranids）而知名（Hes. *Theog.* 502, etc.），被认为是巨型怪物，长了一百只手（ἑκατόγχειρες）和五十颗头（Apollod. i. 1. §1; Hes. *Theog.* 149, etc.）。大部分作家都认为第三个天之子叫布里阿洛斯，取代了埃盖翁。关于这一点，荷马曾经做过解释（*Il.* i. 403, etc.），他说人们称他是埃盖翁，而众神却称他为布里阿洛斯。有一次，当众神要把宙斯锁起来的时候，忒提斯叫埃盖翁前去帮助宙斯，迫使众神不得不放弃原来的想法（Hom. *Il.* i. 398, etc.）。据赫西俄德所述（*Theog.* 154, etc. 617, etc.），埃盖翁和他的兄弟们一生下来就受乌拉诺斯仇恨，被父亲埋在了地底的深渊之中，一直到提坦巨人开始了对宙斯的战争才被放出来。在该亚的建议下，宙斯把天之子放了出来，这些家伙就可以帮助宙斯了。这些百臂巨人一次向提坦巨人扔了三百块巨石，就把他们征服了，也保证了宙斯的胜利。接着，宙斯把提担巨人丢进了塔尔塔罗斯之中，并安排百臂巨人来看管他们，据另外的说法，是丢进大海的深处，并让海神来照看他们（Hes. *Theog.* 617, etc. 815, etc.）。据泡萨尼阿斯的说法（ii. 1. §6, ii. 4. §7），布里阿洛斯在波塞冬与赫利俄斯的争执中作仲裁员，宣判伊斯特摩海峡（Isthmus）归前者，而科林多卫城归后者。阿波罗尼奥斯的评论者说（i. 1165），埃盖翁是该亚和蓬托斯的儿子，是一个生活在爱琴海上的海神。奥维德（*Met.* ii. 10）和斐洛斯特拉图斯（*Vit. Apollon.* iv. 6）也同样认为他是一个海神，而维吉尔（*Aen.* x. 565）认为他是巨人之一，曾经攻打过奥林波斯。卡利马库斯（*Hymn. in Del.* 141, etc.）也这样认为，并认为他居住于艾特纳（Aetna）山。关于忒奥克里托斯的评论（*Idyll.* i. 65）称布里阿洛斯是库克罗普斯之一。有看法认为，埃盖翁和他的兄弟们是大自然巨大力量的拟人化，例如他们总是在大地的疯狂爆发中展现出来，地震、火山爆发以及诸如此类的事物，这样的理解似乎更能够解释关于他们的诸多描述。参看《希腊罗马传记与神话词典》，前揭，卷一，页24。

- 提坦巨人（Titans）：这个名字也经常以复数形式出现（即 Τιτᾶνες）；而作为乌拉诺斯的儿子和女儿们，他们也被称作Οὐρανίωνες 或Οὐρανίδαι（Hom. *Il.* v. 898; Apollon. Rhod. ii. 1232）。这些提坦巨人是俄刻阿诺斯、科依沃斯、克瑞斯、许珀里翁、伊阿佩托斯、克洛诺斯、忒伊亚、瑞亚、忒弥斯、莫涅莫绪涅、福柏和忒提斯，阿波罗多洛斯（i. 1. §3）还加上了狄奥涅（Dione, Hes. Theog. 133, etc.）。一些作家还增加了福耳库斯和德默特尔（Heyne, *ad Apollod.* i. 1. §1; Clkemens, *Homil.* vi. 2）。拜占庭人斯梯芬那斯（参看 ῎Αδανα的词条）提到了乌拉诺斯和该亚的这些孩子：阿达鲁斯（Adanus）、奥斯塔索斯（Ostasus）、安得斯（Andes）、克洛诺斯、瑞亚、伊阿佩托斯和奥林波斯。泡萨尼阿斯（viii. 37. §3）还提到了一个提坦巨人阿尼图斯（Anytus），据说此人养大了阿尔卡迪亚人德斯颇埃娜（Despoena）。这个世界的第一个统治者乌拉诺斯把他的儿子们，即赫卡通克瑞斯、布里阿洛斯、科托斯、巨吉斯（Hes. *Theog.* 617）以及库克罗普斯、阿瑞斯、斯泰罗普和布朗忒斯扔进了塔尔塔罗斯之中。该亚对这件事情十分生气，就鼓动提坦巨人起来反抗他们的父亲，还给了克洛诺斯一把无比坚硬的镰刀（ἄρπη）。他们遵照母亲的吩咐去做，唯有俄刻阿诺斯例外。克洛诺斯用他的镰刀阉割了他的父亲，还把父亲的生殖器丢入海中，不过，从他父亲的那些血滴中诞生了厄里倪厄斯、阿勒克托（Alecto）、提希丰和墨格拉（Megaera）。于是，提坦巨人们废黜了乌拉诺斯，并释放了被关在塔尔塔罗斯的兄弟们，把克洛诺斯推上了王位。不过，克洛诺斯又再一次把库克罗普斯丢入了塔尔塔罗斯之中，并娶了他的妹妹瑞亚为妻（Ovid. *Met.* ix. 497，此处称她为俄普斯）。然而，该亚和乌拉诺斯曾向他预言，说他的统治会被自己的一个孩子所推翻。于是他在这些孩子出生之后，就一个接一个把他们吞了。参看《希腊罗马传记与神话词典》，前揭，卷三，页1156。

- 比较安提玛科斯（Antimachus, fr. 14 Matthews）。

Virgil, *Aeneid*

正像埃盖翁，据说他有一百个手臂和一百只手，还有闪着火光的五十张嘴和五十个胸膛，当他对朱庇特（Jupiter）的雷电感到愤怒的时候，还带着相配的同样数量的盾，和同样数量的剑。

Servius auctus on the *Aeneid*, "centuplet Briareus"

据记载，他代表众神向巨人们发起战争；但是其他人又确信，他同众神作战，尤其是在朱庇特和农神（Saturn）争夺上天王位的时候。因此,据说他是被朱庇特用雷电劈到冥府来的。

还有人说他是大地和海洋所生,科依沃斯（*Κόιος*）和巨吉斯（*Γύγης*）是他的兄弟。据说他帮助朱庇特对抗提坦巨人们,或者说如其他人的说法,他帮助了农神。

- 科依沃斯（Coeus）：此人并未收录于《希腊罗马传记与神话词典》,又或许收录于其中的英文写法与此处不一,但在维基百科上可以找到相关解释：在古希腊神话中,科依沃斯是提坦巨人之一,乌拉诺斯和该亚的儿子。在拉丁诗歌中,他又被写成 Polus,整个上天都围着他旋转,他就是那根轴的象征。就像其他的提坦巨人一样,他在希腊的宗教之中没有扮演什么重要的角色,只是出现在了提坦巨人的名单之中,不过对于他的后人来说,他却是十分重要的。科依沃斯和他的妹妹福柏生下了勒托（Leto）和阿斯忒瑞亚。勒托则和宙斯生下了阿尔忒弥斯和阿波罗。科依沃斯是神话中的智慧提坦,因此他是所有兄弟中最聪明的。科依沃斯和其他提坦巨人一起,被宙斯和其他的奥林波斯神放逐。在提坦之战后,他和其他的兄弟们一起被宙斯关在了塔尔塔罗斯。
- 巨吉斯（Gyges）：百臂巨人的名字,有的时候也被称为 Gyas 或 Gyes（Apollod. i. 1. §1; Hes. *Theog.* 149; 参看 Ov. *Fast.* iv. 593, *Trist.* iv. 7, 18, *Amor.* ii. 1, 12; Schol. *ad Apollon. Rhod.* i. 1165）。参看《希腊罗马传记与神话词典》,前揭,卷二,页 316。另参《法的悲剧——希罗多德和柏拉图笔下的巨吉斯故事》,戴维斯著,《古代诗文绎读：西学卷古代编》上,刘小枫选编,华夏出版社,2008 年,页 163。
- Thilo 是对"Cottus"的修正,与赫西俄德和其他资料相符。科依沃斯是提坦巨人,勒托的父亲。

4\. Servius on the *Aeneid*

在这些神中（提坦巨人们），唯有太阳神没有攻击众神，因此他在天上占有一席之地。

- 太阳神：也许这里是指提坦神许珀里翁。赫西俄德说，他是赫利俄斯的父亲，但是赫利俄斯这个名字经常代表太阳。

5\. Hesychius, Lexicon

伊塔斯（Ἴθας）：提坦巨人的传令官普罗米修斯（Προμηθεύς）。也写成伊塔克斯（Ἴθαξ）。

- 普罗米修斯（Prometheus）：希腊神话中的提坦神之一，意为先觉者，能预知未来。当以宙斯为首的奥林波斯众神推翻了提坦神的统治后，人们希望减轻向神献祭的负担，普罗米修斯站在人类一边，蒙骗宙斯。他把一头献祭的牛剁成碎块，分成两堆，一堆是牛肉，盖上牛皮和牛肚，另一堆是骨头，盖上白腴的牛油，让宙斯选择人类应以哪一堆献祭。宙斯选择了后者，从此人类便把牛肉等留给自己，只把牛油等用来祭神。宙斯上当后很生气，便从人间取走了火。普罗米修斯体恤人类，又从奥林波斯把火种盗出，藏在苇管里送到人间，并教会人们使用火。宙斯更加生气，命匠神赫淮斯托斯塑造了一个美丽的女人潘多拉送到人间，使瘟疫、灾祸等各种不幸随之困扰世人，还命赫淮斯托斯把普罗米修斯钉在高加索的悬崖上，让恶鹰每天去啄普罗米修斯的啄而复生的肝脏。普罗米修斯被如此折磨数千年，直到赫拉克勒斯在宙斯的授意下射杀恶鹰，才获得释放。晚期传说中的普罗米修斯还教会人类建筑、航海、医药、读写等技能，使人类免于毁灭。普罗米修斯作为一位造福人类的神祇，在古代希腊受到普遍崇拜。

- 伊塔斯（Ithas）和伊塔克斯（Ithax）均无考。

6. Apollodorus, *The Library*

有了他们（他的兄弟姐妹）的帮助，宙斯发动了针对克洛诺斯和提坦巨人们的战争。他们打了十年之后，该亚预言，如若宙斯能让关进塔尔塔罗斯（Τάρταρος）的那些囚徒成为盟友的话［库克罗普斯和百臂巨人］，就能取得胜利；所以他杀死了典狱官康培（Κάμπη，蠕虫），释放了这些囚徒。接着库克罗普斯（Κύκλωψ）把雷、闪电和霹雳送给了宙斯，把隐身帽送给了冥王哈得斯，把三叉戟送给了波塞冬。有了这些装备，他们打败了提坦巨人们，把他们关进塔尔塔罗斯，并让百臂巨人去当守卫。他们自己就统治权进行了抽签，宙斯获得了上天的统治权，波塞冬获得了海洋的统治权，而冥王哈得斯获得了下界的统治权。

- 该亚（Gaia、Gaea 或 Ge）：大地女神。早在荷马的诗作中，她就以神灵的身份存在了，我们在《伊利亚特》中（iii. 104）读到，要给她祭献黑山羊，并且她还接受人类用誓言发出的请求（iii. 278, xv. 36, xix. 259, *Od.* v. 124）。在荷马的诗作中，她还被认为是厄恪图斯和帝提俄斯（Tithyus）的母亲（*Il.* ii. 548, *Od.* vii. 324, xi. 576；参看 Apollon. Rhod. i. 762, iii. 716）。据赫西俄德的《神谱》（117, 125, etc.），她是第一个从混沌（Chaos）中诞生的，并生出了乌拉诺斯和蓬托斯。她又和乌拉诺斯生下了不少神灵，包括俄刻阿诺斯、科依沃斯、克雷乌斯（Creius）、许珀里翁、伊阿佩托斯、忒伊亚、瑞亚、忒弥斯、莫涅莫绪涅、福柏、忒提斯、克洛诺斯、库克罗普斯、布朗忒斯、斯泰罗普、阿尔戈斯、科托斯、布里阿洛斯和巨吉斯。该亚和乌拉诺斯的这些孩子为父亲所憎恨,于是该亚就把他们藏在了大地的胸中。她做了一把大铁镰刀,并把这把镰刀送给自己的儿子们,要他们向父亲报仇。克洛诺斯承担下了这个任务,把乌拉诺斯阉割了。那些血滴在大地之上,成了厄里倪厄斯、巨灵和米洛仙女的种子。后来,该亚和蓬托斯生下了涅柔斯、陶玛斯、福耳库斯、刻托和欧律比亚(Hes. *Theog.* 232, etc.;Apollod. i. 1. §1, etc.)。除了这些之外,还有其他一些神灵和怪物也是她生出来的。因为该亚是那种能够产生神圣灵感的水汽的来源,因此她也被认为是主管神谕的神灵。据说,德尔斐的神谕最开始就是由她掌管的(Aeschyl. *Eum.* 2;Paus. x. 5. §3)。而在很早的时候,她在奥林波斯也掌管着神谕(Paus. v. 14. §8)。该亚属于Θεοί χϑόνιοι(地狱神),不需要作更多的解释与说明,因为只要人们一祈祷,就会经常提到她(Philostr. *Vit. Apoll.* vi. 39;Ov. *Met.* vii. 196)。给该亚所取的别号与称呼,多多少少与她的性格相关,这都是因为她能孕育万物、滋养万物(mater omniparens et alma),也正是出于这个原因,瑟维尔斯(ad Aen. iv. 166)把她与那些主管婚姻的神灵放在一起了。对该亚的崇拜在整个希腊十分普遍,雅典也有她的神殿和祭坛,其他一些地方也有,包括斯巴达(Sparta)、德尔斐、奥林匹亚(Olympia)、布娜(Bura)、蒂吉亚、菲律乌斯(Phlyus)和其他一些地方(Thuc. ii. 15;Paus. i. 22. §3, 24. §3, 31. §2, iii. 11. §8, 12. §7, v.14. §8, vii. 25. §8, viii. 48. §6)。我们有十分确切的文字证明希腊出现过该亚的雕像,不过,没有哪一座留存下来。在帕德拉的德尔斐神殿中,她是坐着的(Paus. vii. 21. §4)。雅典也有一座她的雕像(i. 24. §3)。瑟维尔斯(*ad Aen.* x. 252)说她手中总是拿着一把钥匙。在罗马,大地被叫做忒鲁斯

(Tellus，这只是忒娜［Terra］的一个变体），她被当做一个地狱之神（Θέα χϑόνια），总是和狄丝（Dis）还有曼涅斯（Manes）一起被提到。当人们向他们或忒鲁斯（Tellus）祈求的时候，人们必须把头埋进他们的臂膀里，而向宙斯祈求则需要把头和手伸向天空（Varro, *de Re Rust.* i. 1. 15；Macrob. *Sat.* iii. 9；Liv. viii. 9，x. 29）。执政官索福斯（P. Sempronius Sophus）在公元前304年为忒鲁斯修造了一座神殿，这是因为在与皮山提安（Picentians）人打仗的时候发生了一次地震。这座神殿坐落在通往卡瑞那伊（Carinae）的街上，那个地方曾经是卡修斯（Sp. Cassius）的房子（Flor. i. 19. §2；Liv. ii. 41；Val. Max. vi. 3. §1；Plin. *H. N.* xxxiv. 6，14；Dionys. viii. 79）。四月15日是她的节日，紧接在赛尔斯（Ceres）之后，节日的名字叫孕牛祭典（Fordicidia或Hordicidia）。大厅中，承供于女灶神（Vestals）面前的牺牲，也包括牛在内。在那种场合下，大祭司祈求的男性神灵叫作台鲁莫（Tellumo, Hartung, *Die Relig. der Röm.* vol. ii. p. 84，etc.）。参看《希腊罗马传记与神话词典》，前揭，卷二，页195。

- 塔尔塔罗斯（Tartarus）是希腊神话中"地狱"的代名词。在混沌（卡厄斯）中，世界由大地之母该亚创立，她的身体中轻飘的物质上升成为天空（称为"乌拉诺斯"），沉重的物质则下沉成为阴暗的地域，就是塔尔塔罗斯。塔尔塔罗斯是人死后灵魂的归所，用冥河与人间世界连通。神话中，主神宙斯因禁了父亲万神之王克洛诺斯而取得天、地、海和地狱的统治权之后，自己留下天空和万神之主的身份，把大地留给自己的母亲瑞亚，把海洋赠给自己的哥哥波塞冬，把地狱送给自己的哥哥哈得斯，这样，在神话中哈得斯就成为地狱的代名词（事实上他不是地狱而是冥王）。另参看《古希腊罗马神话鉴赏辞典》，前揭，页444。

- 康培（Kampe 或 Campe）：一个在塔尔塔罗斯中守卫库克罗普斯的怪物，后来被宙斯所杀，因为宙斯想要库克罗普斯来帮助他抵抗提坦巨人（Apollod. i. 2. §1）。狄奥多罗斯（iii. 72）也曾提到过一个同名的怪物，后来被狄奥尼索斯杀死，诺努斯（Nonnus, *Dionys.* xviii. 237, etc.）认为这一个康培与前一个是同一个怪物。参看《希腊罗马传记与神话词典》，前揭，卷一，页 593。

- 库克罗普斯（Cyclopes）：在希腊罗马神话中的独眼巨人，被称为"库克罗普斯"，意为"圆目"。据赫西俄德在《神谱》中所述，天神乌拉诺斯与地神该亚结合，生库克罗普斯三兄弟：阿格斯（光亮）、布戎忒斯（雷霆）和斯忒罗佩斯（闪电）。他们曾为宙斯制造过雷电，为海神波塞冬锻造过三叉戟，为冥王哈得斯制作过隐身帽。后来，阿波罗因其子阿斯克勒庇奥斯被宙斯以雷电击毙而迁怒为宙斯制造雷电的库克罗普斯三兄弟，将他们逐一击杀。而按荷马史诗中的描述，库克罗普斯为一群独眼巨人的统称。他们栖身于西西里岛的岩洞之中，生性残暴，常残害外乡人。奥德修斯和同伴在特洛亚战争后返乡时因遇海难，漂泊至众库克罗普斯之一的波吕斐摩斯所在的岛屿，奥德修斯自称"奥提斯"（意即"无人"）。波吕斐摩斯将奥德修斯和同伴关在山洞中，洞口用巨石堵住，每天吃掉其中两人。后来奥德修斯设法将其灌醉，刺瞎其独目。波吕斐摩斯向众独眼巨人求助，众巨人问是谁所致，波吕斐摩斯回答说"奥提斯"（"无人"）。众巨人讥笑一番后离去。次日，奥德修斯和同伴趁波吕斐摩斯移开洞口巨石放羊之际，躲在羊腹下逃出山洞。还有种种关于库克罗普斯的传说，这里不再赘述。古希腊时期，在科林多等地亦建有库克罗普斯的神殿，在许多艺术作品中也能看到独眼巨人的形象。另参看《希腊神话鉴赏辞典》，前揭，页 149。

- 百臂巨人（Hundred‑Handers）是希腊神话中一些有 50 个

头、100 只手臂的巨人的统称。他们的名字来自于希腊语ἑκατόν（"一百"）和χείρ（"手"），合起来的意思就是"有100只手的"。在拉丁语中百臂巨人被直译为"凯恩蒂马尼"（Centimani），即"100只手的怪物"。百臂巨人出现于希腊神话的早期阶段。赫西俄德在《神谱》中称他们为"奥拉尼德斯"（常见的说法是"赫卡同克瑞斯"）。根据《神谱》，百臂巨人是该亚和乌拉诺斯所生的孩子，共有3个，分别是布里阿瑞俄斯、科托斯和巨吉斯。他们是些巨大而凶猛的怪物，甚至比提坦巨神和独眼巨人还要巨大。百臂巨人出生后不久，他们的父亲乌拉诺斯就把他们扔进塔尔塔罗斯深处，因为他看到他们都是些丑陋的怪物。在某些神话版本中，情况则有些不同：乌拉诺斯发现百臂巨人如此丑陋后，就把他们塞回该亚的子宫里，使得该亚大为痛苦和惊骇。这件事促使该亚怂恿克洛诺斯推翻他的父亲。在这个版本中，后来把百臂巨人关入塔尔塔罗斯的是克洛诺斯。总之，3个百臂巨人一直被监禁在塔尔塔罗斯，受到巨龙坎佩的严密看管。在提坦诸神反宙斯的战争中，奥林波斯众神（以宙斯为首）在与提坦（以克洛诺斯为首）的斗争中处于劣势；这时该亚建议宙斯向百臂巨人求助。宙斯于是下到塔尔塔罗斯将3个力大无穷的百臂巨人释放了出来，他们果然愿意为宙斯服务。在战斗中，百臂巨人一次投掷100块像山一样巨大的石头，令提坦巨神无法抵抗。在百臂巨人的帮助下，宙斯获得了最后的胜利。赫西俄德接着写道，3个百臂巨人后来成了守卫塔尔塔罗斯大门的看守。或许是为了协调古老的百臂巨人神话与奥林波斯神系的关系，赫西俄德让三个百臂巨人中的一个——布里阿瑞俄斯——成了海神波塞冬的女婿。

● 对世界通过抽签的方式进行划分，这是巴比伦的特色，《伊利亚特》15. 187-192 中也提到："我们是克洛诺斯和瑞娅所生的三兄弟，／宙斯和我，第三个是掌管死者的哈得斯／一切分成三份，各得自己的一份,／我从阄子拈得灰色的大海作为／永久的居所,哈得斯统治昏冥世界,／宙斯拈得太空和云气里的广阔天宇,／大地和高耸的奥林波斯归大家共有。"(《罗念生全集》,前揭,卷五,页373)参看 M. L. West, *The East Face of Helicon*(Oxford, 1997), 109 – 110。诗人也许是说这件事发生在墨科涅(Mekone),像卡利马库斯所做的一样(fr. 119)。墨科涅常常等同于西科昂,据赫西俄德(Theogony 535 – 557)所说,此地正是众神与凡人的分水岭。

7. Apollodorus, *The Library*

> 伊阿佩托斯(Ἰαπετός)与埃萨(Ἀσία)所生的儿子有阿特拉斯(Ἄτλασς)——他把整个上天扛在肩上,还有普罗米修斯、厄庇米修斯(Ἐπιμηθεύς)和墨诺提俄斯(Μενοίτιος),宙斯在战斗中把他同提坦巨人们一起用霹雳击打,并交给塔尔塔罗斯。

● 伊阿佩托斯(Iapetus 或 Iapetos),十二提坦之一,乌拉诺斯与该亚之子。他的妻子是俄刻阿诺斯和泰西斯之女海洋女神克吕墨涅或称埃萨(Asia),他们生有四个孩子:阿特拉斯(Atlas)、普罗米修斯(Prometheus)、厄庇米修斯(Epimetheus)和墨诺提俄斯(Menoetius)。

● 埃萨(Asia):一、雅典娜(Athena)在柯厄奇斯(Colchis)的别号。据说,卡斯托尔和波利丢克斯从那里把雅典娜崇拜带到拉科尼亚(Laconia),还在拉斯(Las)为她建造了一座神殿。二、俄刻阿诺斯和忒提斯的女儿,并且和伊阿佩托斯生下了阿特拉斯、普罗米修斯和厄庇米修斯(Hesido. *Theog.* 359; Apollod. i. 2. §2 等)。另据其他传说,亚洲大陆便因她而得名(Herod. iv. 45)。还有两个其他的神话形象也是用这个名字（Hygin. *Fab. Praef.* p. 2; Tzetzes, *ad Lycoph.* 1277）。参看《希腊罗马传记与神话词典》，前揭，卷一，页385。

- 阿特拉斯（Atlas）：据赫西俄德（*Theog.* 507, etc.），他是伊阿佩托斯和克吕墨涅的儿子，墨诺提俄斯、普罗米修斯和厄庇米修斯的兄弟。据阿波罗多洛斯（i. 2. §3），其母亲是埃萨。据许金鲁斯（*Fab. Praef.*），他是以太（Aether）和该亚的儿子。另参看 Diod. iii. 60, iv. 27; Plat. *Critias*, p. 114; Serv. *ad Aen.* iv. 247。据荷马所述，阿特拉斯知道海的深度，并且肩扛着能分开天地的巨柱，或者说是肩扛着一切东西（*Od.* i. 52）。赫西德德只是说他用头和手顶着天和地。许多现代学者致力于研究这两种说法哪一种是最本源性的。许多论述依赖于荷马的表达ἀμφὶς ἔχουσι，如果是指"背负分离天与地的巨柱"，那么这些东西（或大山）一定要位于大地表面的某个中心，但如果意思是"背负所有的东西"，那么他们就形成了大地的周围，正是在这个上面形成了天宇。无论是哪种情况，都意味着分离天地的意思。在荷马的描述中，阿特拉斯被认为并非常人，或者被认为是神却拥有人的样子，还和山的形象混在了一起。据莱特伦尼（Letronne）所述，阿特拉斯背负大山的想法仅仅是宇宙学概念的拟人化。这个概念是从古人关于天的本质以及天与地的关系的看法中诞生的。这样的拟人化形象一旦建立起来，就很容易得到进一步发展，并与其他神话联系起来，例如同提坦巨人联系起来。于是，阿特拉斯被描述成提坦巨人的领袖，领导提坦巨人与宙斯作战。而当他们被打败之后，就被罚把天扛在头和肩上（赫西俄德, *l. c.*; Hygin. *Fab.* 150）。后来的一些传说更加扭曲了原初的概念，在其形象之上增加了一些理性化的解释，把阿特拉斯说成是人，后来变作了山。奥维德（*Met.* iv. 630, etc. 参看 ii. 296.）说，珀尔修斯去他那里请求庇护,却遭到拒绝,于是珀尔修斯用墨杜萨的头把他变成了阿特拉斯山,并把整个天空和群星都放到了他身上。还有一些人走得更远,说阿特拉斯是一个拥有权力的国王,并且十分了解群星运行的规律,他还是第一个告诉人们整个天空是一个球形的人。因此,整个天空都安放在阿特拉斯的肩上,只是一种比喻性的说法(Diod. iii. 60, iv. 27; Paus. ix. 20 §3; Serv. *ad Aen.* i. 745; Tzetz. *ad Lycophr.* 873)。最开始,阿特拉斯的故事只涉及一座山,据说这座山是在大地最远的边界上,后来随着地理知识的扩展,阿特拉斯的名字也转移到了其他地方,因此我们读到了所谓毛里塔里亚的(Mauritanian)、意大利的(Italian)、阿尔卡迪亚的甚至是高加索(Caucasian)的阿特拉斯(Apollod. iii. 10. §1; Dionys. i. 61; Serv. *ad Aen.* viii. 134)。然而,最通常的说法是,这个肩负苍天的阿特拉斯居住在非洲西北部,那个地方的山脉至今仍叫阿特拉斯山。阿特拉斯与普勒俄涅或赫斯佩里斯(Hesperis)生下了普勒阿得斯,又与埃特拉生下了许得斯(Hyades)和赫斯佩里斯的女儿们,还与斯泰罗普生下了俄诺玛诺斯(Oenomaus)和玛亚(Maea, Apollod. iii. 10. §1; Diod. iv. 27; Serv. *ad Aen.* viii. 130)。狄奥涅和卡吕普索(Calypos)以及许阿斯和赫斯佩里斯(Hesperus)都被认为是他的孩子(Hom. *Od.* vii. 245; Hygin. *Fab.* 83)。帕那埃鲁斯(Panaenus)画过阿特拉斯,画在奥林波斯神宙斯雕像的围栏上(Paus. v. 11. §2)。在库普塞卢斯胸膛的画像上,他还扛着天,手里拿着赫斯佩里斯的女儿们的金苹果。在阿米克莱的阿波罗宝座上,他的形象也差不多(Paus. v. 18. §1, iii. 18. §7;参看 Heffter, in the *Allgem. Schulneitung* for 1832, No. 74, etc.; E. Gerhard, *Archemoros und die Hesperiden*, Berlin, 1838; *Kunstblatt* for 1836, No. 64, etc.; G. Hermann, *Dissertatio de Atlante*, Lips. 1820)。参看《希腊罗马传记与神话词典》,前揭,卷一,页 407。

- 厄庇米修斯(Epimetheus):普罗米修斯的兄弟,被称为"后知者"。因接受了宙斯的礼物——潘多拉为妻,结果从"潘多拉之盒"中飞出的疾病、罪恶等各种灾难降临人间。

- 墨诺提俄斯(Menoitios 或 Menoetius):一、伊阿佩托斯和克吕墨涅或埃萨的儿子,阿托厄斯、普罗米修斯和厄庇米修斯的兄弟,在提坦之战中被宙斯用闪电杀死,并丢进塔尔塔罗斯之中(Hes. *Theog.* 507, etc., 514; Apollod. i. 2. §3; Schol. *ad Aeschyl. Prom.* 347)。二、索托尼默斯(Ceuthonymus)的儿子,普鲁同的牛群守卫者(Apollod. ii. 5. §10;参看赫拉克勒斯词条)。三、阿克托耳和伊琴娜的儿子,艾亚哥斯的继兄弟。他是玻利米勒的丈夫,与她生下了帕特罗克洛斯。他住在奥普斯(Opus),参加了阿尔戈斯英雄们的远征(Hom. *Il.* xi. 785, xvi. 14, xviii. 326)。还有人说他的母亲是伊琴娜的女儿达莫克雷忒娅(Damocrateia),他的妻子不是玻利米勒,而是施忒涅勒(Sthenele)或佩瑞阿皮斯(Periapis)(Apollod. iii. 13. §8; Schol. *ad Pind. Ol.* ix. 107; Strab. p. 425;参看 Val. Flacc. i. 407; Eustath. *ad Hom.* p. 112)。帕特罗克洛斯在一场竞技中杀死了安菲达玛斯(Amphidamas)的儿子之后,墨诺提俄斯就和帕特罗克洛斯一起跑到了弗西亚的佩琉斯那里,并让帕特罗克洛斯在那里接受教育(Hom. *Il.* xi. 770, xxiii. 85, etc.; Schol. *ad Pind. Ol.* ix. 104)。墨诺提俄斯是赫拉克勒斯的朋友(Diod. iv. 39)。参看《希腊罗马传记与神话词典》,前揭,卷二,页 1043。

- 参看赫西俄德《神谱》509–516:"伊阿佩托斯娶大洋神之女、美踝的克吕墨涅为妻。克吕墨涅给他生下了勇敢无畏的阿特拉斯,以及十分光荣的墨诺提俄斯、足智多谋的普罗米修斯、心不在焉的厄庇米修斯。厄庇米修斯当初娶宙斯创造的少女(潘多拉)为妻，开始给以五谷为食的人类带来了灾难。"参看：赫西俄德著，《工作与时日·神谱》，张竹平、蒋平译，北京：商务印书馆，1991年，页42。

8. Athenaeus, *Scholars at Dinner*

> 科林多的欧墨洛斯描绘了宙斯的舞蹈，他说
> 在他们之中，起舞的是众人和众神之父。

• 一个抄本的旁注中添加了"或是阿尔提诺斯"。这个辑语也许是指打败了提坦巨人之后的欢庆。参看狄奥多罗斯, *Histories* 6.4; Dionysius of Halicarnassus, *Roman Antiquities* 7.72.7; Tibullus 2.5.9; Seneca, *Agamemnon* 333。

9. Philodemus, *On Piety*

> 而阿修西劳斯说，哈耳庇埃（ἅρπυια）守卫着（金）苹果；厄庇美尼德（Ἐπιμενίδης）同意这一点，而且还认为他们是和赫斯佩里斯的女儿们一起的。《提坦之战》的作者说，苹果由［……］守护着。

• 哈耳庇埃居住在哈耳庇埃岛（Harpies）上的鸟身女妖，长有少女头、长长的爪和因饥饿而苍白的脸，由神派来折磨一个叫菲纽斯的人，宙斯使菲纽斯失去视力，只要膳食出现，哈耳庇埃们就俯冲下去，抢走食物。

• 厄庇美尼德（Epimenides）：克里特的诗人和预言家。父亲叫度西阿德斯（Dosiades）或阿革撒色斯（Agesarces）。在第欧根尼·拉尔修的作品中有关于他的描述（i.c.10）。然而这样的描述却是

对杂乱无章的传说毫无选择的混合,所以很难或者说根本不可能从中找出其真正的历史事实。厄庇美尼德的传说还具有神话的性质,有人说他是仙女的儿子,并被认为是库瑞忒斯(Curetes)之一。不过,颇为清楚的是,他是克里特的费斯托斯人(Phaestus, Diog. Laërt. i. 109; Plut. *Sol.* 12; *de Defect. Orac.* 1)。他大部分时候待在克诺索斯(Cnossus),因此他有时也被称为克诺索斯人。参看《希腊罗马传记与神话词典》,前揭,卷二,页37。关于厄庇美尼德的其他事情,可以参看第欧根尼·拉尔修的《名哲言行录》,马永翔等译,长春:吉林人民出版社,2003年,上册,页70。

10. Athenaeus, *Scholars at Dinner*

> 泰沃吕托斯($Θεόλυτος$)在《编年史》($\mathring{Ω}ρων$)的第二卷中说,太阳神用一口大锅横过海洋。最先这样说的人是《提坦之战》的作者。

● 泰沃吕托斯(Theolytus):累斯博斯岛的麦修默那(Methymna)人,史诗诗人,生卒年不详。不过可以肯定的是,在比较早的时期,阿波罗尼奥斯的评注者提到过他一次,而雅典娜乌斯提到过他两次。后者在一段文字中(i. p. 196, *a*, *b*.)引用了三行"$Βακτὰ$"中的文字,这部作品是关于狄奥尼索斯历险的史诗,还讲述了他同海神的竞争,以及在阿里阿德涅的爱情故事中的争斗,也即是雅典娜乌斯引用的那几行所涉及的内容。其他关于泰沃吕托斯的引用,来自于 $ἔπηεν\ δευτέρωρων$(Ath. xi. p. 470, c.)而不是 $\mathring{Ω}ρῶν$。参看《希腊罗马传记与神话词典》,前揭,卷三,页1079。

11. Scholiast on the *Iliad*

《提坦之战》的作者也同样讲到，太阳神的四匹马是两雌两雄。

Hyginus, *Legends* (183), on the names of the Sun's horses

Eous：天空由于他而旋转。Aethops：或多或少"燃烧着"，它是成熟的生产者。拉车的马（these trace horses）是雄性的，辕上的那一对则是雌性的。Bronte，我们称它为雷，还有斯泰罗普（Sterope），我们称它为闪电。这材料来自于科林多的欧墨洛斯。

12. Scholiast on Apollonius of Rhodes

《巨人之战》的作者说，克洛诺斯变成了一匹马，才同海洋之神的女儿斐莱拉有了云雨之情，所以刻戎是一个半人马怪。刻戎的妻子是喀里克萝（Χαρικλώ）。

- 喀里克萝（Chariklo）：仙女，刻戎的妻子，阿波罗的女儿。《希腊罗马传记与神话词典》没有收录她的情况。

13. Clement of Alexanderia, *Miscellanies*

贝鲁特（Βήρυτος）的赫米普斯（Ἕρμιππος）认为半人马刻戎很聪明。《提坦之战》的作者也说，他第一个运用发誓和愉快的献祭以及奥林波斯的方式来教育人们走向正义。

- 贝鲁特（Beirut）：黎巴嫩首都，该名字有"泉"与"井"的意思。

- 赫米普斯（Hermippus）：贝鲁特人，语法学家，生活于图拉真和哈德良统治的时代。他出生的时候是一个奴隶，但是后来成了费洛·比布利乌斯（Philo Biblius）的学生，并得到此人的推荐去了赫伦尼乌斯（Herennius Severus）那里，以其口才和学习上的才能名噪一时。他写了多部作品，其中有五部描述了梦的问题（Tertull. *De Anim.* 46），其中一部叫 Περὶ Ἑβδουάδος（Clem. Alex. *Strom.* vi. p. 291.）。亚历山大里亚的克莱门（*Strom.* i. p. 132）和拜占庭人斯梯芬那斯引用过他的作品（Suid. *s. vv.* Ἕρμιππος, Νικαγόρας；沃秀斯，*De Hist. Graec.* pp. 262, 263, ed. Westermann.）。另有三个同名者，从略。参看《希腊罗马传记与神话词典》，前揭，卷二，页 416。

- 奥林波斯（Olympus）在这里定是代指上天。这里涉及的将会是天文的和气象的知识。在神话中，刻戎被认为是英雄们的教育者。一首归在赫西俄德名下的教诲诗《刻戎的训诫》（*the Precepts of Chiron*），主要讲他教导阿喀琉斯。

14. Athenaeus, *Scholars at Dinner*

> 我知道，《提坦之战》的作者，不管他是科林多的欧墨洛斯或阿克提努斯，还是其他的什么人，肯定在第二卷中提到了如下内容：
>
> "在［湖泊，或池子］里面，漂浮着金鳞的鱼，嬉戏着渡过了芳香的水域。"
>
> 索福克勒斯如此喜欢《英雄诗系》，竟而至于在创作所有戏剧时，都在刻意追随诗系中的神话传说。

- 这里讨论的问题是，索福克勒斯在何处找到"鱼"（ἐλλός

[英译为有鳞的]）一词，并把这个词用在《埃阿斯》1297 行提到的鱼上。

二、科林提亚卡（Κορινθιακά）

15. Scholiast on Apollonius of Rhodes

"埃菲拉（'Εφύρα）"就是科林多，[这个城邦的名字]因厄庇米修斯的女儿埃菲拉而得名。然而，欧墨洛斯说，埃菲拉是海洋之神俄刻阿诺斯和特堤斯所生的女儿，后来成了厄庇米修斯的妻子。

- 另参许金鲁斯，*Legends* 275.6。
- 埃菲拉（Ephyra）：俄刻阿诺斯的女儿，科林多旧称埃菲拉正是因她而得名（Paus. ii. 1. §1; Virg. *Georg.* iv. 343）。参看《希腊罗马传记与神话词典》，前揭，卷二，页 29。
- 在希腊神话中，特堤斯（希腊文为Τηθύς）是乌拉诺斯和该亚的女儿，提坦女神和海洋女神，她是俄刻阿诺斯的妹妹和妻子，还生下了不少的海神和无数的河神。她还教育过赫拉，是瑞亚把赫拉带到她里来的（Hes. *Theog.* 136, 337; Apollod. i. 1. §3; Plat. *Tim.* 40; Ov. *Fast.* v. 81; Virg. *Georg.* i. 31）。参看《希腊罗马传记与神话词典》，前揭，卷三，页 1013。

Pausanias, *Description of Greece*

科林多人的领土是阿尔戈斯的一部分，而它的名字则来自于科林多（Κόρινθος, Korinthos）。说科林多是宙斯的儿子，我不知道除了大多数科林多人以外，还有谁会真的这么认为。阿木普菲吕托斯（'Αμφίλυτος）的儿子欧墨洛斯，一个所谓的巴克喀亚多斯（Βακχιάδαι）人，有名的诗人，在《科林多历史》（τῆι Κορινθίαι；假如此书是他所写的话）中写道，埃菲拉是海洋之神俄刻阿诺斯的女儿，最先定居在这片土地上，接着是马拉松（Μαραθών）等等（参看辑语19）。

- 阿木普菲吕托斯（Amphilytus）：佩西斯特拉图斯时代知名的预言家。希罗多德（i. 62）说他是阿卡南尼亚（Acarnanian）人，不过柏拉图（*Theag.* 124d）和亚历山大里亚的克莱门（*Strom.* i. p. 333）说他是雅典人。也许，他最开始是阿卡南尼亚人，后来在雅典获得了佩西斯特拉图斯特许的公民权。这个假设让瓦克纳尔（Valckenaer）的校订变得不必要（*Ad Herod. l. c*）。参看《希腊罗马传记与神话词典》，前揭，卷一，页150。
- 巴克喀亚多斯（Bacchiadai 或 Bacchiadae）：一个凝聚力极强的多里斯部落，古代科林多在公元前8至7世纪受这个部族的统治。
- 马拉松（Marathon）：马拉松的阿提卡镇的同名英雄。据传，他是埃波佩奥斯（Epopeus）的儿子，被他的父亲用武力从伯罗奔尼撒赶走，于是去了阿提卡。在他父亲死后，他回到了伯罗奔尼撒，并把他的继承物分给了他的两个儿子，又回阿提卡定居下来（Paus. ii. 1. §1, 15. §4, 32 §4）。据其他传说，马拉松是阿尔卡迪亚人，参加了廷达柔斯的儿子们（Tyndaridae）针对阿提卡的远征，为了遵奉神谕，在开始这场战争之前就牺牲了（Plut. *Thes.* 32；参看 Philostr. *Vit. Soph.* ii. 7）。参看《希腊罗马传记与神话词典》，前揭，卷二，页925。

16. Favorinus, *Corinthian Oration*

据说,在城邦之上两个神灵在竞争,波塞冬和赫利俄斯 (Ἥλιος 或 Ἥέλιος) ……而把他们之间的争吵交给一个第三者来裁定,一个更高级别的神,他有

"很多的头,和许多的手臂,
他们都占有了城邦和领土。"

- 这段佚名的韵文被维拉莫威兹(Wilamowitz)归在欧墨洛斯名下。
- 赫利俄斯(Helios):即太阳,或太阳神,许珀里翁和忒伊亚的儿子,塞勒涅和厄俄斯的兄弟(Hom. *Od.* xii. 176, 322, *Hymn. in Min.* 9, 13; Hes. *Theog.* 371, etc.)。因其父亲之故,他常常被叫做许珀里翁之子(Hyperionides)或许珀里翁(Hyperion),后一个名字是他父亲的姓名的缩写,即 Hyperionion 的缩写(Hom. *Od.* xii. 176, *Hymn. in Cer.* 74; Hes. *Theog.* 1011; Hom. *Od.* i. 24, ii. 19, 398, *Hymn. in Apoll. Pyth.* 191)。荷马在致赫利俄斯的颂诗中也说他是许珀里翁和欧利菲耶沙(Euryphaëssa)的儿子。荷马说,赫利俄斯给众神和人类带来光明:他从东方的海洋之中升起来,不是从河中升起,而是从海洋神俄刻阿诺斯形成的湖或沼泽(λίμνη)中升到天空,中午升到最高点,然后再下降,晚上则沉入到西部和大海的黑暗之处(*Il.* vii. 422, *Od.* iii. 1, etc., 335, iv. 400, x. 191, xi. 18, xii. 380)。后来的诗人不断为这个形象添彩:他们提到了赫利俄斯在东部一座最宏伟的宫殿,内有神的王座,周围环绕着一些形象,代表着时间(Ov. *Met.* ii. 1, etc.)。而荷马只提到过赫利俄斯在西方的大门,后来的作家说他在西方还有第二个宫殿,他的那

些马都吃福人岛的草（Nonn. *Dionys.* xii. 1, etc.; Athen. vii. 296; Stat. *Theb.* iii. 407.）。赫利俄斯在海洋中上升和下落的地点，在每年的不同季节自然是不同的。赫利俄斯上升或下降的地方位于南北两极之间，这两极叫做 $\tau\rho o\pi a\grave{i}\ \dot{\eta}\varepsilon\lambda i o\iota o$（*Od.* xv. 403; Hes. *Op. et Dies*, 449, 525）。不过，赫西俄德和荷马都没有提到过赫利俄斯在晚上如何从西部去到东部海洋，不过后来有诗人说他是坐在一只金色的船中滑行了半个地球，这样就到了东边他第二天要升起的地方。而这只金色的船是赫淮斯托斯制作的（Athen. xi. 469; Apollod. ii. 5. §10; Eustath. *ad Hom.* p. 1632）。还有人说他晚上在一张金色的床上睡觉（Athen. xi. 470）。《伊利亚特》和《奥德赛》都没有提到过赫利俄斯天天跑来跑去所坐的马车，而第一次提到这些马和车是在荷马颂诗里（9, 15；参看 *in Merc.* 69, *in Cer.* 88），后来，越来越多的诗人开始描述这两样东西（Ov. *Met.* ii. 106, etc.; Hygin. *Fab.* 183; Schol. *ad Eurip. Phoen.* 3; Pind. *Ol.* vii. 71）。

赫利俄斯在荷马史诗中被认为是一个能看见万物能听见万事的神，不过，尽管如此，他却不知道奥德修斯的同伴偷了他的牛群，后来还是兰佩媞娅（Lampetia）告诉他的（*Od.* xii. 375）。也正由于他的全知全能，他可以向赫淮斯托斯揭露阿佛洛狄忒的不忠，并告诉德墨特尔她的女儿被抢走了（*Od.* viii. 271, *Hymn. in Cer.* 75, etc., *in Sol.* 10；参看 Soph. *Ajax*, 847, etc.）。赫利俄斯知道一切，以及他伦理性和预言性的品质，似乎成了他混同于阿波罗的原因所在，尽管他们最开始并不一样。事实上，他们两个从来没有完全等同过，因为没有哪个希腊诗人让阿波罗坐着赫利俄斯那样的马车穿过天空，而这样的想法在罗马人中也只是在维吉尔之后才出现。在罗马帝国时代阿波罗的形象中，头的周围总是带着光芒，这象征他与太阳相似。

特里那客亚岛（Thrinacia，西西里）是赫利俄斯的圣地，那里有他的牛群和羊群，各 350 只，永远不会增加也不会减少。他的女儿法埃图莎（Phaetusa）和兰佩媞娅负责照看这些牲畜（Hom. Od. xii. 128. 261, etc.; Apollon. Rhod. iv. 965, etc.）。后来的一些传说讲他还在厄律忒亚岛有畜群（Apollod. i. 6. §1；另参 ii. 5. §10; Theocrit. xxv. 130）。总的说来，可以注意的是，那些神圣的畜群，尤其是牛群，总是出现那些崇拜赫利俄斯的地方。他的后裔众多，诗人们给他取的别名和外号都是根据他作为太阳神的品格而来的。赫利俄斯的神殿（ἡλιεῖα）似乎在很早的时候就出现在希腊了（Hom. Od. xii. 346），在后来的时代，我们发现许多地方都敬拜他，如埃利斯（Paus. vi. 25. §5）、阿波罗里亚（Herod. ix. 93）、赫尔迈厄尼（Paus. ii. 34. §10）、科林多的卫城（ii. 4. §7；参看 ii. 1. §6）、阿尔戈斯附近（ii. 18. §3）、特洛岑（ii. 31. §8）、麦加罗城（Megalopolis, viii. 9. §2, 31. §4）以及一些其他的地方，尤其是在罗德斯岛。罗德斯巨型雕塑之一就是赫利俄斯：体积有 70 立方，结果一场地震把它震倒了，神谕警告罗德斯人不要再把它立起来（Pind. Ol. vii. 54, etc.; Strab. xiv. p. 652; Plin. H. N. xxxiv. 7, 17）。向赫利俄斯献的祭品有白羊、公猪、公牛、山羊、羔羊以及最特别的白马和蜂蜜（Hom. Il. xix. 197; Eustath. ad Hom. pp. 36, 1668; Hygin. Fab. 223; Paus. iii. 20. §5; Herod. i. 216; Strab. xi. 513），还经常有公鸡（Paus. v. 25. §5）。当提到太阳神的时候，罗马诗人总是借用希腊的概念，不过罗马也引入了对太阳神的崇拜，尤当罗马人开始接触到东方文明之后，尽管太阳和月亮崇拜在很早的时候就已经有了（Varro, de Ling. Lat. v. 74; Dionys. ii. 50; Sext. Ruf. Reg. Urb. iv）。赫利俄斯的形象出现在奥林匹亚宙斯的底座上，正准备登上车时的样子（Paus. v. 11. §3），他还有一些其他雕像

(vi. 24. §5，viii. 9. §2，31. §4）；还有表现他坐在车中的样子，被四匹马拉着（Plin. *H. N.* xxxiv. 3，19；参看 Hirt, *Mythol Bilderb.* i. 35）。参看《希腊罗马传记与神话词典》，前揭，卷二，页375。

Pausanias, *Description of Greece*

科林多人也说波塞冬和赫利俄斯为土地的问题争吵不休，而布里阿里俄斯（Βριάρεως）则成了他们的仲裁者，他宣布海峡以及那整个地区都应属波塞冬，而把城邦高处交给了赫利俄斯。

- 布里阿里俄斯（Briareos）同埃盖翁已经无法区分开来，他们已经在《伊利亚特》1. 402–404 中被连在了一起，尽管他们有不同的来历："女神，好在你去到那里为他松绑，是你迅速召唤那个百手巨神——众神管他叫布里阿柔斯，凡人叫埃盖昂——去到奥林波斯，他比他父亲强得多。"参看《罗念生全集》，前揭，卷五，页20。

17. Scholiast on Pindar, *Olympians*

他为何要提到美狄亚？因为根据这个说法，科林多是她祖上的遗产……而这一点我们从历史诗人欧墨洛斯那里得知：

"但是当赫利俄斯和安提俄珀生下埃厄忒斯（Αἰήτης）和阿洛奥斯（Ἀλωεύς）之时，许珀里翁（Ὑπερίων）杰出的儿子就把这个国家分给了他的这两个儿子。他把阿索波斯（Ασωπός）这块河地奖给了高贵的阿洛奥斯，而所有的埃菲拉定居地则交给了埃厄忒斯。埃厄忒斯又把它委托给了波诺斯（Βούνος，Bounos）照看，一直要到他自己回来的时候，或是要等到他的血亲回来——无论是儿子还是孙子，而埃厄忒斯则去了柯厄奇斯（Κολχίς）人的地方。"

波诺斯是赫尔墨斯和一个水泽仙女的孩子。

- 埃厄忒斯（Aietes 或 Aeeta）：赫利俄斯和珀耳塞伊斯（Perseis）的儿子（Apollod. i. 9. §1；Hes. *Theog.* 957）。据说，他的母亲叫做波斯（Persa, Hygin. *Praef.* p. 14, ed. Staveren），或者安提俄珀（Schol. *ad Pind. Ol.* xiii. 52）。他是基尔克、帕西淮（Pasiphae）和珀耳塞斯的兄弟（Hygin. *l. c.*；Apollod. *l. c.*；Hom. *Od.* x. 136, etc.；Cic. *de Nat. Deor.* iii. 19）。他娶了海洋女神的女儿伊底伊阿（Idyia）为妻，与她生下了两个女儿，叫美狄亚和卡尔基奥佩，还有一个儿子阿布叙尔托斯（Absyrtus，赫西俄德 *Theog.* 960.；Apollod. i. 9, 23）。菲利塞斯带金羊毛到柯厄奇斯的时候，他是那里的国王。一次，他被兄弟珀耳塞斯赶出了自己的国家，但是他的女儿美狄亚却重新让他夺回王权（Apollod. i. 9. §28）。参看埃序尔图斯（Aesyrtus）、阿尔戈斯英雄传说、伊阿宋和美狄亚的相关内容。参看《希腊罗马传记与神话词典》，前揭，卷一，页24。

- 阿洛奥斯（Aloeus）：一、波塞冬和卡那刻的儿子。他娶特奥普斯（Triops）的女儿伊菲美迪亚（Iphimedeia）为妻，伊菲美迪亚却爱上了波塞冬，于是经常到海边漫步，用她的双手捧起海水浇在自己的胸膛上。她和波塞冬生的两个儿子叫做阿洛伊代（Aloeidae, Hom. *Il.* v. 385, *Od.* xi. 305；Apollod. i. 7. §4）。二、赫利俄斯与西尔（Cire）或安提俄珀的儿子，他从其父亲那里接过了阿索彼亚（Asopia）的统治权（Paus. ii. 1. §6, 3. §8.）。参看《希腊罗马传记与神话词典》，前揭，卷 ，页133。

- 许珀里翁（Hyperion）：提坦巨人之一，乌拉诺斯和该亚的儿子，娶自己的妹妹忒伊亚为妻，或是娶欧利菲耶沙（Euryphaessa）为妻，并和后者生下了赫利俄斯、塞勒涅和厄俄斯（Hes. *Theog.*

134, 371, etc.; Apollod. i. 1. §3, 2. §2)。荷马把这个名字当做父系姓用在赫利俄斯身上，所以赫利俄斯又叫小许珀里翁（Hyperionion）或许珀里德斯，而其他的诗人也模仿荷马（Hom. *Od.* i. 8, xii. 132, *Il.* viii. 480; Hes. *Theog.* 1011; Ov. *Met.* xv. 406）。阿波罗多洛斯（iii. 12. §5）提到过普里阿摩斯的一个儿子，也叫许珀里翁。参看《希腊罗马传记与神话词典》，前揭，卷二，页540。

- 阿索波斯（Asopus）：此名字是指在希腊和土耳其的五条河流，当然在希腊神话中也指这些河的河神，它们分别是：波俄提亚人的阿索波斯、菲纳斯（Philasian）的阿索波斯，帖撒利人阿索波斯、忒纳基的（Trachean）阿索波斯以及弗里吉亚人的阿索波斯。在希腊神话中，他是河神，是俄刻阿诺斯和忒提斯（Theits）的儿子，不过也有人说他是波塞冬和佩罗的儿子，或者说是宙斯与欧律诺墨的儿子，还有人说他是波塞冬和克格鲁瑟（Cegluse）的儿子（Apollod. iii. 12. §6; Paus. ii. 5. §2, 12. §5）。他娶河神拉冬（Ladon）的女儿默托朴（Metope）为妻，和她生了两个儿子和十二个女儿，也有人说是二十个女儿。这些孩子的名字在不同的描述中各不相同（Apollod. *l. c.*; Diod. iv. 72; Schol. *ad Pind. Ol.* vi. 144, *Isthm.* vii. 37; Paus. ix. 1. §2; Herod. ix. 51; Eustath. *ad Hom.* p. 278.）。阿索波斯的这些女儿中，有许多都被众神带走，一般认为这象征着由居住在阿索波斯河岸的人所建立起来的那些殖民地，那些人还把阿索波斯的名字用到其他的河流上，只要是他们定居的国家的河流，就用这个名字。伊琴娜岛是阿索波斯的女儿，品达提到过在伊琴娜岛有一条叫阿索波斯的河流（*Nem.* iii. 4, with the Schol.）。希腊有两条河流叫阿索波斯，一条在伯罗奔尼撒的阿哈伊亚（Achaia），另一条在波俄提亚，关于这两条河流的传说经常混在一起。因此，关于阿索波斯的后代，有许多不同的说法，而且他的那些女儿们的名字也无法统一。不过,在大多数情况下,这些名字都同地理条件相关联,要区分这两个河神,究竟哪个女儿属于哪一个,也不是一件特别难的事情。这两条河中,更有名的是伯罗奔尼撒的那一条。当宙斯带走了他的女儿伊琴娜的时候,阿索波斯到处找她,最后科林多的西绪福斯告诉他,宙斯是罪魁祸首。于是阿索波斯起而反抗宙斯,想和他决斗,而宙斯却用闪电打他,还把他绑在最开始所睡的床上。在后来的时代,河床上有一些木炭块,据说就是宙斯的雷电烧的(Paus. ii. 5. §1, etc.; Apollod. iii. 12. §6)。据泡萨尼阿斯(ii. 12. §5),伯罗奔尼撒的阿索波斯是一个人而并不是神,生活于阿拉斯(Aras)统治时期,因为他发现了阿索波斯河,于是这条河后来就以他的名字命名了。参看《希腊罗马传记与神话词典》,前揭,卷一,页386。

- 埃厄忒斯则去了柯厄奇斯(Κολχίς)人的地方:同一页的另外一个注释(74d)还提到,埃厄忒斯去柯厄奇斯是因为有神谕让他去那里寻找一座城邦,并以他命名,就是阿伊亚(Aia)。柯厄奇斯(Colchis 或 Kolkhis):在古代地理中,柯厄奇斯是古代格鲁吉亚(Georgian)式的城邦,位于格鲁吉亚西部,它在格鲁吉亚国家的建立以及其伦理和文化方面占据着重要地位。

- 波诺斯的名字,来自赫拉的名号,有地方祭拜她时称她为波纳亚(Bounaia),这是一个临时替代的名字(泡萨尼阿斯 2.4.7)。

Pausanias, *Description of Greece*

> 欧墨洛斯说赫利俄斯把阿索波斯之地交给了阿洛奥斯,埃菲拉之地则交给了埃厄忒斯。而当埃厄忒斯去了柯厄奇斯之后,便把这国家委托给了波诺斯,波诺斯是赫尔墨斯和阿尔柯达美亚(Ἀλκιδαμείας, Alcidamea)的孩子。

18. Pausanias, *Description of Greece* (continued form fr. 17)

　　波诺斯死后，阿洛奥斯的儿子埃波佩奥斯（Ἐποπεύς）也获得了埃菲拉的统治权。

● 埃波佩奥斯（Epopeus）：波塞冬和卡那刻的儿子。他从帖撒利来到西科昂，并在那里继承了王位，因为科拉克斯（Corax）死后没有留下任何王位继承人。他从忒拜抢走了美丽的安提俄珀，即尼克忒奥斯的女儿，于是尼克忒奥斯发动了针对埃波佩奥斯的战争。这两个敌对的国王均在战场上受伤而死，不过埃波佩奥斯在死前还为雅典娜建造了一座神殿（Paus. ii. 6. §1; Apollod. i. 7. §4）。还有另外一个关于埃波佩奥斯的传说，参看第一个安菲翁的相关内容。泡萨尼阿斯（ii. 1. §1）说他是阿洛奥斯的儿子，尽管他常被说成是阿洛奥斯的兄弟。他在西科昂修建的雅典娜神殿被雷电所毁，不过他的坟墓却得到保存，并在一个非常晚的时候被人们发现（Paus. ii. 11. §1）。奥维德提到了另外一个神话形象也叫这个名字（*Met.* iii. 618，etc.）。参看《希腊罗马传记与神话词典》，前揭，卷二，页41。

19. Pausanias, *Description of Greece*（fr. 15 的继续）

　　后来，埃波佩奥斯的儿子马拉松（埃波佩奥斯是阿洛奥斯的儿子，而阿洛奥斯是赫利俄斯的儿子）为了逃离肆意暴虐的父亲，移居到了阿提卡海岸地区。埃波佩奥斯死后，马拉松去了伯罗奔尼撒，并把自己的国土分给了自己的儿子们，自己又回到阿提卡。西科昂把他的名字给了阿索波斯之地，而科林多把他的名字给了埃菲拉之地。

- 伯罗奔尼撒（Peloponnese 或 Peloponnesus）：位于希腊南部，古称"摩里亚半岛"。
- 换句话说，历史城邦西科昂和科林多都以马拉松的两个儿子而得名的。

20. Pausanias, *Description of Greece*（continued from fr. 18）

后来，由于马拉松的儿子科林多没有留下后代，于是科林多人到伊俄洛科斯（Ιωλκός）去请美狄亚，并把君权交给了她。

- 伊俄洛科斯（Iolcus 或 Iolkos）：是帖撒利的古代城邦，位于希腊中东部，靠近现代的城市沃洛斯（Volos）。

Scholiast on Euripides, *Medea*

欧墨洛斯和西蒙尼德记录到，美狄亚是科林多的女王。

21. Scholiast on Apollonius of Rhodes

"但那时，地生的家伙四面八方从耕地中冒了出来，毁灭凡人的阿瑞斯的土地上，竖起坚固的盾、双锋的长矛和闪闪发亮的头盔。"

这一条以及下面的几行抄自欧墨洛斯，在文中，美狄亚告诉伊德蒙（Ἴδμων）：

"……"。

- 这些就是阿波罗尼乌斯（Apollonius）的诗行，他提到伊阿宋播下了龙（dragon）的牙齿后，战士们就从地上长了出来。注解不应该有这样的意思，即认为这些内容是从欧墨洛斯那里逐字抄过来的，而只应该理解为有部分句子是欧墨洛斯的,这些句子已经成为一种模式,是美狄亚说给先知伊德蒙的话。真正的引文已经无法考证,但是它无疑使用了一种"过于活跃"的形象,因为可以证明其中还有索福克勒斯式(Sophoclean)的平行结构。

- 伊德蒙(Idmon):阿波罗和阿斯忒瑞亚的儿子,阿斯忒瑞亚是克洛诺斯(Coronus)的女儿(Schol. *ad Apollon. Rhod.* i. 139)。或另据其他人说,伊德蒙由阿波罗与安提阿勒娅所生,或阿波罗与安皮库斯(Ampycus)所生,还说她是阿波罗与库瑞涅所生(Orph. *Arg.* 185, etc., 721; Apollon. Rhod. i. 139, etc.; Hygin. *Fab.* 14;参看 Val. Flacc. i. 228)。他是陪同阿尔戈斯英雄的预言家之一,而他的名字就是"知道者"的意思,这个称呼被认为是属于忒斯托耳或莫朴素的(Schol. *ad Apollon. Rhod.* i. 139)。他参加了阿尔戈斯英雄的远征,尽管他知道自己必死于此。他在马里安底里昂人(Mariandynians)那里被一只公猪或是一条毒蛇杀死,也有人说他死于疾病(Apollod. i. 9. §23; Apollon. Rhod. i. 140, 443, ii. 815, etc.; Val. Flacc. v. 2, etc.)。麦加拉人和波俄提亚人要去寻找赫拉克勒亚(Heracleia),并且受阿波罗之命要在这个英雄的坟墓旁建立城邦,以敬奉这个预言家(Apollon. Rhod. ii. 846, etc.)。另有三个神话人物也使用这个名字(Apollod. ii. 1. §5; Ov. *Met.* vi. 8, 138; Stat. *Theb.* iii. 389)。参看《希腊罗马传记与神话词典》,前揭,卷二,页562。

22. Favorinus, *Corinthian Oration*

因为,事实上他们说,赛会最初是由这两个神建立起来的,而胜利者分别是:

"卡斯托尔胜了单项竞赛,而卡莱斯(Κάλαις)则胜了双项……"

"俄耳甫斯带着竖琴,战无不胜的($πάμμαχον$, pancratiast)赫拉克勒斯,参加了同波利丢克斯($Πολυδεύκης$)的拳击、同佩琉斯的摔打、同忒拉蒙的掷铁饼比赛以及同忒修斯的穿盔甲赛跑。还有赛马,法厄同($Φαέϑων$)赢得了鞍马比赛的胜利,而涅琉斯则赢得了四马之车比赛的胜利。还有一场船赛,阿尔戈船($Ἀργώ$)取得了胜利。而在那之后,它就再没出过海:伊阿宋在那里把它献给了波塞冬。"

- "赛会最初由这两个神建立起来":波塞冬和赫利俄斯。这为伊斯特摩赛会提供了一个神秘的起源,而此赛会正是为了敬拜波塞冬。

- "卡斯托尔胜了单项竞赛,而卡莱斯则胜了双项":看起来就像诗文片断。除了法厄同——赫利俄斯之子,所有的胜利者都被称为阿尔戈斯英雄。他们把美狄亚带到了科林多。卡莱斯(Calais):此人无考。

- 波利丢克斯(Polydeuces):宙斯的儿子,所以也被称为$Διόσκουροι$(狄奥斯库里兄弟),和他一起的还有卡斯托尔,都是知名英雄。单数写作$Διόσκουρος$或$Διόσκορος$,这种形式只出现在语法家的作品之中,后来的拉丁语作家用卡斯托尔来指代这两兄弟(Plin. *H. N.* x. 43;Serv. *ad Vrig. Georg.* iii. 89;Horat. *Carm.* iii. 29, 64)。另据其他的荷马诗作讲(*Od.* xi. 298, etc.),他们是勒达和廷达柔斯的儿子们,廷达柔斯是拉刻代蒙的国王,于是他成了赫利乌斯(Heleus)的兄弟(Hom. *Il.* iii. 426.)。因此,他们有的时候也因为其父亲而被叫做廷达柔斯之子(Ov. *Fast.* v. 700,*Met.* viii. 301)。卡斯托尔因其驯马的技艺而知名,而波利丢克斯则是因其拳击的技艺而知名。在希腊人远征特洛亚之前,他们两个都离开了人世。荷马说，虽然他们被埋葬，不过他们每隔一天就会活过来，并享受与众神同等的荣耀。还有传说讲，他们都是宙斯和勒达的儿子，与他们的妹妹海伦一起从一只蛋中诞生出来（Hom. *Hymn*. xiii. 5；Theocrit. xxii.；Schol. *ad Pind. Nem*. x. 150；Apollon. Rhod. i. 149；Hygin. *Fab*. 155；Tzetz. *ad Lycoph*. 511；Serv. *ad Aen*. iii. 328）。各种讲法不一，有的说生出的人中没有他们的妹妹，有的说他们是从一个蛋中生出来，有的说他们是以自然的方式生出来，无论如何，波利丢克斯总是第一个生出来的，最年长（Tzetz. *ad Lycoph*. 88，511）。还有人说，只有波利丢克斯和海伦是宙斯的孩子，而卡斯托尔是廷达柔斯的儿子。因此，波利丢克斯是不死的，而卡斯托尔像其他凡人一样会老并死去（Pind. *Nem*. x. 80, with the Schol.；Theocrit. xxiv. 130；Apollod. iii. 10. §7；Hygin. *Fab*. 77）。据不同的传说，他们出生在不同的地方，比如像阿米克莱、塔宇格图斯山、佩甫诺斯（Pephnos）岛或塔那迈亚（Thalamae, Theocrit. xxii. 122；Virg. *Georg*. iii. 89；Serv. *ad Aen*. x. 564；Hom. *Hymn*. xiii. 4；Paus. ii. 1. §4, 26. §2）。宙斯之子神话般的生活，有三件大事记录下来：一、远征雅典。忒修斯把他们的妹妹海伦（Hellena）从斯巴达抢走了，或者说，把她抢走的那个人答应了阿法柔斯的儿子们伊达斯（Idas）和林扣斯要照看好她。忒修斯把她关在阿弗德纳，交给了他自己的母亲埃特拉照看。接着忒修斯就离开了阿提卡，墨涅斯修斯企图篡夺这个国家的政权，而狄奥斯库里兄弟俩（Dioscuri，即波利丢克斯和长斯托尔）刚好在这个时候来到了阿提卡，并洗劫了这个城邦。阿卡德莫（Academeu）告诉他们，海伦被关在了阿弗德纳（Herod. ix. 73），狄奥斯库里兄弟俩攻下了这个地方。他们抢走了海伦，而埃特拉也被关了起来（Apollod. l. c.）。墨涅斯修斯为他们打开了雅典的大门，阿费特奴斯（Aphidnus）接纳了他们，把他们当做自己的儿子，而他们的想法则是要通过这样的方式熟悉古代的秘密宗教仪式。雅典人对他们敬若神明（Plut. *Thes.* 31, etc.; Lycoph. 499）。二、他们还参加了阿尔戈斯英雄的远征，这是在他们参加卡吕冬狩猎之前（Apollon. Rhod. i. 149; Paus. iii. 24. §5; Hygin. *Fab.* 173）。在阿尔戈斯英雄的航程中，有一次，这些英雄被风浪所阻，结果俄耳甫斯向萨莫色雷斯的众神祈祷，风暴立刻停止了，群星出现在狄奥斯库里兄弟的头上（Diod. iv. 43; Plut. *de Plac. Philos.* ii. 18; Senec. *Quaest. Nat.* i. 1.）。他们一到达柏布律克斯（Bebryces）的国家，波利丢克斯就与阿米科斯打了起来——阿米科斯是波塞冬的巨人儿子，结果波利丢克斯胜出。在阿尔戈斯英雄远征过程中，他们还建立了狄奥斯库里城（Hygin. *Fab.* 175; P. Mela, i. 19; Plin. *H. N.* vi. 5.）。三、他们同阿法柔斯的儿子们的战争。狄奥斯库里兄弟被刘基伯的女儿们的美貌深深打动，这些女儿们是：雅典娜的女祭司，福柏和阿尔忒弥斯的女祭司希拉伊拉（Hilaeira）或厄娜埃娅（Elaeira）。狄奥斯库里兄弟把她们抢走了，并和她们结了婚（Hygin. *Fab.* 80; Ov. *Fast.* v. 700; Schol. *ad Pind. Nem.* x. 112）。波利丢克斯和福柏生下了默诺西勒斯（Mnesileus）、马埃西诺斯（Maesinous）或阿西诺乌斯（Asinous）；卡斯托尔和希拉伊拉生下了阿诺贡（Anogon）、阿纳克西斯（Anaxis）或奥洛托斯（Aulothus, Tzetz. *ad Lycoph.* 511）。一次，狄奥斯库里兄弟联合阿法柔斯的儿子们伊达斯和林扣斯，从阿尔卡迪亚那里抢走了一群牛，并让伊达斯来分战利品。伊达斯把一头公牛分为四个部分，并宣称，无论是谁，先吃完自己那一份的就可以得到牛群的一半，而第二个吃完的就得另外一半。于是伊达斯不仅吃完了自己的那一份，而且还吞下了他兄弟的那一份，于是他把整个牛群赶回了自己在墨塞奈（Messene）的家中（Pind. *Nem.* x. 60; Apollod. iii. 11. §2; Lycoph. *l. c.*）。于是狄奥斯库里兄弟入侵墨塞奈,赶回他们被抢走的牛群,而且还把其他牛群也赶走了。于是,这就成了狄奥斯库里兄弟与阿法柔斯的儿子们战争的一个始端,战事发生在墨塞奈或拉科尼亚。对战争细节的说法各不相同,卡斯托尔死在了伊达斯的手中,不过波利丢克斯杀死了林扣斯(Lynecus),而宙斯则用闪电杀死了伊达斯(Pind. Apollod. *ll. cc.*;Tzetz. *ad Lycoph.* 1514;Theocrit. xxii.;Hygin. *Fab.* 80,Poet. *Astr.* ii. 22)。波利丢克斯回到他兄弟身边的时候,他兄弟还有最后一口气息,于是他向宙斯请求,能与其同死。宙斯让他自己选择,要么和他自己不死的儿子一起生活在奥林波斯,要么与他的兄弟同命运,即一天生活在地下,另一天则一起生活在天上众神居所之中(Hom. *Il.* iii. 243;Pind. *Nem.* x. in fin.;Hygin. *Fab.* 251)。还有一些故事讲,宙斯为兄弟俩的真情所动,把他们放入群星之中,成为双子星(Gemini, Hygin. *Post. Astr. l. c.*;Schol. *ad Eurip. Orest.* 465)。这对年轻的英雄还被认为是斯巴达的国王(Paus. iii. 1. §5),在斯巴达被敬若神灵,不过在与阿法柔斯的儿子们战争后四十年,慢慢地就不再有这样的待遇了(Paus. iii. 13. §1)。米勒(Müller, *Dor.* ii. 10. §8)认为狄奥斯库里兄弟的崇拜有两个来源,即,对凡人廷达柔斯之子荣耀的崇拜,以及对古代伯罗奔尼撒神灵的崇拜,随着时间的推移,后者逐渐与前者相结合,也即是把宙斯之子的名字、从蛋中出生,以及诸如此类的事情,加入到前者中。对他们的崇拜从伯罗奔尼撒传遍了希腊、西西里和意大利(Paus. x. 33. §3, 38. §3.)。他们主要的品德是 $\vartheta εοί\ σωτῆρες$,是人的全能的帮助者,因此他们有的时候也被称作是 $ἄναχες$ 或 $ἄνακτες$(Plut. *Thes.* 33;Strab. v. p. 232;Aelian, *V. H.* i. 30, iv. 5;Aristoph. *Lysister.* 1301;Paus. i. 31. §1, viii. 21, in fin.)。不过,他们常被当做是海上航行者的保护神,因为波塞冬待他们如兄弟一般,给了他们掌控风浪的力量，所以他们可以帮助那些遭遇海难者（Hygin. *Poet. Astr. l. c*; Eurip. *Helen.* 1511; Hom. *Hymn.* xiii. 9; Strab. i. p. 48; Horat. *Carm.* i. 3. 2）。总的说来，他们成了旅行者的保护神，而且他们对于违反法律的行为也严惩不贷（Paus. iii. 16. §3; Böckh, *Explicat. ad Pind.* p. 135）。他们的 πὺξ ἀγαϑός 和 ἱππόδαμος 性格被合在了一起，而且无论他们两个出现在什么地方，都骑着白色的战马。他们像赫尔墨斯和赫拉克勒斯一样，还被当作是公共赛会的统领者（Pind. *Ol.* iii. 38, *Nem.* x. 53），而在斯巴达，他们的雕像立在比赛场的入口处（Paus. iii. 14. §7）。还有人认为是他们发明了战争舞蹈和军事歌曲，而诗歌和吟唱诗歌也深受他们的喜爱（Cic. *de Orat.* ii. 86; Val. Maxim. i. 8. §7）。由于他们好战的品性，所以在斯巴达有这样的习俗，无论去哪里打仗，只要是两个王出征，就会带上这两兄弟的象征物（δόκανα; *Dict. of Ant. s. v.*），而如果只有一个王上战场，则只带一个（Herod. v. 75）。为卡斯托尔雕刻的纪念碑，留存在斯特拉珀尼（Therapne）附近的狄奥斯库里神殿中（Pind. *Nem.* x. 56; Paus. iii. 20. §1），还有的在斯巴达（Paus. iii. 13. §1; Cic. *de Nat. Deor.* iii. 5）和阿尔戈斯（Plut. *Quaest. Gr.* 23）。希腊有许多双子座的神殿和雕像，尤其是在伯罗奔尼撒。有与他们相关的节日，参看 *Dict. of Ant. s. vv.* Ἀνάκεια, Διοσκούρια。他们在艺术作品中的通常形象是两个年轻的骑手，戴着圆帽子或头盔，顶上有群星闪耀，手中还拿着长矛（Paus. iii. 18. §8, v. 19. §1; Catull. 37. 2; Val. Flacc. v. 367）。罗马很久以前就引入了狄奥斯库里兄弟或卡斯托尔的崇拜。据说，他们在罗马人与拉丁人（Latins）的里吉洛斯湖（Regillus）之战中帮助了罗马人，独裁官普斯图密乌斯（A. Postumius Albus）在战争中答应为他们建立一座神殿。这座神殿坐落在广场上，战后看见他们曾在那里出现，正对着维斯塔的神殿。每年的 7 月 15 号是祭拜他们的日子，这一天是里吉洛斯湖之战的胜利日（Dionys. vi. 13; Liv. ii. 20, 42）。后来，狄奥斯库里兄弟的另外两个神殿也建立起来了，一个是在大角斗场（Circus Maximus），另一个在弗拉米纽斯竞技场（Circus Flaminius, Vitruv. iv. 7; P. Vict. Reg. Urb. xi）。从那个时候起，特权阶层把卡斯托尔当做他们的守护神，在公元前 305 年以后，这些特权阶层在每年的 7 月 15 号都组织一大帮马队，从战神神殿出发，穿过城邦的主街，越过广场，来到狄奥斯库里兄弟的古神殿之前。在这个行进的过程中，这些特权骑士会带上橄榄花环，带上枝条，并让这个特权阶层中最有名望的人为这两个神献上丰盛的牺牲（Dionys. *l. c.*; Liv. ix. 46; Val. Max. ii. 2. §9; Aurel. Vict. *de Virt. illustr.* 32）。参看《希腊罗马传记与神话词典》，前揭，卷一，页 1052。另参莎德瓦尔德著《古希腊星象说》，卢白羽译，上海：华东师范大学出版社，2008 年，页 35。

- 法厄同（Phaethon）：太阳神赫利俄斯与海洋女神克吕墨涅之子。但自从阿波罗成为太阳神后，后期神话中一些诗人则把他错误地写成是阿波罗之子。在施瓦布著的《希腊神话》中就把法厄同写成是阿波罗的孩子。

- 阿尔戈（Argo）：希腊神话中的一艘船，伊阿宋和阿尔戈斯英雄们乘坐此船从伊俄伊库斯（Ioicus）去寻找金羊毛。这艘船由造船人（shipwright）阿尔戈建造，船上的成员受到赫拉的特别保护。

- 阿尔戈去海峡的行程以及伊阿宋在这里作的献祭（dedication）同样被狄奥多罗斯 4.53.2 所提到；Aristides, *Oration* 46.29; Apollodrus, *Library* 1.927。

23. Pausanias, *Description of Greece*（continued from fr. 20）

所以，正是由于她，伊阿宋成了科林多的国王。美狄亚曾有过孩子，但每一个孩子出生以后，她就把他带到赫拉的神殿里去埋了，并相信这样他们会成为真正不死的。她最终意识到自己的希望落空了。伊阿宋发现了这件事，对她的恳求不再同情，回到了伊俄洛科斯。所以美狄亚也离开了，并把主权交给了西绪福斯。这就是我所读到的故事。

• 美狄亚孩子的故事以及她离开伊阿宋的事，欧里庇得斯在《美狄亚》中用不同的形式讲了出来。潜在的实情是科林多人对死亡孩子的一种祭礼，这些孩子的坟墓在赫拉像的周围。参看欧里庇得斯，《美狄亚》1378–1383；Parmeniscus in school. Eur. *Media* 264；Pausanias 2.3.7；M. P. Nilsson, Griechische Feste von religioser Bedeutung（Leipzig. 1906），57–60。也许祭礼中的那些孩子本来是当地女神美狄亚的儿子，这个美狄亚同阿尔戈斯英雄传奇中的美狄亚没有任何联系。名字的巧合使得埃厄忒斯和伊阿宋把她引入了科林多人的故事中。

24. Pausanias, *Description of Greece*

关于西绪福斯和涅琉斯的坟墓——据说涅琉斯也来到了科林多并在那里病死，就埋在了这个海峡边——在读了欧墨洛斯之后，我不知道是否应该去找找它们。因为他说，西绪福斯也没有为涅斯托尔指出涅琉斯的坟墓，因为这个坟墓不能让其他人知道，包括他的儿子们。西绪福斯也被埋在了这个海峡，但是他的坟墓即便在他自己那个年代也没有哪个科林多人知道。

25. Scholiast on Apollonius of Rhodes

欧墨洛斯在《科林提亚卡》中说，勒达的父亲是格劳科斯，西绪福斯之子,而她的母亲是潘特朵娅（Παντειδυίας, Panteidyia）；他还说,当格劳科斯的马丢失以后,他就去了拉刻代蒙,并与潘特朵娅交欢。据众人说［或是：据他所说］潘特朵娅后来同忒斯提奥斯（Θέστιος）结婚,并生了勒达,所以,她在身份上是格劳科斯的孩子,而名义上却是忒斯提奥斯的孩子。

- 忒斯提奥斯（Thestius）：阿瑞斯和德墨尼科或安德洛狄克（Androdice）的儿子,不过据其他说法,他是阿革诺耳的儿子,埃托利亚国王普列翁的孙子。忒斯提奥斯的孩子有伊普菲克勒斯、埃威波斯、佩莱克西波斯（Plexippus）、欧律皮洛斯（Eurypylus）、勒达、阿尔泰亚（Althaea）和许珀耳涅斯特拉（Hypermnestra）。关于他妻子的讲法不一,一些人说是李西波（Lycippe）或普列翁的女儿拉奥奉特,还有人说是戴德弥耳（Deïdameia, Apollod. i. 7. §§7, 9, 16, iii. 10 §5; Paus. iii. 13. §5; Hygin. *Fab.* 14; Schol. *ad Apollon. Rhod.* i. 146, 201）。他的女儿勒达和阿尔泰亚有时候以父亲的姓名而被提到,叫做斯提阿斯（Thestias, Eurip. *Iph. Aul.* 49; Aeschyl. *Choeph.* 606）,他的儿子伊普菲克勒斯则叫做忒斯提阿德斯（Thestiades, Apollon. Rhod. i. 261）。参看《希腊罗马传记与神话词典》,前揭,卷三,页1102。

三、欧罗芭之歌（Εὐρωπιά）

26. Philodemus, *On Piety*

《欧罗芭之歌》的作者说,此神也爱上了她［欧罗芭］,而且因为她不愿意屈服于宙斯,就被宙斯诱拐了。

27. Scholiast on the *Iliad*

狄奥尼索斯，宙斯与赛墨勒的儿子，弗里吉亚（*Φρυγία*）的库珀勒山（*Κυβέλη*）的瑞亚为他净化，还教会了他仪式，并且他还从这个女神那里得到了所有随身物品，而后就漫游世界、欢庆节日并接受荣耀，所有人都追随他。但是当他来到色雷斯时，德里亚斯（*Δρόας*）的儿子吕库戈斯（*Λυκοῦργος*）由于赫拉的憎恨而对此人生气，用赶牛棍把他赶出这个国家，还攻击那些与他一起狂欢的仆人。吕库戈斯受神明驱使，开始处罚狄奥尼索斯。狄奥尼索斯恐惧地跳入海中，被忒提斯和欧律诺墨（*Εὐρυνόμη*）救了起来。吕库戈则因为他的不虔诚受到了严厉的惩罚：宙斯让他不能再看见东西。许多作者提到了这个故事，而首先提到的则是《欧罗芭之歌》的作者欧墨洛斯。

● 瑞亚（Rhea）：此神的名号及其本质，都是古代神话难以讲清的内容之一。一些人认为瑞亚的名字只是*ἔρα*的另外一种形式，意即大地，而另外一些人则认为是*ῥέας*，意即"我飘荡着"（Plat. Cratyl. p. 401, etc.）。于是，不可否认，瑞亚像德默特尔一样，是一个大地女神。据赫西俄德《神谱》（133；参看 Apollod. i. 1. §3），瑞亚是乌拉诺斯和该亚的女儿，因而她也就是俄刻阿诺斯、科依沃斯、许珀里翁、克瑞斯、伊阿佩托斯、忒伊亚、忒弥斯和莫涅莫绪涅的妹妹。她与克洛诺斯结婚，生下的孩子有赫斯提亚、德默特尔、赫拉、哈得斯、波塞冬和宙斯。据其他说法，在克洛诺斯和瑞亚之前，统治整个世界的是奥菲昂（Ophion）和欧律诺墨。不过，奥菲昂被克洛诺斯推翻，而瑞亚把欧律诺墨丢进了塔尔塔罗斯。克洛诺斯吞下了瑞亚生下的所有孩子。但是当她快要生下宙斯的时候，她在其父母的建议之下，去了克里特的吕克图斯（Lyctus）。宙斯出生以后，她给了克洛诺斯一个石头，包裹得像一个婴儿的样子，于是这个神把它吞了下去，就像吞下其他几个孩子一样（Hes. *Theog.* 446, etc.; Apollod. i. 1. §5, etc.; Diod. v. 70）。荷马（*Il.* xv. 187）只简略地提到了瑞亚，而赫西俄德的文字被认为是提到瑞亚的最古老的希腊传说，他的文字似乎暗示克里特神秘祭司已经与希腊北部的区域有了一定的联系。正是因为这样，色雷斯人似乎也知道宙斯的母亲，在这些人的眼中，她变成了一个更重要的神，远远超过了她在南方的重要性（Orph. *Hymn.* 13，25，26），因为她同色雷斯女神本狄斯（Bendis）或柯提亚（Cotya）相关联（赫卡忒），并与德默特尔等同（Strab. x. p. 470）。

同时，色雷斯人认为撒摩忒那和利姆诺斯岛的秘密宗教仪式中最重要的神是瑞亚——赫卡忒，而一些色雷斯人定居在了小亚细亚，因为这个地方的人对一些异邦神灵已经熟悉了，其中有一个神灵得到极大的重视，而这个神灵十分像瑞亚。同样，后来定居在埃萨的希腊人，把亚细亚的（Asiatic）女神等同于瑞亚，而他们对这个瑞亚已经很熟悉了（Strab. x. p. 471; Hom. *Hymn.* 13，31）。在弗里吉亚，瑞亚被认为就是西布莉，据说她为狄奥尼索斯净化，并教会了他一些秘仪（Apollod. iii. 5. §1），因此对瑞亚的崇拜之中又混入了一些狄奥尼索斯的因素。此外，德默特尔作为瑞亚的女儿，基本上具有了瑞亚的所有品质（Eurip. *Helen.* 1304）。后来越来越混乱不清，对克里特的瑞亚的崇拜与弗里吉亚人对众神之母的崇拜混在了一起，而狄奥尼索斯的狂欢又与西布莉的狂欢混在了一起。从亚细亚来的异乡人被看作是魔法师，结果却引入了一大堆新的仪式，这些新的仪式深受欢迎，尤其得到平民大众的欢迎（Strab. *l. c.*; Athen. xii. p. 553; Demosth. *de Coron.* p. 313.）。瑞亚和德默特尔之间的联系表明，她在很早的时候就被尊为大地女神。

克里特无疑是最早崇拜瑞亚的地方，狄奥多罗斯（v. 66）曾经看到过瑞亚神殿所在的位置，在克诺索斯附近。有一段时间，岛上的人以西布莉之名来崇拜她的（Euseb. Chron. p. 56；Syncell. Chronogr. p. 125）。一般的传说认为宙斯出生在克里特，要么是在迪克特山（Dicte），要么是在伊达山。在德尔斐，有一个并不大的石头，上面涂满了油，而且在重要的场合，上面还要裹上白色的羊毛，据说这就是克洛诺斯当做宙斯吞下去的那个石头（Paus. x. 24. §5）。这样的地方传说表明，瑞亚在希腊的某个地方生下了宙斯，不过具体地点却说法各异。还有一些传说明确表示他出生在忒拜（Tzeta. ad Lyc. 1194）。丁狄蒙人（Dindymenian）的圣母殿由品达洛斯（Pindarus）所建（Paus. ix. 25. §3；Philostr. Icon. ii. 12）。据另外的传说，瑞亚是在波俄提亚的卡埃罗奈亚（Chaeroneia）生的宙斯（Paus. ix. 41. §3），在普拉蒂亚的宙斯神殿中，瑞亚正把一个裹着布的石头交给克洛诺斯（Cronus，Paus. ix. 2. §5）。在雅典，有一座瑞亚的神殿位于奥林匹乌（Olympieium）庙宇的庭院中（Paus. i. 18. §7），而据说雅典人是希腊人中最早崇拜众神之母的（Julian, Orat. 5）。她的神殿被称为默忒翁（Metroum）。阿尔卡迪亚人说，宙斯出生在他们的国家，具体地方是吕卡翁山，那里也是阿尔卡迪亚人传播宗教的主要地方（Paus. viii. 36. §2, 41. §2；参看 Callim. Hymn. in Jov. 10, 16, etc.）。在美赛尼亚也同样能找到一些踪迹（Paus. iv. 33. §2），还有拉科尼亚（iii. 22. §4）、米西亚（Mysia, Strab. xiii. p. 589）和西奇库斯（i. p. 45, xii. p. 575）。我们还在西皮洛斯山（Sipylus）找到了以西布莉之名对瑞亚的崇拜（Paus. v. 13. §4），还有柯迪鲁斯（Coddinus）（iii. 22. §4）山和弗里吉亚。弗里吉亚接受了从色雷斯（Thrace）来的殖民居民，瑞亚在那里被当做是萨巴子俄斯（Sabazius）的母亲。在那里，对她的崇拜也十分普遍，几乎找不到没有瑞亚崇拜的城邦。在加拉提亚（Galatia），对她的崇拜主要是在培希努（Pessinus），她的形象在那里据说是从天而降的（Herodian, i. 35）。国王弥达斯（Midas）一世为她修建了一座神殿，还为她设立了庄严的节庆，后来阿塔利（Attali）的一个人又为她建立了一个更豪华的神殿。在培希努，她的名字叫做阿格狄斯提斯（Agdistis, Strab. xii. p. 567）。似乎从最早的时候开始，她在培希努的祭司在某些方面就成了这个地方的统治者，并且从这一职责中获得了巨大的好处。甚至是在女神的形象从培希努传到罗马之后，培希努仍然被看做是这个伟大女神的圣地，并且是崇拜她的主要地方。若是认可其不同的名字，我们就可以在更远的东方找到瑞亚崇拜的痕迹，远至幼发拉底，甚至是巴克特里亚涅人（Bactrians）那里。实际上，她也是东方世界中最伟大的女神，我们可以在那里发现对她的不同崇拜方式以及她的不同名号。罗马人则在很早的时候就开始崇拜宙斯和他的母亲俄普斯，即克洛诺斯的妻子。因此，当我们读到（Liv. xxix. 11, 14），他们在汉尼拔战争期间从培希努那里获得了众神之母的形象时，我们一定能够明白，这里传入的这种崇拜方式对他们来说还十分陌生，所以他们要么就与这种对俄普斯的崇拜划清界限，要么就与其相融。人们在派拉庭山还为她修建了一座神殿，罗马的主妇们则以默格勒西亚（Megalesia）节来崇拜她。她在艺术作品中的形象与在希腊一样，而她的那些去世的祭司被称为伽勒里（Galli）。

我们发现了瑞亚有几个不同的名字，分别是"伟大的母亲"、"众神之母"、西布莉、库贝倍（Cybebe）、阿格狄斯提斯（Agdistis）、贝瑞辛提（Berecyntin）、布里莫（Brimo）、丁迪墨涅（Dindymene）和"伟大的伊达山的众神之母"。赫西俄德叙述了她与克洛诺斯的孩子,当她被称为西布莉时,她是阿勒克(Alce)的母亲、弗里吉亚国王弥达斯的母亲和尼西亚(Nicaea)的母亲(Diod. iii. 57; Phot. Cod. 224)。在所有的欧洲国家中,瑞亚被认为与库瑞忒斯相伴,这与宙斯在克里特的出生长大紧密相关,而在弗里吉亚则是与科律班忒斯(Corybantes)、阿提斯(Atys)和阿格狄斯提斯相关。科律班忒斯们是她的祭司,他们带着鼓、铜钹和号角,并全副武装,在森林里和在弗里吉亚山上表演她们的狂欢舞。狮子是用来祭献给众神之母的,因为她是大地之神,而狮子则是大地之上最强壮也最重要的动物,此外还因为人们相信,崇拜她的那些国家有许多狮子(参看 Ov. *Met*. x. 692)。在希腊,人们把橡树献祭给瑞亚(Schol. ad Apollon. Rhod. i. 1124)。瑞亚最伟大的形象是由菲迪亚斯(Pheidias)在艺术作品中塑造出来的。她在艺术作品中很少站着,总是坐在一个宝座上,周围装饰着壁画王冠,王冠上还会垂下面纱。狮子总是卧在其左右,她有时候也会坐在一辆由狮子拉的马车上(参看库瑞忒斯、宙斯和克洛诺斯的相关词条)。参看《希腊罗马传记与神话词典》,前揭,卷三,页648。

● 德里亚斯(Dryas):希腊神话中共有九人用到这个名字,他们分别是:一、国王吕库戈斯的儿子,是色雷斯的埃冬尼(Edoni)国王,"民众的牧者"。二、即是此处提到的吕库戈斯的父亲。三、伊阿佩托斯或阿瑞斯的儿子。四、穆尼科斯(Municus)的父亲。五、帕拉涅(Pallane)的追求者,被后来同帕拉涅结婚的克利托斯(Clitus)所杀。六、安菲洛克斯的父亲。七、埃古普托斯(Aegyptus)和波吕克索(Polyxo)的儿子。八、塔纳格拉(Tanagra)的首领,他带来了1000名弓箭手帮忒拜抵抗匕勇士的进攻。九、特洛亚战争中的希腊战士,被得伊福玻斯所杀。另参《希腊罗马传记与神话词典》,前揭,卷一,页1088。不过,字典中只简单介绍了其中的一个人物。

- 欧律诺墨（Eurynome）：在古希腊神话中，使用这个名字的女人共有八个：一、海的女儿或是海洋之神（俄刻阿诺斯）的女儿；二、奥菲昂（Ophion）的妻子；三、卡里忒斯（Charites）的母亲；四、迈加拉的奈瑟斯国王的女儿，同波塞冬生下了柏勒洛丰（Bellerophon）；五、琉科忒亚（Leucothea）的母亲；六、阿尔卡迪亚的吕库戈斯的妻子，生下了安菲达玛斯（Amphidamas）、埃坡库斯（Epochus）、安凯厄斯和伊阿索斯（Iasus）；七、伊菲图斯（Iphitus）的女儿，阿德拉图斯的母亲；八、佩涅洛佩的侍女。

28. Clement of Alexandria, *Miscellanies*

《欧罗芭之歌》的作者在下面的诗行中也提到，阿波罗在德尔斐的形象是一根柱形物：

"所以，我们也许会在神圣的廊柱和高高的柱头上，为此神挂一个小物件和新鲜果实。"

- 德尔斐（Delphi）：既是一个考古学意义上的景点，也是一个希腊的现代城邦。位于帕那萨斯（Parnassus）山脉西南部的支脉上。

29. Scholiast on Apollonius of Rhodes, "Sinope, daughter of Asopus"

西诺珀（Σινώπη）是黑海边的一个城镇，以阿索波斯的女儿西诺珀而得名的。西诺珀被阿波罗从海瑞亚（Ὑρίη）夺走，带到了黑海……在俄耳甫斯的诗歌里，她被认为是阿瑞斯和伊琴娜的女儿；而据一些人说，她是阿瑞斯和帕拉莎（Παρνάσσης，Parnassa）的女儿；但据欧墨洛斯和亚里士多德所说，她是阿索波斯的女儿。

- 水泽女神西诺珀（Sinope）：河神阿索波斯（Asopos）与迈托普（Metope）之女。西诺珀是一位传说中未被宙斯成功追求到的女人，大神宙斯为了追求她，承诺实现她的任何愿望——结果她提出要永葆贞洁。又有人说她是阿瑞斯与伊琴娜岛或帕拉撒（Parnassa）之女。阿波罗把她从波俄提亚抢走，把她送到尤克森（Euxine）的帕夫拉哥尼亚（Paphlagonia），她在那里生下了希鲁斯（Syrus）。因此，这个城邦后来就以她的名字来命名（Diod. iv. 72; *Schol. ad Apollon. Rhod.* ii. 946）。参看《希腊罗马传记与神话词典》，前揭，卷三，页840。

- 海瑞亚（Hyria）：荷马的目录中提到过此地名，据施特拉波说，这个地方属于塔纳格拉的领地。不过，泡萨尼阿斯并没有提到过这个地方。

- 俄耳甫斯（Orphic）：传说中的歌手、竖琴手和诗人，具体介绍参看《俄耳甫斯教辑语》，吴雅凌编译，华夏出版社，2006年。

- 伊琴娜（Aegina）：希腊萨罗尼克海湾（Saronic Gulf）的一个萨罗尼克岛屿，距雅典31英里。此地名来自于伊琴娜，她是艾亚哥斯的母亲，生于此岛并管理此岛。在古代，这个城邦是雅典的对手，拥有那个时代强大的海上力量。

30. Pausanias, Description of Greece

史诗《欧罗芭之歌》的作者说，安菲翁（'Αμφίων）第一个使用竖琴，是赫尔墨斯教给他的。此作者还说，他的歌声可以吸引石头和野兽。

● 安菲翁（Amphion）：一、宙斯和安提俄珀的儿子，安提俄珀是忒拜的尼克忒奥斯的女儿，他还是泽托斯的同胞兄弟（Ov. *Met.* vi. 110，etc.；Apollod. iii. 5. §5）。安提俄珀有了宙斯的孩子之后，由于害怕自己的父亲，就跑到了西科昂的埃波佩奥斯那里，并和埃波佩奥斯结了婚。其父尼克忒奥斯在绝望中自杀了，不过却叮嘱他的兄弟吕科斯为他向埃波佩奥斯和安提俄珀报仇。于是，吕科斯向西科昂进军，攻下了城邦，杀死了埃波佩奥斯，并把安提俄珀带到了波俄提亚的厄琉特那（Eleutherae）。她在被关押期间生下了两个孩子，安菲翁和泽托斯，不过两个孩子都被扔了，后来被牧羊人找到并养大了（Apollod. *l. c.*）。据许金鲁斯所讲（*Fab.* 7），安提俄珀是吕科斯的妻子，却被埃波佩奥斯诱骗了。从此，她的丈夫就不再认她，一直到宙斯和她发生了关系。吕科斯的第二任妻子狄耳刻嫉妒安提俄珀，就把她关了起来，但是宙斯帮助她逃到了喀塔隆山（Cithaeron），她在那里生下两个孩子。据阿波罗多洛斯所述，她生下了两个孩子之后还被关了一段时间，而两个孩子由牧羊人养大，而且他们并不知道自己的身世。赫尔墨斯（据其他人说是阿波罗或缪斯）送了安菲翁一把里拉琴，因此他开始练习音乐，而他的兄弟则狩猎和照看畜群（Horat. *Epist.* i. 18.41，etc.）。欧里庇得斯（Phoen. 609）称这两兄弟为"骑白马的双子星"，他们加强了忒斯比亚附近的恩忒埃斯（Entresis）城的防守，并在那里定居下来（Steph. Byz. *s. v.*）。安提俄珀由于受到吕科斯和狄耳刻的虐待，从囚笼里逃走了，这是由于绑她的锁链奇迹般地松了。她的儿子们认出了自己的母亲后就跑去忒拜，杀死了吕科斯，并把狄耳刻绑在一头牛身上，然后再把她丢进一口井中，于是从那以后这口井就被称为狄耳刻井。这两兄弟占领了忒拜之后，加固了这座城的城墙，不过关于这件事的成因却有不同的讲法。据说安菲翁弹里拉琴的时候，这些石头不仅会自动跑到修筑城墙的地方来，而且还自动修筑起墙来（Apollon. Rhod. i. 740, 755, with the Schol.; Synecell. p. 125, d.; Horat. *ad Pison.* 394, etc.）。安菲翁后来娶了尼俄柏为妻，她为他生下了许多孩子，结果全都被阿波罗杀死了（Apollod. iii. 5. §6; Gellius, xx. 7; Hygin. Fab. 7, 8; Hom. *Od.* xi. 260, etc.; Paus. ix. 5. §4；参看尼俄柏的相关内容）。至于安菲翁的死，奥维德（*Met.* vi. 271）说，他因孩子们的死而过度悲伤，于是挥剑自刎。而另外的版本说，他是阿波罗杀死的，因为他袭击了神在皮提亚的圣殿（Hygin. *Fab.* 9）。安菲翁同他的兄弟一起被埋在了忒拜（抑或是，据拜占庭人斯梯芬那斯所述，葬在帝忒俄那伊。而帝忒俄那伊人认为，如果能在每年特定的时候，从安菲翁的坟墓上取下一片土，放到安提俄珀的坟墓上，就能使他们自己的土地增产。因此，忒拜人在每年那个特殊时刻都会守卫着安菲翁的坟墓（Paus. ix. 17. §3, etc.）。在冥府，安菲翁由于对勒托的行为而受到惩罚（ix. 5. §4）。还可以参看下面的这些文字：Paus. ii. 6. §2、vi. 20. §8; Propert. iii. 13. 29。安菲翁和他的兄弟惩罚狄耳刻的场景在一个极好的艺术品中得到展示，这件艺术品仍然存世，即著名的法尔勒西斯的（Farnesian）公牛，那是阿波罗尼奥斯和陶里斯科斯（Tauriscus）的作品，在1546年被发现，保存于罗马的法尼丝（Farnese）宫（普林尼，*H. N.* xxxvi. 4; Heyne, *Antiquar. Aufsätze*, ii. p. 182, etc.; 参看 Müller, *Orchom.* p. 227, etc.）。

二、雅舒斯的儿子，珀耳塞福涅的丈夫，并和她生下了克罗里斯（Hom. *Od.* xi. 281, etc.）。在荷马那里，这个安菲翁，即奥尔霍迈诺斯的国王，与另外一个安菲翁，即尼俄柏的父大明确区分开来，但是在一些早期的版本中，他们两个似乎还是被当做同一个人（Eustath. *ad Hom.* p. 1684; Müller, *Orchom.* pp. 231, 370）。

另有三个神话人物用这个名字,一个是埃庇安人远征特洛亚的首领(Hom. *Il.* xiii. 692),第二个是阿尔戈斯的英雄(Apollon. Rhod. i. 176; Orph. *Arg.* 214; Hygin. *Fab.* 14),第三个是尼俄柏的儿子。另有两个人物用这个名字,与神话无关,从略。参看《希腊罗马传记与神话词典》,前揭,卷一,页151。

• 安菲翁和他的哥哥泽托斯(Zethus)修建了忒拜的城墙(*Odyssey* 11. 262-265)。安菲翁的竖琴音乐让石头按他们的心意移动("Hesiod," fr. 152)。据阿西奥斯(Asius, fr. 1)说,这两兄弟是西科昂人埃波佩奥斯的儿子。

四、无法归类的辑语(Unplaced Fragments)

31. Apollodorus, *The Library*

欧墨洛斯和另一些人都说,吕卡翁还有一个女儿,叫凯里斯特(Καλλιστώ)。

• 欧墨洛斯定然讲过,宙斯是如何同凯里斯特交欢又把她变成一只熊的。阿尔忒弥斯杀死了她,但宙斯救下了她的孩子阿尔卡斯(fr. 32),与阿尔卡迪亚同名。凯里斯特(Callisto)又译作卡利斯托。阿尔卡迪亚公主卡利斯托(Kallisto),吕卡翁(Lykaon)之女,狩猎女神阿尔忒弥斯的随从,为宙斯所爱。大神宙斯化成阿尔忒弥斯模样接近并占有了她,在被阿尔忒弥斯赶走之后,卡利斯托又被天后赫拉变成了一只母熊,宙斯便把她放到了天上,成为北斗七星,并产下一子:阿尔卡狄亚地区以阿尔卡斯(Arkas)而得名。

32. Apollodorus, *The Library*

阿尔卡斯（Ἀρκάς）和阿米克洛斯（Ἄμυκλος）的女儿勒蕾阿斯（Λεανείρας, Leaneira）生下了厄拉托斯（Ἔλατος）和安普菲达斯（Ἀφείδας），也或许是阿尔卡斯与克若孔（Κρόκων）的女儿墨塔涅伊拉（Μετάνειρα）生下的，也或许如欧墨洛斯所说，是与一个水泽仙女克吕索佩勒娅（Χρυσοπελείας，Chrysopeleia）生下的。

- 阿尔卡斯（Arcas）：一、阿尔卡迪亚人的祖先和名祖英雄，这个国家及其居民的名字正是来自于他。他是宙斯和凯里斯特（Callisto）的儿子，阿尔忒弥斯的同伴。在他母亲死去或者说变形后（参看凯里斯特的相关内容），宙斯把这个孩子送给麦娜（Maia），并给他取名阿尔卡斯（Apollod. iii. 8. §2）。阿尔卡斯又与勒蕾阿斯或迈伽雷拉（Meganeira）生下了厄拉托斯（Elatus）和安普菲达斯（Apollod. iii. 9. §1）。据许金鲁斯（*Fab.* 176，*Poet. Astr.* ii. 4.），阿尔卡斯是吕卡翁的儿子，他的父亲把他的肉放在宙斯面前，以检验他的神性。宙斯看到这个餐桌（τράπεζα）后十分生气，就用闪电把吕卡翁的房子毁了，却让阿尔卡斯复活了。阿尔卡斯长大后在他父亲的房子所在的位置建立了一座特拉裴苏斯（Trapezus）城。一次，阿尔卡斯追赶一只母熊，他不知道这只熊是他母亲变的，一直追到了宙斯在里卡亚（Lycaean）的神殿，这个神殿凡人是不能进的，于是宙斯把他们两个一起变成了天上的星星（Ov. *Met.* ii. 410, etc.）。据泡萨尼阿斯（viii. 4. §1, etc.），阿尔卡斯接替尼柯提莫斯（Nyctimus）管理着阿尔卡迪亚，并把佩拉斯吉亚（Pelasgia）国更名为阿尔卡迪亚。他教会了他的臣民面包制作术和编织术。他娶厄拉托（Erato）仙女为妻，并和她有了三个儿子，分别是厄拉托斯（Elatus）、安普菲达斯和阿扎恩（Azan），他还把自己的国家分封给了他们。他还有一个私生子叫奥托劳斯（Autolaus），其母亲不知道是谁。阿尔卡斯的坟墓在曼提尼，他的遗物是在德尔斐神谕的指示下从梅拿鲁思（Maenalus）山运到这里的（Paus. viii. 9. §2）。阿尔卡斯和他家族的雕像被蒂吉亚的居民在德尔斐供奉着。二、赫尔墨斯的别名（Lucan, *Phars.* ix. 661; Martial, ix. 34. 6；参看赫尔墨斯的相关内容）。参看《希腊罗马传记与神话词典》，前揭，卷一，页258。

• 阿米克洛斯（Amyclus）：又写作 Amyclas（'Αμύκλας），赫拉克勒亚人，柏拉图的学生（Diog. Laert. iii. 46; Aelian, *V. H.* iii. 19）。但与此处的人物不合。另参阿米克洛斯：拉刻代蒙和斯巴达的儿子，风信子（Hyacinthus）的父亲，母亲是纳皮托斯（Lapithus）的女儿狄奥米德（Apollod. iii. 10. §3; Paus. x. 9. §3, vii. 18. §4）。他是拉科尼亚的国王，还被认为是阿米克莱的建立者（Paus. iii. 1. §3）。另有两个神话人物用这个名字，参看 Parthen. *Erot.* 15 和 Apollod. iii. 9. §1。参看《希腊罗马传记与神话词典》，前揭，卷一，页153。

• 厄拉托斯（Elatos）：在古希腊神话中共有六个人叫作厄拉托斯：一、拉皮泰族人（Lapith）的首领；二、半人马厄拉托斯，在同赫拉克勒斯的战斗中被杀；三、佩涅洛佩的追求者，被欧迈俄斯（Eumaeus）所杀；四、阿尔卡斯同厄拉托斯或是克里索佩雷亚（Chrysopeleia）的儿子，又或是同勒蕾阿斯的儿子；五、居住在珀达索斯的特洛德镇，在特洛亚战争中被阿伽门农所杀；六、安庇库斯（Ampycus）的父亲。

• 安普菲达斯（Apheidas）：传说中雅典的国王，奥克辛忒斯

(Oxyntes)的儿子。他统治雅典一年以后,他的兄弟堤摩忒斯(Thymoetes)继承了他的王位。注释文字来自于维基百科,《希腊罗马传记与神话词典》中并没有收录此人的相关情况。

- 克若孔(Crocon):撒埃莎娜(Saesara)的丈夫,迈伽内娅(Meganeira)的父亲(Apollod. iii. 9. §1; Paus. i. 38. §2;参看阿尔卡斯的相关内容)。参看《希腊罗马传记与神话词典》,前揭,卷一,页896。
- 墨塔涅伊拉(Metanira或Metaneira或Metaenira)是希腊神话中埃琉西斯的王后,国王克琉斯的妻子。据传,女神德墨特尔在寻找女儿珀耳塞福涅的路上乔装经过埃琉西斯,墨塔涅伊拉嘱托她照料儿子得摩丰。女神欲将小王子变成神祇,将他放入火炉烘烤。有一天墨塔涅伊拉撞见了这个场景,打断了仪式,致使得摩丰死于非命。

33. Apollodorus, *The Library*

墨涅拉奥斯与赫尔迈厄尼生下了海伦……而据欧墨洛斯所述,海伦是墨涅拉奥斯跟克罗索斯($Kνωσός$)的一个仙女克诺达莫斯($Ξενόδαμος$)生下的。

- 克罗西亚斯(knossos):以拉比林特斯(Labyrinth)而知名,是最大的青铜时期遗迹,位于克里特,也许是米诺斯文明与文化的礼教与政治中心。
- 克诺达莫斯(Xenodamus):无从查考,《希腊罗马传记与神话词典》收录的是一个同名者,而不是这个仙女。参看《希腊罗马传记与神话词典》,前揭,卷二,页1295。

34. Clement of Alexandria, *Miscellanies*

因为当欧墨洛斯写道:

"啊，莫涅莫绪涅（*Μνημοσύνη*）与奥林匹亚宙斯所生的九个女儿……"

梭伦（*Σόλων*）以如下的方式开始他的诉歌："啊，莫涅莫绪涅和奥林波斯大神宙斯的那些杰出的孩子们。"

- 莫涅莫绪涅（Mnemosyne）是希腊神话中的记忆女神，乌拉诺斯（天空）和该亚（大地）的女儿。她是宙斯的妻子，与后者生下了九个缪斯女神。她通常被描绘成一个支着下巴沉思的女子。有时她在画笔下表现为一个接近成年的女性，发饰多珍珠和宝石，用右手的两个手指持着耳垂。然而在古典时期，其他神祇都表现成为青少年的形象，这是希腊人所认为的最完美的年龄。
- 梭伦（Solon）：古希腊七贤之一，参看第欧根尼·拉尔修《名哲言行录》，前揭，页29。

35. Tzetzes, commentary on Hesiod

而科林多的欧墨洛斯说，有三个缪斯，阿波罗的女儿克普菲索（*Κηφισώ*）、阿波罗尼斯（*Ἀπολλωνίς*）和波瑞斯忒尼斯（*Βορυσθενίς*）。

- 波瑞斯忒尼斯（Borysthenis）之名得自于伯利地尼斯，即第聂伯河（Dnieper）河；克普菲索（Cephiso）之名也得自一条河，在希腊有好几条河叫克普菲索（Cephisus）。也许阿波罗尼斯（Apollonis）的名字错了，它本亦是出自河流名，如阿基诺伊斯（Achelois）或是阿索皮斯（Aopis）。这三人的英文写法分别是：Cephiso、Apollonis 和 Borysthenis，《希腊罗马传记与神话词典》并没有收录这三个仙女。

基纳厄同（*KINAIΘΩN*）

证 言

Plutarch, *On the Pythia's Oracles*

至于奥诺玛克利托斯（Ὀνομάκριτος）、普罗狄科斯（Πρόδικος）和基纳厄同就神谕中添加了一些不必要的虚饰和戏剧而提出的所有批评，我才不管呢。

- 奥诺玛克利托斯（Onomacritus）：雅典人，他在早期的希腊宗教诗歌中的地位十分有趣。希罗多德称他是"缪斯神谕的发布者和安排者"（χρησμολόγον τε καὶ διαθέτην χρησμῶν τῶν Μουσαίου），还说，奥诺玛克利托斯受希帕库斯的资助，直到赫尔迈厄尼（Hermione）的拉索司（Lasus，他是酒神赞歌诗人）发现他篡改了穆赛俄斯的一道神谕。于是希帕库斯把他驱逐出境。他似乎还去过波斯，在从雅典被放逐后，他又一次受到雅典人的欢迎，佩斯忒拉德斯（Peisistratids）请他来劝说薛西斯（Xerxes）参加对希腊的远征，其方法是当着他的面背诵那些古老的神谕，这些神谕从表面上看是在支持这样的图谋，并压制反对意见（Hcrod. vii. 6）。洛贝克（Lobeck, *Aglaoph.* p. 332）和尼采（Nitzsch, *Hist. Hom.* p. 163）都可以证明下面这个情况，即上文所引的希罗多德的话表明，奥诺玛克利托斯是古代神谕的发布者——至少他保存了神谕，不仅如此，他还收集和整理了那些归在穆赛俄斯名下的神谕。这一点也与佩西斯特拉图斯家族统治时代的文学品质相符，也与其他关于奥诺玛克利托斯的讲法相符，他不仅篡改穆赛俄斯的神谕，还对荷马的作品下手（Schol. in Hom. *Od.* xi. 604，关于奥诺玛克利托斯与荷马文学史的关系的讨论，参看 Nitzsch, *Erklärende Anmerkungen zu Homer's Odysses*, vol. iii. pp. 336，etc.）。他还是一些归在俄耳甫斯名下的诗歌的真正作者。按照希罗多德的说法，奥诺玛克利托斯生活的年代约在公元前 520 年至 485 年。一些古代作家认为他生活在第五届奥林匹亚运动会期间，即公元前 580 年，这是不正确的（Clem. Alex. *Strom.* i. p. 143, Sylb.; Tatian. *adv. Graec.* 62, p. 38, Worth.）。希罗多德关于奥诺玛克利托斯做假的描述还得到了泡萨尼阿斯的证实，泡萨尼阿斯说有些诗篇（ἔπη）归在穆赛俄斯名下，不过在他看来，这些诗作有些却出自奥诺玛克利托斯之手，因为没有确凿的证据表明这些作品是属于穆赛俄斯的，除了一首致德默特尔的颂歌以外——这首颂歌是他是为吕科墨得斯的后裔（Lycomidae）所作（Paus. i. 22. §7; 参看 iv. 1. §6.）。在三篇其他的文字中，泡萨尼阿斯引用过奥诺玛克利托斯的诗作（ἐν τοῖς ἔπεσι），不过却并没有任何暗示表明这些作品是或者谎称是别人的（viii. 31. §3, 37. §4. a. 5, ix. 35. §1. a. 5）。泡萨尼阿斯不认为这些诗作应该归在那些古老的神话吟唱诗人名下，而说它们事实上是奥诺玛克利托斯创作的，他用他一贯的辨析伪作的方法指出这一点，正如最开始引用的文字那样（i. 22. §7; 参看 i. 14. §3, εἰ δὴ Μουσαίου καὶ ταῦτα 和 i. 37. §4, τὰ καλούμενα Ὀρφικά）。此外，就这三段文字中的两段，他还拿奥诺玛克利托斯同荷马和赫西俄德作比较。正是基于这样的原因，无论从哪种意义上来讲，即便这些诗作在泡萨尼阿斯时代被认为出自奥诺玛克利托斯之手,那也无法就此认定奥诺玛克利托斯是这些作品的作者。更有可能的是,它们似乎是古代颂诗的残篇,作者名字已经不可考,而奥诺玛克利托斯只是编辑了这些作品,当然他在编辑过程中还加入了自己的东西。

泡萨尼阿斯引用的这三段文字中的最后一段,提到了一个有趣的问题。泡萨尼阿斯引用赫西俄德的话说美惠女神是宙斯和欧律诺墨的女儿,她们的名字是欧芙珞欣、阿格莱亚(Aglaïa)和塔利亚,并且还说奥诺玛克利托斯的诗作中也有同样的说法。我们发现在第59首俄耳甫斯颂歌中,作者如此称呼美惠女神:

> "高贵显赫的美惠之神,/宙斯和胸怀深沉的欧诺弥厄的出色女儿们,/昂莱俄·塔利俄和至福的欧普弗萝绪涅。"(译文出自《俄耳甫斯教祷歌》,前揭,页111)

一些作家就迫不及待地拿这句话作证据,认为这些现存的俄耳甫斯颂歌是奥诺玛克利托斯所作,或者,一些较为谨慎的学者认为奥诺玛克利托斯是这些诗的作者之一,至少这首诗作应该归在他的名下。参看《希腊罗马传记与神话词典》,前揭,卷三,页29。

- 普罗狄科斯(Prodicus of Ceos),希腊哲学家,第一代智术师。

Eusebius, *Chronicle*

> *Ol.* 4.1 (764–763):基纳厄同,这个拉刻代蒙诗人被认出来了,他写作了《特勒戈诺斯纪》。[也许是《谱系》(*Genealogies*)的误写]

Borgia plaque

> ……传下了《俄狄甫斯之歌》,[他们说]这是[拉克岱蒙人]

基纳厄同所著,有6600行。我们将把它放在《忒拜诗系》系列之下。

Scholiast on Euripides, *Trojan Women*

……《小伊利亚特》的作者,有些人说是福西亚的特斯托里德斯,其余的人说是基纳厄同,例如赫兰尼科斯。还有一些人认为是厄立特利亚的狄奥多罗斯。

- 赫兰尼科斯:并不确定是指五世纪的神话收集者还是希腊化时期的语法学家。

辑　语

1. Pausanias, *Description of Greece*

基纳厄同在他的文章里使拉达曼提斯（Ῥαδάμανϑυς）成了斐斯托斯（Φαιστός）的儿子,斐斯托斯是塔洛斯（Τάλως）的儿子,而塔洛斯是克里斯（Κρής）的儿子。

- 拉达曼提斯（Rhadamanthys）是希腊神话中主神宙斯和欧罗芭的儿子,米诺斯的兄弟。在米诺斯统治克里特以前,拉达曼提斯是克里特之王,后来他被米诺斯赶出克里特岛。拉达曼提斯流亡到波俄提亚,他在那里和阿克梅娜结了婚。相传拉达曼提斯死后做了冥界的判官,专门惩罚罪人。
- 斐斯托斯（Phaestus）:《希腊罗马传记与神话词典》中所收录的这个人物与维基百科中给出的希腊名音调号不一样,写作

"Φαῖστος",他是若帕洛斯(Rhopalus)的儿子,赫拉克勒斯的孙子,西科昂的国王,并从那里移居到克里特(Paus. ii. 6. §3)。据说,他在西科昂把赫拉克勒斯当做神来崇拜,使之成为习俗,因为在他之前,赫拉克勒斯只是被当做英雄(Paus. ii. 10. §;Eustath. *ad Hom.* p. 313)。还有一个斐斯托斯是博鲁斯(Borus)与塔尔涅(Tarne)的儿子,生活于玛哥尼亚(Maconia),在特洛亚被伊多梅纽斯所杀(Hom. *Il.* v. 43)。参看《希腊罗马传记与神话词典》,前揭,卷三,页232。

• 塔洛斯(Talos):除此处提到的这个人物外,另有三个同名者。一、佩尔狄克斯(Perdix)的儿子,佩尔狄克斯是代达罗斯(Daedalus)的妹妹。塔洛斯是代达罗斯的学生,据说还发明了不少机械技术方面的工具。不过,代达罗斯由于嫉妒他的才能,把他从雅典卫城的石头上推了下去。雅典人把他当做一位英雄来崇拜(Apollod. iii. 15. §9;Diod. iv. 76;Schol. *ad Eurip. Orest.* 1643;Lucian, *Pisc.* 42)。泡萨尼阿斯(i. 21. §6, 26. §5, vii. 4. §5)称他为卡洛斯(Calos),并说他被埋在了从剧场去卫城的路边上。许金鲁斯(*Fab.* 39, 274.)和奥维德(Met. viii. 255;参看 Serv. *ad Vrig. Georg.* i. 143, *Aen.* v. 14)称他为佩尔狄克斯,而且说这个名字据传是他父亲的名字。二、青铜人,赫淮斯托斯的作品。这个奇妙的东西,要么是宙斯,要么是赫淮斯托斯送给米诺斯的,它每天围着岛步行三次,守卫着克里特岛。它无论什么时候看到有陌生人靠近,就把自己燃得通红,陌生人一登岸就马上被它抱住。它的整个身体中只有一条血脉,从头流到脚踝,顶端用钉子固定起来。当阿尔戈斯英雄们来到克里特的时候,它企图用石头阻止他们登岸,不过美狄亚用她的魔法让它发了疯,或据其他人说,美狄亚骗它说可以让它不朽,结果把它血脉上的钉子拔了出来,最后使它流血而死。还有人说，波亚斯（Poeas）用箭射它的脚踝，把它杀死了（Apollod. i. 9. §26; Apollon. Rhod. iv. 1638, etc.; Plat. *Min.* p. 320）。三、俄诺皮耳的儿子（Paus. vii. 4. §6）。参看《希腊罗马传记与神话词典》，前揭，卷三，页973。

• 克里斯（Cres）：宙斯和伊达山仙女的儿子，据说克里特岛因他而得名（Steph. Byz. s. v. Κρήτη; Paus. viii. 53. §3）。据狄奥多罗斯（v. 64.）说，克里斯是埃特奥克瑞特斯人（Eteocretan），即克里特的原住民。参看《希腊罗马传记与神话词典》，前揭，卷一，页889。

• 斐斯托斯（取自赫淮斯托斯的名字）与克里特的城镇同名，而克里斯（Cres）则与岛同名。

2. Pausanias, *Description of Greece*

拉刻代蒙人基纳厄同（因为他也在诗行中写了谱系）说，伊阿宋和美狄亚生下了美狄沃斯（Μήδειος）和一个女儿伊瑞俄皮丝（Ἐριῶπις），但他的作品再也没有提到这些孩子。

• 美狄沃斯（Medeios）：墨杜莎（Medus）的另外一种写法，是美狄亚的儿子，埃萨的美第斯（Medes）正是因为他而得名（Hes. *Theog.* 1001; Cic. *De Off.* i. 31）。参看《希腊罗马传记与神话词典》，前揭，卷二，页1004。

• 伊瑞俄皮丝（Eriopis）：共有四个神话人物用这个名字（Hom. *Il.* xiii. 697; Schol. *ad Pind. Pyth.* iii. 14; Paus. ii. 3. §7; Hesych. *s. v.*）。参看《希腊罗马传记与神话词典》，前揭，卷二，页49。

3. Porphyry, *Homeric Questions*

阿瑞埃托（Ἀρίαιθος）写道，海伦和墨涅拉奥斯有一个儿子马厄普菲翁（Μαραφίων, Maraphius），而波斯（Πέρσαις）的马厄普菲人（Μαράφιον）是其后裔。或如基纳厄同所述，此人是尼柯斯特拉托斯（Νικόστρατος）。

• 阿瑞埃托（Ariaithos）：蒂吉亚人，一部关于阿尔卡迪亚早期历史的著作归在他的名下（Hygin. Poët. Astr. ii. 1; Dionys. i. 49，此处名字的正确读法是Ἀριαίθῳ），参看《希腊罗马传记与神话词典》，前揭，卷一，页283。

• 关于尼克斯特拉斯（Nicostratus），参看"Hesiod", fr. 175。尼柯斯特拉托斯（Nicostratus）：同名者众多，不知此处所指何人，参看《希腊罗马传记与神话词典》，前揭，卷二，页1200。

4. Pausanias, *Description of Greece*

俄瑞斯忒斯死后，提撒美诺斯（Τισαμενός）成了统治者，他是俄瑞斯忒斯和赫尔迈厄尼的儿子，赫尔迈厄尼是墨涅拉奥斯的女儿。至于俄瑞斯忒斯的私生子彭提洛斯（Πένθιλος），基纳厄同在他的诗行中写道，他是埃癸斯托斯的女儿厄里戈妮（Ἠριγόνη）所生。

• 提撒美诺斯（Tisamenus）：一、俄瑞斯忒斯和赫尔迈厄尼（Hermione）的儿子。他是阿尔戈斯的国王，但是当赫拉克勒斯之子入侵伯罗奔尼撒的时候，他被夺去了实权（Apollod. ii. 8. §2; Paus. ii. 18. §5, 38. §1, vii. 6. §2）。他在与赫拉克勒斯之子的战斗中被杀（Apollod. ii. 8. §3），其坟墓后来出现在海利斯城（Helice）。由于一道神谕，他的那些遗物从那里一次性地运往斯巴达（Paus. vii. 1. §3）。二、忒耳珊德洛斯（Thersander）和德摩那萨的儿子，忒拜的国王,奥忒西翁(Autesion)的父亲(Paus. iii. 15. §4, ix. 5. §8; Herod. iv. 147)。三、伊利斯(Elean)的预言家,属于克吕提达埃(Clytiadae)家族,似乎是伊阿莫斯家族(Iamidae)的一个分支。如果希罗多德(ix. 33)的说法可靠的话,则上述讲法成立(参看 Philostr. *Vit. Apoll.* v. 25; Cic. *de Div.* i. 41)。据希罗多德所讲的故事来看,提撒美诺斯得到德尔斐神谕的保证,他可以在五次大战中取得胜利。他认为这是自己成为一个杰出运动员的保证,于是他投身于体育竞赛,有一次差一点获得了奥林匹亚的五项全能(pentathlum)大奖。斯巴达人则认为这个神谕不是指的体育竞赛,而是指军事行动,于是提出了丰厚报酬引诱他与斯巴达王一起指挥军队。但是他拒绝了,他要求享有在他们城邦中的所有特权。斯巴达人最初愤慨地中止了谈判,后来又宣称他们准备做出让步。提撒美诺斯的要求最终得以满足,并且他还代其兄弟黑吉亚斯(Hegias)要求同样的特权,也得到了许可。他在公元前 379 年,出现在斯巴达与普拉蒂亚(Plataea)的战场上,据希罗多德所述,这场战争是神谕所赐予的五场胜利的第一场。第二场战争是在蒂吉亚,阿开奥斯人和蒂吉亚人之间的战争;第三场战争是与除了曼提尼亚人(Mantineans)外的所有阿尔卡迪亚人的战争,地点是在迪帕伊耶斯(Dipaea),即麦那洛(Maenalian)的领地(在公元前 479 年至 465 年之间);第四场是第三次美赛尼亚战争(公元前 465 年至 455 年);最后一场是塔纳格拉战争,参战的有雅典人以及其他的同盟军,是在公元前 457 年(Herod. ix. 33–36; Müller, *Dor.* bk. i. ch. 9. §§9–11)。三、前者的后裔,参与了辛同(Cindon)的阴谋,并因此在公元前 397 年被处死(Xen. *Hell.* iii. 3. §11)。四、一个不知名国家的雕刻家,生活于公元前 5 世纪末,制作了大量的雕像,拉刻代蒙人把这些雕像祭献给了德尔斐,这是他们对伊哥斯波塔米

(Aegospotami) 获胜的战利品 (Paus. x. 9. §4. s. 9)。参看《希腊罗马传记与神话词典》，前揭，卷三，页1153。

- 彭提洛斯 (Penthilus)：在古希腊神话中，彭提洛斯是俄瑞斯忒斯和厄里戈妮 (Erigone) 的私生子。他还是孩子的时候，在塔宇格图斯山被狼群吞食。他的父亲为他设立了一个哀悼节日。另据《希腊罗马传记与神话词典》，他领导爱奥利亚人 (Aeolians) 去色雷斯殖民。他是厄基拉图斯 (Echelatus) 和达玛斯亚 (Damassiaa) 的父亲 (Paus. ii. 18. §5, iii. 2. §1, v. 4, §2, vii. 6. §2; Tzetz. *ad Lyc*. 1374; Strab. xiii. p. 582; Aristot. *Polit*. v. 8, 13)。佩里克吕墨诺斯的儿子也叫这个名字 (Paus. ii. 18. §7.)。参看《希腊罗马传记与神话词典》，前揭，卷三，页185。

- 厄里戈妮 (Erigone)：希腊神话中艾卡瑞斯的女儿。艾卡瑞斯同狄奥尼索斯交好，从他那里学会了酿酒。那些雅典人喝醉后以为是被他下了毒，就把艾卡瑞斯杀了。厄里戈妮和她的狗找到了她父亲的尸体，自己就上吊死了。在古希腊神话中还有一个人也叫此名，她是埃癸斯托斯和阿伽门农的妻子克吕泰墨涅斯特拉的女儿。

5. Pausanias, *Description of Greece*

> 为了找出波里卡翁 (Πολυκάων) 和墨塞奈 (Μεσσήνη) 的孩子是谁，我阅读了所谓的《女人录》(Ἠοῖαι) 和《瑙帕卡提亚》(Ναυπάκτια)，此外还有基纳厄同和阿西奥斯 (Ἄσιος) 写的所有谱系。但是关于这个问题，他们都只字未提。

- 波里卡翁 (Polycaon)：在希腊神话中，波里卡翁是乐莱克斯 (Lelex) 的儿子，他娶了一个极有野心的妻子，叫做墨塞奈 (Messene)，此人是特里奥帕斯的女儿。他父亲过世之后，波里卡翁的兄弟麦尔斯（Myles）继承了王位。而墨塞奈不愿意成为一个默默无闻之人的妻子，就召集了一支军队，侵占了一块领地，后来这个地方被称为美赛尼亚。波里卡翁也是美赛尼亚的第一任国王（Paus. iii. 1. §1, iv. 1. §1）。二、布泰斯（Butes）的儿子，娶乌媛柯陌为妻，她是许罗斯（Hyllus）的女儿（Paus. iv. 2. §1.）。参看《希腊罗马传记与神话词典》，前揭，卷三，页450。

- 墨塞奈（Messene）：又译麦西尼，见上。
- 《女人录》（*Eoiai*）：题目又写作"The Catalogue of Women"，希腊文为"γυναικῶν κατάλογος"，古希腊诗作。一些古代作家认为它是赫西俄德所作，尽管有些内容和事件发生于赫西俄德之后，那是后来的作家增加的。而公认的赫西俄德作品只有两部，因此该作品的真正作者仍然不很清楚。这部诗作目前只剩下辑语，它的内容只能从一些引用、皮草纸抄本和一些二手文献中找到，因而更准确地说，它是一部已经失传的作品。不过，该作品辑录出来的内容超过1000行，超过赫西俄德的任何一部作品。参看 Evelyn-White, H. G. 1914, revised 1936, *Hesiod, the Homeric Hymns, and Homerica*, Cambridge, Massachusetts。
- 《瑙帕卡提亚》（*the Naupactia*）：古希腊文学史上一首已经失传的史诗。这部作品或许创作于公元前6至5世纪。但并不清楚其作者是谁，大多数古代作家都只说"《瑙帕卡提亚》的作者"。泡萨尼阿斯在公元前2世纪说，他那个时代大多数人都认为这部作品是一位匿名的米利都诗人所作，不过他自己却认为那是由瑙巴克塔斯的卡瑞基诺所作。诗歌的长度并不是很清楚，目前仅有十行保存下来，泡萨尼阿斯说这首诗"写女人的事情"。参看 A. Bernabé 1987, *Poetarum epicorum Graecorum testimonia et fragmenta* pt. 1，以及 M. Davies 1988, *Epicorum Graecorum fragmenta*（Göttingen: Vandenhoek & Ruprecht）。

- 阿西奥斯（Asius）：一、阿里斯特（Ariste）的许尔塔库斯（Hyrtacus）的儿子，阿卡马斯和淮诺普斯的父亲。他是特洛亚人的同盟之一，并且还从他所统治的城邦之中带了不少人去帮忙。他被伊多梅纽斯所杀（Hom. *Il.* ii. 835, xii. 140, xiii. 389, etc., xvii. 582）。二、狄玛斯（Dymas）的儿子和赫卡柏的兄弟。当阿波罗想要赫克托尔去与帕特罗克洛斯战斗的时候，就变作这个阿西奥斯的样子（Hom. *Il.* xvi. 715, etc.; Eustath. p. 1083）。据狄克堤斯（Dictys Cretensis, iv. 12）所述，阿西奥斯被埃阿斯所杀。还有两个人也叫这个名字，而且这个名字有时候还是宙斯的别号，这个别号来自克里特的阿索斯（Asos）或欧阿索斯（Oasos）城（Virg. *Aen.* x. 123; Tzetz. *ad Lycoph.* 355; Stephl. Byz. s. v. "Ἄσος"）。三、希腊最早的诗人之一，也许生活于公元前 700 年，不过一些评论家说他生活的时期应该更早，另一些则说应该更晚，众说不一。他是萨摩斯人，雅典娜乌斯（iii. p. 125）说他是一个萨摩斯老诗人。而据泡萨尼阿斯讲（vii. 4. §2），他父亲叫安菲普托勒莫斯。阿西奥斯写过史诗和诉歌。不过，他的那些史诗的主题却已经无法知晓。目前我们所拥有的那些残篇，只是包含一些关于萨摩斯人的谱系方面的论述和评论。他还用质朴而天真的语言描述了萨摩斯人极尽奢华的生活。这些残篇保存在雅典娜乌斯、泡萨尼阿斯、施特拉波、阿波罗多洛斯和其他人的一些作品中。他的诉歌均按常规诉歌体写成，不过都已经佚失，只有一篇保存在雅典娜乌斯的作品中（参看相关词条）。阿西奥斯的残篇收录在以下文字中：N. Bach, *Callini, Tyrtaei et Asu Samii quae supersunt*, etc., Leipzig, 1831, 8vo.; Dübner's edition of Hesiod, etc., Paris, 1840, 以及 Dëntzer, *Die Fragm. der Episch. Poes.* p. 66, etc., *Nachtrag*, p. 31。参看《希腊罗马传记与神话词典》，前揭，卷一，页 385。

阿西奥斯（*ΑΣΙΟΣ*）

1. Pausanas, *Description of Greece*

安菲普托勒莫斯（'Αμφιπτολέμου, Amphiptolemus）的儿子阿西奥斯写了如下的诗行：

"那旋涡深深的阿索波斯河，其女儿安提俄珀生下了泽托斯（*Ζῆϑος*）和高贵的安菲翁，这是在与民众的牧者宙斯和埃波佩奥斯交欢怀孕之后。"

● 泽托斯（Zethus）：在古希腊神话中，安菲翁和泽托斯是宙斯和安提俄珀的两个儿子。他们是忒拜的建城神话系统中的重要角色，因为他们建造了城邦的城墙。据说（Hom. *Od.* xix. 523），他娶埃冬（Aedon）为妻，另据其他人讲（Apollod. iii. 5. §6），是娶忒柏（Thebe）为妻（参看安菲翁的相关内容）。参看《希腊罗马传记与神话词典》，前揭，卷三，页1322。

2. Strabo, *Geography*

……诗人阿西奥斯说，波俄欧特斯（*Βοιωτός*）由美丽的墨拉尼珀（*Μελανίππη*）生在了第沃斯（*Δῖος*）的房子里。

● 波俄欧特斯（Boeotus）：波塞冬或伊托鲁斯（Itonus）与阿尔涅（Arne）的儿子，又说是安提俄珀或墨拉尼珀的儿子，埃奥洛斯的兄弟（参看埃奥洛斯的相关内容）。他是波俄提亚人的祖先，而且波俄提亚就是因为他而得名（Paus. ix. 1. §1.）。参看《希腊罗马传记与神话词典》，前揭，卷一，页495。

- 墨拉尼珀（Melanippe）：一、刻戎的女儿，也叫欧漪佩（Euippe）。她和埃奥洛斯的孩子一起跑到了皮立翁山。刻戎于是到处找她。她为了不被发现，向神祈祷变成一匹母马。阿尔忒弥斯接受了这个祈祷，把她变成了马放到群星之中（Eratosth. Catast. 18；Aristoph. Thesm. 512；Hygin. Fab. 86）。另有一个传说讲，她的变形是由于她藐视阿尔忒弥斯而受到惩罚，或是泄露了众神的机密而受到惩罚（Hygin. Poet. Astr. ii. 18）。二、希波塔斯（Hippotes）的妻子，埃奥洛斯的母亲（Diod. iv. 67）。三、埃奥洛斯的女儿，或据其他人讲，是希波塔斯或德斯蒙忒斯（Desmontes）的女儿（Schol. ad Hom. Od. x. 2；Hygin. Fab. 186）。四、阿玛宗的女王，当赫拉克勒斯与阿玛宗人作战的时候，女王送给他一份礼物，于是赫拉克勒斯让她重获了自由（Diod. iv. 16；Schol. ad Pind. Nem. iii. 64；Apollon. Rhod. ii. 966）。参看波俄欧特斯和墨勒阿革洛斯。参看《希腊罗马传记与神话词典》，前揭，卷二，页1013。

- 第沃斯（Dius）：一部关于腓尼基人的历史出自他的手，现在只有一些关于所罗门（Solomon）和希兰（Hiram）的残篇保存在约瑟夫的文字中（c. Apion. i. 17）。还有一个毕达哥拉斯学派的哲学家第沃斯，他写作了一部作品叫 $\pi\varepsilon\rho\grave{\iota}\ \kappa\alpha\lambda\lambda o\nu\tilde{\eta}\varsigma$，其中有两段文字保存在斯托布斯的文字中（Tit. lxv. 16, 17）。参看《希腊罗马传记与神话词典》，前揭，卷一，页1057。

3. Pausanias, *Description of Greece*

正是由于普托俄斯（Πτῷος），普托俄斯的阿波罗神殿才得名，而普托俄斯山也得名了。普托俄斯是阿塔玛斯（Ἀθάμας）和忒迷斯托（Θεμιστώ）的儿子，阿西奥斯在他的诗行中提到了这些。

- 普托俄斯（Ptous）：阿塔玛斯和忒弥斯托（Themisto）的儿子，普托俄斯山和阿波罗神殿因他而得名，阿波罗神殿正是建立在这个地方（Paus. ii. 23. §3; Apollod. i. 9. §2）。普托俄斯有时也被当做阿波罗的别名（Paus. iv. 32. §5, ix. 23. §3）。参看《希腊罗马传记与神话词典》，前揭，卷三，页599。
- 阿塔玛斯（Athamas）：一个毕达哥拉斯学派的哲学家，亚历山大里亚的克莱门曾经引用过他的文字（Strom. vi. p. 624, d. Paris, 1629）。参看《希腊罗马传记与神话词典》，前揭，卷一，页393。
- 忒迷斯托（Themisto）：一、涅柔斯和朵丽斯的女儿（Hes. *Theog.* 261）。二、拉皮忒·许普修（Lapithe Hypseus）的女儿，阿塔玛斯的妻子（Apollod. i. 9. §2; Athen. xiii. p. 560；参看阿塔玛斯）。三、阿尔卡斯的母亲，一般叫做凯里斯特，而另外一些人说叫默吉斯托（Megisto, Steph. Byz. *s. v.* Ἀρκάς; Eustath. *ad Hom.* p. 300; Hygin. *Poet. Astr.* ii. 1）。四、塞浦路斯人，有人说她是荷马的母亲（Paus. x. 24. §3）。参看《希腊罗马传记与神话词典》，前揭，卷三，页1026。

4. Pausanias, *Description of Greece*

阿西奥斯在他的诗行中让阿克梅娜（Ἀλκμήνη）也成了安菲阿拉乌斯和厄里费勒的女儿。

- 阿克梅娜（Alcmena 或 Alcmene）：墨塞奈国王厄勒克特律翁

的女儿，母亲是阿尔凯奥斯的女儿阿那克索（Anaxo, Apollod. ii. 4. §5）。据其他说法，她的母亲又叫李西狄克（Lysidice, Schol. ad Pind. Ol. vii. 49; Plut. Thes. 7）或厄里费勒（Paus. v. 17. §4）。阿波罗多洛斯提到过阿克梅娜的十个兄弟，除了一个叫李西诺斯的以外，其余的都参与了与普忒瑞劳斯的儿子们的比赛，并都因此丧命，因为这些人抢走了厄勒克特律翁的牛。于是，厄勒克特律翁为了给儿子们报仇，把他的国家和女儿阿克梅娜交给了安菲特瑞翁，不过，安菲特瑞翁却一不小心杀死了厄勒克特律翁。于是，斯忒尼卢斯放逐了安菲特瑞翁，让他同阿克梅娜以及李西诺斯一起去了忒拜。阿克梅娜于是宣称，谁能为她的兄弟们报仇，她就嫁给谁。安菲特瑞翁领下了任务，并请求忒拜的克瑞翁来帮助他。宙斯趁安菲特瑞翁不在时变成他的样子来到阿克梅娜身边，装成她的丈夫并向她讲述他是如何为其兄弟报仇的（Apollod. ii. 4. §6－8; Ov. Amor. i. 13. 45; Diod. iv. 9; Hygin. Fab. 29; Lucian, Dialog. Deor. 10）。安菲特瑞翁第二天回来后对其成绩详细叙述了一番，而阿克梅娜却对这样的重复叙述惊讶不已，不过还是特瑞西阿斯解开了这个谜团。于是，阿克梅娜和宙斯生下了赫拉克勒斯，而和安菲特瑞翁生下了伊菲克勒斯（Iphicles）。赫拉出于嫉妒，让赫拉克勒斯的出生晚了七天，结果欧瑞斯忒洛斯（Eurystherus）先出世，而按照宙斯曾经的许诺，先出世的将会得到宙斯更多的照顾（Hom. Il. xix. 95, etc.; Ov. Met. ix. 273, etc.; Diod. l. c.）。安菲特瑞翁死后，阿克梅娜嫁给了拉达曼提斯，他是宙斯的儿子，住在波俄提亚的奥卡雷亚（Ocaleia, Apollod. ii. 4. §11）。赫拉克勒斯位列仙班之后，阿克梅娜和赫拉克勒斯的孩子们由于害怕欧瑞斯忒洛斯，逃到了特拉克斯，接着去了雅典。当许罗斯（Hyllus）砍掉了欧瑞斯忒洛斯的头后，阿克梅娜把他的眼珠挖了出来以泄心头之恨（Apollod. ii. 8. §1）。关于她的死，说法各异。据泡萨尼阿斯（i. 41. §1）所述，她从阿尔戈斯回忒拜的路上死在梅加里斯（Megaris），当赫拉克勒斯的儿子们就应该把她葬在阿尔戈斯还是忒拜争论不休的时候，一道神谕命令他们把她就地安葬。据普鲁塔克所述（*De Gen. Socr.* p. 578），她和拉达曼提斯的坟墓均在波俄提亚的哈利阿图斯，而阿格西莱（Agesilaus）为了把她的遗物带回斯巴达，还打开过她的坟墓。据费瑞居德斯（*Cap. Anton. Lib.* 33）所述，在欧律斯透斯死后，她与儿子一起生活在忒拜，并终老于此。当赫拉克勒斯的儿子们想好好安葬她的时候，宙斯命令赫尔墨斯来把她的遗体带到福人岛，还要让她重新活过来并与拉达曼提斯结婚。于是赫尔墨斯把她带出了棺材，然后放了一块大石头在里面，以使赫拉克勒斯的儿子们（Heraclids）无法从这里移动它。于是，当他们打开棺材看到这个大石头后，就把它立在了忒拜的一个林子里，后来又放入了阿克梅娜的神殿之中（Paus. ix. 16. §4）。她在雅典也同样被当做英雄一样崇拜，人们在赫拉克勒斯的神殿之中也为她建造了一个祭坛（*Cynosarges*，Paus. i. 19. §3）。库普塞卢斯的箱子上也有她的像（Paus. v. 18. §1），史诗诗人像其他的悲剧诗人一样经常引用她的故事，不过，这类诗作没有保存下来（Hes. *Scut. Herc.* init.；Paus. v. 17. §4, 18. §1）。参看《希腊罗马传记与神话词典》，前揭，卷一，页107。

5. Pausanias, *Description of Greece*

据诗人阿西奥斯说，福科斯的儿子是帕诺皮欧斯（Πανοπεύς）和克里萨斯（Κρίσος）。帕诺皮欧斯生下了厄珀俄斯（Ἐπειός）。正是此人制作了木马，正如荷马所记。克里萨斯的孙子是皮拉德斯，他是斯塔皮沃（Στρόφιος）和阿纳柯比娅（Ἀναξίβια）的儿子，斯塔皮沃是克里萨斯的儿子，阿纳柯比娅是阿伽门农的妹妹。

- 帕诺皮欧斯（Panopeus 或 Phanoteus）：福科斯和阿斯忒若帕娅（Asteropaea）的儿子，克里萨斯的兄弟，据说他和兄弟在母亲的子宫里就开始争吵。他陪同安菲特瑞翁一起参加了针对塔皮安或特勒波人（Teleboans）的远征，并以雅典娜和阿瑞斯起誓，绝不会盗用任何一点战利品。不过他后来违背了自己的誓言，因而受到惩罚，其子变得懦弱。他还出现在卡吕冬狩猎人之中（Hom. *Il.* xxiii. 665; Lycophr. 935, etc.; Apollod. ii. 4. §7; Paus. ii. 29. §4, x. 4. §1; Ov. *Met.* viii. 312; Schol. *ad Eur. Orest.* 33）。参看《希腊罗马传记与神话词典》，前揭，卷三，页112。

- 福科斯与福基斯（Phocis）同名，他的儿子们则同福基斯的两个城镇帕诺皮欧斯和克利塞（Crisa）同名。参看"Hesiod", fr. 58。克里萨斯（Crisus 或 Crissus）：福科斯的儿子，安尼法忒娅（Aniphateia）的丈夫，和她一起生下了斯特欧皮俄斯（Strophius）。他也被认为是克瑞萨（Crissa）或希尔哈（Cirrha）的建立者（Paus. i. 29. §4; Schol. *ad Eurip. Orest.* 33）。参看《希腊罗马传记与神话词典》，前揭，卷一，页892。

- 厄珀俄斯（Epeios）：一、恩底弥翁的儿子（参看恩底弥翁的相关内容），此人打败了他的哥哥，赢得父亲的王位。二、帕诺皮欧斯的儿子，艺术家，他带了三十艘船从基克拉泽斯（Cyclades）到特洛亚参战（Dict. Cret. i. 17）。在特洛亚战争快要结束的时候，他在雅典娜的帮助和保护下制造了木马（*Od.* viii. 492, xi. 523; *Il.* xxiii. 664, etc. 840; Paus. ii. 29. §4）。据贾斯丁（Justin, xx. 2）所述，是厄珀俄斯建立了密达庞敦城，这个城里的居民在雅典娜神殿中参观了他造木马用的工具。在荷马史诗中，他是一个勇猛而强大的战士，不过后来的传说却把他放在了特洛亚不重要的英雄之中。斯泰西科拉斯（*ap. Eustath. ad Hom.* p. 1323；Athen. x. p. 457）称他为阿特柔斯家族（Atreidae）的"宝瓶"，而且在卡尔忒娅（Carthea）的阿波罗神殿中他也是以这样的形象出现的。他十分懦弱，这在后来竟成了众所周知的事情（Hesych. *s. v.*）。据维吉尔所述（*Aen.* ii. 264），厄珀俄斯是藏在木马中的希腊英雄之一，另外一种说法又讲他是意大利的比萨的建立者之一（Serv. *ad Aen.*, x. 179）。阿尔戈斯有赫尔墨斯和阿佛洛狄忒的古老雕像，据说是厄珀俄斯的作品（Paus. ii. 19. §6），而柏拉图（Ion, 533a）说他是代达罗斯和萨摩斯的泰奥多若斯（Theodorus）同时的雕刻家。厄珀俄斯自己还被波吕格诺图斯画在了德尔斐（Delphi）的奈斯柯礼厅中，主要画的是他攻下特洛亚的事情，而且在画的最上面还有木马的头（Paus. x. 26. §1）。参看《希腊罗马传记与神话词典》，前揭，卷二，页24。

- 斯塔皮沃（Strophios）：一、斯卡曼德里俄斯的父亲（Hom. *Il.* v. 49）。二、克里萨斯和安提法忒娜（Antiphatela）的儿子，塞德娜格拉的丈夫，又说是阿纳西比娅（Anaxibia）或阿斯提俄科的丈夫，他的孩子有阿斯梯达弥亚和皮拉德亚（Pyladea, Schol. *ad Eurip. Orest.* 33；Paus. ii. 29. §4；Pind. *Pyth.* xi. 35）。三、皮拉德斯（Pylades）和伊莱克特拉的儿子。Paus. ii. 16. in fin。参看《希腊罗马传记与神话词典》，前揭，卷三，页928。

- 阿纳柯比娅（Anaxibia）：一、庇阿斯的女儿，珀利阿斯的妻子，并和他生下阿卡斯托斯、庇西狄刻（Peisidice）、佩洛琵丝、希波托（Hippothoë）和阿尔刻提斯（Apollod. i. 9. §10）。二、克雷提乌斯（Cratieus）的女儿，涅斯托尔的第二任妻子（Apollod. i. 9. §9）。三、普勒斯忒涅斯的女儿，阿伽门农的妹妹，嫁给了斯特欧皮俄斯，并生下了皮拉德斯（Paus. i. 29. §4；Schol. *ad Eurip. O-*

rest. 764, 1235)。许金鲁斯（*Fab.* 117）说斯特欧皮俄斯的妻子是阿斯提俄科。欧斯塔修斯（*ad Il.* ii. 296）搞混了阿伽门农的妹妹和克雷提乌斯的女儿，还说涅斯托尔的第二任妻子是阿伽门农的妹妹。在 Plut. *de Flum.* 4. 中还有另外一个阿纳柯比娅。参看《希腊罗马传记与神话词典》，前揭，卷一，页164。

6. Pausanias, *Description of Greece*

廷达柔斯的儿子们在母亲方面，有普列翁（$\Pi\lambda\varepsilon\upsilon\rho\acute\omega\nu$）的血脉，因为阿西奥斯在诗中写道，勒达的父亲忒斯提奥斯是阿革诺耳的儿子，阿革诺耳是普列翁的儿子。

• 普列翁（Pleuron）：埃托洛斯和普罗诺厄（Pronoe）的儿子，卡吕冬的兄弟，娶冉蒂佩为妻，并生下孩子阿革诺耳、斯泰罗普、斯特拉托尼丝和拉奥奉特。据说是他在埃托利亚建立了普列翁城，而他的英雄冢（$\dot\eta\rho\tilde\omega\text{o}\nu$）却在斯巴达（Apollod. i. 7. §7; Paus. iii. 13. §5）。参看《希腊罗马传记与神话词典》，前揭，卷三，页413。

7. Pausanias, *Description of Greece*

萨摩斯的阿西奥斯，安菲普托勒莫斯的儿子，在诗作中写道，俄纽斯的女儿帕瑞默德（$\Pi\varepsilon\rho\iota\mu\acute\eta\delta\eta$）与福尼克斯生下了阿斯图帕莉娅（$\dot{A}\sigma\tau\upsilon\pi\alpha\lambda\alpha\acute\iota\alpha$）和欧罗芭（$E\dot\upsilon\rho\acute\omega\pi\eta$），而波塞冬和阿斯图帕莉娅有一个儿子安凯厄斯（$\dot{A}\gamma\kappa\alpha\tilde\iota\text{o}\varsigma$），他是莱勒格斯人（$\Lambda\varepsilon\lambda\acute\varepsilon\gamma\omega\nu$）的国王。安凯厄斯和迈安德罗斯河（$M\alpha\acute\iota\alpha\nu\delta\rho\text{o}\varsigma$）的女儿莎美雅（$\Sigma\alpha\mu\acute\iota\alpha$）结婚，生下了培利拉欧斯（$\Pi\varepsilon\rho\acute\iota\lambda\alpha\text{o}\varsigma$）、恩诺多斯（$\H{E}\nu\text{o}\upsilon\delta\text{o}\varsigma$, Enoudos）、萨摩斯、哈利忒尔塞斯（$\dot{A}\lambda\iota\vartheta\acute\varepsilon\rho\sigma\eta\varsigma$），此外还有一个女儿帕耳忒诺珀（$\Pi\alpha\rho\vartheta\varepsilon\nu\acute\text{o}\pi\eta$）。阿

波罗和安凯厄斯的女儿帕耳忒诺珀生下了吕科墨德斯。这些内容在阿西奥斯的诗作中讲得很清楚。

• 帕瑞默德（Perimede）：一、埃俄罗斯（Aelous）和厄那瑞忒的女儿，希波达玛斯（Hippodamas）和俄瑞斯忒斯的母亲（Apollod. i. 7. §1；参看 Ahcelous 相关内容）。二、俄纽斯的女儿，她和福尼克斯生下了欧罗芭和阿斯图帕莉娅（Paus. vii. 4. §2）。三、欧律斯透斯的女儿（Apollod. ii. 8. §1）。四、安菲特瑞翁的妹妹，李西诺斯的妻子（Apollod. ii. 4. §6）。参看《希腊罗马传记与神话词典》，前揭，卷三，页201。

• 阿斯图帕莉娅（Astypalaea）：福尼克斯和帕瑞默德的女儿，帕瑞默德是俄纽斯的女儿。她与欧罗芭是姐妹，与波塞冬生下了阿尔戈斯英雄安凯厄斯和欧律皮洛斯，后者是柯斯岛的国王。基克拉泽斯的阿斯图帕莉娅岛的名字就来自于她（Apollod. ii. 7. §1；Paus. vii. 4. §2；Apollod. Rhod. ii. 866；Steph. Byz. *s. v.*）。参看《希腊罗马传记与神话词典》，前揭，卷一，页391。

• 安凯厄斯（Ancaeus）：一、阿尔卡迪亚人吕库戈斯和克瑞俄费勒（Creophile，或欧律诺墨）的儿子，阿伽珀诺耳（Agapenor）的父亲（Apollod. i. 8. §2, iii. 9. §2, 10. §8；Hygin. *Fab.* 173；Hom. *Il.* ii. 609）。他是阿尔戈斯英雄之一，参加卡吕冬狩猎，被野猪所杀（Apollod. i. 9. §§16 和 23；参看 Paus. viii. 5. §2, 45. §2；Apollon. Rhod. ii. 894；Ov. *Met.* viii. 400）。二、波塞冬和阿斯图帕莉娅或阿尔塔（Alta）的儿子，萨摩斯的莱勒格斯人（Leleges）的国王，莎美雅的丈夫，莎美雅是河神迈安德罗斯的女儿。他和她生下了培利拉欧斯（Perilaus）、恩多斯（Enodos）、萨摩斯、阿利忒尔瑟斯（Alitherses）和帕耳忒诺珀（Parthenope, Paus. vii. 4. §2；

Callim. *Hymn. in Del.* 50)。一些神话传记作者似乎把这个英雄与另外一个安凯厄斯搞混了,另一个是吕库戈斯的儿子。因为,据许金鲁斯所述(*Fab.* 14),波塞冬的儿子安凯厄斯是阿尔戈斯英雄之一,而另外一个不是;阿波罗尼奥斯(ii. 867, etc.)说,在狄菲斯(Tiphys)死后,波塞冬的儿子安凯厄斯成了阿尔戈斯(Argo)船的舵手,而阿波罗多洛斯却说舵手是吕库戈的儿子安凯厄斯。此外,吕科佛戎(449)在谈到吕库戈的儿子被卡吕冬的野猪咬死的时候,提到了一句谚语,而据阿波罗尼奥斯的评注者说(i. 185),这个谚语出自波塞冬的儿子安凯厄斯。关于这句谚语的故事如下:安凯厄斯喜欢从事农业生产,并且种了许多葡萄。一个预言家告诉他,他无法在活着的时候尝到自己的葡萄园所酿的酒。后来当安凯厄斯举起酒杯要品尝自家酿的葡萄酒的时候,他嘲笑那个预言家,而这个预言家说:"杯到嘴边也有滑落的时候"(πολλὰ μεταξὺ κύλικός τε καὶ χειλέων ἄκρων,英译为:There is many a slip between the cup and the lip)。就在这个时候,突然出现了骚乱,有人告诉安凯厄斯有一只野猪跑来了。于是,他放下手中的杯子,冲出去杀野猪,却被野猪咬死了。因此,这句希腊语句后来成了一句谚语,表示那些阻碍一个人计划的不可见因素(参看 Thirlwall in *Philolog. Museum*, vol. i. p. 106, etc.)。第三个安凯厄斯出现在 *Il.* xxiii. 635。参看《希腊罗马传记与神话词典》,前揭,卷一,页167。

- 莱勒格斯(Leleges):安纳托利亚西南部的土著居民之一。在荷马的《伊利亚特》中,莱勒格斯是特洛亚的同盟之一,但他们没有出现在第二卷的同盟列表中,而且他们居住的具体地点也不清楚。
- 迈安德罗斯(Macander):位于土耳其西南部,西起土耳其中部,直达爱琴海。
- 莎美雅(Samia):河神迈安德(Maeander)的女儿,安柯埃乌斯（Anceaeus）的妻子，并和他生下孩子萨摩斯（Paus. vii. 4. §2）。据说，赫拉的别名也叫莎美雅，以她在萨摩斯的神殿所在地而得名（Herod. iii. 60; Paus. vii. 4. §4; Tacit. Ann. iv. 14；参看赫拉的相关内容）。据其他传说，赫拉在此地出生，或者至少在这里长大（Paus. *l. c.*; Schol. *ad Apollon. Rhod.* i. 187）。参看《希腊罗马传记与神话词典》，前揭，卷三，页710。

- 培利拉欧斯（Perilaus）：艾卡瑞斯和珀里玻娅的儿子，佩涅洛佩的兄弟（Apollod. iii. 10. §6; Paus. viii. 34. §2）。另有三个神话人物也用到这个名字（Paus. ii. 20. §6, vii. 4. §1.; Quint. Snyrn. viii. 294）。还有两个历史人物：一、迈加拉人，拥护马其顿的菲利浦一派，据德摩忒涅斯所述，他背叛了自己的国家，投靠了那个统治者，但是他后来由于受到轻视，又背叛这个帝王（Dem. *de Cor.* pp. 242, 324, *de F. L.* p. 435）。二、马其顿的官员，墨勒阿革洛斯和阿瑞戴伍斯（Arrhidaeus）派出的三个代理人之一，前去与柏第卡斯（Perdiccas）和利奥纳图斯（Leonnatus）两派商谈，事情发生在亚历山大死后，那时巴比伦陷入了冲突之中（Curt. x. 8. §15）。他后来依附于安提哥那，此人命令他在公元前315年掌管一支军队，这只军队位于小亚细亚南部省区，但是他却被塞琉古的将军打败而被俘（Diod. xix. 64）。三、安提帕特（Antipater）的儿子，马其顿国王卡珊德尔（Cassander）的弟弟，他在该国王手下做事（Plut. *de Frat. Amor.* 15, p. 486, a）。参看《希腊罗马传记与神话词典》，前揭，卷三，页201。

- 哈利忒尔塞斯（Halitherses）：伊塔卡的玛斯达尔的儿子。他是一个预言家，在奥德修斯不在家的时候，他留在了伊塔卡，并帮助忒勒玛科斯对付那些追求佩涅洛佩的人（Hom. *Od.* ii. 157, 253, xxiv. 451）。泡萨尼阿斯（vii. 4. §1.）曾经提到过另外一个同名的神话人物。参看《希腊罗马传记与神话词典》,前揭,卷二,页325。

● 帕耳忒诺珀(Parthenope):一、斯狄法勒斯的女儿,与赫拉克勒斯生下了欧瑞斯(Eueres, Apollod. ii. 7. §8)。二、安凯厄斯和莎美雅(Samia)的女儿,她和阿波罗生下了吕科墨得斯(Paus. vii. 4. §2)。三、塞壬女妖之一(Schol. *ad Hom. Od.* xii. 39; Aristot. *Mir. Ausc.* 103)。她的坟墓在那不勒斯(Naples),那里为了纪念她每年都要举行火炬比赛(Strab. v. p. 246; Tzetz. *ad Lyc.* 732)。四、俄刻阿诺斯的妻子,并和他生下了欧罗芭和色雷斯(Thrace, Tzetz. *ad Lyc.* 894;参看 Schol. *ad Aeschyl. Pers.* 183)。参看《希腊罗马传记与神话词典》,前揭,卷三,页130。

8. Pausanias, *Descrption of Greece*

阿西奥斯也写了以下关于他的话:

在茂密的深山黑土地里,神样的佩拉斯戈斯出生了,此后,人类就诞生了。

● 佩拉斯戈斯(Pelasgus):佩拉斯吉亚人的神话祖先,希腊最早的定居者,他们兴起了对多多那的(Dodonaean)宙斯、赫淮斯托斯、卡比里(Cabeiri)和其他神灵的崇拜。佩拉斯吉亚人曾经占领了这个国家的很多地方,因此关于佩拉斯戈斯的起源有不同的讲法。一、据阿尔卡迪亚的传说,他要么是一个奥特库吞人(Paus. ii. 14. §3, viii. 1. §2; Hes. *ap. Apollod.* ii. 1. §1),要么是宙斯与尼俄柏的儿子。而海的女儿梅丽贝卡(Melibeca)或仙女库烈涅(Cyllcnc)或德伊阿勒亚(Dciancira)与他生下了吕卡翁(Apollod. *l. c.*, iii. 8. §1; Hygin. *Fab.* 225; Dionys. Hal. i. 11, 13)。又据另外的讲法,佩拉斯戈斯是阿瑞斯托耳的儿子,爱亚苏斯的孙子,移居至阿尔卡迪亚,并在那里建立起了帕拉西亚(Parrhasia)城(Schol. *ad Eurip. Orest.* 1642; Steph. Byz. *s. v.* Περρασία)。二、在阿尔戈斯,佩拉斯戈斯被认为是索伊斯(Sois)和特里奥帕斯的儿子,爱亚苏斯、阿革诺耳和克珊托斯的兄弟,或者是甫洛纽斯的儿子,并在伯罗奔尼撒建立起了阿尔戈斯城,还教会了人们农业。德默特尔四处流浪的时候,被他接到了阿尔戈斯,人们后来发现德默特尔的坟墓就在此地(Paus. i. 14. §2, ii. 22. §2; Schol. *ad Eurip. Orest.* 220; Eustath. *ad Hom.* p. 385)。三、在,利,佩拉斯戈斯被认为是克洛卢斯(Chlorus)的父亲、海蒙的祖父,或者是海蒙的父亲、塞撒留斯(Thessalus)的祖父(Steph. Byz. *s. v.* Αἱμονία; Schol. *ad Apollon. Rhod.* iii. 1089; Dionys. Hal. i. 17),或者是波塞冬和拉瑞莎的儿子,帖撒利的阿尔戈斯的建立者(Dionys. *l. c.*; Eustath. *ad Hom.* p. 321;参看 Clinton, *Fast. Hell.* vol. i. p. 9, etc.)。参看《希腊罗马传记与神话词典》,前揭,卷三,页177。

- 在阿尔卡迪亚神话中,佩拉斯戈斯是第一个凡人,他像一棵树一样从土地中长了出来。比较 Hesiod, fr. 160。

9. Apollodorus, *The Library*

> 欧墨洛斯和其他一些人说,吕卡翁也有一个女儿叫凯里斯特。但也有人说她不是他的女儿,如赫西俄德说她是一个水泽仙女,阿西奥斯则认为她是尼克忒奥斯(Νυκτεύς)的女儿,费瑞居德斯还认为她是克特俄斯(Κητέως, Ceteus)的女儿。

- 尼克忒奥斯(Nycteus):许里俄斯与仙女克罗尼亚(Clonia)的儿子,吕科斯和奥里昂的兄弟,波吕克索的丈夫,并和后者生下了安提俄珀(Apollod. iii. 10. §1; Anton. Lib. 25)。据另外的说法,安提俄珀是河神阿索波斯的女儿（Apollod. *l. c.*; Hom. *Od.* xi. 259, etc.）。安提俄珀被埃及阿勒亚（Aegialeia）的国王埃波佩奥斯抢走，而尼克忒奥斯作为拉布达科斯（Labdacus）的监护人留在了忒拜，并带领一支军队入侵西科昂来报仇，不过他失败了，受了重伤，被送回了忒拜。他临死之前，指任其兄弟吕科斯作为拉布达科斯的监护人，并同时要他继续担负起向埃波佩奥斯复仇的责任。不过，吕科斯还没有来得及实现他的诺言，埃波佩奥斯就去世了（Paus. ii. 6. § 2; Hygin. *Fab.* 7, 8）。拉布达科斯长大以后，吕科斯把整个国家交给了他。但拉布达科斯不久也去世了，吕科斯再一次成了拉布达科斯的儿子拉伊奥斯的监护人。后来他的两个侄子安菲翁和泽托斯把他驱逐出境（Paus. ix. 5. § 2; Eurip. *Herc. Fur.* 27）。阿波罗多洛斯的描述完全不同（iii. 5. § 5.），据他说，尼克忒奥斯和吕科斯是克托尼俄斯（Chthonius）的儿子，由于谋杀了弗列基亚斯（Phlegyas）而不得不离开自己的国家。后来他们定居在了海瑞亚。吕科斯被选为忒拜的将领并篡夺了本属于拉伊奥斯的政权，统治了二十年，最后被安菲翁和泽托斯所杀。尼克忒奥斯因绝望而自杀——因为他的女儿因与宙斯有染而孕，逃到了西科昂的埃波佩奥斯那里。但是他在死之前，命令吕科斯去向埃波佩奥斯报仇。吕科斯答应了，并遵守诺言杀死了埃波佩奥斯，并把安提俄珀关进牢狱之中。据许金鲁斯所述（*Fab.* 157），尼克忒奥斯和吕科斯是波塞冬和刻莱诺的儿子（Völcker, *Mythol. des Japet. Geschlechts*, p. 116）。参看《希腊罗马传记与神话词典》，前揭，卷二，页1216。

10. Scholiast on the *Odyssey*，"他在外表上像一个女人——伊弗提墨（Ἰφθίμη），英雄艾卡瑞斯的女儿"

这正是佩涅洛佩妹妹的名字。但是阿西奥斯说：

"艾卡瑞斯的女儿，美妲（Μέδη，Meda）和佩涅洛佩。"安德昂（Ἄνδρων）叫她许普西皮勒（Ὑψιπύλη）。

- 伊弗提墨（Iphthime）：一、海神之女，萨提尔的母亲（Nonn. Dionys. xiv. 114）。二、艾卡瑞斯的女儿，佩涅洛佩的妹妹。雅典娜出现在忒勒玛科斯不幸的母亲面前时，曾化作伊弗提墨的样子（Hom. Od. iv. 797）。参看《希腊罗马传记与神话词典》，前揭，卷二，页620。

- 安德昂（Andron）：一、亚历山大里亚人，他的作品叫 Χρονικὰ，雅典娜乌斯曾经引用过这部作品（iv. p. 184，b）。二、以弗所人，写了一部七勇士攻忒拜的作品 Τρίπους（Diog. Laert. i. 30, 119; Schol. ad Pind. Isth. ii. 17; Clem. Alex. Strom. i. p. 332, b.; Suid. and Phot. s. v. Σαμίων ὁ δῆμος; Euseb. Praep. Ev. x. 3）。三、哈利卡纳苏斯人，希腊历史学家，普鲁塔克曾经提到过他（Thes. c. 25），与赫兰尼科斯相关（参看 Tzetzes. ad Lycophr. 894, 1283; Schol. ad Aesch. l'ers. 183）。四、特俄斯人，Περίπλους 的作者（Schol. ad Apoll. Rhod. ii. 354），也许这个人正是施特拉波所提到的那一个（ix. pp. 392, 456, 475），提到过他的还有拜占庭人斯梯芬那斯和其他人。也许他也正是 Περὶ Συγγενειῶν 的作者（Harpocrat. s. v. Φορβαντεῖον; School. ad Apoll. Rhod. ii. 946）。参看沃秀斯，De Histor. Graec. p. 285, ed. Westermann. 五、雕刻家，出生年月和国家都不详，塑造过战神和维纳斯的女儿哈摩丽娅的雕像（Tatian, Orat. in Graec. 55, p. 119, Worth.）。六、希腊医生，蒂拉克卢（Tiraquellus, De Nobilitate, c. 31）和法布里修斯（Bibl. Gr. vol. xiii. p. 58, ed. vet.）都认为他与卡里斯图斯的安德列亚斯（Andreas）是同一人（参看安德列亚斯相关内容）。不过这完全是个误

会，是因普林尼（*H. N.* xx. 76）把安德列亚斯读作了安德昂而造成的。雅典娜乌斯也提到过他（xv. p. 680. e.），一些人还保留了他开出的药方。这些人包括：科尔苏斯、盖仑、奥雷利亚努斯（Caelius Aurelianus）、奥芮培锡阿斯、艾修斯（Aetius）、保禄·埃及涅塔和其他一些古代的作家。他的作品都没有保存下来，而关于他的生平我们也不清楚。而他生活的年代，只能确定的是：科尔苏斯是最早提到他的作家（*De Med.* v. 20, vi. 14, 18, pp. 92, 132, 133, 134），因此，他一定生活于基督诞生之前（Le Clerc, *Hist. de la Méd.*; C. G. Kühn, *Index Medicorum Oculariorum inter Graecos Romanosque*, Fascic. i. p. 4, Lips., 4to., 1829）。参看《希腊罗马传记与神话词典》，前揭，卷一，页173。

- 许普西皮勒（Hypsipyle）：在希腊神话中，此人是楞诺斯的王后。参看托阿斯、伊阿宋和阿德拉图斯的相关内容。

11. Pausanias, *Description of Greece*

据说，西科昂并不是马拉松的儿子，马拉松是埃波佩奥斯的儿子，西科昂是墨提翁（Μητίων）的儿子，墨提翁是厄恪图斯（Ἐρεχθεύς）的儿子。阿西奥斯同意这样的说法。

- 正如在欧墨洛斯的诗作中所述的那样。辑语19。
- 墨提翁（Metion）：厄恪图斯和普拉西提亚的儿子，阿尔喀珀（Alcippe）的丈夫。他的儿子们墨提翁之子把他们的表兄弟潘帝翁从雅典国中赶了出去，但是他们自己后来又被潘帝翁的儿子们赶走了（Apollod. iii, 15. §§1, 5, 6, 8; Paus. i. 5. §3）。狄奥多罗斯（iv. 76）说代达罗斯是墨提翁的儿子之一，而墨提翁自己则是欧帕拉摩斯（Eupalamus）的儿子，厄恪图斯的孙子（Paus. ii. 6. §3；参看 Scho1. *ad Soph. Oed. Col.* 468，他说墨提翁的妻子是伊菲诺伊）。参看《希腊罗马传记与神话词典》，前揭，卷二，页 1067。

- 厄瑞图斯（Erechtheus）：参看厄瑞托尼俄斯（'Εριχθόνιος，英文作 Erichthonius）。一、据说厄瑞托尼俄斯与厄瑞图斯是同一个人。柏拉图、许金鲁斯和阿波罗多洛斯都提到过这两个英雄，其中一个被称为厄瑞托尼俄斯或厄瑞图斯一世，而另外一个叫厄瑞图斯二世，但是这两个英雄是否如米勒（Müller, *Orchom.* p. 117, 2d edit.）以及其他人所想的那样是同一个人，还不太清楚，尽管可能性十分大。荷马（*Il.* ii. 547, etc., *Od.* vii. 81）只知道一个厄瑞图斯，说他是雅典本地人，还当上了国王。最早对两个英雄作出区分的是柏拉图（*Crit.* 110a）。关于厄瑞托尼俄斯的故事如下：当赫淮斯托斯想去拥抱雅典娜的时候，女神斥退了他。他和该亚或克拉诺俄斯（Cranaus）的女儿阿提斯生下了一个儿子，这个儿子要么完全是一条蛇，要么有一半是蛇的样子。雅典娜在其他神都不知道的情况下养大了这个生物，先让一条龙来保护他，后来又把他装在一个箱子里交给阿格饶罗斯、潘多洛索斯（Pandrosos）和赫尔斯，并警告他们不得打开（Hygin. *Poet. Astr.* ii. 13）。但是他们没有遵守，打开箱子，看到这个孩子长成了蛇的样子（或者是被一条蛇缠着），他们被吓疯了，全都从雅典卫城的石头上跳了下去，又说是跳进了海中。这条蛇后来逃进了雅典娜的盾牌里，并受到她的保护（Apollod. iii. 14. §6; Hygin. *Fab.* 166; Paus. i. 2. §5, 18. §2; Eurip. *Ion*, 260, etc.; Ov. *Met.* ii. 554）。厄瑞托尼俄斯长大之后把安菲特律翁赶走了，并篡夺了雅典的王权，他的妻子为他生了一个儿子潘帝翁（Apollod. l. c.）。据说是他引入了对雅典娜的崇拜，并设立了泛雅典娜节，还在卫城为雅典娜建了一座神殿。当雅典娜和波塞冬就阿提卡的归属争吵不休的时候，厄瑞托尼俄斯宣布站在雅典娜一边（Apollod. iii. 14. §1）。他还是第一个使用有四匹马的战车的人。正是因为这个原因，他被安置在群星之中成为御夫座（Hygin. *P. A. l. c.*；Virgl. *Georg.* i. 205，iii. 113；Aelian, *V. H.* iii. 38）。据说是他让雅典人知道了银的用途，而银是西徐亚人的国王印度斯（Indus）发现的（Hygin. *Fab.* 274）。他被埋葬在雅典娜的神殿里，在卫城中对他的崇拜与对雅典娜和波塞冬崇拜是一起的，里面有三个祭坛，一个是波塞冬的，这个里面也有献给厄恪托尼俄斯的祭品，第二个是波忒斯（Butes）的，第三个是赫淮斯托斯的（Paus. i. 26，§6）。

厄恪图斯二世是一世的孙子，他是潘帝翁与宙克西珀的儿子，因此他又是波忒斯、普洛克涅和菲勒美拉的兄弟（Apollod. iii. 14. §8；Paus. i. 5. §3）。他父亲死后，他继承了雅典的王位，并被认为是阿提卡的名祖之一。他娶了普拉西提亚（Praxithea）并和她生下塞克洛普斯（Cecrops）、潘多罗斯（Pandoros）、墨提翁、奥内俄斯（Orneus）、普洛克力思、克利狄塞、克托尼亚（Chthonia）和俄瑞提亚（Oreithyia, Apollod. iii. 15. §1；Paus. ii. 25. §5；Ov. *Met.* vi. 676）。他的四个女儿在不同的传说中有不同的故事，不过她的四个女儿共同约定，如果其中一个快要死去，她们四个就一起死去。伊洛西斯城人请求波塞冬的儿子欧摩尔波斯帮助他们对付雅典人，结果欧摩尔波斯却被雅典人所杀，于是波塞冬或某位神明就要求祭献厄恪图斯的一个女儿。当其中一个女儿抽到签之后，其余三个都自愿陪她一起去死，而厄恪图斯则被宙斯的雷电击死，这也是应波塞冬的要求（Apollod. iii. 15. §4；Hygin. *Fab.* 46, 238；Plut. *Parall. Gr. et Rom.* 20）。还有人说他在同埃琉西斯城人的战斗中杀死了伊马拉多斯（Immaradus）——欧摩尔波斯的儿子（Paus. i. 5. §2；参看阿格饶罗斯）。据狄奥多罗斯所述（i. 29），厄恪图斯是埃及人，在一场饥荒中为雅典人带来了玉米，并兴起了对德默特尔的崇拜和埃琉西斯的密仪。

二、达耳达诺斯和巴忒娅的儿子。他是阿斯提俄科或卡吕尔赫埃（Callirrhoë）的丈夫，并和她生下了特洛斯（Tros）或阿萨纳科斯。他还是所有人中最富有的，因为他的田野里喂养了3000匹母马，这如此吸引人，以至于波瑞亚斯都爱上了他们。他还出现在克里特国王的名单中（Hom. *Il.* xx. 220, etc.; Apollod. iii. 12. §2; Dionys. i. 62; Ov. *Fast.* iv. 33; Serv. *ad Aen.* viii. 130; Strab. xiii. p. 604）。参看《希腊罗马传记与神话词典》，前揭，卷二，页48。

12. Pausanias, *Description of Greece*;

参看上文，《基纳厄同》辑语第五。

13. Athenaeus, *Scholars at Dinner*

关于萨摩斯人的奢华这个主题，杜里举出了阿西奥斯的诗歌以表明，他们在手臂上戴了镯子，当他们欢庆赫拉的节日之时，他们把头发齐整地梳到颈子和肩的后面……阿西奥斯的诗行如下：
"他们会像那个样子，他们把头发梳得符合赫拉的标准，穿上美丽的衣服，雪白的束腰外套，直垂到地面；他们戴上了黄金胸针，就像蟋蟀一样；他们的头发在风中飘动，绑着金箍子；手臂上，有华丽的手镯；[……]一个带着护甲的战士。"

- 参看 A. W. Gomme 关于 Thucydides 1.6.3. 的评论。

黑格斯洛斯的《阿提斯》
(*ΗΓΗΣΙΝΟΥ ΑΤΘΙΕ*)

Pausanias, *Description of Greece*

  据说，首先在赫利孔山（Ἑλικῶν）为缪斯献祭并宣称此圣山属于缪斯的，是埃菲阿耳忒斯（Ἐφιάλτης）和奥托斯（Ὦτος），而且他们还找到了阿斯可拉（Ἄσκρην，Ascra）。事实上，黑格斯洛斯在他的《阿提斯》中写了如下内容：

  "至于阿斯可拉，撼地神波塞冬和她躺在了一起，不多久，她生下了一个儿子俄伊沃克罗（Οἴοκλον，Oioklos），最初的建立者和阿洛奥斯的儿子一起，还有阿斯可拉的儿子，他们占据着赫利孔水源丰富的山脚。"

  我并未读过黑格斯洛斯这首诗，它在我的时代之前就佚失了，但是科林多的卡利颇斯（Κάλλιππος）在他的作品中向奥尔科莫诺斯（Ὀρχομενός）人宣讲时引用了这首诗歌以支撑他的论证，而我们效法他的做法，就好像[卡利颇斯]亲自说的一样。

- 赫利孔山（Helicon）：希腊波俄提亚的忒斯皮埃（Thespiai）地区的一座山，海拔1749米，位于科林多海湾。
- 埃菲阿耳忒斯（Ephialtes）：他是巨人之一，在反抗众神的战争中被阿波罗弄瞎了左眼，又被赫拉克勒斯刺瞎了右眼（Apollod. i. 6. §2）。关于另外一个神话人物，参看阿勒西达伊的相关内容（Al-

ceidae)。另有四个同名者：一、马利亚湾（Malian）人，公元前 180 年，在利奥尼达（Leonidas）守卫温泉关（Thermopylae）的时候，他引导那队被称为神灵的波斯人走上了山间小路（即 Anopaea），来到了希腊人的后方。此后，他由于害怕斯巴达人的报复，逃到了帖撒利，而安菲特律翁的议事会出钱悬赏他的人头。最后他还是回到了自己的国家，被一个雅典那德斯人（Athenades）和一个塔克里亚（Trachinian）人处死，但是处死他并不是因为他叛国，希罗多德并没有讲清楚原因（Her. vii. 213, etc.；Paus. i. 4；Strab. i. p. 20；Polyaen. vii. 15）。二、雅典的政治家和将军，索福尼德斯（Sophonides）的儿子，而据狄奥多罗斯所说，他是西蒙尼德人，伯利克勒斯的支持者和朋友，普鲁塔克说，伯利克勒斯自己不愿意公开露面的时候，就把埃菲阿耳忒斯推上前台，来执行那些政策（Ael. V. H. ii. 43, iii. 17；Plut. *Peric.* 7, *Reip. Gerend. Praec.* 15；Diod. xi. 77）。公元前 461 年，当斯巴达人派人向雅典求援以对付依托莫的时候，埃菲阿耳忒斯竭力阻止民众答应请求，他告诫大众，不要扶持那已经倒下去的对手，要让斯巴达的精神一蹶不振。在削弱战神山议事会力量的过程中，他是主要的力量，战神山议事会曾经给了寡头政党沉重的打击，还反对过埃斯库罗斯的"Eumenides"所听命的政党（Arist. *Polit.* ii. 12, ed. Bekk.；Diod. *l. c.*；Plut. *Cim.* 10, 15, 16, Pericl. 7, 9；Cic. *de Rep.* i. 27）。普鲁塔克用这样的方法告诉我们，他引入了一种纯粹的民主政治，并使整个城市醉心于自由。但是，他并没有具体讲清楚，战神山议事会被剥夺了哪些权力，而且这点要讲清楚也不容易，也不清楚伯利克勒斯和埃菲阿耳忒斯攻击的是法院还是议事会（更全面的论述可以参看 Müller, Eumen. §§ 35 – 37；Wachsmuth, *Hist. Ant.* vol. ii. p. 75, etc. Eng. transl.；Hermann, *Opusc.* vol. iv. pp. 299 – 302，足以解释德摩斯忒涅斯的文字［*c. Arist.* p. 641］和关于吕西阿斯的文字［*de Caed. Erat.* p. 94.］；Thirlwall's *Greece*, vol. iii. pp. 23, 24；*Dict. of Ant. s. v. Areiopagus*；C. F. Hermann 提到过这些作家，*Pol. Ant.* §109，注释6）。埃菲阿耳忒斯为民主所做的事，造成了一些寡头政治当权者的仇恨，在夜晚暗杀了他，大约是在公元前456年。似乎到安提丰的时代（参看 *de Caed. Her.* p. 137），凶手都没有找到，但是据亚里士多德（*ap. Plut. Pericl.* 10）说，那是塔纳格拉的一个叫阿里斯托狄克斯（Aristodicus）干的。据古代的作家讲，埃菲阿耳忒斯的形象高尚而荣光，因为他坚定而正直，有时候甚至被放到和阿里斯忒德斯（Aristeides）一起。赫拉克雷迪斯（Heracleides Ponticus）告诉我们，他总是习惯于把自己的属地开放给民众，邀请众多的人来玩。有一段叙述似乎与埃利阿诺斯的描述不相合，也许粉饰了他的贫困（Plut. *Cim.* 10, *Dem.* 14；Ael. *V. H.* ii. 43, xi. 9, xiii. 39；Val. Max. iii. 8. Ext. 4；Heracl. Pont. 1）。三、雅典的演说者之一，忒拜在公元前335年左右被攻下之后，亚历山大迫使他投降，尽管狄马德斯（Demades）劝说国王不要强迫任何人，除了卡里德默以外（Arr. *Anab.* i. 10；Plut. *Dem.* 23, Phoc. 17；Diod. xvii. 15；Suid. s. v. Ἀντίπατρος）。四、普鲁塔克（Alex. 41）提到过，埃菲阿耳忒斯和西索斯（Cissus）为亚历山大带来了消息，称哈巴拉斯（Harpalus）在公元前324年叛国逃跑，但是他们两个却因诽谤罪被国王关进牢狱之中。喜剧诗人普律尼科司（Phrynichus）的戏剧《埃菲阿耳忒斯》，却似乎并没有提到上面出现的这些人物，而是讲的噩梦神（Nightmare）（Meineke, *Hist. Crti. Com. Graec.* pp. 152-154）。参看《希腊罗马传记与神话词典》，前揭，卷二，页25。

- 奥托斯（Otus）：波塞冬和伊菲美迪亚的儿子，是阿洛伊代之一（Hom. *Il.* v. 385, *Od.* xi. 305；Pind. *Pyth.* iv. 89；Apollod. i. 7.

§4；参看阿洛伊代的相关内容）。参看《希腊罗马传记与神话词典》，前揭，卷三，页68。

- 卡利颇斯（Callippus 或 Calippus）：同名者众多，仅文人就有四个：一、喜剧诗人，只有雅典娜乌斯提到过他（xv. p. 668），有一部叫 Pannychis 的喜剧作品出自他手。波森（Porson）说这些文字的作者是希帕库斯，而不是卡利颇斯，因为希帕库斯创作了一部叫 Pannychis 的喜剧，这是众所周知的事情（Athen. xv. p. 691）。但这并不足以把卡利颇斯的名字从喜剧作家名单中除去（Meineke, *Hist. Crit. Com. Gr.* p. 490）。二、雅典人，亚里士多德提到过（*Rhet.* ii. 23），说他是"τέχνη ῥητορική"的作者，但是其余细节一无所知。三、科林多的斯多亚哲学家，芝诺（Zeno）的学生，芝诺是该学派的创始人（Diog. Laërt. vii. 38.）。此人似乎与泡萨尼阿斯所提到的那个卡利颇斯是同一人（ix. 29. §2, 38. §10），其作品名字叫"συγγραφὴ εἰς Ὀρχομενίους"，这部作品现在只有一些残篇存留下来。四、佩塔勒乌斯（Petaneus）的别名，第欧根尼·拉尔修（v. 57）提到过他，他是泰奥弗拉斯托斯遗嘱的见证人之一。参看《希腊罗马传记与神话词典》，前揭，卷一，页574。

- 奥尔科莫诺斯（Orchomenus）：古代共有四个地方叫这个名字，一是波俄提亚的一个城邦，二是阿尔卡迪亚的一个城邦，三是帖撒利的一个城邦，四是欧玻亚的一个城邦。

克尔西亚斯（*XEPΣIAΣ*）

证 言

Plutarch, *Banquet of the Seven Sages*

当门列斯斐洛斯（*Μνησίφιλος*）说完以后，诗人克尔西亚斯（因为他现在被免予起诉，并且最近还和佩里安德洛斯［*Περίανδρος*］在关于喀隆［*Χίλων*］的辩护问题上达成了和解）说……

因此，诗人克尔西亚斯回想起了其他出人意料的获救事例，关于库普塞卢斯（*Κύψελος*），佩里安德洛斯的父亲……这就是为什么库普塞卢斯要在德尔斐修建建筑……庇塔库斯（*Πιττακός*）对佩里安德洛斯说："太好了，克尔西亚斯已经提到了这个建筑，佩里安德洛斯，因为我常常想要你来解释，为什么要在这个棕榈树的根部雕这些青蛙……"佩里安德洛斯要他去问克尔西亚斯，因为佩里安德洛斯知道当库普塞卢斯圣化此建筑时，克尔西亚斯也在场，克尔西亚斯笑着回答说，如此等等。

• 门列斯斐洛斯（Mnesiphilus）：雅典人，公元前480年，向忒米斯托克里指出希腊将军政策的极端失策，即从萨拉米斯撤军并与波斯人在科林多人作战。于是，忒米斯托克里劝尤利比亚德（Eurybiades）召开另一个会议，在这个会议上，他艰难地劝那些将领坚守萨拉米斯。据普鲁塔克所述，忒米斯托克里十分推崇门列斯斐洛斯，他告诉我们此人既不喜欢演说术，也不喜欢形而上学思辨，但却是一个健康、强壮、重实际并且有头脑的人。他身上并没有智术师的痕迹，全身心投入到政治实践之中，是梭伦那样的雅典老派政治家的优秀典范。一个十分大胆的虚构年表认为他的这种智识得益于他与一个大立法者的私人友情，这出现在普鲁塔克描绘七贤宴饮的文字中（Herod. viii. 57, etc.; Plut. *Them.* 2, 11, *de Herod. Malign.* 37, *Conv. Sept. Sap.* 11）。参看《希腊罗马传记与神话词典》，前揭，卷二，页1107。

- 佩里安德洛斯（Periander）：七贤之一，生于科林多，后为僭主。在位期间，他所统治的城邦获得了极大的繁荣。他改革了科林多的商业和工业，修筑了道路，开凿了运河。他是一位伟大的政治家，热心于科学和艺术。另参《希腊罗马传记与神话词典》，前揭，卷三，页190。

- 喀隆（Chilon）：斯巴达人，他第一个建议任命监察官来辅助国王，并于公元前556年担任这一职务。作为监察官，他提高了这个位置的权力，并首次使监察官同国王一起监督政策。他让斯巴达人的训练更为严格；他最著名的格言是"遵守诺言"。另参《希腊罗马传记与神话词典》，前揭，卷一，页749。

辑　语

Pausanias, *Description of Greece*

据说，阿斯普勒冬（Ἀσπληδών）最初的创建者因为缺水的缘故就放弃了它，而这个城镇因阿斯普勒冬而得名，他是仙女美狄亚（Mιδέα）和波塞冬的儿子。在奥尔科莫诺斯人克尔西亚斯创作的诗作中也能找到同样的说法：

"波塞冬和有名的美狄亚在一座幅员辽阔的城邦（εὐρύχορον πτολίεϑρον）中生下了一子，叫阿斯普勒冬。"

关于克尔西亚斯的诗歌在我的时代也不再有记录［正像黑格斯洛斯的作品一样，泡萨尼阿斯早先曾引用他不少内容］。这些诗行也是由卡利颇斯在那同奥尔科莫诺斯人相关的文字中提到的。就这个问题，奥尔科莫诺斯人克尔西亚斯也写下了一首警句，是关于赫西俄德之墓的。

● 阿斯普勒冬（Aspledon）：波塞冬和仙女米德伊娅（Mideia）的儿子（Chersias, *ap. Paus.* ix. 38. §6）。也说他是奥奇美尼斯（Orchomenus）的儿子，柯律门努斯和安菲狄克斯（Amphidicus）的兄弟（Steph. Byz. *s. v.* Ἀσπληδών），普莱斯波（Presbon）和斯泰罗普的儿子（Eustath. *ad Hom.* p. 272）。他是阿斯普勒冬城的建立者，这座城是居于波俄提亚的米尼亚人的古代城邦。参看《希腊罗马传记与神话词典》，前揭，卷一，页388。

● 关于这个警句参看 Certamen 14。泡萨尼阿斯早先曾引用过（9.38.4）。

达奈斯（ΔΑΝΑΙΣ）

证 言

Borgia plaque

……《达奈斯》(the Danaids)，在 6500 行诗中，……

辑 语

1. Clement of Alexandria, *Miscellanies*

接着达瑙斯（Δαναός）的女儿们在那奔流的尼罗河前，迅速武装了起来。

• 雅典的达瑙斯（Danaus 或 Danaos）：墨提翁的儿子，厄瑞克透斯的曾孙，也是厄瑞克族人。他是一位伟大的艺术家，即建筑师和雕刻家。世界各地的人都十分赞赏他的艺术品，说他的雕像是具有灵魂的创造物。因为从前的大师创作石像时都让石像闭上眼睛，双手连着身体，无力地垂落下来，而他第一个让雕像张开眼睛，往前伸出双手，并迈开双腿好像在走路一样。另参《希腊罗马传记与神话词典》，前揭，卷一，页938。

2. Harpocration, *Lexicon to the Orators*

品达和《达奈斯》的作者都说，厄恪托尼俄斯（Ἐριχϑόνιος）和赫淮斯托斯出现在了大地之上。

• 厄恪托尼俄斯（Erichthonius）是希腊神话中火与锻冶之神赫淮斯托斯和大地之神该亚的儿子，半人半蛇，被该亚遗弃后由雅典娜收养。她将厄恪托尼俄斯放在一个箱子里，交给雅典国王的三个女儿保管，并警告她们不得打开箱子，三位公主出于好奇，最终还是打开了箱子，她们看见这个可怕的婴儿后，吓得精神失常，从雅典卫城的城墙上摔下去了。此后雅典娜便亲自抚养厄恪托尼俄斯直至长大，有记载说厄恪托尼俄斯拥有再生的能力，因为雅典娜曾把蛇发女妖墨杜萨的血赐给了他几滴。尽管他的长相很丑陋，但他最后却成为雅典的国王。雅典卫城的神庙就是以这位国王的名字命名的。更多内容，参看"厄恪图斯"注释。另参《希腊罗马传记与神话词典》，前揭，卷二，页48。

• "和赫淮斯托斯"也许写错了。通常的故事是讲，赫淮斯托斯正对雅典娜（Athena）用强，结果精液溅到了地上，就生出了厄恪托尼俄斯。

3. Philodemus, *On Piety*

据《达奈斯》的作者所述，库埃特斯（Κουρῆτες）是众神之母的仆人。

• 库埃特斯（Kouretes）：崇拜瑞亚的九个舞者，参看《希腊罗马传记与神话词典》，前揭，卷一，页521。

米尼亚斯（*MINYAΣ*）

1. Pausanias, *Geography of Greece*

在我看来，波吕格诺图斯模仿了诗歌《米尼亚斯》。因为在《米尼亚斯》中，有一处提到了忒修斯和庇里托俄斯：

"在那里，他们没有找到那艘鬼魂坐的船，这船是由渡口的摆渡者卡戎（*Χάρων*）掌控的。"

正是在这样的基础之上，波吕格诺图斯画的卡戎，早已年迈。

- 卡戎（Charon）：在希腊神话中，黑暗神厄瑞玻斯和夜女神尼克斯的儿子卡戎是冥河的摆渡者。赫耳墨斯把亡灵带到卡戎那里，由卡戎渡他们过冥河。只有当这些死亡者被以合理的仪式埋葬或火葬并付一枚钱币时，卡戎才会接受他们并助其渡河。因为这个缘故，总有一枚钱币放在死尸的舌头下。另参《希腊罗马传记与神话词典》，前揭，卷一，页689。

2. Pausanias, *Geography of Greece*

但是荷马关于奥德修斯的诗歌和所谓的《米尼亚斯》以及《归返》，都不知道魔鬼欧律诺摩斯（因为在这些文本之中也提到了哈得斯和其中的一些恐怖的事情）。

3. Pausanias, *Geography of Greece*

据说,安菲翁在哈得斯受到惩罚,因为他对勒托($Λητώ$或 $Λατώ$)和她的孩子出言不逊。提到安菲翁受罚的诗歌是《米尼亚斯》,它还提到了安菲翁和色雷斯人塔米里斯($Θάμυρις$)。

- 塔米里斯(Thamyris):古色雷斯吟唱诗人,费拉莫侬(Philamnon)和仙女阿耳癸俄珀(Argiope)的儿子。他骄傲自满,甚至认为他自己在歌唱方面可以超过缪斯,结果因此受罚,被夺去了视力和歌唱的能力(Hom. *Il.* ii. 595, etc.; Apollod. i. 3. §3; Paus. iv. 33. §4, x. 7. §2; Eurip. *Rhes.* 925)。他手中总是拿着一把破损的里拉琴(Paus. ix. 30. §2)。参看《希腊罗马传记与神话词典》,前揭,页1020。

- 在古希腊神话中,因对神不敬而受罚的例子众多,还有一例出现在阿波罗多洛斯的《希腊神话》中(i. iv. 2-3)。玛耳绪阿斯(Marsyas)捡了雅典娜丢下的笛子,便轻狂起来,要与阿波罗比赛音乐技艺。他们商量好,败者要受胜者处罚。阿波罗弹竖琴,反过来可以照样弹,而玛耳绪阿斯却无法做到把笛子反过来,于是他输了,被阿波罗剥了皮。参看 Apollodorus, *The Library*, with an English translation by Sir James George Frazer, London: William Heinem ann; New York: G. P. Putnam's Sons, P. 31。

4. Pausanias, *Geography of Greece*

福西亚的普罗狄科斯说(如果他是史诗《米尼亚斯》的作者的话),塔米里斯在哈得斯中受到惩罚,因为他在缪斯面前狂妄自大。

- 一个古老的说法。也许"米尼亚斯"在这里的意思是指米尼亚人（Minyans）的国家。关于塔米里斯以及他的吹嘘参看《伊利亚特》2.594-600："缪斯们在多里昂／遇见过色雷斯人塔米里斯，打断了他的歌声，／那人从奥卡利埃的欧律托斯家里去到那地方，／他夸口说，要是提大盾的宙斯的女儿／文艺女神们同他比赛唱歌的艺术，／他能得胜；她们在愤怒中把他弄瞎了，／夺去了他的歌声，使他不会弹琴。"参看《罗念生全集》，前揭，卷五，页52。

5. Pausanias, *Geography of Greece*

所谓的《女人录》和《米尼亚斯》是相互一致的。这两首诗都说，阿波罗帮助库埃特斯对抗埃托利亚（Αἰτωλιάς）人，并且墨勒阿格洛斯还被阿波罗杀死。

- 埃托利亚（Aetolia）：位于古希腊中部，科林多海湾北部，埃托利亚联盟于公元前290年成立以后，这个地方在古希腊的历史上占据了重要位置。

6. Philodemus, *On Piety*

《米尼亚斯》的作者说，奥里昂（Ὠρίων）是有死的，被阿尔忒弥斯所杀。

7. Ibscher papyrus（公元1世纪）

"没有哪个人可以用他的力量和长矛杀死我，是可怕的命运之神和勒托的儿子置我于死地。来从开头把这件事讲给我听吧，为什么你这样去了哈得斯？为什么庇里托俄斯这个你真正的同伴会陪着你？[……] 你活着来到这里不可少的东西是什么？"

埃勾斯（Αἰγεύς 或 Αἰγέας）的儿子忒修斯最先说话，并回答了他的问题，[……] 朝着民众的牧者：

"聪明的俄纽斯之子，高贵的墨勒阿革洛斯，我来准确地告诉你吧。庇里托俄斯受了那可怕的厄里倪斯 [Ἐρινύς] 极大的误导。他去寻找杰出的珀耳塞福涅，还说掷雷电的宙斯都支持他，而且根据众神的惯例，他还和珀耳塞福涅定下了婚约。因为据说这些神都向自己的漂亮妹妹求爱，并趁其亲爱的父母不在时交欢。所以，他急急忙忙地同一个神佑的女人定下了婚约——就是与他同父亲的妹妹；因为庇里托俄斯说，他和妹妹之间的关系比伟大的哈得斯同珀耳塞福涅之间还要亲，珀耳塞福涅是美发的德墨特尔的女儿。因为他们是同父兄妹，而哈得斯只是珀耳塞福涅的叔叔。正是由于这个缘由，哈得斯走进了混沉的黑暗之中。"

所以他说了这些，而俄纽斯的儿子听了以后战栗不止，并用抚慰的话向他作了回答：

"雅典战士的顾问，忒修斯，一点也不谨慎，妻子希波达弥亚（Ἱπποδάμεια）[……] 有伟大精神的庇里托俄斯？……"

（另外的四行辑语，以及接下来的 22 行）

- 墨勒阿格洛斯在哈得斯中正对着忒修斯说话。
- 埃勾斯（Aegeus、Aigeus、Aegeas 或 Aigeas）：古代希腊神话中的雅典国王，因痛失爱子，以为生还无望，痛心之余，投海而死，后世就把这海域称为爱琴海（The Acgean Sea）。
- 希波达弥亚（Hippodamea、Hippodamia 或 Hippodameia）：一、俄诺玛诺斯的女儿（俄诺玛诺斯和珀罗普斯）。二、阿忒拉克斯

(Atrax)的女儿,庇里托俄斯的妻子(参看庇里托俄斯的相关内容)。三、阿尔卡托乌斯的妻子,安喀塞斯(Anchises)最年长的女儿,是其父母的最爱(Hom. *Il.* xiii. 430, etc.)。四、布里赛伊斯(Briseis)的真正名字(布里瑟斯[Brises]的女儿),阿喀琉斯最喜欢的仆人。她最开始嫁给了米勒斯(Mynes),结果米勒斯却被阿喀琉斯在攻占律内索斯(Lyrnesus)的时候杀死了(Schol. *ad Hom. Il.* i. 184; Hom, *Il.* ii. 689, xix. 291, etc.; Dictys Cret. ii. 17)。五、阿明托耳的妻子,福尼克斯的妻子(Eust. *ad Hom.* p. 762; Hom. *Il.* ix. 450)。参看《希腊罗马传记与神话词典》,前揭,卷二,页489。

8. Pausimachus of Miletus

但她在那些死者之中,是广受祈祷的女王。

瑙帕卡提亚 *(NAYΠAKTIA)*

证　言

Pausanias, *Description of Greece*

至于希腊人称为《瑙帕卡提亚》的这部史诗，大部分的人认为是一个米利都（Μίλητος）人创作的，但是琵特阿斯（Πυθέας）的儿子卡戎说，是一个瑙帕卡提亚人创作的，名叫卡瑞基诺（Καρκίνος）。我们也追随南普沙卡斯（Λάμψακος）历史学者的观点，因为，把一个米利都人创作的关于女人的作品称为《瑙帕卡提亚》，有什么意义呢？

- 米利都（Miletus）：克里特的阿瑞亚（Areia）和阿波罗的儿子。米诺斯和萨尔珀冬的最爱。他最后选择了萨尔珀冬，并从米诺斯飞到了迦利亚，在那里建立了一座城邦，后来他以自己的名字为其命名（Apollod. iii. 1. §2; Paus. vii. 2. §3; Schol. *ad Apollon. Rhod.* i. 186）。奥维德（*Met.* ix. 442）说他是阿波罗和德依翁的儿子，因此又叫德伊翁尼德斯（Deïonides）。安东尼努斯·莱伯拉里斯保存了一个关于他身世和故事的不同说法。但这里的"米利都"与正文无关。参看《希腊罗马传记与神话词典》，前揭，卷二，页1085。

- 琵特阿斯（Pytheas）：同名者众多，但可以写成 Pytheas 的仅有两个，不过并不清楚文中所提到是否是这两人之一。一、伊斯基诺斯（Ischenous）与伊琴娜之子，驻守在斯基亚托斯（Sciathus）岛外的三个希腊防卫点的一个之上，在温泉关之战前不久，该岛被波斯人攻下。琵特阿斯在被围困的时候奋勇抗敌，结果受到波斯人的礼遇。在萨拉米斯战斗中，他被关在了西顿（Sidonian）人的船上，结果这船被爱琴纳（Aeginetan）船攻占了，于是他恢复了自由身。琵特阿斯的儿子兰篷（Lampon）出现在普拉蒂亚的战场上，在决战的时候敦促泡萨尼阿斯为利奥尼达的死报仇，于是他侮辱并毁伤马多尼（Mardonius）的遗体（Herod. vii. 181，viii. 92，ix. 78；Paus. iii. 4. §10）。二、阿布德拉（Abdera）人，尼姆佛多鲁斯（Nymphodorus）的父亲（Herod. vii. 137.）。参看《希腊罗马传记与神话词典》，前揭，卷三，页 626。

- 卡瑞基诺（Carcinus）：一、阿加索克利斯的父亲（参看阿加索克利斯相关内容）。二、苏达斯提到过三个不同的诗人都叫这个名字。第一个是西西里的阿格里真托（Agrigentum）人；第二个是一个雅典人，提奥德克台斯（Theodectes）或谢诺克里斯（Xenocles）的儿子；第三个是一个阿提卡的诗人。第一位诗人名不见经传，是否真有其人，不得而知。据梅内克（Meineke）关于诗人卡瑞基诺的研究，我们必须要区分的是两个悲剧诗人，他们两个都是雅典人。第一个，也是年长的一个，擅长舞蹈（Athen. i. p. 22），阿里斯托芬曾经提到过他（*Nub.* 1273，*Pax*，794，及相关评论）。不过他的剧作似乎在很早的时候就已经失传，没能留下只言片语。

小卡瑞基诺要么是提奥德克台斯（Theodectes）的儿子，要么是谢诺克里斯的儿子，并且，若是后来的论述可信的话，他就是大卡瑞基诺的孙子（参看 Harpocrat. s. v. Καρχίνος），他极有可能就是那个在叙拉古的狄奥尼索斯二世的庭院中度过大半生的人（Diog. Laert. ii. 7）。这个讲法与苏达斯的说法相同。据苏达斯所述，谢诺克里斯的儿子卡瑞基诺生活于公元前 380 年，因为狄奥尼索斯是在公元前 356 年从叙拉古被放逐的（参看 Diod. v. 5.，韦斯林［Wesseling］认为这个阿格里真托［Agrigentum］的卡瑞基诺是虚构的）。或许古代作家所引用的卡瑞基诺的悲剧作品均是属于这个年轻的卡瑞基诺。苏达斯说他共有 160 部悲剧作品，但是我们知道名字和拥有一些残篇的仅九部而已，还有一些残篇不知出自何处，以下是九部作品名称：《阿洛珀》（Aristot. *Ethic. Nicom.* vii. 7）、《阿喀琉斯》（Athen. v. p. 189）、《梯厄斯忒斯》（Aristot. *Poet.* 16）、《瑟默勒》（Semele, Athen. xiii. p. 559）、《安菲阿拉乌斯》（Amphiaraus, Aristot. *Poet.* 17）、《美狄亚》（Aristot. *Rhet.* ii. 23）、《俄狄浦斯》（*Oedipus*, Aristot. *Rhet.* iii. 15）、《忒瑞斯》（Tereus, Stobaeus, *Serm.* ciii. 3）和《俄瑞斯忒斯》（Phot. *Lex.* p. 132）。至于卡瑞基诺诗作的风格，一般用"Καϱκίνου ποιήματα"来表示，这个词语一般用来指那些不清楚的诗作（Phot. *Lex. s. v.*），一些作家证实（Athen. viii. p. 351）卡瑞基诺的风格是一种故意的含混。尽管在现存的这些残篇中我们很难找到这样的含混的影子，不过这些文字的风格倒十分像欧里庇得斯（Meineke, *Hist. Crit. com. Graec.* p. 505, etc.）。三、瑙巴克塔斯（Naupactus）人，泡萨尼阿斯曾经提到过他（x. 38. §6），说他是诗系诗人。卡瑞基诺一定生活于兰萨古斯的卡戎之前，还说史诗《瑙帕卡提亚》是他所作，而其他的所有人都认为这是一个米勒西安诗人的作品。四、希腊修辞学家，亚历山大（Alexander, *De Fig. Dict.*）曾提到过他，不过，其余则一无所知。五、屋大维的舰队分遣队司令，这支舰队是对庞培（Sext. Pompeius）作战的，时间是公元前 36 年（Appian, B. C. v. 111）。参看《希腊罗马传记与神话词典》，前揭，卷一，页612。

• 南普沙卡斯（Lampsacene）：古希腊城邦，位于黑海东边和特洛德的北部。

辑　语

1. Scholiast on the *Iliad*

正如荷马一样，赫兰尼科斯说，艾瑞欧菩（'Εριώπην）是埃阿斯的母亲。而费瑞居德斯在第五卷以及蒙纳瑟阿斯（Μνασέας）在第八卷中说，此人叫阿娥柯玛（'Αλκιμάχη, Alcimache），而《瑙帕卡提亚》（Naupactidssic）的作者却说她曾经有两个名字：

"后来，她又生下了一个最小却极美的女儿，她外祖父称她作艾瑞欧菩，但是她的父亲和阿德墨托斯称她作阿娥柯玛。"

• 艾瑞欧菩（Eriope）：此人无考。名字较近的是'Εριῶπις，参看 Hom. *Il.* xiii. 697; Schol. *ad Pind. Pyth.* iii. 14; Paus. ii. 3. §7; Hesych. *s. v.*。参看《希腊罗马传记与神话词典》，前揭，卷二，页49。

• 蒙纳瑟阿斯（Mnaseas）：同名者众多。一、福喀斯人，公元前353年法伊路斯死的时候，他被任命为年轻的法莱卡斯（Phalaecus）的监护人。法莱卡斯是奥罗马恰斯的儿子，法伊路斯的继承者，在圣战中指挥福基思人。不久后，蒙纳瑟阿斯在与忒拜人的夜战中被杀。也许正如亚里士多德所说，他就是那个与欧忒克里忒斯（Euthycrates）就女继承人问题发生争吵的人，结果还导致了战争（Diod. xvi. 38；参看 Paus. x. 2; Arist. *Polit.* v. 4, ed. Bekk.）。二、阿尔戈斯（Argive）人，德摩斯忒涅斯曾经提到过他（de Cor. p. 324），他是那些叛国投向菲利浦的人之一。波利比乌斯（xvii. 14）责备德摩斯忒涅斯，因为他在批评一些杰出人物的时候不顾后果并且过于笼统（参看 Dem. de Cor. p. 245, de Chers. p. 105; Diod. xvi. 38, 69)。

用这个名字的文人有：一、吕基亚的帕塔拉（Patara）人，此人也是用这个名字的文人中最知名的一个。有时候他也被人叫做 ὁ Παταρεύς，有时候被叫做 ὁ Πατρεύς。前者表明他是吕基亚的帕塔拉人，后者则是阿哈伊亚的帕德拉人。克林盾（Clinton）称他是（F. H. vol. iii. p. 534）帕德拉的蒙纳瑟阿斯，但是似乎更有可能的是，Πατρεύς是Παταρεύς的误写。我们知道，在亚历山大里亚文学繁荣的时候，小亚细亚诞生了许多文学家。苏达斯的一篇文字中（s. v. Ἐρατοσθένης）提到，沃秀斯、克林盾和其他人都认为蒙纳瑟阿斯是阿利斯塔克的学生。不过，这些话也可能表明他是埃拉托斯特尼（Eratosthenes）的学生。普瑞勒（Preller）在下面所提到的文字中表明，第二种才是他们真正要表达的意思（参看 Epimerism. Hom. p. 277, 29; Welcker, Epische Cyclus, p. 459）。蒙纳瑟阿斯生活的时代，正是卡利马库斯和埃拉托斯特尼学园从事文学和语法研究的时代。这个时代有大量的作家把他们毕生的精力都用于描述各地风土人情，包括传统、古迹和文物。如有伊利昂（Ilion）的帕勒蒙（Polemon）、西奇库斯的尼安特斯（Neanthes）、库瑞涅的斐洛斯忒费鲁斯（Philostephanus）和许多其他的人。这些人都与蒙纳瑟阿斯是同时代人，并且他们还有统一的名字叫做佩瑞格塔伊（Periegetae, Περιεγεταί）。蒙纳瑟阿斯属于这个行列之中，却是他的那个领域中最差的一位。他很勤奋，也很博学，游历过欧洲、非洲和亚洲，为了收集素材。不过，他一方面缺乏品味，另一方面又缺乏判断力，他和他的那一帮亚历山大里亚的编辑们更看重材料的数量，而不看重材料的质量和编排，他们勤奋地记录了所有历史与自然中那些不可思议的事情，却没有注意其吸引力和重要性。他还是厄墨瑞斯（Evemerus）学派的一个追随者，并把许多古代传说化解为日常的、自然的事件，这与学派的基本原则相一致。

蒙纳瑟阿斯有两部作品，一部是地志学著作，另一部收录了德尔斐的神谕。这些作品似乎在古代广为流传，并保存了较长时间。最早引述这些内容的作家叫利西马克（Lysimachus），他写了一部叫"Περὶ νοστῶν"（Athen. iv. p. 158, d.）的作品。这些作品直到雅典娜乌斯时代还存在，雅典娜乌斯常引用了其中的内容。

二、一个农业方面的作家，他把迦太基人玛格（Mago）和哈米尔卡尔（Hamilcar）关于农业方面的作品翻译成了希腊文（Varro, R. R. i. 1; Colum. xii. 4）。

三、贝鲁特人，修辞学家，据苏达斯所述（参看相关词条），其作品有"τέχνη ῥητορική"和"περὶ Ἀττικῶν ὀνομάτων"。

四、洛克里斯（Locri）或科诺普丰人，诗人，留下了一部叫"Παίγνια"的文集（Athen. vii. p. 321, f.; Eustath. p. 1163, 14）。

五、大语法学家阿利斯塔克的学生（Suid. s. v. Ἐρατοσθένης）。《伊利亚特》的威尼斯（Venetian）注疏本中提到过他（Villeison, Prolegom. p. xxx）。参看《希腊罗马传记与神话词典》，前揭，卷二，页1104。

2. Herodian, *On Peculiar Words*

……还有ῥήν……以复合形式πολύρρην出现在《瑙帕卡提亚》中：

"但他让家远离了广阔的海洋，此人的牛羊兴旺

($πολύρρην$)。"

3. Scholiast on Apollonius of Rhodes

《瑙帕卡提亚》的作者和费瑞居德斯在第六卷中谈到,他们(哈耳庇埃)逃进了克里特的洞穴之中,这个洞穴在阿尔基诺斯($Ἀργινούς$)山下。

- 这里的论述并不是十分清楚。哈耳庇埃是受到波瑞阿德兄弟(Boreads)的追赶。对比"Hesiod" frs. 150 - 156。阿尔基诺斯(Arginous):无考。

4. Scholiast on Apollonius of Rhodes

阿波洛尼奥斯($Ἀπολλώνιος \ Ῥόδιος$)说,这些人自愿去给公牛上套,而《瑙帕卡提亚》的作者则罗列了所有他所认识的英雄的名字。

- 阿波罗尼奥斯(Apollonius):生活于公元前3世纪早期,亚历山大里亚图书馆的管理员。他最有名的作品是《阿尔戈斯英雄船》(Argonautica),主要讲述了伊阿宋和阿尔戈斯英雄们求取金羊毛的故事,这也是史诗作品史上一部主要的作品。另参《希腊罗马传记与神话词典》,前揭,卷一,页240。

5. Scholiast on Apollonius of Rhodes

在《瑙帕卡提亚》中,伊德蒙($Ἴδμων$)站了起来,命伊阿宋去承担这个任务。

- 因为在辑语 4 中，这个任务就是给埃厄忒斯的口吐火焰的公牛们上套。

6. Scholiast on Apollonius of Rhodes

在《瑙帕卡提亚》的作者那里，我们没有发现美狄亚是自己主动走出去的。阿尔戈斯英雄们（Ἀργοναύται）被邀请去参加一个宴会，这是密谋的一个部分，当他们遭毒手的时刻临近之时，埃厄忒斯却跑去同他的妻子埃蕊吕忒（Εὐρυλύτης，Eurylyte）交欢，伊德蒙建议阿尔戈斯英雄们逃跑，美狄亚则和他们一起从海上逃走。

《瑙帕卡提亚》的作者说，埃厄忒斯被阿佛洛狄忒催眠……在阿尔戈斯英雄们和他共享宴饮之后也上床睡去。阿佛洛狄忒这样做是想放火烧船：

"接着，出身高贵的阿佛洛狄忒给埃厄忒斯催情，让他同妻子交欢。她在脑子里盘算，在经过巨大的磨难之后，伊阿宋可以和他的战友们一起安全地回家。"

伊德蒙明白究竟发生了什么，就说：……

7.

"从宴会厅逃走，快快穿过夜的黑暗！"

美狄亚听到脚步声，爬起来和他们一起逃走了。

8. Scholiast on Apollonius of Rhodes

阿波洛尼奥斯让美狄亚承诺，在逃离了埃厄忒斯的家之后就把羊毛交给伊阿宋，而《瑙帕卡提亚》的作者认为，她在逃走的时候就把羊毛带在身上了，因为它一直放在埃厄忒斯的家里。

9. Pausanias, *Description of Greece*

在希腊有一首史诗叫做《瑙帕卡提亚》，说珀利阿斯（Πελίας）死后，伊阿宋从伊俄洛科斯迁移到科西拉（Κέρκυρα）；而他的长子墨尔墨罗斯（Μέρμερος）在敌人的大陆打猎的时候被一头雌狮杀死。但没有记录有关斐瑞斯（Φέρης）的更详细的内容。

- 珀利阿斯（Pelias）：一、波塞冬（或克瑞透斯，Hygin. *Fab.* 12；Schol. *ad Theocrit.* iii. 45）与堤洛的儿子。堤洛是萨尔摩纽斯的女儿，她年轻的时候爱上了河神厄尼普斯，结果波塞冬就化作了厄尼普斯的样子来到她身边并和她生下了珀利阿斯和涅琉斯。后来她嫁给了克瑞透斯，此人是她父亲的兄弟，又和他生下了埃宋（Aeson）、斐瑞斯和阿密塔翁（Amythaon, Hom. *Od.* xi. 234, etc.；Apollod. *i.* 9. §8；Hygin. *Fab.* 157.）。珀利阿斯和涅琉斯被他们的母亲丢弃，其中一人被路过的母马咬了，所以脸变黑了，一个牧羊人发现了这个孩子，给他取名叫珀利阿斯（πελιόω, Eustath. *ad Hom.* p. 1682）；另外一个孩子吃母狗的奶，叫做涅琉斯，两个人都被牧羊人养大。他们长大成人知道了自己的亲生父母是谁后，珀利阿斯在赫拉的祭坛前杀死了西德罗（Sidero），她是萨尔摩纽斯的妻子，堤洛的继母。因为这个继母总是虐待堤洛。在克瑞透斯死后，珀利阿斯不允许他的继兄弟埃宋去掌管政权，并且在把自己的亲兄弟涅琉斯赶走后，掌管了伊奥尔科斯（Iolcus）的政权（Schol. *ad Eurip. Alcest.* 255；参看 Paus. iv. 2. §3）。也有人说他是在埃宋死后才统治伊奥尔科斯的，之前一直是当埃宋的儿子伊阿宋的监护人（Schol.

ad Hom. *Od.* xii. 70)。也许正是在叙述他对自己亲兄弟的统治之时,赫西俄德(Theog. 996)称他是"放纵者"(ὑβϱιστής)。另有说法称(Hygin. *Fab.* 14),他娶庇阿斯的女儿吕西玛柯比娅为妻,而还有人说他娶的是安菲翁的女儿菲洛玛克(Philomache),并和她生下了阿卡斯托斯、庇西狄刻、佩罗佩娅(Pelopeia)、希波托(Hippothoe)和阿尔刻提斯(Apollod. i. 9. §8, etc.)。除了珀利阿斯的这些女儿以外,佩利阿德斯(Peliades)还提到了一些其他的人,如墨杜萨(Hygin. *Fab.* 24)、安菲诺梅(Amphinome)、厄瓦德涅(Evadne, Diod. iv. 53)、阿斯忒若帕娅和阿提诺埃(Antinoe, Paus. viii. 11. §2.)。珀利阿斯的形象还出现在库普塞卢斯的箱子上,不过那里只写上了阿尔刻提斯的名字(Paus. v. 17. §4;参看 Hom. *Il.* ii. 715;Ov. *Trist.* v. 5. 55)。在他们的父亲被谋杀后,他们都从伊奥尔库斯(Iolcus)逃到了阿尔卡迪亚的曼提尼,后人在那里找到了他们的墓(Paus. viii. 11. §2)。伊阿宋从柯厄奇斯回来之后,让阿尔刻提斯与阿德墨托斯结了婚,而安菲诺梅则和阿德莱蒙结了婚,厄瓦德涅则和卡涅斯(Canes)结了婚(Diod. iv. 53)。也有其他人说,是珀利阿斯自己让阿尔刻提斯与阿德墨托斯结婚的(参看阿尔刻提斯的相关内容)。在珀利阿斯统治了伊奥尔库斯之后,他派埃宋的儿子伊阿宋去柯厄奇斯,目的是取回金羊毛。由于他并不期望这些人能安全回来,所以他还派了埃宋和他的儿子一起去。在伊阿宋回来之后,珀利阿斯被自己的女儿们砍成了碎片,放进锅里煮了。这是由于美狄亚告诉他的女儿们,用这样的方式可以使他们的父亲重新年轻而充满活力。他的儿子阿卡斯托斯在伊奥尔库斯为他父亲举行了庄严的葬礼竞技,并把伊阿宋和美狄亚从这个国家驱逐出去(Apollod. i. 9. §27, etc.; Tzetz. *ad Lyc.* 175; Ov. *Met.* vii. 297, etc.;参看伊阿宋、美狄亚和阿尔戈斯英雄的相关内容)。珀利阿斯是最早创立奥林

匹亚运动会的人（Paus. v. 8. §1）。二、埃格尼德斯（Aeginetes）的儿子，拉刻代蒙的后裔，泡萨尼阿斯曾经提到过（vii. 18. §4）。参看《希腊罗马传记与神话词典》，前揭，卷三，页178。

• 科西拉（Corcyra）：伊奥尼亚海上的希腊岛屿，也是这个海上的第二大岛，现在又写作科福（Corfu）。

• 墨尔莫沃斯（Mermerus）：一、斐瑞斯的儿子，伊阿宋和美狄亚的孙子。他是伊拉斯和埃菲拉的父亲，尤其善长于制毒（Hom. *Od.* i. 260; Eustath. *ad Hom.* p. 1416）。二、伊阿宋和美狄亚的儿子，也叫马卡瑞乌斯（Macareus）或墨尔莫沃斯（Hygin. *Fab.* 239; Tzetz. *ad Lyc.* 175）。他和兄弟斐瑞斯一起在科林多被他的母亲所杀（Apollod. i. 9. §28; Hygin. *Fab.* 25; Diod. iv. 54）。据其他人说，他是被科林多人用石头砸死的（Paus. ii. 3. §6; Schol. *ad Eurip. Med.* 10），又说他是在狩猎的时候被一头雌狮子咬死的（Paus. ii. 3. §7）。奥维德还提到一个人首马身的怪物叫墨尔莫沃斯（*Met.* xii. 305.）。参看《希腊罗马传记与神话词典》，前揭，卷二，页1047。

• 斐瑞斯（Pheres）：克瑞透斯和堤洛的儿子，埃宋和阿密塔翁的兄弟。他娶佩瑞克莱默涅为妻，并和她生下了阿德墨托斯、吕库戈斯、艾多墨涅（Eidomene）和佩瑞阿皮斯。据说他建立了帖撒利的斐瑞斯城（Hom. *Od.* xi. 259; Apollod. i. 9. §§11, 14, iii. 10. §4, 13. §8）。二、伊阿宋和美狄亚的儿子（Apollod. i. 9. §28; Paus. ii. 3. §6）。参看《希腊罗马传记与神话词典》，前揭，卷三，页259。

• 《奥德赛》1.259 提到了墨尔墨罗斯的一个儿子，赫彼若斯人。也许他最初就是一个独立的本土传奇形象，当伊阿宋被写入科西拉人的传奇之后，他就被认为是伊阿宋的儿子。《奥德赛》中的文字为："在我家纵情饮宴，心头无限怡乐，／刚访问埃费瑞的墨尔墨罗斯之子伊洛斯。"参看《奥德赛》，前揭，页 10。

10. Philodemus, *On Piety*

宙斯用雷电击打埃斯克勒庇俄斯：正如《瑙帕卡提亚》的作者，还有忒勒斯塔（Τελέστας 或 Τελέστης）在《埃斯克勒庇俄斯》中，以及抒情诗人基聂瑟亚（Κινησίας）所说，因为他在阿尔忒弥斯的恳求之下让希波吕托斯（Ἱππόλυτος）活了过来。

• 忒勒斯塔（Telestas 或 Telestes）：一、舞蹈家，在埃斯库罗斯的悲剧中出现过。雅典娜乌斯（i. p. 22, a.）说他的技艺高超，在《七勇士攻忒拜》中，他以模仿舞蹈的行动展示他自己的形象，并且毫无争议地成为歌队的领队（Müller, *Hist. List. of Greece*, vol. i. p. 314）。二、色林诺斯（Selinus）人，雅典晚期杰出的酒神颂歌诗人，狄奥多罗斯·塞库鲁斯（Siculus, xiv. 46）曾经提到过他，说他大约生活于公元前 398 年（Ol. 95, 3），与费罗萨努斯（Philoxenus）、提莫忒乌斯和波吕埃都斯同时代。帕罗斯石片（Parian Marble）也证实是这个时期（*Ep.* 66），还说忒勒斯塔在公元前 401 年取得了一个酒神颂歌比赛的胜利（参看 Clinton, *F. H.* vol. ii. s. aa. 401, 398）。据普鲁塔克说（*Alex.* 8），在亚洲，亚历山大（Alexander）把忒勒斯塔和费罗萨努斯的酒神颂歌送给了他。喜剧诗人提奥庞普斯（Theopompus）在其作品《阿尔泰亚》中也提到过他（Ath. xi. p. 501, f.; Meineke, *Frag. Com. Graec.* vol. ii. p. 793，其中梅内克还说这位诗人日后定为人好评）。亚里士多塞诺斯写了一篇他的生平，这生平还被阿波罗尼奥斯·戴斯科勒斯（Dyscolus）引用过（*Hist. Mirab.* 40, in Westermann 的 Paradoxographi, p. 113）。西科昂的僭主亚里斯塔图斯（Aristratus）为他塑雕像作为纪念，还装饰上尼可麦霍斯的画（Plin. *H. N.* xxxv. 10. s. 36. §22，其中常见的拼法是 *Telesti*，而不是 *Telestae*；参看尼可麦霍斯的相关内容）。

忒勒斯塔的诗作中，只有一些有趣的诗行被雅典娜乌斯保存下来（xiv. pp. 616, foll., 626, a., 637, a），从这些文字中我们了解到，他的作品中有几部的名字是：Ἀργώ、Ἀσκληπιός、Ὑμέναιος，而且，在诗作中他还称赞了长笛歌，反对诗人米兰尼皮迪斯（Melanippides）关于雅典娜排斥乐器的说法。这些残篇得到了鲍克（Böckh）公式化的细致分析（*de Metr. Pind.* C. V. 19）。从狄奥尼索斯的描述来看，他的风格看起来似乎是大胆傲慢与温柔的复杂混合体，一句与另一句之间的过渡十分突然。苏达斯认为他是一个喜剧诗人，不过这种说法是一种极大的误解。苏达斯公然抄袭了雅典娜乌斯的论述，但雅典娜乌斯并没有指明这个诗人的诗作类型，那是因为每个知情人均了解他是一个酒神颂歌作者。因此，苏达斯或许仅仅从其作品的标题来判断他是一个喜剧诗人。这样的错误在苏达斯身上经常出现，要不是他误导了许多的评论者，这样的例子根本就不会被人注意到（Fabric. *Bibl. Graec.* vol. ii. pp. 157, 158；Heeren, in the *Bibl. f. alte Litt. u. Kunst*, vol. iv. pp. 54, foll., *Hist. Schrift.* vol. iii. pp. 160, foll.；Müller, *Hist. Lit. Greece*, vol. ii. pp. 59, 60; Bernhardy, *Gesch. d. Griech. Lit.* vol. ii. p. 555；Ulrici, *Gesch. d. Hell. Dichtk.* vol. ii. pp. 610, foll.）。参看《希腊罗马传记与神话词典》，前揭，卷三，页992。

● 基聂瑟亚（Cinesias）：雅典的酒神颂歌诗人。阿里斯托芬（Ran. 153.）戏剧的评注者说，基聂瑟亚是忒拜人，不过这样的描述似乎又与普鲁塔克的说法相冲突（*de Glor. Ath.* 5）。或许正如法布里修斯所说，这是由于人们把他和另外一个同名者搞混了（参看 Aristot. *ap. Schol. ad Aristoph. Av.* 1379）。法布里修斯说，伊伐格拉斯（Evagoras）是基聂瑟亚的父亲，而这样的说法还得到柏拉图一条残篇的支持，盖仑引用过这段文字（参看 Dalechamp, *ad Athen*. xii. p. 551）。在柏拉图的《高尔吉亚》（Gorgias 501e）中，他被称为梅莱斯（Meles）的儿子。据说基聂瑟亚没什么才干。普鲁塔克（*l. c.*）说他是一个既无很高名声，也无创作天分的人。喜剧作家菲瑞克拉底斯（Pherecrates, *ap. Plut. de Mus.* 30）还指责他败坏了音乐。关于这点，阿里斯托芬也许在 ἀσματοκάμπτας（*Nub.* 332.）一词中有所暗示。在《鸟》（1372 – 1409）中，他想飞到奥林波斯，从他们的地域——即云上——带回一些东西，新的"散乱的诗行、天上的祝酒词（air - toast）、飘落的雪花"（参看 Aristot. *Rhet.* iii. 9. §1）。除了诗作本身的风格外，他似乎还对喜剧颇有微词。雅典娜乌斯告诉我们（xii. p. 551），他长得太高太瘦，以至于为了支撑他的身体，不得不找来菩提树枝做成支架。因此，阿里斯托芬（*Av.* 1378）称他为"椴树"（φιλύρινον），而且（*Ran.* 1433）还说欧里庇得斯曾提出要给基聂瑟亚安上翅膀，以使其形象更像一个叫克勒沃克里图斯（Cleocritus）的家伙。在一篇叫《歌颂》（Γηρυτάδης）（*ap. Athen. l. c.*）的文字中，他说基聂瑟亚代表了与其相像的那些同行们，从狂热的诗人到冥府里那些阴暗的同行们（参看 Strattis, *ap. Athen. l. c.*；Dalechamp, *ad loc.*）。更合法的讽刺在这里找到了更好的支撑，如不敬、开放和过度以及放荡的生活，都变成有力的支撑。我们从吕西阿斯那里得知，这位演说家（*ap. Athen. l. c.*）在两篇演说中攻击了他，不过演说已经佚失，只有一些残篇留下来。正是因为这个原因，他没有哪一年不受到喜剧诗人的攻击。不过，他也报过仇，因为他成功地取消了柯拉吉亚（Choragia），即关于喜剧的活动。在公元前 406 年卡里亚斯掌权以后，这种活动就逐渐消亡。在这之后，斯特拉蒂斯（Strattis）在他的戏剧《基聂瑟亚》中攻击他（Schol. *ad Arist. Ran.* 404；Fabric. *Bibl. Graec.* ii. p. 497；Böckh，*Publ. Ecom. of Athens*，bk. iii. ch. 22；Clinton，subannis 406，388，337.）。从吕西阿斯那里（ap. *Athen. l. c.*）我们知道，基聂瑟亚突然放弃了他的艺术，而投身于告密者的买卖中，并发了一笔横财（参看 Perizon. *ad Ael. V. H.* iii. 5，x. 6；Schol. *ad Aristoph. ll. cc.*；Plut. *de Superst.* 10；Harpocrat. adn Suid. *s. v. Κινησίας*）。参看《希腊罗马传记与神话词典》，前揭，卷一，页753。

- 其他人也讲到埃斯克勒庇俄斯遭受惩罚的另外一些原因。比较"Hesiod"，fr. 51；斯泰西科拉斯，PMG 194；帕罗阿西斯，fr. 5；Pherecycles，fr. 35 Fowler；Pindar，*Pyth.* 2.54 – 58；Orph. Fr. 40。

11. Pausanias，*Description of Greece*：

参看上文，基纳厄同辑语5。

甫洛尼斯（*ΦΟΡΩΝΙΣ*）

1. Clement, *Miscellanies*

因为阿修西劳斯说，甫洛纽斯（*Φορωνεύς*）是第一个凡人，因此《甫洛尼斯》的作者就说：

"他是凡人之父。"

● 甫洛纽斯（Phoroneus）：伊那科斯和海的女儿梅丽阿（Melia，或阿奇亚［Archia］）的儿子，埃吉阿琉斯（Aegialeus）的兄弟，伯罗奔尼撒的统治者。他娶仙女拉俄狄刻为妻，并和她生下了尼俄柏、阿皮亚（Apia）和卡尔（Car，Hygin. *Fab.* 143；Schol. *ad Eurip. Or.* 920；Apollod. ii. 1. §1；Paus. i. 39. §4）。泡萨尼阿斯（ii. 21. §1）说他的妻子是克尔都（Cerdo）。而欧里庇得斯戏剧的评注者说，他的第一任妻子是佩托，她的孩子则是埃吉阿琉斯和阿皮亚，第二任妻子则是欧罗芭，她是尼俄柏的母亲。据赫拉尼古斯所述（Hellanicus, *ap. Eustath. ad Hom.* p. 385），他共有三个儿子，分别是：佩拉斯戈斯、爱亚苏斯和埃格诺尔（Aegnor），他们在父亲死后就把阿尔戈斯国瓜分了。据说，甫洛纽斯是第一个在阿尔戈斯为赫拉献祭的人，并把那个时候还分散居住的人联合起来，组成一个城邦，这个城因此叫做"甫洛纽斯城"（*ἄστυ φορωνικόν*，Paus. ii. 15, in fin.；Hygin. *Fab.* 274）。据说，他发现了火的使用方法（Paus. ii. 19. §5）。他的坟墓在阿尔戈斯，并且这个地方还为他举行葬礼献祭

(ii. 20. §3)。有时候甫洛纽斯的名字被用来指称整个阿开奥斯人，尤其是用来指称安菲阿拉乌斯和阿德拉斯托斯（Paus. vii. 17. §3; Theocrti. xxv. 200）。参看《希腊罗马传记与神话词典》，前揭，卷三，页346。

• 阿波罗多洛斯的《希腊神话》却没有讲到第一个凡人，只是提到了第一个女人是"潘多拉（Pandora）"。参看 Apollodorus, *The Library*, with an English translation by Sir James George Frazer, London: William Heinem ann; New York: G. P. Putnam's Sons, P. 53。

2. Scholiast on Apollonius of Rhodes, "Idaean Dactyls"。

《甫洛尼斯》的作者如下写道：

"……伊达（'Ιδαῖοι）的男巫们，弗里吉亚人，都以他们的山为家：凯尔米（Κέλμις）、伟大的党纳门聂戊（Δαμναμενεύς）和傲慢的阿克蒙（Ἄκμων），他们是山神阿德娜斯忒娅（'Αδράστεια）能干的仆人，正是他们运用匠人赫淮斯托斯的技术，首先在峡谷中发现了黑铁，并用火煅烧，还把这个新发现传播到四方。"

• 伊达（Ida）：伊达山是克里特最高的山，位于今瑞提默农（Rethymno）行省。

• 这三者均与达克徒洛斯人（Δάκτυλοι）相关，在佛律基亚（Phrygia）的伊达山的达克徒洛斯人，铁的发现和用火铸铁的方法均是他们的功劳。达克徒洛斯的名字，意思是手指，对这个意思的理解各不相同。关于他们的总数，或说五个，或说十个。要么依据另一种说法，说他们服务于瑞亚，就像手指头服务于手；要么依据的是他们居住于伊达山脚的那个传说（ἐν δακτύλοις, Pollux, ii. 4;

Strab. x. p. 473；Diod. v. 64）。大部分作家都说佛律基亚是达克徒洛斯人的起源地（Diod. xvii. 7；Schol. *ad Apollon. Rhod.* i. 1126；Strab. *l. c.*）。也正是在那里，他们与瑞亚的崇拜联系了起来。他们有时候也混同于或等同于库瑞忒斯、科律班忒斯、卡比里和忒尔喀涅斯（Telchines）。他们还被说成是卡比里和科律班忒斯的父亲（Strab. x. p. 466；Schol. *ad Arst.* 33；Serv. *ad Virg. Georg.* iv. 153）。这种与卡比里的混同，是由于萨莫色雷斯岛被说成他们的居住地（Diod. v. 64；参看 Arnob. *adv. Gent.* iii. 41）。狄奥多罗斯叙述说——并且也得到克里特历史学家的证实，达克徒洛斯人从事着咒语和其他的魔法事业，因此他们在萨莫色雷斯岛谱写着奇迹，而俄耳甫斯在这些方面是他们的学生。他们与库瑞忒斯（Curets）相关联甚至混同，这甚至导致他们被认为就是罗马的珀纳忒斯（Arnob. iii. 40）。据克莱门（*Strom.* i. p. 362）说，达克徒洛斯人并不是在福里吉亚（Phrygina）的伊达山发现的铁，而是在塞浦路斯岛发现的。其他一些人还把他们的故事放到克里特的伊达山，尽管在关于后一个山脉的古代传说中，几乎没有关于金属制造的内容（Apollon. Rhod. i. 1129；Plin. *H. N.* vii. 57）。最开始，达克徒洛斯似乎共有三个：柯尔密斯（Celmis，冶炼）、达那门洛斯（Damnameneus，锤打）和阿卡蒙（Acmon，铁砧，Schol. *ad Apollon. l. c.*）。后人不停往里面增加内容，如西徐亚（Scythes），他是佛律基亚人，发明了熔炼铁（Clem. Alex. *Strom.* i. p. 362），还有赫拉克勒斯（Strab. l. c.）和德那斯（Delas，Euseb. *Praep. Evang.* x. p. 457）。阿波罗尼奥斯提到过英雄帝提阿斯（Titias）和塞勒洛斯（Cyllenus），说他们是主要的达克徒洛斯人，而埃利斯的地方传说中提到，除了赫拉克勒斯以外，还有帕克尼乌斯（Paconius）、埃皮默德斯（Epimedes）、雅西乌斯和伊达斯（或阿西达斯［Acesidas］）。不过，这看起来同伊达山的达克徒洛斯人全然不同了，因为仅从他们的名字来看，他们已经成了疗救神（Paus. v. 7. §4, 14. §5, 8. §1, vi. 21. §5; Strab. vii. p. 355）。关于他们的总数也有不少说法，如五个、十个（五个为男，五个为女）、五十二个，甚至是一百个。而有传说认为他们的居住地是在克里特的伊达山，这个传说还讲他们是克里特最早的定居者，并且他们是同米格冬（Mygdon，或米诺斯）一起从佛律基亚去那里的，还在贝里辛图斯（Berecynthus）山发现了铁（Diod. v. 64; Cic. *de Nat. Deor.* iii. 16）。关于达克徒洛斯人的真正性质：他们似乎只是一些神话形象，用来代表铁的发现者和用火炼铁的技艺的发明者，由于这项技艺在古代十分重要，因此古人把这项技艺的发明归在一些超自然的力量身上。后来，达克徒洛斯人的概念扩展了，说他们还发明了许多东西，这些东西对于人类来说十分有用。据说他们还把音乐从佛律基亚带到了希腊，还发明了节奏，尤其是达克徒洛斯节奏（Plut. *de Mus.* 5; Diomedes, p. 474, ed. Putsch; Clem. Alex. *Strom.* i. p. 360.）。总的说来，他们被看成是神秘的魔术师，因此也被认为是以弗所的咒语的发明者。后来一旦有人受惊就呼喊达克徒洛斯的名字，似乎就是要借助神秘的力量（Plut. *de Fac. in Orb. Lan.* 30；参看 Lobeck, *de Idaeis Dactylis*; Welcker, *Die Aeschyl. Trib.* p. 168, etc.）。参看《希腊罗马传记与神话词典》，前揭，卷一，页926。

- 阿德娜斯忒娅（Adrastea）：一、克里特的仙女，墨利修斯（Melisseus）的女儿，瑞亚曾把年幼的宙斯交给她放在狄克塔伊翁（Dictaean）山洞中抚养。阿德娜斯忒娅的这个差事还得到了她的妹妹伊达和库瑞忒斯的帮助（Apollod. i. 1. §6; Callimach. *hymn. in Jov.* 47），而卡利马库斯的评注中说伊达和库瑞忒斯是她的兄弟。阿波罗尼奥斯（iii. 132, etc.）说，她送给年幼的宙斯一个球

($\sigma\varphi\alpha\tilde{\iota}\varrho\alpha$) 玩耍，因此在克里特的一些硬币上，我们还可以发现上面雕刻着宙斯坐在一个球上的样子（Spanh. ad Callim. l. c.）。二、涅莫索斯（Nemesus）的别名，一些作家说这个名字是由阿德拉斯托斯得来的，他修建了涅莫索斯在阿索波斯河边的圣殿（Strab. xiii. p. 588）；另外一些人讲是从动词"$\delta\iota\delta\varrho\acute{\alpha}\sigma\kappa\varepsilon\iota\nu$"得来的，据说这个词用来指那任谁也无法逃脱的女神（Valcken. ad Herod. iii. 40）。参看《希腊罗马传记与神话词典》，前揭，卷一，页20。

3. Strabo, *Geography*

《甫洛尼斯》的作者说，库埃特斯是风笛手和弗里吉亚人。

4. Clement, *Miscellanies*

当然，在雕像的品质得到提升以前，古人常常建立柱子，并把它们作为神的象征。反正，《甫洛尼斯》的作者是这样写的：

"奥林匹亚女王、阿尔戈斯的赫拉的钥匙掌管人卡丽陀嫒（$K\alpha\lambda\lambda\iota\vartheta\acute{o}\eta$），第一个用花冠和穗装饰了女王的高柱子的四周。"

• 卡丽陀嫒：英文写作"Callithoe"或"Callithyessa"，和伊俄是同一人，她是赫拉在阿尔戈斯的第一个女祭司。

5. Etymologicum genuinum and Magnum

俄瑞欧尼俄斯（$\dot{\varepsilon}\varrho\iota o\acute{v}\nu\iota o\varsigma$, Eriounios）：赫尔墨斯的绰号……从这个加强语气的前缀 $\dot{\varepsilon}\varrho\iota$ 和 $\check{o}\nu\eta\sigma\iota\nu$（利益）……因为《甫洛尼斯》的作者也写道：

"他的父亲称赫尔墨斯为俄瑞欧尼俄斯，因为他在牟取利益和狡猾的偷盗方面,超过了全部有福的神们和人们。"

6. Oxyrhynchus papyrus

(公元二世纪)

所以《甫洛尼斯》的作者写道:

"当他们聚集的时候,带着长剑挑起战争的那个少女也不能救他们(?)[雅典娜]。"

无处归类的辑语

(它多数时候归于"荷马"名下)

1. Red-figure vase by the Cleophrades Painter (五世纪早期)

甚至在帝云斯 (Τίϱυνς) 也曾经如此……

• 这个瓶子展现了一次史诗吟诵表演,而这些话正是出自表演者之口。帝云斯 (Tiryns):迈锡尼的考古地点,位于伯罗奔尼撒的阿格利司 (Argolis) 行省,距纳夫普里翁 (Nauplion) 几千米远。

2. Simonides, lyric fragment

他(墨勒阿革洛斯)在投掷标枪方面超过了所有年轻人,从长满葡萄藤的伊俄洛科斯一下扔过了尽是旋涡的阿那柔斯 ("Αναυϱος) 河,这正是荷马和斯泰西科拉斯唱给人们听的内容。

• 这里的"荷马"被当作是描写在伊俄琉斯举行的珀利阿斯葬礼的作者。阿那柔斯 (Anauros):古代城邦伊奥柯斯 (Iolkos,现在的沃洛斯 [Volos]) 旁的一条小河流,从皮立翁山流进帕伽色提科 (Pagasetic) 海湾。

3. "Hippocrates," *Dislocations*

因为荷马很清楚地知道,在所有的草食动物中,牛在冬季末身体状况最差……因为其他动物在草很短的时候也能吃得到，但是牛只能吃较长的草……所以他写下了下面的一句话：

"当春天到时候，迎来了那犄角弯弯的公牛。

因为长长的草，就是对它们最好的欢迎。"

• 也许这是《归返》中关于阿伽门农或是墨涅拉奥斯回家的描述。史诗中的这头公牛也是《奥德赛》4.535 和 11.411 中公牛的原型："他迎来未料及死亡威胁的阿伽门农，／宴毕把他杀死，有如杀牛于棚厩"；"是埃吉斯托斯为我准备了毁灭和死亡，／同我那可恶的妻子一起把我杀死，／请我去家中赴宴，有如杀牛于棚厩"。参看荷马著《奥德赛》，前揭。

4. Aristotle, *Nicomachean Ethics*

因为一遇到危险，血气（Θυμὸς）就上来了；因此荷马说"神把力量放入他的血气中"，而且"激起了他的愤怒和血气"和"鼻腔里的酸楚"。

于是，他热血沸腾。

• 这些引用的语句并没有出现在《伊利亚特》和《奥德赛》之中，但引号中的三个词或许是原文表达的变形或综合。

5. Aristotle, *Politics*

因为，他们把闲暇赋予那些被认为适合自由生活的人们。所以荷马如下写道：

"而（他是？）这种人可以被邀请去参加宴会。"

● 吴寿彭先生译为:"显然由于这个原因:这确实是自由人所以操修于安闲的一种本事。荷马诗篇的一页就见到这样的含义,其首句是:'侑此欢宴兮会我嘉宾'。"参看亚里士多德著《政治学》,吴寿彭译,北京:商务印书馆,1983年,页411。

6. Scholiast on the *Iliad*

> 死人的伤口不会再愈合,亚里士多德说荷马如是写到:
> "流血的伤口的四周愈合了。"
> 这半行诗并没有出现在荷马的作品之中。

7. Clearchus, *On Riddles*; Philodemus, *On Piety*; Diogenes Laertius, *Lives of the Philosophers*

> "能否不要把人群从我这里赶走,你这个长期受苦的老人?"

● 有资料显示不少的智者和哲学家(卡莫斯[Charmus]、苏格拉底[Socrates]和皮翁[Bion])都出于各自的目的引用了这段文字。据推测,在《塞浦路亚》中,当涅斯托尔对丢失了海伦十分恼怒,跑来问墨涅拉奥斯的时候,墨涅拉奥斯就把这句话讲给了涅斯托尔听。参看 Dirk Obbink, *Philodemus On Piety*, Part I (Oxford, 1996), 544–548。

● 《名哲言行录》中讲到这句话,是在介绍斯提尔波,说他是最聪明的,有人问他,神是否乐于接受祈祷和崇拜,他回答说:"不要在大街上问这样的问题,傻瓜,只能在独处时问!"从这里看,斯提尔波深明隐微言说的要义,有些事情不宜传播到普通人的心中。皮翁也碰到了同样的关于神的问题,皮翁回答说:"你不会把人群从我这里赶走吗?哦,不朽的长者?"这里的翻译似乎与原文有些出入,据希腊文看,"不朽的"这层意义并没有出现在文字中,原文中却有"受苦"的意思,似乎这个"长者"总是到处乱问这样的问题,于是搞得自己生活得很苦,与普通人的距离越来越远。很多哲人引用这个句子,表明他们重视这个句子中所传达出来的隐微大义。参看第欧根尼·拉尔修《名哲言行录》(上),马永翔等译,吉林人民出版社,2003 年,页 149。

8. Plutarch, *Life of Theseus*

赫瑞阿斯('Ηρέας)曾写道,哈吕克斯('Αλυκὸν)在阿弗德纳(Αφίδναι 或 Αφιδνές)被忒修斯亲手杀死,而且赫瑞阿斯还引用以下这些关于哈吕克斯的诗行作为证据:

"曾经,在幅员辽阔的阿弗德纳,忒修斯杀死了他,当时他为了长着漂亮头发的海伦而战斗。"

• 赫瑞阿斯(Hereas):一个四世纪的麦加拉历史学家,哈吕克斯是麦加拉当地的英雄。普鲁塔克曾经提到过他(*Thes.* 20,32,*Sol.* 10)。参看《希腊罗马传记与神话词典》,前揭,卷二,页 406。

• 阿弗德纳(Aphidnae):希腊阿提卡郊区的一个地方,距雅典北部 28 千米。

9. Chrysippus, *On the Soul*

那推理的能力就在此处(在心的周围),荷马在其诗行中指出:

"而他胸中另有理性和完美的机智。"

10. Chrysippus, *On the Soul*

胸中喷薄而出,那因强大的宙斯帮助而显出的力量。

11. Strabo, *Geography*

而荷马则把所有的这些东西同奥德修斯相连……因为正是这个英雄人物,他"游历过很多人类的城邦,并了解了他们的想法",此其一……而此人也总是被称为"城市掠夺者",并拿下伊利昂,运用的是他的智谋、劝说和欺骗之术。

12. "Ammonius," commentary on *Iliad* 21

"我把(他?)放入了银色旋涡的阿科洛厄斯河的水里,从这里抵达大海。"

13. Pseudo-Plutarch, *On Homer*

他也拥有复杂的比喻,以有生命之物比喻有生命之物,正如在以下诗句中:
"接着,说话的是战船上黑色船头的战士。"
他不说"水手"。

14. Pseudo-Plutarch, *On Homer*

而且相反,主动态取代了被动态:
"我会有[送你]一个有金手柄的三脚架。"
用 $\delta\omega\rho\acute{\eta}\sigma\omega$ [送礼] 代替了 $\delta\omega\rho\acute{\eta}\sigma o\mu\alpha\iota$ [被送礼]。

- 这里所翻译的"有[送你]"原文即是古希腊语中"赠送礼

物"的主动形式。

15. Ammonius, commentary on Porphyry's *Introduction to Aristotle's Categories*

人们用这个词 σοφός（智慧、聪明）来描述任何以技艺为业的人……所以荷马说：

"当这个聪明的（σοφός）建立者已经建立好它的时候［指木马？］。"

16. Athenaeus, *Scholars at Dinner*

梭伦说，大麦面包应该给那些在城镇大厅用餐的人，还应该加上在节日里的那些小麦面包。他是照抄荷马，因为当荷马让那些英雄加入到阿伽门农的圈子里时，他也说道：

"大麦面包是混合而成的。"

17. Scholiast on the *Iliad*

阿喀琉斯拿下了斯库罗斯，这是在他们为奥利斯（Αὐλίς）征募新兵的时候，因为多罗披亚人（Δόλοπας）已经从佩琉斯的统治之下反叛了。

他们航行到了多罗披亚的斯库罗斯。

也就是在他当了涅俄普托勒摩斯的父亲之时。

● 奥利斯（Aulis）：俄古革斯（Ogygus）和忒柏（Thebe）的女儿，波俄提亚的奥利斯城因她而得名（Paus. ix. 19. §5）。据其他传说，她是克菲索斯的儿子欧奥尼木斯（Euonymus）的女儿（Steph. Byz. *s. v.* Αὐλίς）。她是誓言女神之一，又叫πραξιδίκαι（参看阿勒柯门尼亚［Alcomenia］的相关内容）。参看《希腊罗马传记与神话词典》，前揭，卷一，页435。

- 多罗披亚人（Dolopes）：位于埃托利亚北部，东临多里斯，西部靠海，北部是帖撒利和伊派瑞斯。
- 评注者所讲的故事与《塞浦路亚》或是《小伊利亚特》并不一致。然而，也许这些辑语就出自这些史诗。

18. Scholiast on Lycophron

燃烧的木材是原木，荷马说：
"木材燃了起来，巨大的火焰冒出来。"

19. The *Suda*

喊叫着，咆哮着，荷马说：
"伴随着巨大的咆哮声，他们……"

图书在版编目(CIP)数据

英雄诗系笺释/(古希腊)荷马等著;崔嵬,程志敏译.—
北京:华夏出版社,2011.1
(西方传统:经典与解释/刘小枫主编)
ISBN 978-7-5080-6007-1

Ⅰ.①英… Ⅱ.①荷… ②崔… ③程… Ⅲ.①史诗—文学
研究—古希腊 Ⅳ.①I545.072

中国版本图书馆 CIP 数据核字(2010)第 209491 号

英雄诗系笺释

[古希腊] 荷马等著

   崔嵬 程志敏译

出版发行：华夏出版社
     (北京市东直门外香河园北里4号 邮编：100028)
经 销：新华书店
印 刷：北京建筑工业印刷厂南厂
装 订：三河市李旗庄少明装订厂
版 次：2011年1月北京第1版
    2011年1月北京第1次印刷
开 本：880×1230 1/32 开
字 数：392 千字
印 张：16.25
定 价：49.00 元

本版图书凡印刷、装订错误，可及时向我社发行部调换

西方传统：经典与解释

英雄诗系笺释
[古希腊]荷马 著

统治的热望
——修昔底德笔下的阿尔喀比亚德和帝国政治
[美]福特 著

活的形象美学的哲学背景
[美]维塞尔 著

雅典谐剧与逻各斯
——《云》中的修辞、谐剧性及语言暴力
[美]奥里根 著

莱园哲人伊壁鸠鲁
罗晓颖 选编

托尔斯泰与陀思妥耶夫斯基（第一卷·生平与创作）
[俄]梅列日科夫斯基 著

托尔斯泰与陀思妥耶夫斯基（第二卷·宗教思想）
[俄]梅列日科夫斯基 著

自传性反思
[德]沃格林 著

黑格尔与普世秩序
[美]希克斯 等著

新的方式与制度——马基雅维利的《论李维》研究
[美]曼斯菲尔德 著

论埃及神学与哲学——伊希斯与俄赛里斯
[古希腊]普鲁塔克 著

凯撒的剑与笔
李世祥 编／译

纪念苏格拉底——哈曼文选
刘新利 选编

科耶夫的新拉丁帝国
[法]科耶夫 等著

夜颂中的革命和宗教——诺瓦利斯选集卷一
[德]诺瓦利斯 著

大革命与诗话小说——诺瓦利斯选集卷二
[德]诺瓦利斯 著

西方传统：经典与解释
Classici et Commentarii
HERMES
刘小枫◎主编

《利维坦》附录
[英]霍布斯 著

巨人与侏儒
[美]布鲁姆 著

或此或彼（上、下）
[丹麦]基尔克果 著

海德格尔与有限性思想（重订版）
刘小枫 选编

海德格尔式的现代神学
刘小枫 选编

走向古典诗学之路
——相遇与反思：与伯纳德特聚谈
[美]伯格 编

论宗教大法官的传说
[俄]罗赞诺夫 著

上帝国的信息
[德]拉加茨 著

双重束缚
[美]基拉尔 著

俄耳甫斯教祷歌
吴雅凌 编译

俄耳甫斯教辑语
吴雅凌 编译

黑格尔的观念论
[美]皮平 著

古今之争中的核心问题
[德]迈尔 著

浪漫派风格——施莱格尔批评文集
[德]施莱格尔 著

神圣的罪业
[美]伯纳德特 著

论永恒的智慧
[德]苏索 著

宗教经验种种
[美]詹姆斯 著

尼采反卢梭
[美]凯斯·安塞尔-皮尔逊 著

施米特对自由主义的批判
[美]约翰·麦考米克 著

舍勒思想评述
[美]弗林斯 著

诗与哲学之争
[美]罗森 著

基督教理论与现代
[德]特洛尔奇 著

亚历山大的克雷蒙
[意]塞尔瓦托·利拉 著

伊壁鸠鲁主义的政治哲学
[意]詹姆斯·尼古拉斯 著

神圣与世俗
[罗]伊利亚德 著

中世纪的心灵之旅——波纳文图拉神学著作选
[意]圣·波纳文图拉 著

弓弦与竖琴——从柏拉图解读《奥德赛》
[美]伯纳德特 著

墙上的书写——尼采与基督教
[德]洛维特/沃格林 等著

论古人的智慧
[英]培根 著

希伯莱圣经历代注疏

希腊化世界中的犹太人
[英]威尔逊 著

第一亚当和第二亚当
[德]朋霍费尔 著

卢梭注疏集

哲学的自传——卢梭的《孤独漫步者的遐思》
[法]卢梭 著

文学与道德杂篇
[法]卢梭 著

设计论证——卢梭的《社会契约论》
[美]吉尔丁 著

卢梭的自然状态
[美]普拉特纳 等著

卢梭的榜样人生——作为政治哲学的《忏悔录》
[美]凯利 著

柏拉图注疏集

神话诗人柏拉图
张文涛 选编

人应该如何生活
[美]布鲁姆 著

阿尔喀比亚德
[古希腊]柏拉图 著

叙拉古的雅典异乡人——柏拉图《书简七》探幽
彭磊 选编

阿威罗伊论《王制》
[阿拉伯]阿威罗伊 著

《王制》要义
刘小枫 选编

柏拉图的《会饮》
[古希腊]柏拉图 等著

苏格拉底的申辩
[古希腊]柏拉图 著

苏格拉底与政治共同体
[美]尼科尔斯 著

《法义》导读
[法]卡斯代尔·布舒奇 著

论真理的本质
[德]海德格尔 著

哲人的无知
[德]费勃 著

米诺斯
[古希腊]柏拉图 著

亚里士多德注疏集

城邦与自然——亚里士多德与现代性
刘小枫 编

论诗术中篇义疏
[阿拉伯]阿威罗伊 著

哲学的政治——亚里士多德《政治学》义疏
[美]戴维斯 著

莱辛注疏集

关于悲剧的通信
[德]莱辛 著

《智者纳旦》研究版
[德]莱辛 等著

启蒙运动的内在问题——莱辛思想再释
[美]维塞尔 著

莱辛剧作七种
[德]莱辛 著

历史与启示——莱辛神学文选
[德]莱辛 著

论人类的教育——莱辛政治哲学文选
[德]莱辛 著

色诺芬注疏集

居鲁士的教育
[古希腊]色诺芬 著

驯服欲望——施特劳斯笔下的色诺芬撰述
[法]科耶夫 等著

论僭政——色诺芬《希耶罗》义疏
[美]施特劳斯 著

色诺芬的《会饮》
[古希腊]色诺芬 著

施特劳斯集

古典政治理性主义的重生
[美]列奥·施特劳斯 著

犹太哲人与启蒙——施特劳斯演讲与论文集:卷一
[美]列奥·施特劳斯 著

苏格拉底问题与现代性——施特劳斯演讲与论文集:卷二
[美]列奥·施特劳斯 著

回归古典政治哲学——施特劳斯通信集
[美]列奥·施特劳斯 著

隐匿的对话——施米特与施特劳斯
[德]迈尔 著

尼采注疏集

尼采的使命——《善恶的彼岸》绎读
[美]朗佩特 著

尼采与现时代——解读培根、笛卡尔与尼采
[美]朗佩特 著

动物与超人之间的绳索
[德]A.彼珀 著

维吉尔注疏集

《埃涅阿斯纪》章义
王承教 选编

品达注疏集

幽暗的诱惑——品达、晦涩与古典传统
[美]汉密尔顿 著

新约历代经解

属灵的寓意
[古罗马]俄里根 著

赫西俄德集

神谱笺释
吴雅凌 撰

赫西俄德:神话之艺
[法]居代·德·拉孔波 等著

赫拉克勒斯之盾笺释
罗逍然 译笺

莎士比亚绎读

莎士比亚的政治盛典
[美]阿鲁里斯/苏利文 编

丹麦王子与马基雅维利
罗峰 选编

中国传统：经典与解释
Classici et Commentarii
华夏出版社
刘小枫　陈少明◎主编

中国传统：经典与解释

韩愈志
钱基博 著

论语辑释
陈大齐 著

《庄子·天下篇》注疏四种
张丰乾 编

荀子的辩说
陈文洁 著

古学经子——十一朝学术史述林
王锦民 著

经学以自治——王闿运春秋学思想研究
刘少虎 著

《铎书》校注
孙尚扬　肖清和 等校注

大学素质教育读本

古典诗文绎读　西学卷·古代编（上、下）
古典诗文绎读　西学卷·现代编（上、下）

经典与解释辑刊 （刘小枫　陈少明 主编）

1. 柏拉图的哲学戏剧
2. 经典与解释的张力
3. 康德与启蒙
4. 荷尔德林的新神话
5. 古典传统与自由教育
6. 卢梭的苏格拉底主义
7. 赫尔墨斯的计谋
8. 苏格拉底问题
9. 美德可教吗
10. 马基雅维利的喜剧
11. 回想托克维尔
12. 阅读的德性
13. 色诺芬的品味
14. 政治哲学中的摩西
15. 诗学解诂
16. 柏拉图的真伪
17. 修昔底德的春秋笔法
18. 血气与政治
19. 索福克勒斯与雅典启蒙
20. 犹太教中的柏拉图门徒
21. 莎士比亚笔下的王者
22. 政治哲学中的莎士比亚
23. 政治生活的限度与满足
24. 雅典民主的谐剧
25. 维柯与古今之争
26. 霍布斯的修辞
27. 埃斯库罗斯的神义论
28. 施莱尔马赫的柏拉图
29. 奥林匹亚的荣耀
30. 笛卡尔的精灵
31. 柏拉图与天人政治
32. 海德格尔的政治时刻
33. 荷马笔下的伦理
34. 格劳秀斯与国际正义